法 学 求 是 前 沿 书 系

牛忠志 ◎ 著

当代中国刑法理念的革新及其法治实践贯彻

本成果受河北大学燕赵文化高等研究院学科建设经费资助

国家社科基金后期资助项目资助（项目批准号17FFX018）
教育部哲学社会科学研究专项（党的二十大精神研究）资助
河北大学一流学科建设项目资助
河北省高校人文社科重点研究基地"国家治理法治化研究中心"资助

知识产权出版社
全国百佳图书出版单位
——北京——

图书在版编目（CIP）数据

当代中国刑法理念的革新及其法治实践贯彻/牛忠志著. —北京：知识产权出版社，2024.2
ISBN 978-7-5130-8760-5

Ⅰ.①当… Ⅱ.①牛… Ⅲ.①刑法—研究—中国 Ⅳ.①D924.04

中国国家版本馆CIP数据核字（2023）第088406号

责任编辑：韩婷婷 王海霞 　　　责任校对：王 岩
封面设计：杨杨工作室·张冀 　　　责任印制：孙婷婷

当代中国刑法理念的革新及其法治实践贯彻

牛忠志 著

出版发行：知识产权出版社有限责任公司	网 址：http://www.ipph.cn
社 址：北京市海淀区气象路50号院	邮 编：100081
责编电话：010-82000860 转 8790	责编邮箱：93760636@qq.com
发行电话：010-82000860 转 8101/8102	发行传真：010-82000893/82005070/82000270
印 刷：北京中献拓方科技发展有限公司	经 销：新华书店、各大网上书店及相关专业书店
开 本：720mm×1000mm 1/16	印 张：18
版 次：2024年2月第1版	印 次：2024年2月第1次印刷
字 数：318千字	定 价：89.00元

ISBN 978-7-5130-8760-5

出版权专有　侵权必究

如有印装质量问题，本社负责调换。

出版说明

后期资助项目是国家社科基金设立的一类重要项目,旨在鼓励广大社科研究者潜心治学,支持基础研究多出优秀成果。它是经过严格评审,从接近完成的科研成果中遴选立项的。为扩大后期资助项目的影响,更好地推动学术发展,促进成果转化,全国哲学社会科学规划办公室按照"统一设计、统一标识、统一版式、形成系列"的总体要求,组织出版国家社科基金后期资助项目成果。

全国哲学社会科学规划办公室

"法学求是前沿书系"编委会

编委会主任　孟庆瑜

编委会成员　（按姓氏笔画排序）
　　　　　　苏永生　何秉群　宋慧献　陈玉忠
　　　　　　周　英　郑尚元　赵树堂　袁　刚
　　　　　　甄树清　阚　珂

"法学求是前沿书系"
总序

习近平总书记反复强调:"历史是最好的老师。经验和教训使我们党深刻认识到,法治是治国理政不可或缺的重要手段。法治兴则国家兴,法治衰则国家乱。什么时候重视法治、法治昌明,什么时候就国泰民安;什么时候忽视法治、法治松弛,什么时候就国乱民怨。"❶ 但是,在中国进行社会主义法治建设,是一件前无古人的伟大创举,没有现成的道路可走,没有现成的模式可以借鉴,没有现成的理论可以遵循,其困难之大超出想象。因此,我们只能坚持从中国实际出发,围绕中国特色社会主义法治建设中的理论和实践问题,把法治建设的普遍规律与中国的国情相结合,不断探索并形成中国特色社会主义法治道路、制度和理论。这就要求我们在全面推进依法治国的进程中,必须践行实事求是的思想路线,认清中国法治之真国情,探究中国法治之真理论,探索中国法治之真道路,构建中国法治之真制度,解决中国法治之真问题。唯有如此,我们才能穷中国法治之理、探中国法治之道。这也正是将本套丛书命名为"法学求是前沿书系"的目的和意义所在。同时,本套丛书的名称也暗合了河北大学"实事求是"的校训传统,体现了河北大学"博学、求真、惟恒、创新"的校风精神。

本套丛书以法治中国为目标图景,坚持建设性立场,聚焦法治中国建设中的理论与实践问题,探寻法治建设的中国之道,主要着眼于以下几方面的问题。

第一,中国法治之真国情。实践证明,任何国家的法治建设都必须立足本国国情,坚持从本国实际出发,而不能从主观愿望和想当然出发,不能从

---

❶ 新时代全面依法治国学习问答编写组. 新时代全面依法治国学习问答[M]. 北京:党建读物出版社,2021:110.

本本和概念出发，更不能照搬照抄外国的东西。在中国进行法治建设，必须深刻揭示和正确认识中国的基本国情，并将之作为中国法治建设的出发点和落脚点。同时，中国的国情比较复杂，异于西方国家。因此，我们对中国国情的研究，必须从多维度入手，既要研究地理意义上的中国，也要研究政治意义上的中国，更要研究文化意义上的中国。

第二，中国法治之真理论。中国的法治建设需要法治理论的支撑与指导。如果我们不能够从理论上将中国法治建设的性质、方向、道路、总目标、指导思想、基本原则、主要任务等阐释清楚，中国的法治建设就无从开展，也必然无法成功。为此，我们必须清楚地认识到，与中国法治建设的要求相比，我国远未形成与之相对应的中国特色社会主义法治理论。现有的西方法治理论既不能真正满足中国法治建设对法治理论的需求，难以引领中国法治的科学发展，也不能真正与中国的优秀文化传统相融合，难以实现传统与现代、本土与外来、国内与国际的有机统一。这就需要我们在中国法治建设的实践中，在借鉴西方法治理论的基础上，不断推进中国法治理论的探索和创新，并努力形成立足中国基本国情、总结中国法治经验、适应中国法治需求、体现中国法治规律、解决中国法治问题、彰显中国法治特色的中国特色社会主义法治理论，从而为中国法治建设提供理论指导和学理支撑。

第三，中国法治之真道路。道路关乎前途和命运。法治道路是法治建设成就和经验的集中体现，是建设法治国家的根本遵循。中国法治建设之所以要坚持走中国特色社会主义法治道路，而不能照搬照抄他国的经验，是由法治与法治模式的不同决定的，也是由我国的基本国情决定的。尽管法治如同民主、人权一样具有普遍共识，但不同国家的基本国情决定了各国的法治模式不同，也决定了各国的法治建设道路不同。因而，努力探索并找到一条既不同于欧美资本主义国家，又不同于其他社会主义国家，既遵循法治建设普遍原理，又具有鲜明中国特色的社会主义法治道路，自然就成为中国法治建设的重要选择和任务。

第四，中国法治之真制度。法治制度既是法治建设的制度基础，也是法治建设的制度保障，集中体现了一国法治建设的特点与优势。中国的法治建设之所以要以中国特色社会主义法治制度为依托，是因为照抄照搬他国的法治制度行不通，会"水土不服"，会出现"橘生淮南则为橘，生于淮北则为枳"的尴尬局面。各国国情不同，每个国家的法治制度都是独特的，都是由这个国家的内生性因素决定的。只有扎根本国土壤、汲取充沛养分的法治制度，才最可靠，也最管用。因而，在中国的法治建设实践中，构建中国特色社会主义法治制度，既要坚持从国情出发、从实际出发，也要注重借鉴国外法治建设的有益成果；既要把握中国长期形成的历史传统，也要把握当前中国特色社会主义事业建设的现实需求，以实现历史和现实、理论和实践、形式和内容的有机统一。

此外，这里还需说明的是，本套丛书的作者大多为中青年学者，囿于理论基础与实践能力，难以对中国特色社会主义法治建设中的重大理论与实践问题展开深入系统的研究，因此，我们只能选取中国特色社会主义法治建设中的若干具体理论与实践问题展开研究，以求"积跬步，至千里""积小流，成江海"。同时，鉴于能力和水平有限，本套丛书中难免存在不足乃至错误之处，恳请学界同仁批评指正！

"法学求是前沿书系"编委会
2019 年 10 月

|国家社科基金后期资助项目|

序言 PREFACE

努力开拓和深化我国刑法学的研究

与中国特色社会主义法治建设的快速发展相适应，21世纪以来，我国刑法学理论进入了精致化的发展阶段和多元理论相互博弈的重要时期。这一进程必然伴随着知识的新陈代谢和革故鼎新。创新作为人类的创造性实践活动，是指在能动思维的支配下，提出以有别于常规或惯常思路的见解为导向，利用现有的知识和物质，在特定的环境中，本着理想化需要或为满足社会需求，而改进或创造新的事物，从而助力增加社会利益的总量。牛忠志教授的专著《当代中国刑法理念的革新及其法治实践贯彻》就是他长期从事刑法学教学研究的创新性尝试。该书即将出版，他邀请我作序，遂欣然应允。

通读书稿，我认为本书以下几个方面颇能体现作者的理论贡献：

其一，突出刑事政策对刑法的引领地位，并强调作为刑法出发点和归宿的刑法目的。

鉴于现代刑法的保障法地位，对刑法学的研究需要树立立体刑法学理念[1]，其中就蕴含了刑事政策学的重要思

---

[1] 关于立体刑法学，参见刘仁文. 立体刑法学：回顾与展望 [J]. 北京工业大学学报（社会科学版），2017（5）：57-68.

想。政策是法治的灵魂，刑事政策是刑事法治的灵魂。刑事政策对现代刑事法治的统率和引领作用贯穿于刑法立法、刑法解释和刑法适用的全过程。本书对基本刑事政策加以研究，有助于举纲张目，全面而深刻地理解刑法规范和引领司法实践。

刑法目的（包括立法目的和司法目的）是指制定和适用刑法所要追求的目标与结果。研究刑法目的，有助于把握刑法问题的要害，做到有的放矢，但我国刑法学界既往的相关研究比较薄弱。作者认为，"刑法立法目的并不完全等同于刑罚目的，二者是系统与其组成元素、目的价值和手段价值的关系""要充分地加以彰显、强调刑法立法目的。若要切实贯彻罪责刑均衡原则，惩罚犯罪作为刑法目的的有机组成部分就具有合理性"。作者主张我国《刑法》目的可表述为："为了惩罚和预防犯罪，保障人权，维护国家的整体法秩序。""刑法的根本目的：'保护国家的整体法秩序'是上位概念；可分解为刑罚目的（惩罚犯罪和预防犯罪）和人权保障目的两个方面。"这些见解具有一定的创新性。

其二，对犯罪本质的认识拓展了新境界。

犯罪本质是刑法学十分重要的范畴。关于犯罪成立条件的遴选，对于定罪判刑具有基础性价值。中国传统刑法理论认为，犯罪的本质是具有严重的社会危害性，大陆法系的德日刑法理论较为流行的观点是法益侵害说。本书对上述两种流行的观点并非"非此即彼"的简单站队，而是有着自己的独立思考。

作者认为，犯罪是危害行为所承载的行为人的主观恶性和行为的客观危害，以及该行为所表征的行为人的社会危险性格三者的有机统一。犯罪具有四个基本属性：犯罪的行为性（自然属性）、触犯刑法性、犯罪的社会危害性、刑罚当罚性。法益说存在美中不足，犯罪的法律本质应该被解释为"主要是对特定义务的严重违反"，即犯罪的法律本质应该是对"正当的""重大的"义务的违反。这一结论不仅是从法理学和其他部门法理论推导而得，从"犯罪是行为人的行为"的常识推导而得，也是犯罪本质的规范违反说或者犯罪实质的国家整体法律秩序破坏说的当然结论。从我国刑法规范的立法表述上也能证明这一结论的适当性。主张犯罪的本性是义务违反，但不意味着否定"被害法益"的有用性，对法益的侵害可以作为对行为人义务违反的外在衡量标尺。犯罪本质问题与犯罪的认定、犯罪构成的指标选定是不同的，不能混淆。作者认为，义务违反说能够克服法益说的不足。例如，在说明行政犯、身份犯、未遂犯、危险犯和预备犯、疏忽大意犯罪等处罚的合理性时，义务违反说较之法益说具有明显的优越性。

不过,作者也不是彻底否定法益说,而是认为法益受害情况只是衡量犯罪本质的一把尺子,需要对其进行研究并加以改良。法益说是德日刑法理论关于犯罪本质的重要学说,由于立法体系的差异性,我们移植该说时不能简单地照搬而必须加以改造。德日的法益说以违法一元论为主流,不区分刑法法益与民法法益、行政法法益;德日"刑法保护的法益"与民法法益、行政法法益三者没有实质区别,因而是并列关系。而《中华人民共和国刑法》第13条"但书"的存在表明我国的犯罪与一般违法有着严格区分,刑法是法律体系的第二道防线,保障由民法、行政法调整所形成的法律秩序,刑法法益与民法法益、行政法法益之间是递进关系。所以,移植德日的法益说需要实现从并列关系到中国"刑法法益与民法法益、行政法法益之递进关系"的转变。作者主张我国对德日法益说需要进行"四维"改良:一是保证刑法法益根源于宪法的精神和基本原则;二是将被犯罪侵害的法益纳入国家整体法律秩序,以实现"刑法法益"性质的转变;三是给刑法法益加入量的限定,即对刑法法益在质的基础上进行量的考察;四是为适应处罚预备犯和抽象危险犯的需要,还需把刑法法益的内涵在"实害+具体危险"的基础上继续拓展到"抽象危险性"。于是,对国家法秩序的义务违反是犯罪的本体属性;法益侵害应作为对行为人义务违反的外在衡量标尺,即犯罪本质的间接衡量指标,它与义务违反的关系,正如树木的高度与测量高度的尺子——本体与喻体的关系一样,既不相同又相互关联。作者从本体和喻体两个视角对犯罪本质加以研究,让人耳目一新。这有助于澄清混淆犯罪本质和对犯罪本质衡量指标的错误认识。

其三,关于犯罪成立条件理论的创新观点。

1)对犯罪构成四要件的立体化改造。中国的犯罪构成四要件与德日阶层体系之争是晚近二十年来中国刑法学理论争议的一道风景线。犯罪构成理论的"四要件"说是我国刑法理论的通说,在我国刑法学界和实务界有着广泛而深厚的基础。按照犯罪构成四要件理论,犯罪构成的四个要件是认定犯罪成立与否的唯一标准。一些学者倡导移植德日的阶层犯罪论体系,于是就对我国传统理论进行批评甚至"莫须有"的指责。本书作者客观公正地评价了两个体系,并认为对传统的犯罪构成四要件的立体化改造是可行的路径选择,在继承犯罪构成四要件的基础上,对四要件中的每一个要件从形式和内容、质和量、静态和动态、纵向和横向等维度"加宽加厚加高"。把犯罪客体修正为受刑法保护而被犯罪行为所侵害或者威胁的社会关系及其载体的统一,以使之"有血有肉",看得见、摸得着,增强了其实体性和可测量性。在危害行为的定义中加入"犯罪工具"和行为"强度"的限定,既突出实施危害行为对犯罪工具的利用,又符合中国刑法对犯罪规定既定性又定量的特点。在刑事责任能力的基础上,把行为人的社会危险性人格也纳入其中,以形成动静结合的主体要件内容。赋予犯罪动机以选择要件地位;为了切实、全面地贯彻规范责任论,在《刑法》第16条中增加关于因"期待可能丧失或者减弱"而刑事责任丧失或者减轻的规定。作者的以上立体化改造是值得肯定的创新性探索。

2) 坚持"但出不符合犯罪构成的行为说",并对"但出符合形式犯罪构成的行为说"进行了深度的批驳。关于《刑法》第13条"但书"到底"但"什么,理论界有"但出符合形式犯罪构成的行为说""但出符合实质犯罪构成的行为说""但出不符合犯罪构成的行为说"三种观点。其中,"但出不符合犯罪构成的行为说"是传统犯罪构成理论的当然结论。

作者坚持"但出不符合犯罪构成的行为说",并对"但出符合形式犯罪构成的行为说"进行了深入的剖析。"但出符合形式犯罪构成的行为说"主张《刑法》第13条"但书"所"但出"的是"符合形式犯罪构成"且又属于"情节显著轻微危害不大"的行为。作者认为,该说的不足之处主要在于:一是对我国的犯罪构成进行形式化解释打破了"我国的犯罪构成是犯罪成立的唯一法律标准"的信条;二是混用了"犯罪构成"与"构成要件"这两个属于不同理论体系且内涵不同的术语;三是忽视了我国《刑法》分则中许多条文都明确规定的"情节严重"为入罪门槛,并以此对《刑法》总则第13条"但书"作了照应性规定的事实;四是对我国犯罪构成的形式化解释会导致《刑法》第13条与第63条、第101条规定在体系上的矛盾。作者的这一剖析有助于澄清理论误区。

3) 论证了期待可能性理论已经存在于我国刑法和刑事法治实践之中。国内一些学者认为,现行刑法没有贯彻期待可能性理论。有的学者认为,我国应该引入期待可能性理论;而有的学者干脆认为,我国传统的犯罪构成无法接纳期待可能性理论,因而就作为其改弦更张借鉴德日阶层犯罪论体系的证据之一。作者展示了期待可能性理论已经存在于我国刑法和刑事法治实践之中,论证了该理论可以为犯罪四要件所接纳,可谓旗帜鲜明:现行刑法和司法实践对期待可能性理论都有贯彻,而且犯罪构成四要件可以很好地接纳期待可能性理论。例如,我国《刑法》第14条、第15条和第16条的规定集中体现了期待可能性理论,所以,我国刑法不存在"再引入"期待可能性理论的问题。根据我国犯罪构成四要件理论，没有期待可能性的情形，要么归结为罪过的不成立，要么影响到行为人刑事责任能力进而影响罪过。因此，那种指责我国犯罪构成四要件理论无法容纳期待可能性理论并据此作为其移植德日犯罪论体系的理由，不能令人信服。另外，也应该承认我国现行刑法对期待可能性理论的体现存在些许不足。作者的建议是在《刑法》第16条第1款规定："如果行为时无期待可能性，或者期待可能性减弱，则行为人不存在罪过，或者行为人的刑事责任能力丧失或者减弱。"现有的关于不可抗力和意外事件的规定作为本条的第2款，成为第1款的注意性规定。期待可能性理论的作用既可以是免罪，也能作为从轻、减轻或者免除处罚的理由。

4）关于犯罪动机的选择要件地位和刑事"严格责任"的真实含义。犯罪动机是我国犯罪主观方面理论研究最为薄弱的环节。作者认为，犯罪动机是指被纳入刑法调整范围，刺激犯罪人实施犯罪行为并促使犯罪行为朝着犯罪目的进行的内心冲动或者内心起因；现行刑法理论中的"第二种意义的犯罪目的"实际上就是犯罪动机；犯罪动机与一般行为动机的显著区别在于其负价值性、立法意志选择性以及与犯罪行为、犯罪结果的关联性。犯罪动机只存在于直接故意犯罪之中，间接故意犯罪、过失犯罪不存在犯罪动机。犯罪目的是犯罪意志的核心内容，不是独立的犯罪构成要件。应当确立犯罪动机的选择要件地位。作者的上述见解与通说有所不同，理论研究争鸣有助于科学认识犯罪动机及其在犯罪构成中的地位。

关于严格责任，一些学者简单地将其等同于客观归罪或者绝对责任。本书对这些误区进行了澄清。作者认为，现代刑法必须坚持罪过原则，所以，必须从根本上否定客观归罪和"绝对责任"。但是，对罪过原则的贯彻落实应该与时俱进、动态发展。鉴于环境污染等公害犯罪的社会危害性日益严重，而且有其自身特点，故应采用现代意义的刑事严格责任认定原则——过错推定原则。这是从刑罚的目的性、公正性和司法效率诸方面进行分析所得出的妥当结论。

其四，民（行）刑衔接制度的完善。

刑法（尤其是犯罪）基本理论的革新必然会引起一系列刑法制度的变革。本书选取民事违法与犯罪界分、对行政犯三种法律责任的追究、怎样实现对行政犯的"亦刑亦罚"等专题加以研究，一方面是要关注当今刑事法治中的热点问题，另一方面也是要贯彻和检验作者所试图革新的基本理论。

1）民刑（行刑）界分与衔接是法律适用的重要课题。本书从不同法律的立法目的、法律责任的特殊性等方面区分犯罪和民事违法的思路是可取的。

作者认为，区分犯罪和民事违法的实质在于把握民事责任与刑事责任的界限。后者可以从民法与刑法的立法目的、调整对象以及民事责任与刑事责任等方面的不同来说明。正确厘清民事责任与刑事责任的界限，有助于实现保障个人权益与维护社会利益之间的平衡。

2) 关于行政犯的法律责任。作者认为，在我国，不同于德国、日本或者英国、美国，行政犯是十足的犯罪；行政犯可能需要同时承担刑事、民事和行政三种法律责任。行政犯的这三种法律责任既彼此独立、不能相互取代，又具有一定的关系，这就决定了对这三种法律责任，既要全面而不能有所遗漏，不要以偏概全；又要适当而不能生硬、机械地按照算数加减法处置其关系。为此，在制度设计时，就必须坚持刑事优先原则和全面追究、整体协调平衡原则；必须在刑法和刑事诉讼法两个维度，设立犯罪分子依法"承担民事责任"便"宽宥处罚"的制度、"犯罪复原"制度、行政法律制裁与刑事制裁处罚种类和强度的协调机制，以及适用程序的合理衔接机制。作者认为，如果等待立法修改之后再实现本书的主张太过遥远，那么，在立法修改之前，在司法方面加大推行恢复性司法的力度则是当务之急。

3) 作者对于刑事制裁和行政处罚这两种近似的公法责任的追究问题进行了探讨，论证了对行政犯的"亦刑亦罚"应坚持相对的"刑罚优先"原则和克服相应的现实障碍，并完善相应的法律制度建议，具有较强的理论价值和实践意义。这里的"刑罚优先"是指刑事处罚具有优先性，但不是用刑罚包办代替行政处罚。其优先性集中地体现在：刑事侦查和刑事诉讼程序优先于行政执法程序，刑事制裁措施优先于行政处罚措施；其相对性即对原则的例外，包括法律规定"先予行政处罚"和遇到刑事诉讼应该中止的情形。为此，我们面临诸多制约：来自"打了不罚"或"罚了不打"传统观念的障碍及其导致现行法律制度的缺陷和法律实务中的一些错误做法等。当务之急是构建新的制度，以促成法院判决与行政处罚的衔接。

其五，刑事制裁制度的完善。

鉴于"保障人权"被明确地写入宪法，理论界关于没收财产刑的存废之争进入高潮；随着刑事法治的进步，定罪量刑的精细化，对牵连犯定罪处罚规则、拘役与有期徒刑的并罚等问题成为理论界的研究热点；随着恢复性司法理念的深入实践和认罪认罚的司法改革推进，建构犯罪复原制度（对古代保辜制度的借鉴）成为必要。

1) 关于没收财产附加刑的存废问题。作者反对废除没收财产刑的主张。从刑罚本质属性，以及刑罚的正当化根据、刑罚功能、刑罚目的等维度来考察，没收财产刑具有现代刑罚的品性；而且，没收财产刑，尤其是在全部没收的情况下，其对罪犯经济权利之彻底的否定功能是罚金刑所不具有的，这从根本上决定了没收财产刑存在的合理性。另外，大多数西方发达国家废止没收财产刑的理由和现实，不足以说明我国应该效仿。在我国，没收财产刑有其存在的历史和现实原因，国内理论界关于废除没收财产刑的主要观点说服力不强。鉴于此，当务之急是针对没收财产刑的立法不足予以完善：适当收缩没收财产刑的适用对象和适用范围，改变没收财产刑立法设置的粗疏问题以增强可操作性，增强科处没收财产刑的灵活性等，将是未来相关立法改革的方向。在众多学者主张废除没收财产刑并以罚金刑予以替代的背景下，作者对没收财产刑独立存在的价值有其独到的认识，在此基础上提出了完善我国没收财产刑的立法建议，彰显了作者不人云亦云的独立思考学风。

2）关于我国牵连犯定罪处罚规则的问题。现行《刑法》中只有一些分则条文对牵连犯规定了不同的定罪处罚规则，而总则条文没有一般性规定，这导致了对牵连犯定罪处罚规则的混乱、矛盾局面。作者认为，牵连犯定罪处罚规则的选取，由多种因素共同决定：牵连犯本质及其构成条件、犯罪的本质和刑罚观、国家对具体犯罪的刑事政策、数罪并罚制度等。若欲弭除抵牾，使立法对牵连犯定罪处罚规则规范化和科学化，宜在《刑法》总则中规定："对于牵连犯，从一重罪从重处罚。法律规定数罪并罚的，依照规定。"《刑法》分则规范在对特定的牵连犯作出数罪并罚规定时，要基于审慎的严惩政策；具体的司法解释也应尽量避免把所涉及的牵连犯解释为实行数罪并罚。此外，还应修改我国的数罪并罚制度来促进牵连犯处断规则的和谐。

3）关于拘役与有期徒刑并罚的折算规则选择。由于《中华人民共和国刑法修正案（九）》第4条"数罪中有判处有期徒刑和拘役的，执行有期徒刑"的数罪并罚制度规定存在语焉不详的情况，采用文理解释者认为：拘役与有期徒刑的并罚采用了吸收规则，即有期徒刑与拘役数罪并罚时，由有期徒刑吸收拘役。这一见解违背了罪责刑相适应原则、数罪并罚原则，也不符合体系解释规则。应采伦理解释"折算有期徒刑执行规则"，即拘役和有期徒刑并罚时应当按照拘役一日折抵有期徒刑一日的规则，将拘役折抵成有期徒刑，并按照限制加重原则决定最后应执行的刑期。这不仅符合罪责刑相适应原则和数罪并罚原则，还符合体系解释规则。在量刑的具体操作上，折算规则的适用具有刑法依据、折算的现实基础以及司法操作的便捷性。作者不采纳主流的吸收观点而是主张将拘役"折算"为徒刑的并罚说，也彰显了其独立探究问题的学术品格。

4）关于犯罪复原制度，即目前司法改革所推行的认罪认罚赔偿从轻制度。本书主张借鉴古代保辜制度来建立犯罪复原制度，以践行恢复性司法理念，为认罪认罚司法改革提供制度供给。保辜制度是我国古代刑法中一种独特的法律制度，对刑事法治现代化建设具有借鉴意义。当前，借鉴保辜制度应首先转变传统的社会义务本位法律价值观，确立人权保护、人权保障的观念。其次，在刑法方面，必须创立一个新的犯罪复原制度；在刑事诉讼法方面，必须进一步扩大自诉案件的范围，把犯罪复原案件纳入自诉案件之中。作者深挖祖国法律文化宝库中的优秀成分，古为今用，符合党和国家所倡导的增强文化自信、建设文化强国的政策导向。

百花齐放，百家争鸣，是我国促进科学进步和繁荣社会主义文化的方针。国学大师陈寅恪有相关名言："唯此独立之精神，自由之思想，历千万祀，与天壤而同久，共三光而永光。"❶ 如果受"俗谛之桎梏"，没有自由思想，没有独立精神，便不能发扬真理，也就不能真正地研究学术。学者的使命是从事学术研究，著作是表达作者思想的载体。或许本书中的某些观点或者提法存有继续推敲的余地，有些见解的创新性尚需要实践的进一步检验。但是，瑕不掩瑜，从总体上而言，对本书的学术价值应当予以肯定。

忠志君2013年6月从西南政法大学刑法学专业博士毕业，同年7月申请进入北京师范大学刑事法律科学研究院从事博士后研究，我曾作为他的博士后合作导师，对他自那时起近十年的学术成长经历比较了解。其间，他一步一个脚印，踏踏实实地做学问，发表了大量有学术价值的论文，出版了学术专著，申报并获批了两个国家社科基金项目等，这些成就是他付出的心血与汗水的当然回报，正可谓天道酬勤，一分耕耘一分收获。在未来的学术道路上，希望他不忘初心，不改初衷，持之以恒，继续奋进，再创佳绩。

是为序。

赵秉志
北京师范大学刑事法律科学研究院教授
中国刑法学研究会名誉会长
国际刑法学协会中国分会主席
2023年初春谨识

---

❶ 潘耀明. 一代人的心事[M]. 南昌：江西教育出版社，2017：34.

前言 PREFACE

本书是以博士论文《环境犯罪的立法完善》为基础申报并获批的国家社科基金后期资助项目："革新刑法理论 完善环境犯罪立法"（项目批准号 17FFX018）和教育部哲学社会科学研究专项（党的二十大精神研究）"贯彻落实习近平刑事法治思想，推进新阶段国家刑事法治建设"（编号 2022D廿J042）的部分研究成果，并得到了河北大学一流学科建设项目、河北省高校人文社科重点研究基地"国家治理法治化研究中心"和河北大学高层次创新人才科研启动经费项目的资助。

一、刑事政策的选择和刑法目的理论的革新

政策是法治的灵魂，刑事政策是刑事法治的灵魂。刑事政策对刑事法治的统率和引领贯穿于立法、解释和法律适用的全过程，因而对其研究要摆在首位。宽严相济的刑事政策包括"宽"和"严"两个侧面。和谐社会建设决定了宽严相济的刑事政策应该立足于"宽"。宽严相济的"严"是用来矫正"宽"和辅助"宽"的。宽严相济的刑事政策与"惩办与宽大相结合"的刑事政策、"严打"政策以及西方的"两极化"刑事政策，既有根本的区别，又

有相通的地方。

　　刑法目的是指制定和适用刑法的目的，其作为全部法律条文的创造者，构成了刑法规范的归宿，必须深入研究。刑法立法目的就是国家制定刑法所要达到的目的，它并不完全等同于刑罚目的，二者是系统与其组成元素、"目的价值"和"手段价值"的关系。要充分地彰显、强调刑法立法目的。若要切实贯彻罪责刑均衡原则，惩罚犯罪作为刑法目的的有机组成部分就具有合理性。应然地，我国《刑法》目的可表述为："为了惩罚和预防犯罪，保障人权，维护国家的整体法秩序"。刑法的根本目的——"保护国家的整体法秩序"是上位概念。刑法目的可分解为刑罚目的（惩罚犯罪和预防犯罪）和人权保障目的两个的方面。

二、犯罪本质理论的革新

　　犯罪是刑法学中十分重要的内容，也是构筑刑法学理论的逻辑起点，对其内涵必须进行科学诠释。事物的本质是此事物之所以是此事物而不是彼事物的质的规定性，犯罪的本质是把握犯罪与一般违法行为的质的差别的关键，但鉴于人类认识能力的局限性，对事物本质的认识是一个循序渐进的、不断深化的过程，笔者对犯罪本质的认识亦然，这里也展示了一个同样的曲折前进的过程。犯罪是危害行为所承载的行为人的主观恶性和行为的客观危害，以及该行为所表征的行为人的社会危险性格三者的有机统一。犯罪具有四个基本属性：犯罪的行为性（自然属性）、触犯刑法性、犯罪的社会危害性、刑罚当罚性。法益说存在美中不足，犯罪的法律本质应该被解释为"主要是对特定义务的严重违反"，即犯罪的法律本质应该是对"正当的""重大的"义务的违反。这一结论不仅是从法理学和其他部门法理论推导而得，从"犯罪是行为人的行为"的常识推导而得，也是犯罪本质的规范违反说或者犯罪实质的国家整体法律秩序破坏说的当然结论。从我国刑法规范的立法表述上也能证明这一结论的适当性。主张犯罪的本性是义务违反，但不意味着否定"被害法益"的有用性，对法益的侵害可以作为对行为人义务违反的外在衡量标尺。犯罪本质问题与犯罪的认定、犯罪构成的指标选定是不同的，不能混淆。义务违反说能够克服法益说的不足。例如，在说明行政犯、身份犯、未遂犯、危险犯和预备犯、疏忽大意犯罪等处罚的合理性时，义务违反说较之法益说具有优越性。

　　在笔者看来，法益受害情况只是衡量犯罪本质的一把尺子，因而需要对其进行研究。法益说是德日刑法理论关于犯罪本质的重要学说，由于立法体系的差异性，我们移植该说时不能简单地照搬而必须加以改造。德日法益说以违法一元论为主流，不区分刑法法益与民法法益、行政法法益；德日国家"刑法保护的法益"与民法法益、行政法法益三者没有实质区别，因而是并列关系。而我国《刑法》第13条"但书"的存在表明我国的犯罪与一般违法严格区分，刑法是法律体系的第二道防线，保障由民法、行政法调整所形成的法律秩序，刑法法益与民法法益、行政法法益之间是递进关系。所以，移植德日法益说需要实现从并列关系到中国"刑法法益与民法法益、行政法法益之递进关系"的转变。我国对德日法益说需要进行"四维"改良：保证刑法法益根源于宪法的精神和基本原则；将被犯罪侵害的法益纳入国家整体法律秩序，以实现"刑法法益"性质的转变；给刑法法益加入量的限定，即对刑法法益在质的基础上进行量的考察；为适应处罚预备犯和抽象危险犯的需要，还需把刑法法益的内涵在"实害+具体危险"的基础上继续拓展到"抽象危险性"。

对于作为国家法秩序的义务违反，是犯罪的本体属性；法益侵害应作为对行为人义务违反的外在衡量标尺，即犯罪本质的间接的衡量指标，它与义务违反的关系，正如树木的高度与测量高度的尺子——本体与喻体的关系一样，既不相同又相互关联。

三、犯罪成立条件理论的革新

我国的犯罪构成（其中"四要件"是通说）是认定犯罪成立与否的唯一标准。在德国、日本，认定犯罪成立与否的理论工具中"三阶层"的犯罪论体系有较大的影响。为了便于中外学术交流，这里采用"犯罪成立条件"这一称谓以免产生歧义。犯罪构成理论十分重要，以至于被认为是刑法学法学理论殿堂王冠上璀璨的明珠。

改良犯罪构成四要件与移植德日的阶层体系是完善我国犯罪成立条件体系的两条可供选择的路径。但是，德日的阶层体系的只定性不定量、弱化主体要件地位、不能体现行为人社会危险性等缺陷，都决定了难以对其进行简单移植以适应中国现行刑法。所以，改良犯罪构成四要件是较好的路径选择。缘此，需要进一步回答犯罪构成要件的个数以及四要件之间的结构关系等问题。否定犯罪客体要件的诸种观点不可取而必须坚持四要件说。全面评析当今国内学者的多种排序观点可以得出，犯罪客观要件、客体要件、犯罪主体要件、主观要件的排序主张较为合理。四要件之间的耦合关系是相乘或者幂的关系，而不是相加关系，不能把四要件的司法运用看成"堆积木"游戏。

为永葆犯罪构成四要件的生命力，需要对其各要件加以立体化修正，包括对其各个要件从形式和内容、质和量、静态与动态、纵向和横向等维度"加宽加厚加高"。把犯罪客体修正为刑法保护的而为犯罪行为所侵害或者威胁的社会关系及其载体的统一，以使之"有血有肉"，看得见、摸得着，增强了其实体性和可测量性。在危害行为的定义中加入"犯罪工具"和行为"强度"的限定，既突出实施危害行为对犯罪工具的利用，又符合中国刑法对犯罪规定既定性又定量的特点。在刑事责任能力的基础上，把行为人的社会危险性人格也纳入其中，以形成动静结合的主体要件内容。赋予犯罪动机以选择要件地位；为切实、全面地贯彻规范责任论，在《刑法》第16条增加关于因"期待可能丧失或者减弱"而刑事责任丧失或者减轻的规定。

关于《刑法》第13条"但书"到底"但"什么，"但出符合形式犯罪构成的行为说"主张《刑法》第13条"但书"所"但出"的是"符合形式犯罪构成"且又属于"情节显著轻微危害不大"的行为。该说的不足之处主要在于：对我国的犯罪构成进行形式化解释，打破了"我国的犯罪构成是犯罪成立的唯一法律标准"的信条；混用了"犯罪构成"与"构成要件"这两个属于不同理论体系且内涵不同的术语；忽视了我国《刑法》分则中许多条文都明确规定的"情节严重"为入罪门槛，并以此对《刑法》总则第13条"但书"作了照应性规定的事实；对我国犯罪构成的形式化解释会导致《刑法》第13条与《刑法》第63条、第101条规定在体系上的矛盾。在我国的"熟人"社会尚未彻底解体、人治文化统治尚未彻底改观，以及司法的整体水平和司法体制仍处于社会主义法治初创阶段的现实状态下，"但出符合形式犯罪构成的行为说"在司法实践中难以得到贯彻。

期待可能性理论已经存在于我国刑法和刑事法治实践之中。《刑法》第14条、第15条和第16条集中体现了期待可能性理论，所以，不少学者主张我国刑法应当引进期待可能性理论的论调，与实际情况不符。在我国犯罪论体系中，没有期待可能性的情形，或者转化为导致罪过的不成立，或者影响到行为人刑事责任能力进而影响罪过。为了突出地强调该理论，可在《刑法》第16条的第1款中规定："如果行为时无期待可能性，或期待可能性减弱，则行为人不存在罪过，或者行为人的刑事责任能力丧失或者减弱。"现有的关于不可抗力和意外事件的规定作为本条的第2款，成为第1款的注意性规定。期待可能性理论的作用既可以是免罪，也能作为从轻、减轻或者免除处罚的理由。其适用范围限于过失犯罪，也适用于故意犯罪情形；既可以是法定事由，也可以是超法规事由。期待可能性的消极构成包括事实要件和价值要件，前者由客观要素和心理要素构成，具体包括行为客观情状的非常性和行为动机形成的受涉性，后者是指行为在刑法上的可宽宥性。无期待可能性的判断标准应该采用"以行为人标准为依据，以平均人标准为参考"的主客观统一说。

犯罪动机是指纳入刑法调整范围的，刺激犯罪人实施犯罪行为并促使犯罪行为朝着犯罪目的进行的内心冲动或者内心起因；现行刑法理论中的"第二种意义的犯罪目的"实际上就是犯罪动机；犯罪动机与一般行为动机的显著区别在于其负价值性、立法意志选择性以及与犯罪行为、犯罪结果的关联性。犯罪动机只存在于直接故意犯罪之中，间接故意犯罪、过失犯罪不存在犯罪动机。犯罪目的是犯罪意志的核心内容，不是独立的犯罪构成要件。应当确立犯罪动机的选择要件地位。

关于严格责任，秉承现代刑法必须坚持罪过原则，应从根本上否定"绝对责任"。但是，对罪过原则的贯彻落实却应该与时俱进、动态发展。鉴于环境污染等公害犯罪的社会危害性日益严重，而且有其犯罪的自身特点，故应引入现代意义的刑事严格责任原则——过错推定原则。确立这一原则既符合刑罚的目的性、公正性，又能提高司法效率。

四、民（行）刑衔接制度的完善

鉴于刑法和犯罪基本理论的基础性地位，刑法和犯罪基本理论的革新必然会引起一系列刑法制度的变革。本书以问题为导向，选取笔者思考较为深刻的民事违法与犯罪界分、对行政犯三种法律责任的追究、怎样实现对行政犯的"亦刑亦罚"等专题加以研究，在实证、贯彻和检验前文革新的基本理论的同时，提出了自己的见解。

区分犯罪和民事违法的实质就在于把握民事责任与刑事责任的界限。这可以从民法与刑法的立法目的、调整对象以及民事责任与刑事责任等方面的不同来说明。正确厘清民事责任与刑事责任的界限，有助于实现保障个人权益与维护社会利益之间的平衡。

在我国，不同于德国、日本或者英国、美国，行政犯是十足的犯罪；行政犯可能同时承担刑事法律责任、民事法律责任和行政法律责任三种法律责任。行政犯的这三种法律责任，既彼此独立、不能相互取代，又具有一定的关系，这就决定了对这三种法律责任，既要全面而不能有所遗漏，不要以偏概全；又要适当而不能生硬、机械地按照算数加减法处置其关系。为此，在制度设计时，就必须坚持刑事优先原则和全面追究、整体协调平衡原则；必须在刑法和刑事诉讼法两个维度上，设立犯罪分子依法"承担民事责任"便"宽宥处罚"的制度、"犯罪复原"制度、行政法律制裁与刑事制裁处罚种类和强度的协调机制，以及适用程序的合理衔接机制。如果说等待立法的修改之后再实现本书的主张太过遥远，那么，在立法正式修改之前，在司法方面加大推行恢复性司法的力度则是当务之急。

尤其要注意实现对行政犯的"亦刑亦罚"。应坚持相对的"刑罚优先"原则，消除相应的现实障碍并完善相应的法律制度。这里的"刑罚优先"是指刑事处罚具有优先性，但不是刑罚包办代替行政处罚。其优先性集中地体现在：刑事侦查和刑事诉讼程序优先于行政执法程序，刑事制裁措施优先于行政处罚措施；其相对性即对原则的例外，包括法律规定"先予行政处罚"和遇到刑事诉讼应该中止的情形。为此，我们面临着诸多制约：来自"打了不罚"或"罚了不打"传统观念的障碍及其导致现行法律制度的缺陷和法律实务中的一些错误做法等。当务之急是构建新的制度以促成法院判决与行政处罚的衔接。

五、刑事制裁制度的完善

近年来，随着把"保障人权"写入宪法，理论界关于没收财产刑的存废之争进入高潮；随着刑事法治的进步，定罪量刑的精细化，对牵连犯定罪处罚规则、拘役与有期徒刑的并罚等问题成为理论界的研究热点；恢复性司法理念的深入实践和认罪认罚的司法改革推进，建构犯罪复原制度（对古代保辜制度的借鉴）成为必要。

笔者反对废除没收财产刑的主张。从刑罚本质属性，以及刑罚的正当化根据、刑罚功能、刑罚目的等维度来考察，没收财产刑具有现代刑罚的品性；而且，没收财产刑，尤其是在全部没收的情况下，其对罪犯经济权利之彻底的否定功能是罚金刑所不具有的，这从根本上决定了没收财产刑存在的合理性。另外，大多数西方发达国家废止没收财产刑的理由和现实，不足以说明我国应该效仿；在我国，没收财产刑有其存在的历史和现实原因，国内理论界关于废除没收财产刑的主要观点说服力不强。鉴于此，当务之急是针对没收财产刑的立法不足予以完善：适当收缩没收财产刑的适用对象和适用范围，改变没收财产刑立法设置的粗疏问题以增强可操作性、科处没收财产刑的灵活性等，将是未来立法改革的方向。

关于我国牵连犯定罪处罚规则的完善。现行《刑法》中只有一些分则条文对牵连犯规定了不同的定罪处罚规则，而总则条文没有一般性规定，这导致了对于牵连犯定罪处罚规则的混乱、矛盾局面。牵连犯定罪处罚规则的选取,由多种因素共同决定:牵连犯本质及其构成条件、犯罪的本质和刑罚观、国家对具体犯罪的刑事政策、数罪并罚制度等。若欲弭除抵牾,使立法对牵连犯定罪处罚规则规范化和科学化,宜在《刑法》总则中规定:"对于牵连犯,从一重罪从重处罚。法律规定数罪并罚的,依照规定。"《刑法》分则规范在对特定的牵连犯作出数罪并罚规定时,要基于宜慎的严惩政策;具体的司法解释也尽量避免把所涉及的牵连犯解释为实行数罪并罚。此外,还应修改我国的数罪并罚制度来促进牵连犯处断规则的和谐。

关于拘役与有期徒刑并罚的折算规则选择。由于《中华人民共和国刑法修正案(九)》第4条"数罪中有判处有期徒刑和拘役的,执行有期徒刑"的数罪并罚制度规定存在语焉不详的情况,采用文理解释者认为:拘役与有期徒刑的并罚采用了吸收规则,即有期徒刑与拘役数罪并罚时,由有期徒刑吸收拘役。这一见解违背了罪责刑相适应原则、数罪并罚原则,也不符合体系解释规则。应采伦理解释"折算有期徒刑执行规则",即拘役和有期徒刑并罚时应当按照拘役一日折抵有期徒刑一日的规则将拘役折抵成有期徒刑,并按照限制加重原则决定最后应执行的刑期。这不仅符合罪责刑相适应原则、数罪并罚原则,还符合体系解释规则。在量刑的具体操作上,折算规则的适用具有刑法依据、折算的现实基础以及司法操作的便捷性。

本书主张借鉴古代保辜制度来建立犯罪复原制度,以践行恢复性司法理念,为认罪认罚司法改革提供制度供给。保辜制度是我国古代刑法中一个独特的法律制度,对刑事法治现代化建设具有借鉴意义。当前,借鉴保辜制度应首先转变传统的社会义务本位法律价值观,确立人权保护、人权保障的观念。其次,在刑法方面,必须创立一个新的犯罪复原制度;在刑事诉讼法方面,必须进一步扩大自诉案件的范围,把犯罪复原案件纳入自诉案件之中。

本书的写作和顺利出版,是笔者从事刑法学教学与研究工作20多年来的艰苦探索和智慧积淀。在此,要感谢母校西南政法大学刑法学科老师,尤其是恩师朱建华教授对我的悉心培养;感谢我曾经供职的山东科技大学与现供职单位河北大学的有关领导、管理人员和学院同事们,以及国内法学界和司法实务界的师长、同人、朋友长期以来对我的关照、支持和帮助;感谢知识产权出版社韩婷婷编辑的认真编校;等等。

与理工科研究成果需要有扎实的实验数据作为支撑的道理一样,人文社科研究成果需要多个主体立于不同的视角进行观察、琢磨、讨论、商榷和质疑。本书汇集了课题组同人、各位评审专家、咨询专家、学界同人的集体智慧。虽然力求紧跟最新立法、运用最新研究成果和资料，倾尽了笔者自2001年硕士毕业20年多来对刑法学知识孜孜不倦的所学、所悟和创新，但是，由于水平有限，加上撰稿时间仓促，书中错讹之处在所难免，敬请学界同人和读者不吝批评指正。笔者将以本书为新起点，在未来的岁月里，不改初衷，继续关注环境犯罪和环境刑法问题并加倍努力钻研，是以自勉。

牛忠志
2023年1月29日
于河北大学法学院

目录 CONTENTS

第一章　刑事政策的选择和刑法目的理论的革新　　001

第一节　正确把握我国宽严相济的基本刑事政策 …………………… 001
第二节　刑法目的新论 …………………………………………………… 008

第二章　犯罪本质理论的革新　　019

第一节　犯罪内涵新释 …………………………………………………… 019
第二节　犯罪本质的义务违反说论纲 …………………………………… 030
第三节　论犯罪本质的义务违反说优于法益说 ………………………… 040
第四节　德日法益说适应中国的"四维"改良 ………………………… 049

第三章　犯罪成立条件理论的革新　　074

第一节　完善犯罪成立条件体系的宏观问题分析 ……………………… 074
第二节　犯罪构成四要件的"立体化"修正 …………………………… 088
第三节　驳"但出符合形式犯罪构成的行为说" ……………………… 111
第四节　应当如何借鉴期待可能性理论 ………………………………… 125
第五节　论犯罪动机
　　　　　——为犯罪动机的构成要件地位而呐喊 …………………… 141
第六节　论刑事严格责任原则 …………………………………………… 152

第四章　民（行）刑衔接制度的完善　　　167

第一节　民事违法与犯罪的界分 …………………………………… 167
第二节　对行政犯三种法律责任的追究 …………………………… 173
第三节　怎样实现对行政犯的"亦刑亦罚" ……………………… 188

第五章　刑事制裁制度的完善　　　201

第一节　我国没收财产刑的立法完善研究 ………………………… 201
第二节　我国牵连犯定罪处罚规则的立法完善 …………………… 221
第三节　拘役与有期徒刑并罚的折算规则选择 …………………… 235
第四节　借鉴古代保辜制度以建立犯罪复原制度 ………………… 245

第一章 刑事政策的选择和刑法目的理论的革新

政策是法治的灵魂,刑事政策是刑事法治的灵魂。刑事政策对刑事法治的统率与引领贯穿于立法、解释和法律适用的全过程,因而应将其研究放在首位。刑法目的是指制定和适用刑法的目的,是全部法律条文的旨归,构成了刑法规范的归宿,具有深入研究的必要性。犯罪是刑法学中十分重要的内容,是构筑刑法学理论的逻辑起点,必须对其内涵进行科学揭示。本章围绕以上两个基本问题展开讨论。

第一节 正确把握我国宽严相济的基本刑事政策

【核心提示】 宽严相济的刑事政策包括"宽"和"严"两个方面。和谐社会建设决定了宽严相济的刑事政策应该立足于"宽"。宽严相济的"严"是用来矫正"宽"和辅助"宽"的。宽严相济的刑事政策与"惩办与宽大相结合"的刑事政策、"严打"政策以及西方的"两极化"刑事政策,既有根本的区别又有相通的地方。

一、中华人民共和国成立以来宽严相济刑事政策的发展演变

在总结土地改革、抗日战争、解放战争时期与敌对分子的斗争经验的基础上,为了迅速肃清反革命分子,毛泽东提出了"镇压与宽大相结合"的政策。他指出:"在这个问题上,必须实行镇压与宽大相结合的政策,即首恶者

必办，胁从者不问，立功者受奖的政策，不可偏废。"❶ 后来，惩办与宽大相结合的政策被定型为我国的基本刑事政策，并被在1979年制定的第一部《中华人民共和国刑法》（以下简称《刑法》）所继承。

改革开放使中国进入一个急剧转型的历史时期。社会转型就是社会结构、社会秩序和社会控制机制的转型。在这一过程中，社会变得不稳定，犯罪率上升。面对纷繁复杂的犯罪现象，1979年《刑法》显得"力不从心"。为了稳定社会，给改革开放创造良好的环境，1983年，党和国家决定开展首次"严打"惩治斗争。所谓"严打"，是指在当时严峻的社会治安形势下，党和国家为打击某（几）类严重刑事犯罪而制定的，以司法机关为主要执行主体，以"从重从快"为基本要求的一种刑事政策。

1983—2001年，我国先后发动了三次全国性的"严打"。"严打"政策强调"从重从快"打击犯罪分子，体现的只是惩办与宽大相结合政策中"惩办"的一面。"严打"主要强调"严"的一面，势必会影响"宽大"政策的落实。在"严打"斗争中，"可捕可不捕的不捕""可杀可不杀的不杀"等体现"宽大"的具体政策都不再适用，"严打"刑事政策已经对惩办与宽大相结合的刑事政策进行了实质性修正。❷

1997年，我国对1979年《刑法》进行了全面修订。这次修订遵循的原则是注意保持法律的稳定性与连续性，对于《刑法》原有的规定，包括文字表述和量刑规定，原则上没有什么问题的，尽量不做修改。❸ 同时，鉴于当时社会的犯罪态势和治安形势，修订后的《刑法》没有向"非犯罪化""轻刑化"转变。1997年《刑法》基本上将自1979年以来颁行的20多部单行刑事法律、法规和附属刑法的罪行规范内容全部吸收，同时，还针对新的犯罪情况进行了必要的犯罪化立法，以期严密法网。相应地，为了适应社会的快速转型，在刑法总则的文字表述上，其删除了1979年《刑法》第1条关于惩办与宽大相结合刑事政策的规定，以便为"严打"刑事政策提供法律依据。

前两次"严打"（即1983年首次"严打"、1996年第二次"严打"）未能收到国家最高决策层所期望的社会效果，犯罪势头一度高涨，社会治安状况迫使决策层又于2001年4月召开国家治安方面的最高级别会议——"全国社会治安工作会议"，部署在全国范围内进行声势更为浩大的"严打"。值得注意的是，

---

❶ 中共中央文献研究室. 建国以来重要文献选编：第一册 [M]. 北京：中央文献出版社，1992：217.

❷ 陈兴良. 宽严相济刑事政策研究 [J]. 法学杂志，2006（2）：24-29.

❸ 王汉斌. 关于《中华人民共和国刑法》（修订草案）的说明 [J]. 中国法律，1997（Z1）：38-42，68.

与以往不同，这次不是单纯地实施"严打"，而是提出"严打"与"整治"并举，试图实现"严打"与综合治理的有机结合。这标志着决策层已经认识到仅靠"严打"无法实现社会的长治久安，"严打"必须与"整治"相结合。

为了适应国家刑事立法和司法实践活动的需要，我国刑法理论也加强了对刑事政策和刑事法治的研究。各级各类刑事法学学术团体以多种形式展开理论研讨，理性审视"严打"政策的利与弊，寻求未来我国应该采取的刑事政策。2005年11月，在重庆召开的"刑事政策与和谐社会构建"学术研讨会上，与会专家围绕我国的刑事政策与构建和谐社会的关系展开讨论，并初步达成共识：在构建社会主义和谐社会的背景下，中国现阶段应实行宽严相济的刑事政策。同年12月召开的全国政法工作会议提出，要贯彻宽严相济的刑事政策。时任中共中央政法委员会书记罗干指出，"宽严相济"是指"对刑事犯罪区别对待，做到既要有力打击和震慑犯罪，维护法制的严肃性，又要尽可能减少社会对抗，化消极因素为积极因素，实现法律效果和社会效果的统一"。他进一步解释说："贯彻宽严相济的刑事政策，一方面，必须坚持'严打'方针不动摇，对严重刑事犯罪依法严厉打击，在稳准狠上和及时性上全面体现这一方针；另一方面，要充分重视依法从宽的一面，对轻微违法犯罪人员，对失足少年，要继续坚持教育、感化、挽救的方针，有条件的可适当多判一些缓刑，积极稳妥地推进社区矫正。"[1] 党的十六届六中全会通过的《中共中央关于构建社会主义和谐社会若干重大问题的决定》再次明确指出："实施宽严相济的刑事司法政策，改革未成年人司法制度，积极推行社区矫正。"[2]

综上所述，宽严相济的刑事政策是对我国长期以来的刑事立法和刑事司法实践经验教训的总结。这一刑事政策作为我国的基本刑事政策，将全面地贯彻于我国未来的刑事立法、司法、刑事执行等全部刑事法治领域。

二、宽严相济刑事政策的含义解析

宽严相济刑事政策的含义是，对刑事犯罪分子有"宽"有"严"，该"宽"就"宽"，该"严"就"严"，区别对待；"宽""严"要相互救济，既反对单一的"严"，也反对单一的"宽"；"宽"字当头，立足于"宽"。

---

[1] 政法工作会议召开 罗干强调进一步加强政法工作 [EB/OL]. (2005-12-06) [2022-05-12]. https://www.chinanews.com/news/2005/2005-12-06/8/1661634.shtml.

[2] 中共中央关于构建社会主义和谐社会若干重大问题的决定 [EB/OL]. (2008-08-20) [2022-05-12]. http://www.gov.cn/test/2008-08/20/content_1075519.htm.

宽严相济之"宽",应当是宽大、轻缓。"宽"在刑事立法上的体现就是非犯罪化和犯罪的后果轻缓;在司法上的体现包括轻罪轻刑和重罪轻刑,其中轻罪轻刑源于刑罚的报应,而重罪轻刑是指所犯罪行虽然较重,但行为人具有坦白、自首或者立功等法定或者酌定情节,表明行为人的人身危险性较低,最终得到从宽处理,或者在执行中因改造表现突出而得到宽大处理。

宽严相济之"严",是指严格、严厉。"严"在刑事立法上是指刑事法网严密和犯罪后果严厉;在司法上的体现就是从严惩处;在刑事执行上体现为严格执行生效判决、严格掌握减刑或者假释条件。

宽严相济之"济",蕴含着配合、统一、和谐之意。宽严相济,意味着宽松刑事政策与严格刑事政策是相互依存、相互配合、相互协调、有机统一的。因此,宽严相济刑事政策不仅是指对于不同的犯罪应当有宽有严、区别对待,而且在宽与严之间还应当追求相互的平衡、协调和统一,以免宽严失当。

现在的问题是,为什么我国未来的刑事政策必须立足于"宽",而不是"严"字当头呢?

关于立足于"宽"还是立足于"严",大部分学者基于惯性思维仍然强调"严"的一面。例如,有学者主张,我们应当更多地强调"严格",即该作为犯罪处理的一定要作为犯罪处理;对于严重犯罪,不仅应该依法进行处罚,还应当"严打",充分发挥刑罚的威慑力。与此相反,也有学者走向另一个极端,主张我国未来的刑事政策应是"不再严打、只宽不严";我国的刑事政策必须立足于"宽","严"是用来矫正"宽"、辅助"宽"的。这种"宽缓化"趋势,除了因为我国的经济社会有了较大的发展,民主法治水平在整体上有了较大的提高,当今的和谐社会建设提倡人本主义,轻缓化是国际刑法发展的趋势,最为现实的理由是,我国现行《刑法》从整体上看是偏重而不是偏轻,其突出表现是挂有死刑的罪名过多,非监禁制裁措施种类少,现有的管制、假释、缓刑也有待进一步整合,非刑罚处置措施不完善,没有形成系统的保安处分措施体系等。

或许有人会说,我国《刑法》第3条确立了罪刑法定原则,由此,刑法的机能已经转变为以自由保障为主,或者至少说法益保护机能和自由保障并重,并据此进一步推论:"我国的刑事政策应立足于'宽'。"❶ 对此该如何看待呢?我国的刑事政策的确应该立足于"宽",但绝不意味着这一结论根源于"自由保障已经是刑法的主导机能"这一命题。相反,整体地看,我国《刑法》的

---

❶ 臧冬斌. 刑法保障机能与保护机能的立法调整和司法实现 [J]. 法学家,2002 (3):88-91.

主要机能仍然是保护法益,自由保障机能只能处于辅助和纠偏的地位。

刑法理论一般认为,刑法具有行为规制、保护法益和自由保障三大机能。其中,保护法益机能和自由保障机能是行为规制机能的具体化。谈论刑法的机能问题,必须因地、因时而异。在法益保护机能和自由保障机能优先选择的问题上,究竟应重视哪一种机能,因时代的不同、具体社会条件的不同而存在差异。刑法是规定犯罪、刑事责任与刑罚的法律,而不是规定哪些行为是非犯罪行为的法律。我国现行《刑法》第1条规定的刑法目的是"惩罚犯罪,保护人民",第2条规定的刑法任务是"用刑罚同一切犯罪行为作斗争"。这些规定足以说明,目前在中国,刑法的法益保护机能是首要的,这是刑法价值的立足点。

当然,在坚持刑法的法益保护机能的主导地位的同时,也不排除在某些个别场合、某些个案中,自由保障机能临时占据主导地位的情形。实际上,近代以来之所以强调罪刑法定原则,除了是因为该原则可以统一统治阶级的意志与行动以对付犯罪,还有一个原因就是防止因过分强调刑法的法益保护机能而走向另一个极端,导致侵犯犯罪人的基本人权。也就是说,刑法确立罪刑法定原则并不是否定刑法保护机能的主导地位,罪刑法定原则除了有助于强化法益保护机能外,还有一个作用就是纠偏,即防止刑法极端地保护法益而侵犯基本人权。

那么,刑事政策立足于"宽"的立场与刑法的法益保护机能主导地位是否矛盾呢?我国现行《刑法》的规定整体偏重的现状决定了即使将来立法趋向轻缓,也只是为了实现刑法的公正价值,落实罪责刑相适应原则,绝不会因为轻缓化而动摇刑法法益保护机能的主导地位。所以,在现行的立法"刑罚"过剩的状况下,我国刑事政策立足于"宽"与刑法的法益保护机能处于主导地位并不矛盾。故不能以法益保护机能是刑法的主导机能为由而否定我国刑法今后应该轻缓化。

三、准确把握和执行宽严相济的刑事政策

(一)与"宽猛相济"和"轻重诸罚有权,刑罚世轻世重"的异同

"轻重诸罚有权,刑罚世轻世重"出自《尚书·吕刑》,其要旨是,刑罚处罚因不同的犯罪、不同的犯罪人而异;刑罚的设置因不同的社会背景而轻重有别。"宽猛相济"最早见于《左传》,春秋时期政治家子产在郑国执政时,采取宽猛相济的政策,受到孔子的高度赞扬。孔子说:"善哉!政宽则民慢,慢则纠之以猛。猛则民残,残则施之以宽。宽以济猛,猛以济宽,政是以和。""轻重诸罚有权,刑罚世轻世重""宽猛相济"是我国古代统治阶级

的治国之术，由于当时的法律"刑民不分""以刑为主"，所以，也可以把"轻重诸罚有权，刑罚世轻世重""宽猛相济"视为古代中国统治阶级对付犯罪的刑事政策。

可见，"轻重诸罚有权，刑罚世轻世重"和"宽猛相济"在讲求权变、强调区别对待方面，在注重严厉与轻缓的互补作用上，与宽严相济的刑事政策具有相通的一面。其差异在于，前者是剥削阶级的治国之术，在"民刑不分""以刑为主"的社会里，"轻重诸罚有权，刑罚世轻世重"和"宽猛相济"的适用范围更广，适用对象更多。从实质上看，作为统治阶级驾驭百姓的工具，其不包含保护民众的意思。宽严相济的刑事政策却是"以人为本"，是"民主""人权"理念张扬的产物。

(二) 与"惩办与宽大相结合"的刑事政策的比较

惩办与宽大相结合的刑事政策是：首恶必办，胁从不问；坦白从宽，抗拒从严；立功折罪，立大功受奖。该政策立足于"惩办"，"宽大"作为对"坦白""立功"的"奖赏"，是辅助性手段。

宽严相济的刑事政策是对惩办与宽大相结合的刑事政策的扬弃。首先，宽严相济的刑事政策是对惩办与宽大相结合刑事政策的继承。惩办与宽大相结合的刑事政策是宽严相济刑事政策的源头，两者都讲求对待犯罪的"宽"（宽大）和"严"（惩办）两种策略，而不是片面地强调"严"（惩办）或者"宽"（宽大）。其次，宽严相济的刑事政策是惩办与宽大相结合刑事政策的发展。主要表现为：①两者背后的理念不同。惩办与宽大相结合的刑事政策是"阶级与阶级斗争"理念下的刑事政策，这一政策是把犯罪者定位为"人民的敌人"，视为专政的对象，而刑法是专政的工具；宽严相济的刑事政策是当代张扬并逐步实施"以人为本""民主""人权"理念的产物，是社会主义和谐社会语境下的刑事政策，奉行教育刑理念，犯罪人不再纯粹是被打击的对象，追究刑事责任时强调对犯罪人的教育改造。②两者的立足点不同。惩办与宽大相结合的刑事政策立足于"惩办"，宽严相济的刑事政策立足于"宽"。立足于"惩办"会导致更多的犯罪化、重刑化和监禁化，立足于"宽"则更加强调非犯罪化、轻刑化和行刑社会化。

(三) 与"严打"政策的关系

"严打"以"从重""从快"为基本要求，尽管实施"严打"政策时，惩办与宽大相结合的刑事政策仍然写在我国的《刑法》中，但是，鉴于严峻的犯罪态势和治安形势，刑事单行法和附属刑法的立法、刑事司法和刑事执行几乎是一边倒的"严"，"宽大"的一面被严重地弱化了。宽严相济的刑事政策是对"严打"政策理性反思的结果，是对过去"严打"政策过分强调"严"的一面的纠正。宽严相济的刑事政策包括"宽"和"严"两个侧面，而且这两个侧面之间是互相对立、互相依存、相辅相成的。宽严相济的刑事政策与"严打"政策的区别是明显的。一方面，要牢记宽严相济刑事政策的"宽"的立足点，避免重落动辄"严打"、一直"严打"的窠臼；另一方面，也要警惕从一个极端走向另一个极端。在反思"严打"不足的同时，决不能抹杀"严"的一面不可或缺的作用，因为宽严相济的刑事政策也包含着"严"。贯彻宽严相济的刑事政策，在某个必要的时期，可能还要"严打"。我们在反思过去的"严打"的"弊"的同时，必须对过去三次"严打"的正面效应予以充分肯定：没有"严打"，改革开放和社会主义建设事业就不可能顺利进行。只要变"严打"的政治性发动为法律性启动，变全社会参与为专业化司法工作，变戏剧性表现为实用性措施，那么在和谐社会的建设过程中，仍需要适当地、及时地"严打"。

（四）与西方两极化刑事政策的比较

受新社会防卫运动的影响，现代西方发达国家的刑事政策明显地沿着所谓"宽松的刑事政策"和"严厉的刑事政策"两个不同方向并行不悖地发展，这就是刑事政策的两极化，即所谓"轻轻重重"的两极化刑事政策。❶

在现代西方社会中，非刑化和非监禁化是大势所趋，但是在美国，为了严厉打击再犯和累犯，华盛顿州于1993年制定了"三振出局法"❷。之后，加利福尼亚州等26个州和联邦效仿之，制定并实施了"三振出局法"。以"三振出局法"为代表的严惩措施的出台，标志着美国打击犯罪战略的重大调整。德国刑罚制度的改革是矛盾的：一方面，引起了刑罚的轻缓化；另一方面，在特殊领域，尤其是当关系到打击有组织犯罪和集团犯罪时，又向重刑化的方向发展。在日本，"记录在案的犯罪率不断上升"是一个事实，加上"日本

---

❶ 邓文莉. "两极化"刑事政策下的刑罚制度改革设想[J]. 法律科学（西北政法学院学报），2007（3）：117-130.

❷ "三振出局法"的正式名字是"暴力犯罪控制及执行法"，因将棒球比赛规则引申为对再犯、累犯的刑事处罚措施而得名。其含义大致是，如果犯罪人先有一次因严重犯罪或者暴力犯罪而被判刑的记录，则将对其实施的任何重罪的刑罚自动进行加倍（二击）；如果一个犯罪人先有两次因严重犯罪或者暴力犯罪而被判刑的记录，则其将会自动地受到从25年徒刑至终身监禁的处罚（三击），并且不得假释。由于美国各州都有独立的立法权，因此，"三振出局法"的具体运用又有一定的差异。

媒体更是不准确地将记录在案的犯罪率的增加与更严重的犯罪的增加联系在一起",导致了"当前道德的恐慌,或者社会安全崩溃"。❶这种恐慌和安全危机感反过来又刺激了公众对日本的罪犯及判刑应更具惩罚性的愿望,促使了对犯罪的"日益增加的惩罚性"。归纳起来不难发现,美国、德国和日本两极化刑事政策形成的原因主要是过去对犯罪的惩罚不足,现在不得不由轻缓变为严苛。这种刑罚"由轻至重"的发展趋势与我国刑罚"由重至轻"的发展趋势是截然相反的,我国宽严相济的刑事政策与西方两极化的刑事政策的根本差异就在于此。虽然我国宽严相济的刑事政策与西方两极化的刑事政策都立足于宽缓,以严厉为补充,但二者实际上是"相向运动""殊途同归"。

宽严相济的刑事政策作为一项基本的刑事政策,对未来我国的刑事法治具有重要的指导意义。我国的刑事立法、刑法的解释、刑事司法、刑事执行等环节必须切实贯彻这一政策。同时,宽严相济的刑事政策也不能替代法律、僭越现行法律规定。这就要求在立法上,未来的刑事立法(包括修改、立法解释和司法解释)都要遵照这一政策,把宽严相济的刑事政策贯穿到立法中去。在现有的立法框架下,司法实务工作者要以宽严相济的刑事政策为指导,从人权保障的理念出发,严格依法办事,准确适用法律予以定罪和判刑。宽严相济的刑事政策的贯彻落实,不仅体现在刑事实体法领域,也必须落实到程序法领域,二者缺一不可。理论研究工作者要积极研究未来中国刑事法治实践中宽严相济的刑事政策的法律化和法律实施中的刑事政策化问题。

第二节　刑法目的新论

【核心提示】刑法立法目的就是国家制定刑法所要达到的目的,它并不完全等同于刑罚目的,二者是系统与其组成元素、"目的价值"和"手段价值"的关系。要充分地彰显、强调刑法立法目的。若要切实贯彻罪责刑均衡原则,惩罚犯罪作为刑法目的的有机组成部分就具有合理性。应然地,我国《刑法》目的可表述为"为了惩罚和预防犯罪,保障人权,维护国家的整体法秩序"。刑法的根本目的——"保护国家的整体法秩序"——是上位概念,可分解为刑罚目的(惩罚犯罪和预防犯罪)和保障人权目的的两个方面。

---

❶ 牛忠志. 正确把握我国"宽严相济"基本刑事政策[J]. 山东社会科学, 2009 (11): 67-70.

第一章　刑事政策的选择和刑法目的理论的革新

一、关于刑法目的的理论分歧

刑法目的[1]是立法者制定、适用刑法所要达到的目的。法律目的与法律任务共同构成法律的基础，决定着整部法律的内容。由于法律目的制约着法律任务，因此可以说法律目的代表着一部法律的精神实质和价值取向。"法律在很大程度上是国家为了有意识地达到某个特定目的而制定的……目的是法律控制的驱动力……目的是全部法律条文的创造者。每条法律规则的产生都源于一种目的，即一种实际的动机。"[2] 刑法目的在一部法律中处于中心地位，它对立法和司法上合理控制处罚范围、刑法条文的科学解释、司法人员正确司法都具有根本性的指导意义。[3]

我国理论界对刑法目的的认识可归纳如下。观点一：刑法的目的就是刑罚的目的。刑罚目的是国家据以确定刑事政策、制定刑事法律，特别是设计刑罚制度的出发点，也是国家使用刑罚同犯罪作斗争的最终归宿。……详言之，刑罚的目的就是预防犯罪，包括一般预防和特殊预防。[4] 这是目前的刑法理论通说。观点二："我国《刑法》目的是保护法益。因为各种犯罪都是侵犯法益的行为，运用刑罚与各种犯罪作斗争，正是为了抑制犯罪行为，从而保护法益；刑罚的目的是预防犯罪，之所以要预防犯罪，是因为犯罪侵犯了法益，预防犯罪是为了保护法益，这正是刑法的目的。……惩罚犯罪本身不是刑法的目的，而是保护法益的手段。"[5] 观点三：我国《刑法》的目的是惩罚犯罪与保护人民的统一。如果把它们割裂开来，认为惩罚犯罪就是刑法的目的，或者认为刑法可以离开对犯罪的惩罚实现保护的目的，或者认为惩罚犯罪和保护人民是两个平行的目的，都是不正确的。惩罚犯罪从其最直接的意义上来说，也可以是刑法的目的，但是，它不是独立的目的，不能为了惩罚而惩罚，而是为了保护人民才惩罚犯罪，从这一点来说，它又是实现保护人民这个根本目的的手段。[6]

---

[1] 刑法目的包括立法目的和司法目的。其中，立法目的决定、制约着司法目的；司法目的从属于立法目的。正是因为立法目的集中代表了刑法目的，所以许多场合往往将立法目的等同于法律目的。本书只分析刑法的立法目的，书中的"刑法目的"实际上是指"刑法立法目的"。

[2] 博登海默. 法理学：法律哲学与法律方法 [M]. 邓正来，译. 北京：中国政法大学出版社，1999：100.

[3] 张明楷. 刑法学 [M]. 2版. 北京：法律出版社，2003：33.

[4] 高铭暄，马克昌. 刑法学 [M]. 北京：北京大学出版社，高等教育出版社，2000：231.

[5] 张明楷. 刑法学 [M]. 2版. 北京：法律出版社，2003：33.

[6] 何秉松. 刑法教科书（修订版）[M]. 北京：中国法制出版社，2000：17.

上述观点分歧的焦点是：①刑法目的是否就是刑罚目的？换言之，刑法目的有无独立存在的价值？②惩罚犯罪是否应为刑法目的的组成部分？③刑法目的、刑罚目的、惩罚犯罪、预防犯罪之间的关系是什么？

二、科学地认识刑法目的

（一）刑法目的与刑罚目的之辨析

一般认为，刑法是规定犯罪、刑事责任以及刑罚的法律规范的有机统一体。刑法以其独有的特性成为一个重要的法律部门。"刑罚是刑法规定的由国家审判机关依法对犯罪人适用的限制或者剥夺其某种权益的强制性制裁方法。运用国家统治力量强行限制或剥夺犯罪人的某种权益，使其遭受一定的损失和痛苦，是对犯罪的惩罚。这种强制性和惩罚性是刑罚的本质属性。"❶ 据此不难发现，刑法不等同于刑罚。刑法是众多法律规范的有机统一体，而刑罚只是刑法整体的一部分，是刑事法律后果的主要承担方式。

根源于刑法性质的刑法机能，是指刑法所具有的、内在的做功的活力。当刑法生效于社会生活时，其功能就会释放出来，转化成刑法的作用，包括积极作用和消极作用。其中积极作用被用来完成刑法的任务，当任务完成时，刑法目的也就达到了。这就是刑法的性质、机能、作用和目的之间的基本逻辑关系。由于刑法机能根源于刑法的属性，并最终取决于刑法目的，所以，刑法目的应当与刑法机能保持协调。在当代社会，"刑法的机能包括法益保护和人权保障两个方面"❷，这已经是人们的共识，由此，刑法目的也应奠基于法益保护和人权保障两个方面之上。根本地，甚至可以直接说，刑法目的包括法益保护和人权保障两个方面。

再说刑罚目的。本质上，刑罚是一种剥夺和痛苦。由此所决定的刑罚机能就是剥夺犯罪人所有的权益，给予其一定的痛苦。所以从逻辑上讲，刑罚的直接目的应当是惩罚犯罪人。只是到了近代，由于人们更加重视人权，对犯罪本质、犯罪原因的认识日益加深，对待犯罪的态度也不再仅仅是敌视、痛恨，对犯罪人采取的措施也不再只限于打击报复和摧残折磨，而是增添了新的矫治改造的手段。惩罚、矫治改造犯罪人，预防犯罪以至最终消灭犯罪，构成了现代刑罚目的的全部内容。简言之，刑罚目的包括惩罚犯罪与预防犯罪两个方面。

---

❶ 高铭暄，马克昌. 刑法学 [M]. 北京：北京大学出版社，高等教育出版社，2000：225.
❷ 大谷实. 刑法讲义总论 [M]. 2版. 黎宏，译. 北京：中国人民大学出版社，2008：7.

尽管如此，也绝对不可能从刑罚中找到"保护犯罪人"的影子。换言之，由刑罚的性质、机能所决定，刑罚的目的绝对不会包括"保护犯罪人""保障人权"。

可见，一方面，刑罚目的和刑法目的并不完全相同。另一方面，二者也不是互不相关，而是互相关联——从结构上讲，刑罚目的只是刑法目的的一部分，它们是系统与其组成元素、整体与其组成部分的关系；从逻辑上讲，二者是"目的价值"和"手段价值"的关系：惩罚犯罪和预防犯罪最终是保护法益，除了保护法益，现代刑法还强调保障人权。刑罚目的和"人权保障"共同构成刑法目的（后文将"惩罚犯罪、预防犯罪和保障人权"统一为"国家的整体法秩序"）。

前文的观点一将刑法目的等同于刑罚目的，且没有指出刑法的人权保障目的，其见解并不恰当；观点二、观点三没有强调刑法的人权保障目的，因而也是不全面的。

（二）刑法目的的独立性

刑法目的应当突出地单独强调，原因如下。

1）从理论上讲，刑法目的的地位极其重要，它对于刑事立法、解释和司法都具有根本的指导意义，所以有充足的理论根据强调刑法目的而不允许忽视它。

2）在我国现行《刑法》中，关于立法目的的表述是突出而明确的。《刑法》第1条规定"为了惩罚犯罪，保护人民，根据……制定本法"，这就明确地在《刑法》的首要位置标示了刑法目的。遗憾的是，理论界对此似乎视而不见。

恰恰相反，我国《刑法》第三章"刑罚"部分没有明确规定刑罚目的，刑罚目的被隐藏在第2条"刑法的任务"中。理论上，对刑罚目的的阐述是依据《刑法》第1条并结合第2条关于刑法任务的规定推导出来的。所以，我们有充足的法律根据来突出地单独强调刑法目的。前文的观点二、观点三在"刑法概述"和"刑罚论"部分分别研讨了刑法目的与刑罚目的，应当说是可取的、妥当的。

（三）刑法目的的层次性与相对性

研究刑法不同层次的目的不但有助于保持刑法立法的自身协调性，也有助于正确地理解和适用法律条文。

有学者指出，刑法具有不同层次的目的：既有整体目的（我国《刑法》第1条），也有分层次的目的（刑法分则各章和节规定的目的），还有各个条文的目的（严格地说是刑法分则设立各种犯罪的目的）。❶

笔者认为，可以在此基础上进一步阐发：如果说，分析刑法目的的层次性是对目的认识的纵向深化，那么，认识到刑法目的具有相对性则是对目的认识的横向展开。具体主张如下。

1）刑法应有根本目的与直接目的。一般而言，根本目的与直接目的具有相对意义，它们是手段性价值与目的性价值的关系。例如，在此时此地，甲是乙的手段，乙是甲的目的；但如果回溯，就会发现"前甲"与甲具有目的与手段的关系；如果前瞻，也不难发现，乙又是"后乙"的手段，"后乙"则是乙的目的。依此类推，直至最后，位于最深层次的目的就是根本目的。

刑法目的亦然。从微观角度，阶段性地来看，惩罚犯罪和预防犯罪可以是也应当是目的，只不过它是刑法的浅层次的、直接的目的；保护合法权益和保障人权、维持法治秩序应当是刑法的深层次的、根本的目的。

直接目的与根本目的相互对立、相互制约、相互促进。一方面，离开根本目的的指导，惩罚就会变得盲目且严厉，甚至不可避免地会使犯罪人承担过剩的刑罚，进而损害犯罪人的合法权益；没有根本目的的制约，为了预防而预防，预防犯罪的目的就会偏离现代法治的轨道。另一方面，如果没有对犯罪的惩罚，没有公平正义的实现，或者没有对犯罪的预防，都根本不可能去保护法益，维护整体法律秩序，实现刑法的根本目的。

结论：刑法的根本目的是上位概念，刑罚目的（预防犯罪和惩罚犯罪）与人权保障是其下位概念。

2）预防犯罪是刑罚的目的，这是大家的共识，而预防犯罪也是刑法目的的有机组成部分。

在此基础上，笔者还认为，在一定的前提下，将惩罚犯罪作为刑法的直接目的是正当的，而不会有"将犯罪人作为实现某种目的的手段"之嫌。相反，只有犯罪人"罪有应得"，"公平"和"正义"才能真正得以实现。

康德从人道主义出发，认为"人不仅是自然存在，而且是一个有理性的存在者"。更重要的，"人是一个有限的理性存在，这种理性是人区别于其他一切自然存在的本质所在"。❷ 正是这种理性决定人本身具有"内在必然性的自律性法则"，即自律性道德法则，并认为"自律性是道德的唯一原则"。道

---

❶ 张明楷. 刑法学 [M]. 2版. 北京：法律出版社，2003：33.
❷ 马克昌. 近代西方刑法学说史略 [M]. 北京：中国检察出版社，2016：160.

德法则因为源于人自己（即理性自己是道德法则立法者），因而是一个"人类社会的至高无上、永久不变、应当无条件遵守的"的绝对法则。刑法就属于这类绝对法则之一。犯罪违反了绝对的道德法则，是理性人的自由意志的结果，所以，刑罚就源于犯罪人自己的自由选择。结论：刑罚就是对犯罪人的正当报应。一个人在任何情况下，必须是由于犯罪才加刑于"他"，这时，一方面"内在地是基于道义（正义）的绝对要求"；另一方面，也是把犯罪人当成了人格主体，维护了"他的人格权"，而不是将犯罪人作为手段达到他人的目的。❶

黑格尔从否定之否定规律出发，认为犯罪是对法的侵害，是特殊意志（行为人的意志）对普遍意志（法的意志）的违背。由于法是普遍的、绝对的东西，不能被扬弃，故犯罪必须被扬弃。刑罚是否定的东西，作为否定之否定加于犯罪，扬弃犯罪，恢复了法的原状，由此刑罚具有"自在的正义"。同时，由于"犯罪是犯罪人自由意志的选择"，故刑罚也合乎规律地从犯罪人的自由意志中引申出来，获得了合理性，即刑罚还具有"自为的正义"。由此，对犯罪人的刑罚惩罚根源于"自在的正义"和"自为的正义"，是二者的统一，所以具有正当性。

"刑罚加于犯人的侵害是自在的正义的，这不仅是因为这是作为法的必然性要求，而且它是在犯人自身中立定的法，也就是说，在他达到了定在的意志中，在他的行为中立定的法。"所以，刑罚"包含着犯人自己的法，所以处罚他，正是尊重他是理性的存在。如果不从犯人行为中去寻找刑罚的概念和尺度，他就得不到这种尊重。"❷

康德、黑格尔的上述论断的宗旨是批判封建刑罚的擅断、残酷，为罪刑均衡原则立论，以最终实现对国家刑罚权的限制。虽然康德没有严格区分道德和法律的做法并不科学，他和黑格尔所坚持的"人具有绝对的自由意志"的观点也为现代科学所修正（实际上人只具有相对意志自由），但是这些理论因有一定的合理性而没有被彻底抛弃，而是为当今许多国家所奉行。目前，对犯罪人的刑罚分配，"总的来说，应当是以按劳分配（即按犯罪行为的危害分配，表明对犯罪人的意志的尊重）为主、按需分配（按预防犯罪的需要分配）为辅"。❸

不仅如此，现在我们完全可以将思维逻辑倒过来，得出这样一个命题：

---

❶ 陈兴良. 刑法的启蒙 [M]. 北京：法律出版社，1998：115-118.
❷ 马克昌. 比较刑法原理 [M]. 武汉：武汉大学出版社，2002：30-33.
❸ 陈兴良. 本体刑法学 [M]. 北京：商务印书馆，2001：73.

只要保证了刑罚的正义、做到罪责刑的均衡配置，将惩罚犯罪作为刑法的直接目的就具有正当性、合理性，从而不再有"将犯人作为实现某种目的的手段"之嫌。

前文的观点一和观点二都不承认惩罚犯罪是刑法目的，这并不符合社会现实情况；观点三虽然认为"惩罚犯罪从其最直接意义上来说，也可以是刑法的目的……"，但接着又说（惩罚犯罪）"不是独立的目的，不能为惩罚而惩罚……"，其态度首鼠两端，在逻辑上自相矛盾。

总之，刑法目的并不等同于刑罚目的。刑罚目的是惩罚犯罪和预防犯罪；刑法目的包括刑罚目的和人权保障两个层次。

三、我国《刑法》目的的应然表述

以上讨论是立足于现行《刑法》的规定，但如果从应然的角度看，《刑法》第1条中"为了惩罚犯罪，保护人民……"的表述并不十分可取。其不足之处主要如下。

1) 随着民主和法治的不断进步与完善，人们逐步认识到，"刑法不仅有秩序维持机能，而且具有自由保障机能"❶，不仅是"善良人的大宪章"，也是"犯罪人的大宪章"。我国已经将"保障人权"明文写进现行宪法，所以，强调人权保护也是贯彻现行宪法的必然要求。现代刑法的目的不应只局限于惩罚犯罪，维护社会秩序，同时也要保障人权。我们不仅要依法打击犯罪、预防犯罪，也要保障人权。人权保障应是现代刑法目的的当然的重要内容。

2) 《刑法》第1条与第5条、第61条规定之间不协调。众所周知，刑事古典学派有其自身的局限性，后来不得不吸收刑事新派的合理因素，演变为后期古典学派。现在，这种理论为包括我国在内的许多国家所接受。《刑法》第5条"刑罚的轻重，应当与犯罪分子所犯罪行和承担的刑事责任相适应"、第61条"对于犯罪分子决定刑罚的时候，应当根据犯罪的事实、犯罪的性质、情节和对于社会的危害程度，依照本法的有关规定判处"。这两条都集中体现了我国现行刑法所奉行的是后期古典学派的刑罚观：以报应为主，功利为辅，将报应主义和功利主义有机结合。刑法理论也几乎一致地认为，刑罚目的是预防犯罪（当然是建立在惩罚的基础上的预防犯罪）。❷ 但严格说来，第1条贯彻的却是刑事古典学派的基本立场——"犯罪是危害社会的行为、应受惩罚的行为"，而没有预防犯罪的内容。所以，"为了惩罚犯罪，保护人

---

❶ 赵秉志. 外国刑法原理（大陆法系）[M]. 北京：中国人民大学出版社，2000：6.
❷ 高铭暄，马克昌. 刑法学 [M]. 北京：北京大学出版社，高等教育出版社，2000：232.

民……"这一表述不能将贯穿在我国《刑法》中刑罚观的"功利"一面表现出来。因为刑法的目的不仅是惩罚犯罪人，也要矫治、改造和教育他们，最终使其重新回归社会。

3) 犯罪并不是行为人绝对自由意志的简单产物，而是由复杂社会原因、自然原因以及个人的心理和生理原因的"合力"所促成的。基于这一深刻认识，人们对犯罪人的态度由过去简单的、绝对的憎恨和惩罚，逐渐转变为今天的通过惩罚来教育、挽救，使他们能够重新回归社会。这就体现了根据犯罪人的具体情况，采用相应的刑事责任形式，做到刑罚个别化。刑事责任的实现方式除刑罚以外，还可采用非刑罚处理方法以及保安处分制度。也即刑事责任的追究不再局限于过去那种单一的刑罚制裁，而是多元化处置。然而现行刑法中"惩罚犯罪"的表述往往让人的思维局限于刑罚惩罚。

4) "保护人民"的提法不合时宜，而且太笼统。"人民"一词是一个政治概念，"人民"是与敌人（包括犯罪分子）相对应的，曾经被广泛运用于战争年代；而且"人民"一词很抽象，缺乏法律术语所要求的具体性，如果深究刑法要保护人民的什么，则仍然需要进一步加以诠释。

有鉴于此，笔者建议将我国《刑法》目的表述为："为了惩罚和预防犯罪，保障人权，维护国家的整体法秩序……"❶

这样，除了可以弥补上述不足外，还有以下好处。

1) 使用"国家的整体法秩序"这一表述能够将刑法保护的法益与其他部门法保护的法益区别开来。因为"刑法理会的不可能是琐细之事。"❷ 刑法的谦抑性（或者说刑法的不得已性）要求，"刑罚之界限应该是内缩的，而不是外张的，刑罚应该是国家为达到其保护法益与维持秩序的任务的最后手段。能够不使用刑罚，而以其他手段亦能达到维持社会共同生活秩序、保护社会与个人法益之目时，则务必放弃刑罚手段"。❸ 简言之，刑法保护的是重要法益。这就需要把刑法保护的"重要法益"从法益整体中独立出来。

那么，如何将刑法所保护的重要法益与其他部门法保护的法益区别开来呢？

关于这一问题，前人已经做过一些有益的探索❹：①黑格尔认为："犯罪侵犯了普遍的事物（即社会的整体利益，而主要的不是被害人的人格、权利

---

❶ 如果按笔者的这一建议，相应地，《刑法》第一章的章名也应改为"刑法的目的、任务和基本原则"。

❷ 张明楷. 刑法的基础观念 [M]. 北京：中国检察出版社，1995：23-25.

❸ 林山田. 刑法学 [M]. 北京：商务印书馆，1985：128.

❹ 马克昌. 近代西方刑法学说史略 [M]. 北京：中国检察出版社，1996：105-107.

或利益，笔者注）""犯罪侵犯了作为法的法""犯罪侵犯了一般的法"。②M. E. 迈耶和贝林格认为，犯罪侵害了作为"全体法律秩序的精神"以及"国家的规范意思"的"一般规范"。③小野清一郎提出了"伦理违法性论"，认为犯罪所违反的客观道义，与其说是社会危害性或者违反公序良俗，不如说是违反"国家的条理"或"文化规范"，进而将犯罪视为反对国家道义的反人伦行为。④团藤重光认为，"所谓违法不单单是形式上，而且从实质上违反全部法律秩序，这种从实质上违反全部法律秩序，不外乎是对作为法律基础的社会伦理规范的违反"。前人的上述探讨无疑对认识犯罪与一般违法的实质区别有所帮助。

在我国，有学者最先提出"刑法保护国家的整体法秩序"的主张：凡是立法者认为不用刑罚的方法去对付某种危害社会的行为而任其发展蔓延，就会最终动摇国家的整体法秩序时，这种危害行为就是犯罪。该行为所侵害的法益就应当由刑法来保护。❶ 这一论点不仅说明刑法保护"国家法律秩序"，而且强调刑法保护的是"国家整体法秩序"。因而可以说是对前人探索的总括。

2）"刑法保护国家的整体法秩序"的提法有助于理解犯罪与一般违法行为、刑法与其他部门法的区别。在价值判断上，犯罪主要被视为对国家整体的侵犯，因而，刑法是规定刑罚权人和犯人之间法律关系的法规；一般违法行为被评价为"是对于对方当事人权益的侵犯"，而不是对国家的侵犯。换言之，惩罚犯罪，以维护国家整体法秩序为宗旨；制裁一般违法行为，则以恢复当事人的受侵害的权益为归宿。

3）"刑法保护国家整体法秩序"的主张有助于我们理解刑法是一种"综合法"，而不是一般的部门法。刑法所调整和保护的社会关系相当广泛，几乎涉及各个领域，从这个意义上讲，刑法不是部门法，而是综合法。综合法根源于刑法调整的社会关系的"片段性"。刑法调整的这些"片段性"的社会关系是整个社会关系系统的"纲"或者"网上纽节"。犯罪行为侵害刑法所保护的社会关系，就会触及社会关系的要害——社会关系系统的"纲"或者"网上纽节"，从而有可能导致整个社会关系系统崩溃。

4）刑法保护"国家整体法秩序"的提法还有助于我们理解刑法是一种保障法。首先，"刑法在根本上与其说是一种特别法，还不如说是其他一切法律的制裁力量"❷。刑法往往再现、维护民法、行政法、经济法等法律的强制性，

---

❶ 这是陈忠林教授给西南政法大学1998级刑法专业研究生上比较刑法课时所讲授的观点。
❷ 卢梭. 社会契约论[M]. 北京：商务印书馆，1962：63.

在整个国家法律体系中,属于"第二道防线",保障着国家法律的强制效力。其次,刑法也是人权的最基本的、最有力的保证,具有权利保障法的意义。由于法治的实质是民主与人权问题,刑法的核心原则——罪刑法定原则就是通过限制国家立法权和司法权来保障公民的民主与人权。罪刑法定原则实质上是法治原则在刑事领域的贯彻落实,没有罪刑法定,就没有刑事法治,也就不可能有真正的法治。"实行罪刑法定原则是迈向法治的第一步,而且是最为重要、最为关键的一步。"❶ 笔者同意这种对刑法保障法地位的深刻洞悉。"刑法保护国家整体法秩序"的论断包含了上述两方面"保障"内容。人不但具有个体性,而且具有社会性,是二者的统一。

5)当今国内比较认可的、与犯罪实质的"法益侵害说"相对应的"刑法目的是保护法益"的观点,并不能说明刑法所保护的法益与其他部门法所保护的法益的实质区别。为了弥补该理论的缺憾,论者最近试图从法益整体中抽出"刑法保护的法益",认为由刑法所保护的人的生活利益,就是刑法上的法益。尽管如此,这样的改进仍然是一个循环解释,没有从根本上回答问题。如果追问:怎么去分辨"一定"的"人的生活利益"是刑法法益,而不是其他法益?那么问题又回到了原点。

"国家整体法秩序说"优于法益说。其一,法益说不能说明刑法所保护的法益与其他部门法所保护的法益的实质区别,而"国家整体法秩序说"能明确地加以区别:该法益如果达到不用刑法来保护,不用刑罚来惩治,那么,国家现实的整体法律秩序将坍塌或者将会坍塌。其二,法益总是有所属的,即法益之主体与法益密切联系。这样,给人的印象是某主体的法益与其他主体无关,比如某人被杀了,某人是该生命权的主体,该生命权不是其他人的权利。但犯罪行为在立法者看来首先不是对个体法益的侵害,而是对国家统治秩序的挑衅、动摇。正源于此,对于犯罪行为必须公诉(自诉只是个别情况)。显然,法益说只见树木不见森林,不能说明为什么必须公诉;然而,"国家整体法秩序说"则把树木放在森林背景之下来考察,有鲜明的整体性,能恰当地说明这一点。

6)相似的提法——刑法保护"国家的法律秩序",历史上曾有立法例。如1922年的《苏俄刑法典》第6条规定:"威胁苏维埃制度基础及工农政权在向共产主义过渡时期所建立的法律秩序的一切危害社会的作为和不作为,都被认为是犯罪。"1958年《苏联和各加盟共和国刑事立法纲要》第7条规

---

❶ 张明楷. 刑法学 [M]. 2版. 北京:法律出版社,2003:50.

定:"凡是刑事法律规定的危害苏维埃社会制度或国家制度,破坏社会主义经济体系和侵犯社会主义所有制,侵犯公民的人身权利、政治权利、劳动权利、财产权利和其他权利的危害社会的行为(作为和不作为),以及刑事法律规定的违反社会主义法律秩序的其他危害社会的行为,都是犯罪。"上述立法十分明确地肯定:犯罪侵犯的和刑法保护的就是"国家的法律秩序"。

7)我国现行《刑法》的立法条文中有"犯罪行为侵害法律秩序"的表述。

受苏联刑法理论及其立法例的巨大影响,我国现行《刑法》总则第2条将刑法的任务归结为维护各种秩序;分则部分则将"国家的法律秩序"细化为政治法律秩序、经济法律秩序、社会法律秩序、文化法律秩序等,这实际上是贯彻了"刑法保护国家的法律秩序"的主张。

现在,若用"国家的'整体'法秩序"取代"国家的法律秩序",更能准确地说明犯罪与一般违法行为的实质区别,科学地反映出刑法的性质、机能、地位和作用。

所以,笔者建议将我国《刑法》目的表述为:"为了惩罚和预防犯罪,保障人权,维护国家的整体法秩序……"。

CHAPTER 2 第二章

犯罪本质理论的革新

犯罪是刑法学中十分重要的内容，是构筑刑法学理论的逻辑起点，必须对其内涵进行科学揭示。事物的本质是此事物之所以是此事物而不是彼事物的质的规定性，犯罪的本质是把握犯罪与一般违法行为的质的差别的关键，但鉴于人类认识能力的局限性和对事物本质的认识是一个渐进的、不断深化的过程，笔者对犯罪本质的认识亦是一个曲折前进的过程。法益说是德日刑法理论关于犯罪本质的重要学说，由于立法体系的差异性，我们移植该说不能简单照搬而必须加以改造。基于以上考虑，本章分别依次对上述问题展开讨论。

第一节　犯罪内涵新释

【核心提示】犯罪是危害行为所承载的行为人的主观恶性和行为的客观危害，以及该行为所表征的行为人的社会危险性格三者的有机统一。犯罪具有四个基本属性：犯罪的行为性（自然属性）、触犯刑法性、犯罪的社会危害性、刑罚当罚性。法益说存在不足，犯罪的法律本质应该被解释为"主要是对特定义务的严重违反"。

一、对犯罪概念现有表述的评析

对犯罪的表述大致分为以下几种情况：一是形式的犯罪概念。即仅从犯罪的法律特征来界定犯罪，而不揭示法律为何将该行为规定为犯罪行为。西方国家或地区的刑法或刑法理论对犯罪的揭示多为形式意义。二是实质的犯罪概念。它不强调犯罪的法律特征，而是试图揭示犯罪的社会属性（本质），说明犯罪行为被刑法规定为犯罪的理由和根据。三是犯罪的实质与形式统一的概念。这种概念从犯罪的本质和法律特征两个方面对犯罪进行界定，克服了犯罪的形式概念和实质概念所存在的片面性，既阐明了犯罪危害社会的本质，又规定了犯罪的法律界限，有利于真正把握犯罪的内涵和外延。我国1979年《刑法》第10条和1997年修订的《刑法》第13条对犯罪的规定就属于这种类型。四是立法上的犯罪概念和司法上的犯罪概念。在论及犯罪概念时，边沁指出："根据讨论的题目不同，这个词的意义也有所区别。如果这个概念指的是已经建立的法律制度，那么，不论基于何种理由，犯罪都是被立法者所禁止的行为。如果这个概念指的是为了创造一部尽可能好的法典而进行的理论研究，根据功利主义的原则，犯罪是指一切基于可以产生或者可能产生某种罪恶的理由而人们认为应当禁止的行为。"❶ 陈兴良教授认为，边沁在此实际的基础上提出了立法上的犯罪概念和司法上的犯罪概念。❷ 王世洲教授曾主张重新组织中国刑法理论中的犯罪概念，这一"新的双重结构的犯罪概念应当由'立法概念'和'司法概念'组成，就是把犯罪概念分为说明尚未在法律上规定为犯罪但应当在法律上规定为犯罪的行为的立法概念，以及说明已经在法律上规定为犯罪的行为的司法概念。立法上的犯罪概念，是指具有严重的社会危害性、应当由刑法规定为犯罪，适用刑罚予以处罚的行为。司法上的犯罪概念，是指符合刑法规定的构成要件，应当适用刑罚予以处罚的行为"❸。五是立法与司法混合的犯罪概念。有学者认为，将犯罪分为立法上的犯罪概念和司法上的犯罪概念固然是一种合理的定义方法，但是不免有些赘述，如果能将二者结合起来定义会达到良好的效果。因而，他们主张混合的犯罪概念，即吸收了立法概念和司法概念的特点并将二者进行整合来界定犯罪。

下面是笔者对以上观点的分析与评价。

1）形式的犯罪概念的主要功能是限制司法专横，使法官严格遵守立法规定，但这种概念不利于限制立法者的专制。犯罪的实质概念旨在阐释犯罪的本质，并以此来限制立法者对刑罚权的发动，但不具有限制司法专横的功能。

---

❶ 边沁. 立法理论：刑法典原理 [M]. 孙力, 等译. 北京：中国人民公安大学出版社, 1993：1.
❷ 陈兴良. 本体刑法学 [M]. 2版. 北京：商务印书馆, 2001：148.
❸ 王世洲. 中国刑法理论中犯罪概念的双重结构和功能 [J]. 法学研究, 1998 (5)：123.

2）立法上的犯罪概念和司法上的犯罪概念的提出，不失为深化对犯罪认识的一条新思路。但是，立法上的犯罪概念和司法上的犯罪概念的逻辑起点不同，在刑事立法与刑事司法这两个环节具有不同的功能，由此最终决定了"是严重的社会危害性是逻辑起点，还是刑事违法性是逻辑起点""是用社会危害性制约刑事违法性，还是用刑事违法性制约社会危害性"的关键立场，因而必须加以区分而不可混为一谈。在罪刑法定原则之下，作为注释法学的刑法学所研究的重点应该是司法上的犯罪概念，而不是立法上的犯罪概念。有关立法上的犯罪概念的研究主要由犯罪学或者刑事政策学来完成。在罪刑法定原则被确立之后，整合"立法概念和司法概念"的"混合犯罪概念"在刑法学里难以立足。

3）犯罪的实质与形式统一的概念是科学的，既可以限制立法者的专制，又可以限制司法的专横，因而是可取的。我国《刑法》的规定应予以维持。但是，我国《刑法》明确确立罪刑法定原则、废除类推制度的时间还不长，存在不正确的思维惯性："在犯罪的形式概念与实质概念相统一的辩证思维中，仍将实质概念决定形式概念作为终极原则，犯罪的形式概念仍然处于消极的被决定的地位。"[1] 对此，我们必须加以克服。笔者主张，在理解司法上的犯罪概念时，必须以刑事违法性为逻辑起点，以行为的刑事违法性制约行为的社会危害性；在此前提下，进一步辨析行为的社会危害性的性质和量度时，可以利用立法上的犯罪概念的研究成果来分析具体的案件。简言之，笔者主张在形式概念与实质概念相统一的前提下，用形式概念来限制实质概念。

二、犯罪内涵的丰富和切实坚持

客观归罪，只强调犯罪客观的一面；主观归罪，则只强调犯罪主观的一面。对此，近代资产阶级启蒙思想家高扬"自由""平等""博爱"的理性大旗，倡导的罪刑法定主义、刑法平等理念、刑罚人道主义最终已被资产阶级国家确立为其刑法的三大原则。其主张在刑法领域，犯罪是行为人绝对自由意志的产物，是主观与客观的统一，即行为人的主观恶性和主观恶性支配之下的危害行为对合法权益的客观侵犯性的统一。这是刑事古典学派的核心命题。

但随着对犯罪现象的深刻洞悉，人们发现犯罪并非行为人绝对意志自由的产物，而是由与行为人有关的自然条件、国家形势、社会环境、家庭因素，

---

[1] 刘勇. 犯罪基本特征新论［C］//改革与法制建设：北京大学九十周年校庆法学论文集，北京：光明日报出版社，1989：549.

以及行为人的生理、心理因素的合力所致。于是，结论是犯罪的"非自由意志决定性"，这是刑事新派的共许命题。由此，刑法领域一度关注"犯罪人的社会危险性格"❶。不过，由于在目前的科学水平下，"犯罪人的社会危险性格"是一个不能直接用精密仪器测量的东西，以至于在第二次世界大战期间刑事新派的理论曾经被法西斯用作践踏人权、打击进步势力的工具。第二次世界大战后，痛定思痛，刑法学的理论不得不重新向客观主义回归，但同时吸收了新派理论的科学成果，考察"犯罪人的社会危险性格"。在我国，20世纪80年代时就有学者主张，行为的社会危害性与行为人的人身危险性对于确定犯罪都具有最本质的意义；严重的社会危害性和行为人的人身危险性共同成为犯罪行为最为本质的特征。❷如果对人身危险性持认同态度，那么，犯罪则是社会危害性与人身危险性的统一的"犯罪本质二元论"，并系统地阐述了人身危险性在犯罪概念中的地位。❸

深刻认识到犯罪不仅包括已然危害，还包含未来危险，是已然危害和未来危险的统一，是后期古典学派对刑法学理论的卓越贡献。对此我们必须毫不犹豫地予以肯定。但考虑到"人身危险性"实际上就是行为人初犯或者再犯的可能性，当然就是社会危害性的有机组成成分；"犯罪本质二元论"中的"社会危害性"显然仅指"行为的客观危害"，因此，为了准确起见，可以表述为"犯罪是危害行为本体所承载的行为人的主观恶性和行为的客观危害，以及该行为所表征的行为人的社会危险性格三者的有机统一"。

遗憾的是，目前在我国，无论是刑法理论通说的罪、责、刑三元结构，还是张明楷教授的罪、责二元结构❹都存在以下问题：没有重视或者说没有切实贯彻后期古典学派的这一观点。

首先，他们都只强调"犯罪的社会危害性是主客观统一"，即"社会危害性的主客观统一性是指危害行为对合法权益的客观侵犯性与行为人的主观罪过性形成了社会危害性的内容"。这一认识忽视了社会危险性的犯罪论意义，也不符合立法情况。刑法规定，"多次盗窃""因偷税被二次以上行政处罚又偷税的"，尽管每次数额不大，单独地看不构成犯罪，但综合考虑就可能构成

---

❶ 行为人的"社会危险性"在我国长期被译为行为人的"人身危险性"。应该说，使用"社会危险性"一词较为准确。不过出于习惯，本文对这两个词不加以区分，一同使用。另外，社会危险性中的稳定和核心内容构成了行为人的社会危险性格。

❷ 刘勇. 犯罪基本特征新论 [C] //改革与法制建设：北京大学九十周年校庆法学论文集. 北京：光明日报出版社，1989：549.

❸ 陈兴良. 刑法哲学（修订版）[M]. 北京：中国政法大学出版社，1997：155-156.

❹ 张明楷. 刑法学 [M]. 2版. 北京：法律出版社，2003.

犯罪。显然，在这里，刑法强调了行为人危害行为所表征的行为人的社会危险性格对犯罪成立与否的决定作用。❶

其次，忽视社会危险性的犯罪论意义，其结果是无法在犯罪与刑事责任之间建立对应的关系。因为犯罪内涵的界定决定着刑法学的理论架构。

先看张明楷教授所主张的"罪、责二元结构"存在的问题。

张明楷教授一方面在犯罪论中强调客观主义，力主"犯罪的内涵包括客观危害、主观恶性两方面"，另一方面却主张犯罪与刑事责任逻辑对应。而关于刑事责任的根源，张明楷教授认为取决于三方面的要素：客观危害、主观恶性和人身的社会危险性（当然，这也是目前整个刑法学界的通行主张）。"刑事责任是刑罚的上位概念，刑罚是刑事责任的主要形式"；"刑罚与罪质相适应，刑罚与犯罪情节相适应，刑罚与犯罪人的人身危险性相适应"，而且这一系列的相适应"在制刑、量刑和行刑阶段都要考量人身危险性"；刑罚的裁量"要与犯罪轻重以及犯罪人的人身危险性程度相适应"，"一些案外情节，如犯罪人的某些个人情况、犯罪前的表现与犯罪后的态度等正是说明犯罪人的人身危险性大小的重要因素"。❷ 既然是这样，张明楷教授所主张的"犯罪与刑事责任"的关联中逻辑的前后项之范围就不一致，即前项的"犯罪"中没有"行为人的社会危险性"，后项的刑事责任的决定因素又要求"行为人的社会危险性"，其矛盾是，刑事责任的一部分根据必须从"犯罪本体"之外去寻找。

再看通说。通说存在以下问题：①通说也主张犯罪是"主客观的统一"，为了揭示一个人犯了罪却可以不给予刑罚处罚，主张寻找一个"刑事责任"作为犯罪与刑罚的桥梁；②将"刑事责任"仅仅作为一个桥梁，给人以手段性地位的感觉。这样"刑事责任"难以有实质意义，就没有把它提高到应有的地位。

我国的犯罪构成理论是实质的犯罪构成理论，刑事责任的任何事实根据都应被概括在犯罪构成要件中。解决问题的途径如下：①赋予犯罪"已然危害"和"未来危险"的统一，即犯罪内在地既包含客观危害、主观恶性，又包含行为人的"社会危险性"，这样才能将我国《刑法》第5条和第61条所确立的折中主义的刑罚观贯彻到底；②必须将系统论贯彻到底。在我国，犯罪不但是危害社会的行为（定性），而且是具有严重的社会危害性的行为（定量），而且我国对犯罪在社会危害性的量的规定上要高于外国；犯罪构成是

---

❶ 我们认为，刑法所规定的"倾向犯"都把行为人的社会危险性格作为犯罪的构成要件。
❷ 张明楷. 刑法学 [M]. 2版. 北京：法律出版社，2003：391，72-75，436.

"犯罪客体要件""犯罪客观要件""犯罪主体要件""犯罪主观要件"的有机统一整体；我国的犯罪构成是实质的犯罪构成，符合犯罪构成就等于犯罪成立，等于刑事责任成立。所以，这个"有机统一整体"就应当既能够说明具体行为的社会危害性（定性），又能说明行为具有严重的社会危害性（定量）。鉴于此，我们必须将所有决定和影响刑事责任的因素统统纳入犯罪构成之中。笔者赞成何秉松教授的观点，即刑法总论讨论一般的犯罪构成，刑法分论对个罪进行研究时，把具体犯罪的犯罪构成分为"基本的犯罪构成""特殊的犯罪构成"。❶ 这样，就能真正坚持"犯罪构成是衡量犯罪的社会危害性的唯一法律标准"的规则，而无须再在犯罪构成之外寻找刑事责任的根据。

三、关于犯罪的基本特征

（一）关于犯罪的基本特征的争议

我国《刑法》理论关于犯罪的基本特征主要有以下几种观点❷：①三特征说。其认为，犯罪的基本特征是社会危害性、刑事违法性与应受刑罚处罚性，这三个特征密切联系，其中社会危害性是最本质、最具有决定意义的特征，其他两个特征都是社会危害性的派生或者延伸。这是目前的一种通说。②四特征说。其认为，犯罪的基本特征是社会危害性、刑事违法性、罪过性（出于故意或者严重过失）与应当承担刑事责任性。③二特征说。其否认应受刑罚惩罚性是一个基本特征。但不同学者的表述不同：第一种观点认为，犯罪的本质特征是应当追究刑事责任程度的社会危害性，法律特征是刑事违法性；第二种观点认为，犯罪的本质特征是行为的严重社会危害性，法律特征是行为的违法性。

对于这一问题，笔者的观点如下。

1. "是先有'鸡'（刑法），还是先有'蛋'（犯罪）"

刑法学是应用法学，其主要任务是解释刑法条文，虽然有时不得不站在立法的角度来看问题，但这样做只是为了更好地解释和适用刑法。所以，必须明确刑法学的逻辑思维是先有"鸡"（刑法）而后才有"蛋"（犯罪）。简言之，刑法学的犯罪概念必须以刑事违法性为逻辑起点，用"行为的刑事违法性"来制约"行为的社会危害性"。但上述所有对犯罪的解释都没有坚持这一逻辑前提。

---

❶ 何秉松. 刑法教科书 [M]. 北京：中国法制出版社，2000：193-195.
❷ 马克昌. 犯罪通论 [M]. 武汉：武汉大学出版社，1999：14.

2. 事物的定义是本体问题，事物的概念是实践者对本体的认识

本质揭示事物的属性，特征是事物属性的主观反映。本质与特征是有明显差别的。但是，当前刑法理论界对这两个概念并不加以区分：将特征与属性混淆，以至于对杜撰的"犯罪的本质特征"反复争论不休。实际上，事物的本质和事物的特征是两个不同的概念，绝不能将二者糅和在一起。为了消除矛盾，笔者主张将"本质"和"特征"统一为"特点"，即事物的特点＝事物的本质＋事物的特征。由此推出，犯罪的特点＝犯罪的本质＋犯罪的特征。❶

3. 应该将"应受刑罚处罚性"作为犯罪的一个独立特征

有学者认为，"应受刑罚处罚性并不是犯罪的一个独立特征，它是用来限制社会危害性程度的。将其作为一个独立特征不利于完整地理解犯罪概念"。❷对此，笔者不予赞同，理由如下。

1）在思维世界，事物是可以绝对地一分为二，甚至一分为三、一分为四的，如此等等。从立法角度来说，统治阶级把某种危害行为规定为犯罪，是因为他们认为应当用刑罚的方法来禁止该行为，这是立法者思维的首要原则。司法者在对某一案件进行处理时，其内心的评判标准是依照刑法规定应该动用刑罚，也值得用刑罚的方法去对付这一危害社会的行为，这是刑事司法思维的首要原则。若不坚持这一原则，就无法区分犯罪与一般违法行为。故笔者主张，应受刑罚惩罚是犯罪的一个特性。那种认为"既不能将社会危害性作为犯罪的独立特征（因为这样不利于区分犯罪行为与非犯罪行为），也不能将应当追究刑事责任作为犯罪的独立特征（因为这样不利于分别从立法与司法两个角度进行考察）"的见解，其不足之处就是将思维世界与现实世界混淆了。

2）是否应用"应追究刑事责任"代替"应受刑罚惩罚"？尽管在思维世界，事物可以绝对地一分为二，但社会现实情况却纷繁复杂，好和坏之间、黑与白之间、正义与邪恶之间经常会出现中间地带。刑事立法亦然，犯罪与一般违法之间往往有一个中间地带。对于社会危害性介于罪与非罪之间的危害行为无非有两种处理方法：一是以非犯罪行为定性之，但科以较重的行政责任或民事责任；二是以犯罪定性论处，但科以较轻的刑事责任——轻刑或者非刑罚处理方法。司法时，则根据具体案件的各种情况，把立法时的上述

---

❶ 牛忠志. 我国犯罪概念的再探讨：兼评我国刑法典第十三条之立法 [M] //赵长青. 刑法适用研究. 重庆：重庆出版社，2000：89.

❷ 张明楷. 刑法学 [M]. 2 版. 北京：法律出版社，2003：93.

做法加以延续,首先进行罪与非罪的判断;其次,如果被确定为犯罪,再进一步考虑是处以刑罚还是非刑罚方法。可见,刑罚与非刑罚处罚方法的关系是原则与原则的例外的关系。正因为如此,犯罪与非犯罪行为的显著区别是:一个导致刑罚后果,另一个不导致刑罚后果。人们在理解犯罪的危害性时,用"应当追究刑事责任"来界定犯罪的"社会危害性"固然准确,但若用"需要动用刑罚惩治"来界定犯罪的"社会危害性",则无疑更加鲜明、生动和直接。所以,"应受刑罚惩罚"是犯罪的一个显著特性。

4. 这里讨论的是犯罪的"基本"特点

而四特征说所主张的"罪过"是犯罪的主观要件,将其作为犯罪的一个基本特征,不仅违反逻辑原理,在分类标准上讲不通,而且容易混淆犯罪的基本特征与犯罪的构成要件。对这一主张,笔者也不赞成。

(二) 犯罪有四个基本属性

笔者认为犯罪具有四个基本属性:犯罪的行为性(自然属性或物理属性)、触犯刑法性、犯罪的特定社会危害性、刑罚当罚性。[1] 现对犯罪的四个基本属性简要作几点说明。

1) 当这些基本属性被现象化之后,形成了犯罪的相应基本特征。笔者将属性与特征加以区分有助于消除无谓的争议;可以从实质与现象层面全面把握犯罪;还可理解"犯罪不仅是主观见之于客观"(从发生的角度,犯罪是行为人的行为),也是"客观见之于主观的东西"(从认定的角度,犯罪是立法者主观认为客观存在的行为)的命题。

2) 这里强调的犯罪的物理属性,是犯罪的最浅层次的属性。强调犯罪的这一属性,就是强调笔者一贯坚持的"犯罪是客观见之于主观"信条中的"客观成分"。这样,一则可以避免主观归罪,二则有助于认识"客观是犯罪之基"。"惩罚思想""论心定罪",是奴隶制和封建制刑法野蛮性与干涉性的重要表现,"无行为即无犯罪"是刑法在近代文明化的结果,是现代刑法谦抑性或者说"不得已性"的重要表现之一。强调犯罪的行为性,其作用是防止主观归罪,保障言论自由。

3) 关于这几个属性的关系。从犯罪认定的过程看,犯罪的行为性、犯罪的社会危害性、触犯刑法性、刑罚当罚性是依次递进的。犯罪的行为属性是讲犯罪的自然存在形式;触犯刑法性是讲犯罪的法律标准;犯罪的特定危害

---

[1] 牛忠志. 我国犯罪概念的再探讨:兼评我国刑法典第十三条之立法 [M] //赵长青. 刑法适用研究. 重庆:重庆出版社,2000:89.

性是犯罪的社会属性；刑罚当罚性是上述一系列判断的最后结论。

在犯罪的这几个属性中，哪一个最为根本呢？通说认为，社会危害性是最本质、最具有决定意义的特征。

笔者认为，通说不足取。之所以不足取，是因为它是立法的犯罪概念的逻辑结论，而在刑法学中逻辑起点应该是先有刑法；通说所理解的社会危害性不能说明犯罪与一般违法的区别。前文已述，在刑法学中，在对犯罪进行认定时，必须以形式意义的犯罪概念来限制实质意义的犯罪概念。那么，刑事违法性是否是犯罪最根本的特性呢？

其关键是如何理解"刑事违法性"。西方的"刑事违法性"长期在形式意义上被理解。李斯特首先主张对"刑事违法性"进行实质化理解。在我国，尽管有时可从形式上理解"刑事违法性"，有时也可以从实质上去理解，还可以从形式与实质相统一的见地去理解。但是，作为犯罪属性的"刑事违法性"应该仅具有形式意义。由此，"刑事违法性"作为犯罪的属性就不具有终极意义。

陈忠林教授在坚持犯罪的基本特征是社会危害性、刑事违法性与应受刑罚处罚性的前提下，主张"刑罚当罚性"是犯罪的最本质特征。❶ 主要理由如下：其一，无论是立法者规定犯罪时，还是司法者依法认定犯罪时，都以"是否应当受刑罚制裁"为根本的判定标准；其二，从逻辑上看，社会危害性、刑事违法性与应受刑罚处罚性三个术语的外延依次缩小，只有"应受刑罚处罚性"才最能揭示犯罪量，而定量分析是研究问题的高级阶段。故"刑罚当罚性"是犯罪的最本质特征。

笔者赞同这一结论，"刑罚当罚性"是考察犯罪的行为性、犯罪的社会危害性、触犯刑法性的目的和归宿，而且，相比较而言，"刑罚当罚性"的内涵最大、外延最小，与犯罪的内涵与外延最为契合，因而它是犯罪最根本的特性。

四、关于犯罪的阶级本质和法律本质

事物的属性是多层次的。犯罪是一个复杂的社会法律现象，必须从阶级本质和法律本质的角度对其予以解剖。

（一）犯罪的阶级本质

马克思指出："犯罪——孤立的个人反对统治关系的斗争，和法一样，也不是随心所欲地产生的。相反地，犯罪和现行的统治都产生于相同的条件。

---

❶ 陈忠林. 应受刑罚惩罚性是犯罪的本质特征 [J]. 法学季刊, 1986 (2): 4.

同样也是那些把法和法律看作某些独立自在的一般意志的统治的幻想家才会把犯罪看成单纯是对法和法律的破坏。"❶ 恩格斯指出："蔑视社会秩序的最明显、最极端的表现就是犯罪。"❷ 这是伟大导师们从阶级和阶级斗争的角度对犯罪阶级本质的经典的精辟解释。

虽然近几年学界有弱化犯罪阶级本质的趋势，但是，阐释犯罪的阶级本质仍有极大的社会意义。首先，这样做有助于坚持"犯罪是客观见之于主观"的信条，犯罪是被统治阶级认为需要用刑罚惩治的行为，而非自在的、纯客观的行为；其次，有助于处理犯罪化与非犯罪化的关系。犯罪化与非犯罪化的动态变化，即"犯罪圈"的划定最终取决于一国当时的政治、经济、文化、宗教、历史等综合反映的社会物质生活条件。在马克思哲学看来，犯罪的阶级本质是犯罪的法律本质的精神所在。

(二) 犯罪的法律本质

西方国家刑法理论对犯罪的法律本质的理解存在争议，主要有权利侵害说、法益侵害说、义务违反说、折中说四种学说。

法益侵害说是德日刑法理论的通说。此说近几年在我国日益走红，国内许多学者采纳了这一学说。陈兴良教授主张把法益侵害作为犯罪的本质，因为法益侵害与社会危害性相比具有"规范性、实体性、专属性"等优越性。❸ 刑法的目的与任务是保护合法权益。我国《刑法》第 13 条所规定的犯罪定义，指明了犯罪是侵犯合法权益的危害行为。如前所述，所谓社会危害性实际上就是对合法权益的侵犯性。这里的"侵犯性"包括对合法权益造成现实侵害，以及造成侵害的危险性。事实上，刑法分则所规定的各种犯罪都是对合法权益的侵犯。易言之，对任何具体犯罪都可以用"侵犯合法权益"来说明，而认为犯罪的法律本质是对合法权益的侵犯，与前述犯罪的本质特征也是完全一致的。因此，犯罪的法律本质是侵犯合法权益。❹

就犯罪本质而言，法益说也存在问题，因而主张义务违反为主，兼采法益侵害折中说。主要论据如下。

1) 违法与犯罪一样，从本质上讲都是义务违反行为。只有义务违反行为

---

❶ 中共中央马克思恩格斯列宁斯大林著作编译局. 马克思恩格斯全集：第三卷 [M]. 北京：人民出版社，1998：379.

❷ 中共中央马克思恩格斯列宁斯大林著作编译局. 马克思恩格斯全集：第二卷 [M]. 北京：人民出版社，1998：410. 当然，恩格斯这句话是针对故意犯罪而言的，不适用于过失犯罪。

❸ 陈兴良. 社会危害性理论：一个反思性检讨 [J]. 法学研究，2000 (1)：15.

❹ 张明楷. 刑法学 [M]. 2 版. 北京：法律出版社，2003：188.

才产生刑事责任。笔者赞同"刑法的调整对象是违反国家整体法律秩序的行为"的见解，这一命题直接说明了"犯罪是行为人违反国家整体法律秩序的行为"。❶ 其核心是"犯罪即严重的义务违反"。大陆法系的刑法理论关于犯罪本质的诸观点中，如果单纯从理论的科学性上讲，"义务违反说"最为可取。日本有一种折中说认为，"犯罪的本质首先是对法益的侵害或者威胁，其次是对义务的违反。因为刑法并不只是根据行为对法益的侵害结果规定犯罪。刑法的某些条文因行为侵害或者威胁法益的样态不同而规定为不同的犯罪，因为主体身份不同而规定为不同的犯罪。这说明犯罪的本质不只是对法益的侵害，还包括对义务的违反"。❷ 这也是不得不以"义务违反"来说明犯罪本质的一个有力例证。

2）法益侵害说最初主张"犯罪的本质是对作为权利对象的、国家所保护的利益造成的侵害"，后来为了说明处罚危险犯的合理性，又增加了"或者有造成侵害的危险"的内容。这样，刑法调整范围的划定，就有不是实在意义上的法益侵害，而把"危险"包括进来，这一点与刑法的谦抑性相冲突。如果采用义务违反说，就不会产生这一问题。

3）人们对法益的不同解释导致该学说一度不被认可。法益说无法说明在法益相同的情况下，为什么是不同犯罪且处罚也有差异。如盗窃罪与诈骗罪侵害的法益是相同的，但为什么二者是两种犯罪；法益说不能解释身份犯问题，无论是纯正的身份犯还是不纯正的身份犯。而义务违反说则能容易地针对上述问题给出令人信服的答案。

4）义务违反说有助于解释未遂犯的处罚根据，有助于解释不作为犯的处罚根据，有助于解释疏忽大意犯罪的处罚根据，从而避免了法益说的许多强词夺理的情况。如法益说为了阐释对未遂犯的处罚根据，不得不引用对法益的"危险"一词，实际上这在无形中已经违背了法益说最初被确立的初衷——限制刑法的处罚范围。对不作为的行为性问题、疏忽大意犯罪的惩罚根据等一直是世界性刑法理论难题。如果立足于义务违反说，上述问题就容易得到圆满的解决。

5）现实的犯罪是十分纷繁复杂的，可能存在某些场合，从义务违反的角度难以量定犯罪的社会危害，此时不得转换视角去考察法益的被侵害状况。在这样的场合下，法益侵害说起到了补充作用。

---

❶ 牛忠志. 刑法目的新论 [J]. 云南大学学报（法学版），2000（1）：18. 牛忠志，朱建华. 环境资源的刑法保护 [M]. 北京：中国社会科学出版社，2007：15.
❷ 大塚仁. 注释刑法（第一辑总则）[M]. 东京：青林书院，1978：122.

第二节 犯罪本质的义务违反说论纲

> 【核心提示】犯罪的法律本质应该是对"正当的""重大的"义务的违反。这一结论不仅是从法理学和其他部门法理论推导而得,从"犯罪是行为人的行为"的常识推导而得,也是犯罪本质的规范违反说或者犯罪实质的国家整体法律秩序破坏说的当然结论。我国《刑法》规范的立法表述也能证明这一结论的适当性。主张犯罪的本性是义务违反,并不意味着否定"被害法益"的有用性,对法益的侵害可以作为对行为人义务违反的外在衡量标尺。犯罪本质问题与犯罪的认定、犯罪构成的指标选定是不同的,不能混淆。

一、国内关于犯罪本质争鸣的现状与本书研究的视域

(一)国内关于犯罪本质争鸣的现状

我国的刑法理论关于犯罪本质的见解经历了由过去的"社会危害性理论"占绝对主导地位到当今以"法益说"为主、诸说纷呈的转变。中华人民共和国成立后,我国的刑法理论直接来源于苏联,而苏联刑法理论深受其政治的影响而形成了以"社会危害性"为核心的刑法理论。由是,我国刑法理论界长期以来把"(严重的)社会危害性"视为犯罪的本质属性,而鲜被质疑。这种状况一直持续到20世纪90年代末。1997年,修订后的《刑法》明确规定了罪刑法定原则,废除了类推制度,这种立法的重大修改促使人们重新审视犯罪的本质问题。"(严重的)社会危害性"说由于是从政治学意义上对犯罪本质的揭示,其统治地位开始动摇。目前,除了少数学者坚持正统的犯罪本质的"社会危害性说"[1],国内相当多的学者都逐渐采纳了法益说。另外,还有一些学者提倡"利益说""社会伦理规范违反说""或联说"等多种学说。

近年来,法益说有取代犯罪本质的社会危害性论而成为通说之势。张明

---

[1] 高铭暄,马克昌. 刑法学 [M]. 4版. 北京:北京大学出版社,高等教育出版社,2010:47.

楷教授是国内对法益说的最早传播者、极力主张者和积极践行者。他认为，刑法的目的与任务是保护合法权益；《刑法》第 13 条所规定的犯罪定义指明了犯罪是侵犯合法权益的危害行为；刑法分则所规定的各种犯罪都是对合法权益的侵犯，即对任何具体犯罪都可以用"侵犯合法权益"来说明，因此，"犯罪的法律本质是侵犯法益"（这里的法益是值得以科处刑罚来保护的法益）。❶ 何秉松教授最初倡导"利益说"，之后很快接受了法益说，并将犯罪客体解释为"犯罪主体的犯罪活动侵害的，为刑法所保护的法益"。❷ 陈兴良教授认为，法益侵害与社会危害性相比具有"规范性、实体性、专属性"等优越性，因而主张以法益侵害为犯罪的本质来替代过去的犯罪本质的"社会危害性理论"。❸ 除上文提到的学者之外，还有很多学者都坚持法益说。

但是，法益说也存在缺陷，而主张犯罪的实质应该是"义务的违反"——特定义务的违反。这一命题的建立，既需要正面论述义务违反说的合理性，也需要驳斥法益说的不足，阐述义务违反说的优越性。本书只限于前者，而关于义务违反说相对于法益说的优越性将另行撰文。

（二）研究视域的选择

在对犯罪法律本质展开深入研究之前，有必要廓清问题的研究视域。

事物的属性是多样化和多层次的，人们对事物进行考察与分析的"视域"也可以是多维的和多级的。因而，对于同一个事物的属性的考察与分析，就会因不同的观察视域而得出不同的结论。犯罪作为一个复杂的社会法律现象，既可从阶级和阶级斗争的视域对其进行分析，也可将其作为一个法律现象来剖析，还可从心理学和行为学的角度来研究。例如，关于犯罪的阶级本质，马克思曾经指出，犯罪是孤立的个人反对统治关系的斗争；恩格斯说，"蔑视社会秩序的最明显最极端的表现就是犯罪"❹。他们的论断是把犯罪作为一个政治问题，从阶级和阶级斗争的角度对犯罪阶级本质所作的精辟分析。从行为学角度看，任何犯罪都是行为主体（犯罪者）产生了犯罪意识和意志，并在这种意识和意志的支配下所实施的危害社会的行为。这一行为与其他行为的区别就是，其无积极的社会价值，具有严重的社会危害性质。也就是说，"犯罪是严重的负价值行为"，这种着重分析行为的主体、支配行为的主观意

---

❶ 张明楷. 刑法学 [M]. 3 版. 北京：法律出版社，2007：86.
❷ 何秉松. 刑法教科书 [M]. 北京：中国法制出版社，2000：291.
❸ 陈兴良. 社会危害性理论：一个反思性检讨 [J]. 法学研究，2000（1）：3-18.
❹ 邱瑛琪，房清侠. 马克思恩格斯刑法思想研究 [M]. 北京：中国人民公安大学出版社，2002：253.

识和意志,以及行为的外界变化等就是从行为学角度对犯罪的本质进行考察。与上述的政治学、行为学视角不同,本书是从法学❶角度把犯罪作为一个法律问题来分析其法律本质的。这是本书对问题研究的"阈"的限定。

另外,从政治学、行为学、心理学等不同视域来研究犯罪的性质,是指研究者的立足点,或者说主要是立足于政治学、行为学、心理学等角度进行研究,切不可以理解为各个角度研究的绝对孤立或者不相关联。事实上,由于各个视域不可能都是全然互相排斥或者互不相关,而是多维的时空和思维空间的交叉甚至重叠。基于观察者视域的相似性和相同性,即使研究者站在不同视域下研究同一事物,由于研究所立足的视域的交叉甚至重叠,加上研究的对象"同一",对于事物性质(包括本质属性)分析的结论可能相似或者"基本相同"。因此,研究者一方面对问题的考察和分析应该十分注意自己研究视域的特别性,从而把自己的研究与其他视角下的研究区分开来;另一方面也应该承认即使自己的研究与其他研究的视域不同,也需要注意并参考其他研究视域对同一问题的研究成果,以便对自己的研究有所参考和借鉴,对自己的研究成果进行印证。例如,对犯罪本质的行为学研究成果已经被借鉴到刑法学理论体系中,如坚持"犯罪是客观见之于主观"信条,强调犯罪成立的主观罪过不可或缺,强调犯罪是行为而不仅仅是思想等;认定犯罪既不能客观归罪,也不能主观归罪等。

二、德日刑法理论关于犯罪本质学说的历史与现状

(一) 德日刑法理论关于犯罪本质学说的历史沿革

一般认为,德日刑法理论对犯罪法律本质的理解,曾经产生过"权利侵害说""法益侵害说""义务违反说""文化规范违反说""社会伦理规范违反说"以及折中说(法益侵害+义务违反或者法益侵害+伦理违反)等。

1. 权利侵害说

费尔巴哈(Feuerbach)(1775—1833)以启蒙主义的人权思想为背景提出了权利侵害说。他认为,犯罪是侵害由法所赋予的他人权利的行为。权利侵害说曾经对克服封建刑法的干涉性,实现刑法调整范围的合理收缩起到过积极作用。但用,"权利"不能完全说明实在法所规定的犯罪,即有些犯罪并没有侵害权利,因为从当时的时代背景来看,这里的"权利观念"实际上应

---

❶ 法律是关于权利义务关系的设定、权利的保护、权利的救济与保障等内容的社会规范的总称;法学是研究法、法的现象以及与法相关问题的专门学问,是关于法律问题的知识和理论体系。

该是自然法意义的，而且当时所强调的是个体的权利，而不会认为"国家也具有人格享有权利"。正是因为该说的草创性，所以其被后来的法益说所取代。

2. 法益侵害说

法益侵害说，是毕尔鲍姆（Birnbaum）（1792—1872）提出的。他认为，犯罪的本质是对国家所保护的财或者利益的侵害或者侵害危险，即犯罪的本质是对法益的侵害。这一思想后来被德国学者宾丁（Binding）（1841—1920）和李斯特（Franz Liszt）（1851—1919）所继承与发展。法益说把权利说中的"权利"进一步现实化地限缩为"法律所保护的利益"，从而消除了权利说的理想化成分，进一步实现了刑法调整范围的收缩。不过，法益说面临诸多的理论困境，而且其对于刑事立法所规定的一些犯罪难以给予令人信服的解释，对"法益"内容认识的分歧导致法益说内部派别林立，最终导致了法益说的衰落。

3. 义务违反说

为了解决法益说存在的诸多理论难题，尤其是为了解决法律规定的行政犯之合理性、阐释法定犯的本质，德国学者夏弗斯坦因（Friedrich Schaffstein）（1905—2001）主张，犯罪的本质不是法益侵害，而是义务违反。❶

4. 文化规范违反说和社会伦理规范违反说

在阐述犯罪的"违法性"❷要件时，德国学者 M. E. 迈耶（Max Emst Mager）（1875—1923）继承和发展了宾丁的刑法"规范说"，首倡"文化规范论"的犯罪本质概念。宾丁最先提出了"犯罪不是违反刑罚法规本身，而是违反了作为刑法规范前提的规范"——这个"规范"是指作为"一切法规范的前提或者渊源的前实定的社会规范，即在人类的历史社会生活中自然发生和成立的，内在于现代所有人的意识之中，从内部指导其社会行动的道德、宗教、习俗等文化规范"。迈耶考虑到"文化规范的外延非常宽泛"，为了准确地把握违法性的实质，加上了"国家承认的文化规范"的限制。于是，实质的违法性，即犯罪的实质，是指与国家承认的文化规范不相容的态度。❸

日本新派代表人物牧野英一（1878—1970）的嫡传弟子小野清一郎（1891—1986）深受德国文化规范违反说的影响，尤其是受时代背景和日本军

---

❶ 张明楷. 法益初论 [M]. 北京：中国政法大学出版社, 2000: 79.
❷ 违法性分为实质的违法性和形式的违法性，其中实质的违法性即行为的社会危害性，或者说是行为与法律价值的背反性。
❸ 张明楷. 外国刑法纲要 [M]. 北京：清华大学出版社, 1999: 134.

国主义文化的影响，发展了 M.E.迈耶的文化规范违反说。他认为，犯罪本质的把握当求之于违反社会伦理规范，因为"刑法只将严重侵犯个人之间的伦理规范而国家又不能放任的重大反道义的行为作为犯罪予以处罚"。❶

(二) 德日刑法理论关于犯罪本质学说的现状

第二次世界大战之后，鉴于法西斯当局秉持义务违反说所导致的人权践踏结果，德日刑法理论与实务界又重新采用法益说，法益说再次占据通说地位。

在法益说占据主流地位的同时，义务违反说和规范违反说作为另外的势力，也颇有"市场"。

1) 首先，在德国，学者在阐述犯罪的本质时，把义务违反说作为对法益说的补充，共同揭示犯罪的本质。如德国著名刑法学家耶塞克（1915—2009）就主张犯罪是法益侵害和义务违反的统一体。❷ 其次，规范违反说仍然有强劲的发展势头。例如，当代著名的德国学者雅各布斯创建了机能主义刑法理论，倡导以积极的一般预防为核心的责任理论，主张犯罪是对刑法规范有效性的破坏，对犯罪者的刑罚不是消极意义的一般预防，而是意在证明犯罪的无效性和法律的有效性；刑事责任意味着积极地向忠诚于刑法的市民确证秩序的约束力，责任的量将依据维护对法规范的信赖的必要性而设定。❸ 雅各布斯主张"犯罪不是法益侵害，而是规范否认"。刑法的任务不在于保护法益，而在于保障规范的效用。刑法之所以处罚杀人行为，并不是因为有生命法益受侵害，而是因为"生命不得受侵害"的规范遭到破坏，而该规范是社会存在、人与人交往所不可或缺的基本准则。❹ 由此，刑法保障的是规范的适用，而不是法益的保护。❺ 在笔者看来，雅各布斯实际上秉承了犯罪本质的规范违反说。因为违反规范的实质就是违反规范所设定的义务。所以，在当今的德国刑法理论中，义务违反说还是相当有"市场"的。

2) 在日本，许多学者在坚持法益说的同时也给予义务违反说以地位。例如，新派人物小野清一郎主张犯罪的社会伦理规范违反本质，认为"犯罪是反文化、反正义的行为"，这实际上是说"犯罪是违反文化规范和正义规范所

---

❶ 中山研一. 刑法的基本思想 [M]. 姜伟，译. 北京：国际文化出版社，1988：47.
❷ 赵秉志. 外国刑法原理（大陆法系）[M]. 北京：中国人民大学出版社，2000：63.
❸ 赵秉志. 外国刑法原理（大陆法系）[M]. 北京：中国人民大学出版社，2000：76-77.
❹ 雅各布斯. 行为责任刑法：机能性描述 [M]. 冯军，译. 北京：中国政法大学出版社，1997：2.
❺ 雅各布斯. 刑法保护什么：法益还是规范适用 [J]. 比较法研究，2004（1）：96-108.

设定的义务的行为"。这与他坚持的"法是作为人伦事理的伦理，是国家政治实践中的伦理的自觉形态""法的本质是道义"和"日本刑法以日本国家的道义为根本"的主张相呼应。❶ 再如，一些属于后期旧派阵营的日本学者在认识犯罪本质时，也没有忽视规范违反说或义务违反说的合理性。这导致不少日本学者现在坚持综合说，即立足于法益侵害说并对其加以修正。

总之，虽然在当今的德日，法益说是通说，但其也因自身存在的不足而日益受到挑战。其他学说不断发展壮大，共同绽放，并在争鸣中发展和凝练。这就给笔者以启发：我国刑法理论对于法益说的移植也应该有所思量。而且即使是法益说在德日居于通说地位，但对其移植也应该受我国刑法理论体系和刑事立法模式的再一次考量。因为在我国，犯罪与一般违法行为不仅具有行为性质的差异，而且犯罪行为均具有严重的社会危害性；刑法对犯罪的一般规定存在"但书"，即对于具体犯罪的罪状设计，要求有"情节严重"的内容。❷ 所以，我国刑法理论关于犯罪本质的研究不仅不能因法益说的引入而结束，反而亟待深入开展。

三、犯罪的本质应该是义务违反

法益侵害说是对权利侵害说的辩证否定，具有实质的进步性，曾一度风靡德国乃至整个欧洲。但是，随着德国学者对法益说的深入研究，德国刑法理论界内部各派之间关于法益的内涵、地位等基本问题存在严重的分歧，尤其是法益说不能很好地解释法定犯所侵犯的法益，有些学者甚至干脆认为行政犯没有侵害法益，这都导致了法益说的衰落。

笔者不断反思犯罪本质问题，并且不停甄别和质疑各种观点，感觉到法益说有其不足，因而逐渐倾向于信奉义务违反说。不过，鉴于义务违反说有过被德国法西斯曲解和滥用的历史，笔者曾经谨慎地主张"以义务违反为主，兼采法益说"的犯罪本质观。❸ 但是，通过近年来的不断深入思索，笔者终于决定大胆倡导义务违反说。

1. 从法理学基本理论和其他部门法理论能推导出犯罪本质的义务违反说

法理学常识告诉我们：法律是特殊的行为模式；法律后果有肯定性和否定性之分；违法导致否定性法律后果；违法是指具有法定责任能力的组织或

---

❶ 马克昌. 近代西方刑法学说史略 [M]. 北京：中国检察出版社，1996：278.
❷ 牛忠志. 驳"但出符合形式犯罪构成的行为说" [J]. 河南大学学报（社会科学版），2012 (1)：49-56.
❸ 牛忠志. 犯罪内涵新释 [J]. 昆明理工大学学报（法学版），2007 (7)：60-65.

者个人违反法律规定，不履行法定义务，侵害他人权利，造成社会危害的行为。由此，违法实际就是义务违反。只有义务违反的行为（即违法）才会产生否定性法律后果，而否定性法律后果就是对违法行为的否定、撤销和制裁。❶

在民法方面，民事违法主要包括侵权和违约。违约责任是指当事人不履行合同债务而依法应当承担的法律责任。❷ 构成侵权行为的首要要件是行为违法。❸ 可见，无论是民事侵权还是民事违约，都是义务人没有及时、全面地履行其法律义务。总之，民事违法的实质是义务违反。

行政违法是指行政法主体（包括行政管理者和行政相对人）违反行政法规但尚未构成犯罪而依法应承担行政责任的行为。❹ 无论是行政相对人不遵守行政法律法规，还是公务人员的行政失职和行政越权、行政滥用职权，都是行政违法，他们的行为都是违反了特定行政法规范所设立的法律义务。❺

犯罪也属于违法，只不过是严重的违法；犯罪产生刑事责任（或者刑事制裁），刑事责任属于否定性法律后果。可见，犯罪就应该是义务违反行为。只不过犯罪对义务的违反已经达到立法者认为必须以刑罚加以制裁的严重程度。

2. 从"犯罪是行为人的行为"命题中推导出犯罪本质的义务违反说

犯罪是加害与被害双方矛盾运动的结果。在这一矛盾中，犯罪是行为人（加害人）的行为，而不是被害人（或者其他人）的行为。所以，对于犯罪实质的把握首先应该直接从行为人（加害人）的行为本身去寻找能够标示其行为的社会危害性的要素。也即对犯罪行为社会危害大小的量定，应该首先考虑从加害人（行为人）本身来寻找计量标准——尽管我们既可以从加害人（行为人）一端来进行，也可从被害人一端来进行。基于加害与被害的逻辑关系，从逻辑上讲，先是行为人违反义务，接下来被害人的法益才受到侵害。所以，犯罪的本质是行为人对其法律义务的违反。

3. 规范违反说❻的实质即义务违反说

尽管当今德日刑法理论坚持法益说，但是鉴于法益说的局限性，对犯罪

---

❶ 卢云. 法学基础理论[M]. 北京：中国政法大学出版社，1994：346-358.
❷ 魏振瀛. 民法[M]. 北京：北京大学出版社，高等教育出版社，2000：422.
❸ 魏振瀛. 民法[M]. 北京：北京大学出版社，高等教育出版社，2000：686.
❹ 胡建淼. 行政法与行政诉讼法[M]. 北京：高等教育出版社，2006：214.
❺ 胡建淼. 行政法与行政诉讼法[M]. 北京：高等教育出版社，2006：271-277.
❻ 从形式上看，规范违反说与法益侵害说是关于违法性的实质的争论，但违法性的实质也是犯罪的本质，事实上也有不少学者在论述犯罪本质时，讨论了这两种学说。参见张明楷. 刑法学[M]. 2版. 北京：法律出版社，2003：188.

本质的揭示和罪刑关系的设计又不得不时常借助于规范违反说。而实际上，无论是文化规范违反说还是社会伦理规范违反说，其共同点都是把犯罪归结为对规范的违反，即对规范所设定的义务的违反。因为规范是使人们承担义务的行为模式，其实质是使人们履行一定的义务。如果进一步追问：犯罪违反了"规范"的什么呢？当然是违反了规范所设定的义务或没有适当履行规范所设定的义务。可见，各种规范违反说的实质都是义务违反。所以，犯罪的本质是对特定规范义务的违反。

4. 从刑法的首要价值看义务违反说的适当性

一般而言，法律具有秩序、效益、自由、平等、人权等多元价值。在法的众多价值体系中，秩序价值虽不是法的最核心的价值，但它却是最基础的价值。因为：①秩序是人类生存的基础；②秩序是社会发展的基础；③秩序是阶级统治的基础；④秩序是人们追求自由、平等、效益、人权等目标的基础。❶

刑法以秩序价值为最基本的价值。这一点不仅为刑法理论所赞同，也为各国刑法立法所坚持。这是由刑法的保障法地位所决定的。在现代社会，没有人会质疑刑法的保障法地位。"刑法在根本上与其说是一种特别法，还不如说是其他一切法律的制裁力量。"❷ 刑法的本质机能是行为规制机能，首先就表现为秩序维持机能。"刑法的目的不是法益保护本身，而是维持国家社会秩序，把法益保护视为刑法的终极目的是不妥当的。"❸ 德国的机能主义刑法理论主张"犯罪不是法益侵害，而是规范否认"❹。刑法的任务不在于保护法益，而在于保障规范的效用。刑法之所以处罚盗窃行为，并不是因为被害人的财产法益受到侵害，而是因为"所有权神圣不可侵犯"的规范遭到破坏，而该规范是处理人与人之间关系和社会得以存在的不可缺少的基本准则。由此，刑法保障的是规范的适用，而不是法益的保护。❺ 刑法不直接保护法益，而是通过维持法律秩序，再现其他部门法的有效性而间接地保护法益。

刑法的首要价值——秩序价值决定了刑法的重要特性：安定性。日本学

---

❶ 卓泽渊. 法理学 [M]. 北京：法律出版社，1998：191-192.
❷ 卢梭. 社会契约论 [M]. 北京：商务印书馆，1962：63.
❸ 大谷实. 刑法讲义（总论）[M]. 东京：成文堂，1997：5.
❹ 雅各布斯. 行为责任刑法：机能性描述 [M]. 冯军，译. 北京：中国政法大学出版社，1997：2.
❺ 雅各布斯. 刑法保护什么：法益还是规范适用 [J]. 比较法研究，2004（1）：96-108.

者木村龟二就强调了刑法作为司法法的安定性。❶ 刑法的安定性决定了罪刑法定原则作为刑法的首要基本原则——不但刑法典要确立罪刑法定原则，一些国家甚至把罪刑法定原则规定在其根本法——宪法当中。

秩序价值是刑法的首要价值，而秩序的维持就要求特定义务的适当和及时履行。义务的不履行或者不适当、不及时履行——义务违反是导致秩序遭到破坏的原因，这也决定了犯罪的本质是对法定义务的违反。

5. 从法律秩序被破坏的逻辑顺序看义务违反说的正当性

在现实生活中，社会关系经过法律调整后，在特定的主体之间产生了特定的权利义务关系，此即法律关系。错综复杂的法律关系共同构成了一定时期内特定国家的法律秩序。当违法行为对法律秩序进行危害，但情形不严重时，就由民法、行政法等法律来调整和救济；而当法律秩序受到严重危害时，民事制裁和行政法律制裁无能为力，这时就不得不依靠刑法的介入和调整。这一过程显示了刑法的保障法地位，也显示了犯罪的本质是对法定义务的违反。

在这一法律秩序被破坏的过程中，我们能顺理成章地推导出犯罪的义务违反本质。因为：①犯罪是严重的违法，一般违法是义务违反，故严重的违法当然也是义务违反。相反，不能认为一般违法是义务违反，而严重的违法是权利（法益）侵害。②法律秩序是由无数的权利义务关系网结而成的，法律秩序的紊乱（或者说被打破），其切入点在于义务人不履行义务，而不在于权利人不行使权利（因为权利人是可以放弃权利的，且放弃权利不会产生否定的法律后果）。这就是说，从逻辑上讲，法律秩序被破坏时行为人的义务违反在先，而被害人的权利被侵害在后。由此，同属于违法范畴的一般违法和犯罪，都是行为人对其法定义务的违反。其区别仅仅在于，违法是对法律秩序的非严重破坏，犯罪是对法律秩序的严重破坏。

6. 我国《刑法》规范的立法表述证明了义务违反说的适当性

犯罪的不法内容主要是由行为实施的方式和方法所决定的；犯罪所固有的应受刑罚处罚性存在于对法定义务违反的描述之中。例如，我国《刑法》并没有把所有侵犯财产权的现象统统规定为侵犯财产罪，而只是针对特定的义务违反类型来设定具体的犯罪种类：以虚构事实或者隐瞒真相的方式造成

---

❶ 安定性的内容很丰富，主要有：①法是制定法；②司法不受法官的恣肆之左右；③作为基础的事实必须尽可能准确无误地确认；④法的稳定性、公开性、明确性、科学性（体现公平、正直、平等价值）。在刑法上的起码要求是罪刑法定、法是良法、严格执行时效制度。见木村龟二. 刑法学辞典 [M]. 上海：上海翻译出版公司，1991：9.

财产损害是诈骗行为；以公然的强力使被害人来不及反抗而取得财物的方式是抢夺行为；以秘密的方式使被害人当时不知道其财产被侵害的是盗窃罪。

7. 规范违反说有利于强化人们的规范意识，推动我国的法治国家建设进程

当代中国，民众的规范意识、规则意识比较淡薄。然而，法治要求人们奉行法律至上的观念，认同并遵守法律规范，全面及时地履行法定义务。犯罪的义务违反说有助于改善我国的这一现状和化解法治内在要求的矛盾。

8. 刑事旧派适合现代社会，疏离刑事新派，但我们切不可硬把义务违反说与刑事新派联系在一起

关于犯罪本质以及违法性实质的争论，德日刑法集中在法益侵害说与规范违反说之间，（这）与新旧两派本身的对立没有直接关系。[1] 所以，我们不能把规范违反说以及其所亲近的义务违反说当然地归属于新派学说，也不能把法益说当然地归结为旧派理论，从而赞成法益说，反对义务违反说。实际上，在日本，许多学者持后期古典学派立场，但同时承认义务违反说的合理性，从而在坚持法益说的基础上兼采了义务违反说。

9. 第二次世界大战期间，义务违反说被法西斯反动势力用于践踏人权的"不光彩"历史，并非义务违反说的本性必然所致

任何事物都是一分为二的，世界上不存在没有副作用的药物。义务违反说被法西斯反动势力用于践踏人权的"不光彩"历史不应该成为其科学性的反证。所以，我们不能一朝被蛇"咬"，十年（甚至是百年）怕"井绳"，更不能也不应该因噎废食。刑法理论应该消除"弓杯蛇影"之余悸，正视义务违反说的合理性，而不能谈"虎"色变，不加分析就盲目排斥和否定义务违反说。

四、基于中国刑法和刑法理论对义务违反说的改良

犯罪本质的义务违反说虽然具有合理性和科学性，但是在中国刑法体系和刑法理论背景下，必须对其进行适当的改良。

根据《刑法》第13条，犯罪是严重的违法行为，其违法性在质与量上都与一般违法行为不同。鉴于此，应该把义务违反说的"义务"限定为重大的、正当的义务。首先，强调法定义务的正当性，反对"恶法亦法"，追求刑法处罚（范围和程度）的合理性。其次，强调义务的重大性，与"犯罪是严重的违法"相适应，意在实现刑法的谦抑性。

---

[1] 张明楷. 新刑法与法益侵害说 [J]. 法学研究，2000（1）：19-32.

"法不禁止皆自由"与"违法产生法律责任"是一个问题的两个方面。基于我国的立法体系，从应然的角度，任何进入刑法调整范围的社会关系，都要接受其他部门法的保护（调整）。因此，"见危不救行为的入罪"主张才未被立法所采纳。不生民事责任，何来刑事责任？而且，对于已经被其他部门法（如行政法、民法等）调整的社会关系，只有在被义务违反行为严重地侵害时，才可能被纳入刑法的调整范围。正是为了避免重走"危险刑法"和"忠实刑法"的老路，避免受"恶法亦法"的诘难，也为了保持当代刑法的谦抑性，义务违反说的这一"义务"必须被限定为"正当的""重大的"义务。首先是法律义务（由民法、行政法和诉讼法等程序法所确立）；其次，因为这种义务是"正当的"和"重大的"，所以被刑事立法所保护。

综上所述，在我国，犯罪的本质是行为人对其应负担的"正当的""重大的"义务的违反。

最后还要指出，笔者主张，犯罪的本质属性是对"正当的""重大的"义务的违反，但不意味着否定"被害法益"的有用性，对法益的侵害可以作为对行为人义务违反的外在衡量标尺。当犯罪成立条件的选择无法直接标示行为人的义务违反的性质和程度时，则可转而求助于对被害法益的侵害的性质和程度。也即犯罪本质问题与犯罪的认定、犯罪构成的指标选定是不同的，不能混淆。

第三节 论犯罪本质的义务违反说优于法益说

【核心提示】法益说存在不足，而义务违反说能够弥补法益说的不足。例如，在说明行政犯、身份犯、未遂犯、危险犯和预备犯、疏忽大意犯罪等处罚的合理性时，义务违反说较之法益说具有的优越性。义务违反是犯罪的本体属性，而法益侵害应作为对行为人义务违反的外在衡量标尺，即犯罪本质的间接的衡量指标。它与义务违反的关系，正如树木的高与测量高度的尺子——本体与喻体的关系一样，既不相同，又相互关联。

犯罪是全部刑法的逻辑起点，犯罪的本质问题是刑法学的核心问题，故犯罪本质理论是整个刑法学的逻辑起点。对犯罪本质的不同认识，关系到刑法立法的具体规定和刑法学理论的各个方面，如关系到刑法的任务的确定，关系到刑法目的和功能的定位，关系到犯罪成立条件的筛选，关系到犯罪形态标准的确定等。不仅如此，犯罪本质问题还关系到犯罪的司法认定和刑事判决的执行。因此，目前在我国，在对犯罪本质问题仍然存在重大争议的情况下，继续对其加强研究，深化对犯罪本质的认识，具有重大的理论价值和实践意义。

目前在我国，不少学者坚持正统的犯罪本质的"社会危害性说"❶ 也有相当一部分学者转向了法益说，法益说将有取代"社会危害性说"而成为通说之势。不过，对于犯罪本质问题，首先，站在法学的立场，而不是政治学或社会学的立场，犯罪的本质不是"严重的社会危害性"；其次，在法学视野下，犯罪的本质不是法益侵害，而应该是义务违反；❷ 最后，基于我国《刑法》第13条关于犯罪的定义，犯罪是严重的违法行为，因而犯罪的本质是行为人的危害行为对其重大的、正当的义务的违反。这一结论的获得和确信，除了需要形而上地为义务违反说正面立论，还需要将义务违反说与法益说的优劣进行对比，包括阐述法益说的不足、义务违反说的优越性、刑法立法的可贯彻性以及其与当代刑法理论的融洽性，进而坚定大家秉持这一立场的信念。

一、法益说的主要不足

在我国，法益说主张：犯罪的本质是对法益的侵害，刑法的目的与任务是保护合法权益；我国《刑法》第13条所规定的犯罪定义指明了犯罪是侵犯合法权益的危害行为；刑法分则所规定的各种犯罪都是对合法权益的侵犯，即"犯罪的法律本质是侵犯法益"。❸ 但笔者发现，法益说存在重大的缺陷。

1. 法益说无法确定和解释行政犯所侵害的法益

对于行政犯所侵害的法益的确定和解释是最令法益说头疼的事情，以至于对于行政犯是否侵害法益的问题，有些学者干脆说"行政犯没有侵害法益"。不过，这样的回答显然是动摇了把法益侵害作为犯罪本质的立场。如果"对法益的侵害是犯罪的本质"的命题成立，那么，不可能只有刑事犯才侵害法益，而行政犯却不侵害法益；如果"只有刑事犯才侵害法益，而行政犯却

---

❶ 赵秉志. 刑法新教程 [M]. 4版. 北京：中国人民大学出版社，2012：67.
❷ 笔者曾经主张"义务违反为主，兼采法益侵害折中说"（参见牛忠志. 犯罪内涵新释 [J]. 昆明理工大学学报·社科（法学）版，2007（7）：60-65）。现在，笔者彻底秉持义务违反说：犯罪的本质是行为人对其重大的正当义务的违反。
❸ 张明楷. 刑法学 [M]. 3版. 北京：法律出版社，2007：86.

不侵害法益"这一判断成立,则意味着对法益的侵害不应该是犯罪的本质,因为本质是该类事物共同的属性。

一方面,正是因为法益说陷入此等"两难"困境,故其对实定法所规定的犯罪的解释力被大大地削弱了;另一方面,社会现实需要立法规定行政犯,这就催生了义务违反说,义务违反说作为法益说的"掘墓者"便应运而生了。

2. 法益说容易导致"只见树木不见森林"的结果

法益说强调的"法益"是权利主体的法益。这样,就极易给人们一种错觉:犯罪是对法益的侵害,而由于法益是特定主体的法益,故犯罪是对某一特定主体之法益的侵害。其结果是强调了加害人与被害人之间的关系。实际上,犯罪被评价为对国家整体法律秩序的挑战,犯罪之所以是犯罪,主要的不是加害人与被害人之间的事情,而是国家与加害人之间的事情。这是现代刑法不可动摇的信念。法益说不能恰当地说明犯罪行为对国家整体法律秩序的对抗性,因而容易把犯罪视为对某一特定主体法益的侵害,从而导致对犯罪的理解和评价"只见树木不见森林"。

这种不足,已经导致了对犯罪构成理论的模糊认识。例如,有学者认为,正当防卫行为和紧急避险行为都符合我国犯罪构成——这两种情况下都存在"犯罪客体要件"。❶ 而实际上,这是坚持法益说所导致的后果。如果秉持义务违反说,从国家整体法律秩序的角度考察正当防卫和紧急避险,这两种情况下都没有犯罪客体存在的余地,否则,就不是正当行为了。

3. 法益说不能区分刑法所保护的法益与其他部门法所保护的法益

如果说这一缺陷在德日由于其不严格区分犯罪与一般违法❷还不算重大缺陷的话,那么,在我国,由于犯罪与一般违法有严格区别,因此刑法理论必须着力解决刑法所保护的法益与其他法律所保护的法益的划界问题,从而导致法益说的固有缺陷被进一步放大。界定犯罪就必须对刑法法益与其他法益进行严格的区分,但法益说难以完成这一使命。有学者试图区分刑法保护的法益与一般部门法保护的法益,在坚持法益说的同时,认为"'国外可罚的违法性'概念,就是为了把刑法上的违法在量上限定为一定严重程度,在质上值得科处刑罚的违法性;在我国,只要坚持对犯罪构成的实质解释,就不会

---

❶ 王政勋. 定量因素在犯罪成立条件中的地位:兼论犯罪构成理论的完善 [J]. 政法论坛(中国政法大学学报), 2007, 25 (4): 152-163; 陈兴良. 四要件犯罪构成的结构性缺失及其颠覆:从正当行为切入的学术史考察 [J]. 现代法学, 2009 (6): 57-75.

❷ 在德日,犯罪的成立是立法定性、司法定量。以日本刑法为例,按照日本刑法,行为人盗窃一分钱的行为也可能构成盗窃罪,至于是否最终作为犯罪来处理并追究刑事责任,则需要由检察官、法官根据其职业经验,考察全案情况、案发当时社会环境条件等因素,自由斟酌之。

得出'只要行为侵害了法益就成立犯罪'的结论"。❶ 请注意，论者一方面把犯罪的本质理解为法益侵害，另一方面又主张并非"只要行为侵害了法益就成立犯罪"，这里显然存在矛盾。这一矛盾是法益说所固有的。

4. 对法益说不进行深入的研究就照搬并不适当

大约在 20 世纪 90 年代中期，张明楷教授最先将法益说引入国内。"法益是根据宪法的基本原则，由法所保护的、客观上可能受到侵害或者威胁的人的生活利益。这是法益的一般概念，其中由刑法所保护的人的生活利益，则是刑法上的法益。"❷ 稍后，在 20 世纪和 21 世纪之交，何秉松教授由最初主张利益说转而接受法益说；❸ 陈兴良教授撰文主张将犯罪客体还原为刑法法益，并认为法益概念在"规范性""实体性""专属性"等方面优于"社会危害性"。❹ 在刑法学界这些权威人物的影响下，国内许多刑法学学者逐渐接受了法益说。但是，在中国，缺乏的是进一步对法益说的深入研究，以及法益说与其他犯罪本质观的比较。"有比较，才能有鉴别""灯不拨不亮，理不辩不明"，如果不深入研究，不作比较分析，便人云亦云地搬用法益说，则有盲目跟风、赶时髦之嫌。

5. 法益说在其发源国的衰弱

法益说发源于德国，并一度盛行于德国。但是，随着对法益说研究的逐渐深入，德国的一些学者对法益的概念产生了不同的认识：关于什么是刑法中的法益，产生了很大分歧。李斯特、鲁道夫、奥托、马克斯、汉瑟莫尔等提出了各自的观点。如有的人认为，刑法所保护的对象就是法益，作为法所保护的生活关系被固定化、规范化的东西就是法益；有的人认为，法益是刑法分则条文所认可的立法目的；还有的人认为，法益是刑法解释与概念构成的目标等。其分歧的焦点在于，这里的"法益"是实定法所确立的法益，还是前实定法的法益。对此，德国学者至今也没有就"法益"的实在含义给出一致的回答。持法益说的学派内部关于"法益"的不同见解和学说自身的问题导致了该学说在德国的衰弱。

二、义务违反说较之法益说的优越性

义务违反说主张犯罪的本质不是法益侵害，而是义务违反。根据我国

---

❶ 张明楷. 法益初论 [M]. 北京：中国政法大学出版社，2000：334-335.
❷ 张明楷. 法益初论 [M]. 北京：中国政法大学出版社，2000：167.
❸ 何秉松. 刑法教科书（2000 年修订）[M]. 北京：中国法制出版社，2000：286.
❹ 不过，作者只是把法益说与社会危害性理论进行简单对比，而没有对法益说的本体内容展开论证。参见陈兴良. 社会危害性理论：一个反思性检讨 [J]. 法学研究，2000（1）：3-18.

◎ 当代中国刑法理念的革新及其法治实践贯彻

《刑法》第13条关于犯罪的定义，犯罪是具有严重的社会危害性、触犯刑法和应受刑罚惩罚的行为。由此，犯罪的本质应该是对重大的、正当的义务的违反。义务违反说较之法益说的优越性，主要体现在以下方面。

1）义务违反说有助于从国家整体法律秩序的立场来把握犯罪行为。刑法调整的社会关系虽然广泛，但是具有"片段性"或者"不完整性"❶：只有在立法者看来如果适用其他法律制裁便不足以控制该类危害行为而必须用刑罚的方法才能制裁和预防该类危害行为时，才会把这类危害行为纳入刑法的调整范围。换言之，刑法只是调整"违反国家整体法律秩序的行为"。这说明"犯罪是违反国家整体法律秩序的行为"。❷ 这一判断的要害在于"犯罪是对特定法律义务的严重违反"。法律上的义务具有国家强制性。如果义务主体不履行法律义务，则国家将动用执法或者司法机关强制其履行该义务。法律义务的国家强制性使我们很容易且顺畅地理解犯罪的反社会性质以及犯罪人与国家整体法律秩序的对抗性。于是，义务违反说从国家整体法律秩序的立场来把握犯罪行为的本质，就能有效地打破法益说对犯罪本质解读的局限。

2）为什么危害行为侵害相同法益却构成不同犯罪并设置了不同的法定刑？法益说对此难以给出令人信服的解释。例如，盗窃罪、抢夺罪、诈骗罪、敲诈勒索罪、故意毁坏财物罪所侵害的法益是相同的——所有权，但为什么它们是五种不同的犯罪，且对犯罪人的处罚也有很大的差异？再如，背叛国家罪，颠覆国家政权罪，资助危害国家安全犯罪活动罪，为境外窃取、刺探、收买、非法提供国家秘密、情报罪等都是危害国家安全的犯罪，但其法定刑设置存在很大的差异：有的犯罪的法定最高刑是死刑，有的犯罪的法定最高刑为无期徒刑，有的却为有期徒刑。义务违法说则能够很容易地提供合理的解释：危害行为所违反的具体的法定义务不同，当然就会相应地产生不同的法律后果——不同的刑事制裁及强度。

3）法益说不能解释对真正的身份犯处罚的合理性和对不真正的身份犯的处罚轻或重的问题。真正的身份犯是指以特殊身份为主体要件，无此特殊身份时该犯罪根本不可能成立的犯罪；不真正的身份犯是指特殊的身份不影响定罪但影响量刑的犯罪。❸ 前者如贪污罪，其犯罪主体必须是国家工作人员；后者如诬告陷害罪，任何有刑事责任能力的人均可构成该罪，但若是国家工作人员犯此罪，则要从重处罚。在身份犯的场合，行为人侵害的是相同的法

---

❶ 张明楷. 刑法学 [M]. 2版. 北京：法律出版社，2003：30.
❷ 牛忠志. 刑法目的新论 [J]. 云南大学学报（法学版），2006（5）：18-23.
❸ 赵秉志. 刑法新教程 [M]. 4版. 北京：中国人民大学出版社，2012：158.

益，但为什么只有特定身份的人才构成犯罪，而不具有该身份便不构成犯罪或者构成其他犯罪？在不真正的身份犯的场合，虽然都构成犯罪，但为什么对有特定身份的人的法定刑设置与没有此等身份的人相比较轻或者较重呢？法益说对此难以给出恰当的解释。

为了解决这一难题，坚持法益说的学者后来不得不承认犯罪的"义务违反"实质性。其中，"犯罪的本质既包含对法益的侵害或者威胁，也包括对一定的义务的违反"的犯罪本质这种观点，由日本学者团藤重光首倡，并得到了其他学者的支持。❶ 日本学者大塚仁教授就指出，"犯罪的本质，一方面基本上是对各类法益的侵害，同时，在一定范围内，一定的义务违反可以作为本源"❷。

坚持义务违反说，对身份犯问题的解释就很简单：身份不同，社会地位就不同，其肩负的义务也就不同；无论是真正的身份犯，还是不真正的身份犯，对其行为的犯罪化与否、处罚得轻或者重，当然是各当其理。

4）法益说在解释对未遂犯、危险犯和预备犯处罚的合理性时，背离了其最初所倡导的"刑法谦抑"之旨趣。法益说原本主张："犯罪的本质是对作为权利对象的、国家所保护的利益造成的侵害"，提出法益说是为了实现刑法的谦抑性：限缩刑法对社会生活介入的深度与广度——以法益之侵害为标准来限缩刑法对社会介入的深度和广度。但是，不断发展的社会客观现实却不能囿于法益说的初衷，现实的需要是：立法必须处罚未遂犯、危险犯，甚至某些犯罪的预备行为。但是，在未遂犯、危险犯，犯罪预备行为的场合，法益的侵害不具有实害性。

为了说明处罚未遂犯、危险犯和某些预备犯罪行为的合理性，不得不对法益说进行修正：在"法益被侵害"的基础上，增加了"对法益的威胁"的内容。这样，刑法的调整范围的划定就不再是基于已然的、作为法律后果的法益侵害，而把一种可能的趋势，即对法益的"危险"情形也包括在内。其结果就背离了法益说最初的旨趣。

然而，如果我们立足于犯罪本质的义务违反说，则能够对危险犯、未遂犯、预备犯等的处罚根据直接地、顺畅地予以说明。在上述各种情况下，行为人都违反了相应的法律义务，如果该义务违反行为是严重的，当然就可能获得"应受刑罚惩罚性"，从而避免了法益说的拐弯抹角的说明或者强词夺理的论证。

---

❶ 张明楷. 外国刑法纲要 [M]. 2版. 北京：清华大学出版社，2007：57.
❷ 马克昌. 犯罪通论（修订版）[M]. 武汉：武汉大学出版社，1997：4.

5) 对于不作为的行为性问题和处罚依据、疏忽大意犯罪的处罚依据等世界性刑法理论难题，法益说同样束手无策，从而不得不拐弯抹角地进行苍白无力的论证。

首先，法益说为了证成对不作为犯进行处罚的合理性，在不作为的行为构成上，不得不设定在先的"积极作为义务"，而后再把这一积极作为义务作为不作为的构成要件之一。在这里，法益说实际上是"明一套暗一套"：名义上持法益说，暗中却转而求助于义务违反说。

其次，对疏忽大意的过失犯罪处罚的合理性的论证，法益说也陷入了窘境。本来，区别犯罪与一般违法的关键在于行为人反社会的主观意志性。但是，疏忽大意情况下行为人对法益的侵害，既无认识也无意志，谈何主观恶性？这时，法益说为了摆脱窘境，又不得不"暗渡陈仓"，求助于义务违反说——行为人有义务预见自己的行为具有社会危害性，却不发挥其主观能动性，以至于疏忽大意而不能预见。于是，对疏忽大意的处罚是合理的。这种解释比较牵强。如果直接采用义务违反说，则能够直接地、顺畅地予以说明，即在不作为、疏忽大意犯罪的情况下，行为人违反了相应的法律义务，因而其义务违反行为在严重到必须用刑罚加以制裁时，就获得了应受刑罚惩罚性，即构成犯罪。这种解释避免了法益说的拐弯抹角和强词夺理。

无须再多举例，我们已经可以看到，法益说在对犯罪和刑罚具体问题进行解释时，每逢陷入困境的关键时刻，就转而求助于义务违反说，从行为人的义务违反角度，拐弯抹角地作出曲折的解释或者牵强的说明。这也反衬出义务违反说优于法益说。

三、义务违反说与现行刑法和刑法理论的相容性

如果一种理论不能指导实践，或者必须作重大的修正才能被贯彻，那么，这种理论要么是镜中花、水中月，要么是难以开花结果的枯树，结局就是不得不将其束之高阁或者干脆将其抛弃。这种不能产生实际效益的理论，无论被说得多么动听，无论其多么权威，都注定没有生命力而难以"存活"。然而，义务违反说不仅在理论上能够自洽，在实践层面也容易贯彻：既无须彻底推翻现行的立法，也不颠覆当代的刑法理论体系。

1.我国现行《刑法》所设立的罪刑规范绝大多数都直接表明了犯罪的义务违反性

从条文表述上看，大多数犯罪的罪状都无一例外地表述为："违反法规，非法……的"，这是义务违反说在刑法分则中被贯彻的直接体现。例如，"故

意杀人的，处……""盗窃他人财物，数额较大的，处……""故意伤害他人身体的，处……；犯前款罪，致人重伤的，处……；致人死亡的，处……"。我们能十分清楚地看到现行立法对义务违反说的贯彻。

相反，在个罪基本罪状的表述上，刑法分则中很少把被害人的法益被害性质和量度作为犯罪的反社会性的衡量标准。换言之，法律没有规定"被害人因他人故意杀害而死亡的，对行为人处……"，也没有规定"被害人的财物因他人的盗窃行为而损失且数额较大的，对行为人处……"。可以说，从整体上看，目前的立法现状所贯彻的是义务违反说，而不是法益侵害说。

2. 对刑法条文的修改更加亲近义务违反说

我国对刑法的修改体现出贯彻义务违反说的立法例很多。兹举几例：第一，1997年《刑法》对于许多犯罪的犯罪数额的标准由"违法所得"改为"非法销售金额"。❶ 这种修改实际上是贯彻了犯罪本质的义务违反说。因为与"违法所得"相比，"非法销售金额"能更直接地表明犯罪人对其法定义务的违反程度。这一立法趋势表明了义务违反说的生命力。第二，《中华人民共和国刑法修正案》（以下简称《刑法修正案》）（1999年12月25日通过）第1条："隐匿或者故意销毁依法应当保存的会计凭证、会计账簿财务会计报告，情节严重的，处……"这一表述清楚地体现了当特定义务主体违反法定义务时，构成该犯罪。第三，《刑法修正案（七）》第1条："走私珍稀植物及其制品等国家禁止进出口的其他货物、物品的，处……"。第四，《刑法修正案（八）》第35条："明知是伪造的发票而持有，数量较大的，处……"。如果不是盲目轻信法益说，而是仔细分析，就会发现刑法的修改是在贯彻义务违反说而不是法益侵害说。

3. 义务违反说与当代刑法理论的融合性

犯罪本质问题是刑法的基本问题，对于犯罪本质的不同观点会关涉刑法理论的诸多方面。那么，犯罪本质的义务违反说能不能与现行的刑法理论相融合？或者说，如果秉持义务违反说，要不要对现有的刑法理论进行彻底的颠覆？回答是：不会，绝对不会！

在前述关于对真正的身份犯处罚的合理性和不真正的身份犯的处罚轻重问题；在解释对未遂犯、危险犯和预备犯处罚的合理性，以及不作为的行为性问题和处罚依据、疏忽大意犯罪的处罚依据等刑法理论难题时，义务违反说都表现出强大的穿透力和柔韧性。如果以上是从微观层面证明了义务违反说与当代

---

❶ 例如，对1997年《刑法》第三章第一节"生产、销售伪劣产品罪"的重大修改之一便是把本节犯罪的数额标准由过去的"违法所得"改为"销售金额"。

刑法理论的一致性，那么，下面将从宏观层面进一步阐释义务违反说能很好地与当代刑法理论融合生长。也就是说，主张犯罪的本质是行为人违反了重大的、正当的义务，绝不意味着彻底颠覆和全盘否定当代刑法学的所有理论。

首先，"犯罪的本质是什么"与"犯罪的认定标准"是两个问题，而学界一直混淆这两个问题。犯罪的本质是犯罪的本体论问题；认定犯罪的标准是对犯罪（本质）的衡量标准，是认识论问题。两者是截然不同的两个问题，正如"飞行中的子弹"是本体论问题（仍然是子弹），"测量飞行的子弹之速度（或者能量）"是认识论问题：必须借助一定的度量衡工具来测定子弹的飞行速度——我们可以通过弹痕、子弹击中的靶子，以及所产生的后果（财物的毁坏、人的伤亡等）来检测子弹的速度或者能量。但是，我们不能把"飞行中的子弹"与"检测子弹的速度的工具"相等同，把"飞行中的子弹"混同为"弹痕或者子弹所击中的靶子"也是错误的。再如，"树的高度"是本体，测量树高的尺子是喻体，显然，我们不能说"树高"就是"尺子"。同样的道理，犯罪本质与对犯罪的测量（法益的被害）是不同的。所以，坚持犯罪的本质是义务违反，绝不会颠覆现行的以"法益为犯罪本质考察标准"所建立的刑法理论。

其次，区分犯罪本质与对犯罪的衡量标准有助于拓宽设置犯罪成立条件的思路。犯罪的本质与犯罪的测量手段（实际是犯罪的成立条件），虽然有明显区别，但又不是完全不相关的。犯罪本质是本体论问题，对犯罪的测量是实践层面的认识论问题。正如当我们测量从青岛到北京的距离时，有多种方案：可以直接测量青岛与北京之间的距离；也可以先分别测出青岛至济南和济南至北京的距离，再将二者相加得出青岛至北京的距离；还可以先分别测出青岛至哈尔滨的距离和北京至哈尔滨的距离，再将二者相减得出青岛至北京的距离。不过，这里有一个关键问题：哪种方法更准确呢？显然是第一种。法益说与义务违反说的优劣与此相同：衡量犯罪时，上策是直接确定行为人的义务违反之质和量。既然"刑法中的行为是行为人控制或应该控制的客观条件作用于具体人或物的存在状态的过程"❶，那么，转而根据被害人法益所受的侵害来测定行为人犯罪行为的社会危害性，就是舍本逐末。只有从行为人（加害人）本身来考量犯罪行为的反社会性及其程度，才是直接的和精确的；相反，通过考察被害人法益的被侵害性及其程度，并以此作为测量犯罪人犯罪性质和程度的标准，是间接的，也是不精确的。

---

❶ 此为陈忠林教授语，参见刘霜. 论我国刑法中行为结构层次理论的构建[J]. 河南大学学报（社会科学版），2006，46（5）：92-98.

那么，如何测量行为人的犯罪行为？对行为人犯罪行为的测量就是确定行为人的义务违反性质及其程度。所以，考察犯罪的反社会性及其程度，从行为人的义务违反的质和量来衡量就具有直接性和精确性，因而是首选的方法。反过来，从被害人一端来设计，通过测量被害人法益受损的性质与程度来推测、映衬行为人犯罪（即犯罪性——义务违反的性质和程度），就是间接的，同时也是相对不精确的。其次，当"直接确定行为人的义务违反之质和量"有困难时，衡量被害人的法益侵害性质及其程度就是次等途径。也就是说，法益之侵害可以用来从外部、间接地量定行为人的犯罪行为，只不过这是一条次选的途径。总之，对犯罪本体衡量的首选应该是对行为人的行为所承载的义务违反之性质和程度的考察；次之，才选择将对被害人的法益的危害及其程度作为衡量指标。

第四节 德日法益说适应中国的"四维"改良

【核心提示】德日的法益说以违法一元论为主流，不区分刑法法益与民法法益、行政法法益；德日"刑法保护的法益"与民法法益、行政法法益三者没有实质区别，因而是并列关系。而我国《刑法》第13条"但书"的存在表明，在我国，需要严格区分犯罪与一般违法。刑法是法律体系的第二道防线，其保障由民法、行政法调整所形成的法律秩序，刑法法益与民法法益、行政法法益之间是递进关系。所以，移植德日法益说需要实现从并列关系到我国"刑法法益与民法法益、行政法法益之递进关系"的转变。我国对德日法益说需要进行"四维"改良：①在宪法上为法益的适正性寻求根据，即保证刑法法益根源于宪法的精神和基本原则；②将被犯罪侵害的法益纳入国家整体法律秩序，以实现由"刑法保护的法益"向"刑法法益"的提升；③给刑法法益加入量的限定，即对刑法法益在质的基础上进行量的考察；④为了适应处罚预备犯和抽象危险犯，还需把刑法法益的内涵在"实害+具体危险"的基础上拓展至"抽象危险性"。

笔者在前文中主张，犯罪的本质是行为人违反了特定的、重大的义务，因而破坏了国家的整体法秩序，这是本体论的回答。对于这种重大义务的违反，则可以借助被害法益来衡量，这是认识论问题。因此，需要找到一个衡量犯罪本质的尺度。法益说在此有参考价值。

我国发轫于苏联的犯罪构成理论（即传统的四要件犯罪构成理论）不断遭遇德日阶层犯罪论的挑战。传统犯罪构成理论的坚守论者和改良论者与德日理论的移植论者之间的学术论争仍处在博弈中。值得注意的是，与双方"争"与"分"相伴的是一定程度上的"和""合"趋向。一方面，德日阶层体系的移植者有意识地借用我国传统犯罪构成理论的术语，以便中国刑法学学界同人能较容易地接受德日理论，如在倡导引进德日阶层体系的学者中，就有人借用"犯罪构成"这一传统术语作为其阶层体系的犯罪成立条件的顶层概念，以统摄其下属的两阶层即"不法与责任"。❶另一方面，在传统犯罪构成理论的坚守论者和改良论者中，一部分学者在潜移默化中逐步接受了以德日的"法益"概念代替其犯罪客体要件的"社会关系"内容，如一些坚守犯罪构成四要件的学者较早地接受了德日的法益概念。❷有些学者甚至认为，近十几年来，中国刑法理论用法益侵害置换社会危害性（具体包括对犯罪客体要件的改良）是理论移植的一个很好的范例。❸笔者也认为，尽管法益概念与社会关系不同，但用"纳入刑法保护的"来限定法益和社会关系时，"刑法保护的社会关系"和"刑法保护的法益"二者应该是重合的❹，所以，法益说可以置换社会危害性理论。

随着我国社会的转型，我国的政治、经济和文化生活都发生了巨大的变化，刑法理论应该与时俱进，所以，引入德日理论，营造百家争鸣的局面，以便不同的理论体系之间互相取长补短、共同进步，是有积极的学术价值的。就法益理论的移植而言，虽然用"法益"替代"社会关系"基本得到了学界的认可，但是，目前我国对德日法益理论大多是简单的移植，没有进行适合中国刑法的必要改良。原本适用于德日违法一元论的法益说如何与我国《刑法》严格坚持的"犯罪与一般违法的二分立场"相适应，是摆在我国刑法学学界同人面前的难题。未来，我国理论研究的重点在于如何将适用于德日违法一元论的"刑法保护的法益"改良为适应中国的"刑法法益"，以实现法益理论的中国化。

---

❶ 张明楷. 犯罪构成体系与构成要件要素 [M]. 北京：北京大学出版社，2010：3.

❷ 魏东. 论作为犯罪客体的法益及其理论问题 [J]. 政治与法律，2003（4）：31-35.

❸ 陈兴良. 构成要件论：从贝林到特拉伊宁 [M] //梁根林. 刑法体系与犯罪构造. 北京：北京大学出版社，2016：107-108.

❹ 牛忠志. 环境犯罪的立法完善：基于刑法理论的革新 [D]. 重庆：西南政法大学，2013：95.

一、德日法益说的理论现状及其评析

为了使德日法益说中国化，需要对德日法益说的历史发展和现状进行系统、全面的梳理与考察，了解法益说从哪里来、目前的面貌怎样以及未来的发展趋势如何等。

（一）德国法益说的形成和现状

1. 德国法益说的形成

在德国刑法学领域，法益侵害说创立之前，德国的功利主义法学创始人耶林为法益概念的定型奠定了基础。19世纪20年代，毕伦鲍姆继承了刑事古典学派的法治和人权理念，指出了费尔巴哈的权利侵害说的不足，并创造了法益说。❶ 之后，毕伦鲍姆的见解得到了宾丁和李斯特等学者的大力支持与继续完善。于是，法益说逐步成为德国刑法理论的主流观点之一。❷

宾丁将"法益"归结为"实在法"。首先，他区分了刑罚法规和作为刑罚法规的前提的"行为规范"。他认为，行为人的行为所侵犯的是规定其行为准则的一般法令中的"行为法"以及该行为法中所体现出来的"行为规范"，行为人的行为不是违反了刑罚法规，而是符合刑罚法规。其次，他主张这个"行为规范"就是命令和禁止，其一般以成文法的形式存在，只有在例外的情况下才包括非成文的规范。最后，他认为规范的内容都是以协调、合理地保持并实现国家共同生活中的各种利益为目的。作为刑罚法规前提的规范，禁止作为或命令作为是为了什么呢？宾丁认为，规范的任务与国家的目的是一致的，就是保障和平、健康的生活的诸条件，这种人、物、状态等健全的共同生活的诸条件，就是保护客体，即法益。法益产生于国家立法者的价值判断。

宾丁的法益概念，是对毕伦鲍姆的"财"的概念的扬弃。一是宾丁区别了作为权利的对象的法益与利益本身，认为并非所有的犯罪都侵害权利，但所有的犯罪都侵害法益。他将这里的"共同生活的诸条件"限定在实在法领域（一般是成文法，特殊情况下是习惯法），任何刑罚法规中都可以找到法益，如法所保护的人的生命权利、健康权利、财产权利，以及"依法行使权利的行为""实在法所肯定的妥当的状态"等都是法益。这一改自然法意义的

---

❶ 罗克辛. 德国刑法学总论：第1卷 [M]. 王世洲，译. 北京：法律出版社，2005：14.
❷ 其实，与法益侵害说相对立的"规范违反说"也一直在德国刑法理论和立法上占据着相当重要的地位。

"财"的广泛、不可把握的属性，故有利于明确刑法的调整界限。二是宾丁认为，法益的内容要由立法者根据是否对法的共同体（国家）具有价值来决定。法益完全由立法者主观地确定，法益的承认是立法者的事情。这就是说，宾丁虽然也强调个人法益的重要性而使法益概念具有自由主义的性质，但他所概括的法益概念以服从实在法规范、强调规范背后的国家权力为要素，从而体现出一定的国家权威主义倾向。

李斯特是通过倡导违法性的实质化贯通法益说的。首先，他认为："犯罪的实质概念是行为人基于其社会危险性格实施侵害法律所保护的利益的行为，并通过这种侵害行为表现出行为人的责任性格。"[1] "就其形式而言，不法行为永远具有违法性，它是对国家法律的触犯。但这些并没有揭示出不法行为的本质特征，不法行为是对法益的破坏或危害（这才是违法的实质）。"[2] 犯罪也是不法行为，所以，犯罪同样具有违法性；它是一种具有自身特点的不法行为，就其实质而言，犯罪是一种特别危险的侵害法益的不法行为，"由法律所保护的利益，我们称之为法益。法益就是合法的利益。所有的法益，无论是个人的利益，还是集体的利益，都是生活利益，这些利益的存在并非法制的产物，而是社会本身的产物。但是，法律的保护将生活利益上升为法益"[3]。由这段论述可见，这里的利益属于自然法意义的范畴，而法益则是实在法对自然法意义上利益的肯定；生活利益先于法律而存在，纳入法律保护范围的利益，才叫作法益。其次，关于刑法保护的法益之特点，李斯特坚持违法性一元论，即"刑法保护的法益"与民法法益、行政法法益之间没有区别，刑法与其他法律的区别，仅在于刑法采用刑罚的手段对法益进行保护。"尽管刑法有其自身的特点，但是，从其表现形式来看，刑法是一种保护法益的法律。反映刑法本质的不是属于不同法律部门的法益种类，而是法律保护的特征本身。像财产权和亲属权、生存和版图问题、国家元首的地位、公民的政治权利、国家行政机关的利益、商业公司的利益、对女性的尊重以及交通安全等———一切利益均毫不例外地享受刑罚最强有力的保护。"[4] 从这段论述中可以发现：李斯特的法益观在内容上来源于自然法意义上的利益，在形式上受到了实在法的界定。不过，他认为，刑法的特点不在于其调整对象的差别，仅在于其调整手段——"刑罚"的特殊性质和特殊功能。这一法益观

---

[1] 马克昌. 近代西方刑法学说史 [M]. 北京：中国人民公安大学出版社，2016：276.
[2] 马克昌. 近代西方刑法学说史 [M]. 北京：中国人民公安大学出版社，2016：276.
[3] 马克昌. 近代西方刑法学说史 [M]. 北京：中国人民公安大学出版社，2016：276.
[4] 李斯特. 德国刑法教科书 [M]. 徐久生，译. 北京：法律出版社，2000：4-8.

念成为德国不区分刑法法益与其他部门法法益的滥觞。

李斯特的法益说与宾丁的法益说相比，在法益保护思想的伦理、政治的基本观念上存在一定的差异。①宾丁认为，国家的法律不可逾越，以实在法为出发点，应把法益限定为实在法的法益，法益产生于立法者的价值判断。李斯特则打破了这种国家权威，意欲保持法益的刑事政策机能，使法益的范围不限于实在法，认为法益是人的生活利益，生活法益存在于实在法之前，实在法只是发现了法益。这种区别的重要意义在于，李斯特秉承了自然法传统，赋予法益刑事政策机能；宾丁以实在法限定法益的范围，这种法益观难以具有刑事政策的机能。②在法益的主体方面，宾丁主张全体法益论，认为法益是社会的、公共的财。其明确指出，所有的法益都是公共利益，犯罪行为侵害法益，就是侵害了社会利益。例如，禁止杀人的规范不是为了保护某个具体的被害人，而是为了保护"一般生命"（人类的生命法益）。宾丁强调犯罪行为与国家意志的矛盾的不可调和性。李斯特主张法益不是法秩序的财，而是法所承认、保护的财，是具体的人的财；法益是个人的财产、个人的生命等。为了保证逻辑的周延，李斯特也承认国家、社会的法益主体地位。这一区别的意义重大，涉及多个方面，比如，如果认为犯罪侵害的是社会的、公共的财，则被害人的承诺不能阻却违法性；如果认为犯罪侵害的是个人的财，那么，被害人的承诺则可阻却违法性。③保护客体与行为客体的关系。宾丁没有区分保护客体和行为客体的概念，李斯特则区分了二者，其认为，保护客体（法益）是精神的、抽象的；行为客体是物质的、具体的。李斯特的这种区分开启了法益的精神化之路。这两位学者关于法益论的重要分歧，构成了后来德国乃至世界的法益理论分歧的两条主线：强调方法论的法益观（"体系固有的法益说"）和强调法益的刑事政策机能的法益观（"体系批判的法益说"）。

宾丁从国家整体立场上定位刑法所保护的法益，是对黑格尔学派关于国家法律秩序立场的继承，是可取的；李斯特强调法益的刑事政策机能以限制立法权的随意性，也是合理的。在一定的条件下，这是相互矛盾的两个立场。于是，问题的关键是如何将法益的这两种机能统一起来。

2. 德国法益说的现状

法益说产生之后，受新康德实证主义哲学观的影响（从存在论转到价值论），致使法益概念不断精神化、抽象化。甚至有学者沿着共同体法益观念精神化道路继续往前走，有的德国刑法学者走向了极端，直至否定法益说，提出了义务违反说。不过，第二次世界大战之后，刑法的目的是保护法益、犯罪的本质是侵害法益、法益是物质性的等命题重新回归并更加深入人心。

第二次世界大战之后，德国学者不断地对法益说进行修正和发展。概括起来，有两条路径：其一是继续沿着李斯特的法益侵害说路径来阐释犯罪本质；其二是走宾丁的分析法学派的路线，以雅各布斯为首的机能主义犯罪观主张犯罪是对规范有效性的否认，刑法的目的是维护规范的有效性，刑法对法益的保护是间接的。

秉承并发展李斯特法益理论的路径，明显体现出如下特点：其一，受新康德实证主义哲学观的影响，法益概念的抽象化、精神化趋势依然存在；其二，同时着力于对法益方法论机能的救赎；其三，在更高的价值层面为实在法法益寻求合理性根基；其四，在刑法与法益的关系上，有的学者也逐步认识到刑法对法益的保护是间接的和附带的。

其中，影响比较大的是德国刑法学者克劳斯·罗克辛（Claus Roxin）坚持并改良法益说。一方面，他从总体上肯定法益说的积极价值，反对规范违反说；另一方面，他又认为过去仅仅立足于狭隘的个体权利视角的各种法益定义是不适当的，而应该从宪法中引导出法益的概念。他主张，法益的界限应该在《德国基本法》第20条第2款"所有的国家权力来自国民"这一现代民主主义国家理念中寻找。因为国家的机能被限定在创造和确保适合国民生存的各种必要的生活条件中，所以，刑法的目的就在于保障所有国民安全地共同生活。"刑法的目的只能是保护生命、身体的完整性，意志活动的自由，财物所有等任何人都关注的、具有许多价值的状态，以及保障为了国民生存而不可缺少的公的给付，而不允许追求任何神的或者超越的目标，不允许以改善人伦为目的。""对刑事立法者预先规定的唯一限制，存在于宪法的原则之中。一个在刑事政策上有约束力的法益概念，只能产生于我们在基本法中载明的建立在个人自由基础之上的法治国家的任务。这个任务对国家刑罚权规定了界限。在此之后，人们就可以说：法益是在以个人及其自由发展为目标进行建设的社会整体制度范围之内，有益于个人及其自由发展的，或者是有益于这个制度本身功能的一种实现或者目标设定。"❶

上述见解有几个要点值得肯定。

一是在宪法中寻找法益的根据，致力于从宪法中寻找刑法法益的界限，试图赋予法益以刑事政策的机能。虽然李斯特自然法意义上的法益观念具有刑事政策的机能，但是，毕竟自然法意义的法益观念过于理想化，作为理念

---

❶ 罗克辛. 德国刑法学总论：第1卷 [M]. 王世洲，译. 北京：法律出版社，2005：9-15.

不具有国家强制约束力，因而需要把法益限定在实在法范围内。不过，如果完全坚持实在法的法益观，则自然法意义上法益理论的刑事政策机能就无法保有，也难以克服法律的任性。罗克辛再次从刑事政策的高度使用法益的概念，与李斯特不同的是，他用宪法性的法益观来限制刑罚法规的创设、检视刑罚法规的合理性。在他看来，实质的犯罪概念位于刑法典之前，是为立法者提供刑事政策方面的标准的，这个"对立法者的限定性规定"来自"作为附属性的法益保护而理解的刑法的任务"。刑法排除单纯违反道德的行为和单纯对国家的"不服从行为"（这类国家命令不是出于保护人民安定生活目的的国家强制性命令）。以专横的刑罚威胁所保护的不是法益，纯粹的思想性目标设定所保护的不是法益，纯粹的违反道德行为所侵害的不是法益。罗克辛主张从宪法中寻找刑法法益的根据，为法益划定边界，认为有必要一开始就使刑法各个条文转到宪法性界限的限制之中。❶ 因此，罗克辛一方面赋予了法益刑事政策机能，另一方面把法益从自然法转向实在法，其创新性在于，为实在法法益寻找上位法的根据，以确保实在法法益不偏离服务于国民福祉的方向。

二是法益概念的可变性。随着社会的发展，如果与刑罚权相联系的社会经验性知识判断认为，对某种危害行为如果不用刑罚惩罚则会明显地导致严重后果的发生，那么，这种行为就应该被犯罪化，反之亦然。

三是罗克辛不局限于个人的利益，认为为了国民的生存而不可缺少的"公的给付"（社会福利）也是刑法的目的。从而把法益的内涵扩展到制度本身或者制度设定的目标（即承认违反与宪法目标一致的秩序之行为的法益侵害性），将"公的给付"作为刑法目的，明确指出"违反秩序行为也侵害法益"。这就为法益内涵的扩张找到了路径，不仅重视刑法的现实社会秩序维护功能，而且看到了在一定条件下刑法所具有的附带的对社会未来发展的塑造功能。这也再次证明了，立法不只是发现法益，还可以通过立法活动来创设法益（比如对于危害环境、侵犯人类尊严的基因编译等行为的犯罪化）。"法益可创设"的主张与法益内涵的可变性观点是一致的。

四是罗克辛特别重申了宾丁关于刑法残缺不全和保护法益的辅助性特征。这一点对于刑法法益的特性化发展是十分重要的。宾丁曾指出，刑法具有残缺不全的特征，并把刑法视为其他法秩序的保护法。❷ 法益保护并不是仅仅通过刑法得到实现，而是必须通过全部法律制度的手段才能发挥作用。在全部手段中，刑罚甚至只是应当最后予以考虑的保护手段，也就是说，只有在其

---

❶ 罗克辛. 德国刑法学总论：第1卷 [M]. 王世洲，译. 北京：法律出版社，2005：9-15.
❷ 张明楷. 刑法格言的展开 [M]. 北京：法律出版社，1999：102-103.

他解决社会问题的手段不起作用的情况下，刑罚才允许被使用。这就是刑法法益保护的辅助性，或者说刑法所具有的"零碎"性质。

正因为法益是可变的，可创设的，所以，我们只能从更高层次（如人类尊严、发展权等基本人权）中寻找法益的原始依据。罗克辛的上述见解被德国相当多的学者所接受。概括来说，法益的功能包括理性功能，即检视刑法法规对法益的保护是否合理和必要；以及论理功能，即构建刑法体系功能和规范解释功能等。

规范违反说与法益侵害说逐渐从对立走向了折中，规范违反说在坚持犯罪规范违反本质的同时，承认对法益的间接保护。首先，规范违反说否定犯罪本质是侵害法益的观点。其中以雅各布斯的"升级版"规范违反说最具代表意义。之所以说是升级版的规范违反说，是因为雅各布斯的规范违反说是对宾丁的规范违反说、迈耶的伦理规范违反说的辩证否定。雅各布斯反对法益说，提出了积极的一般预防机能主义刑法理论。他认为，将法益保护作为刑法的任务比较勉强，因为许多法益是不可能纳入刑法保护范围的，刑法只是保护法益的辅助工具。法律是建构人与人之间社会关系的手段，人是特定社会角色的承担者。犯罪是行为人对规范有效性的破坏，刑罚使破坏规范的行动承担代价，借此向忠诚于法律的市民证明了由犯罪所描述的交往模式不是一个标准的交往模式。刑罚的作用是证明犯罪就是犯罪，而不是获取快乐的勇敢或者智慧。总之，刑法的机能不是保护法益，而是保障规范的有效性。刑法用刑罚否定犯罪，促成人们对规范的承认和忠诚。责任与对潜在的犯罪人的威吓无关，不是威吓意义上的消极的一般预防。确定责任的目的是稳定由违法行动所扰乱的对秩序的信赖。责任是由维持对规范的信赖的必要性所确定的，而不是由实施其他行为的可能性所确定的。责任由这种被准确理解的一般预防所确立，并且由这种预防所量定。❶ 其次，近来坚持规范违反说的学者有吸收法益说的趋势。❷ 金德霍伊泽尔秉承宾丁关于刑罚法规规定了举止规范（禁止规范和命令规范）和制裁规范的见解，认为刑法上的举止规范乃是服务于法益的保护，刑法依靠举止规范来保护法益。例如，禁止杀人的规

---

❶ 雅各布斯. 行为 责任 刑法：机能性描述［M］. 冯军，译. 北京：中国政法大学出版社，1997：8.

❷ 坚持规范违反说的学者认为，法益无法为刑事立法和刑罚裁量划出有效且清楚的界限，转而求助于比例原则；与其他法律一样，刑事法律也必须遵守比例原则，也就是说，刑事法律追求的目的正当，达到该目的的过程也必须在狭义上合理、必要，并且合乎比例，尤其必须尽可能地用温和的手段去实现立法者设定的目标。参见希尔根多夫. 德国刑法学从传统到现代［M］. 江溯，黄笑岩，等译. 北京：北京大学出版社，2015：227.

范保护生命法益，刑法保证这一规范的贯彻执行。刑罚具有保障人们遵守刑法上的举止规范的作用。行为人的杀人行为表明，某个举止规范对他是没有用的，刑罚就是对这种规范违反的再次谴责。刑法宣示：尽管有人破坏规范，但规范仍然是有效的，而且继续对规范保持信任是正确的；行为人必须为他引发的冲突付出代价，这时，刑法上的"恶"（即刑罚）就是这种代价的象征。同时，这种刑法上的"恶"还表明，行为人违反规范是不足为鉴的。❶ 在这里，金德霍伊泽尔主张刑罚法规对举止规范有效性的维护作用，承认刑罚法规对法益保护的间接性。这里透露出一种折中趋势：立足于规范违反说，兼采法益说。

德国刑法理论中的法益侵害说和规范违反说有如下共同点：都坚持违法一元论的立场，因而没有从性质上区分"刑法保护的法益"与民法法益、行政法法益等其他部门法保护的法益。严格意义上，德日刑法理论中没有中国刑法中"刑法法益"这一相应的术语，它们的表述是"刑法保护的法益"；刑法立法基于从宪法上价值选择的角度来选取"某些特定的极其有害的举止方式"加以犯罪化，即将这些"极其有害的"举止按照比例抽取出来。这些见解表现出一定的局限性。

（二）日本法益说的形成和现状

第二次世界大战之前，日本学者在很大程度上只是从德国引入法益说和规范违反说，尚未对其展开深入讨论。

日本新派人物牧野英一从其文化国思想出发，认为国家必须作为文化的担当者积极地、能动地行动，因而必须从这样的立场批判、理解刑法改革："犯罪是行为人恶性的征表，社会为了防卫就有理由给犯罪人加以刑罚。刑罚的目的就是预防犯罪人再犯，达到对其进行教育和改善的目的。刑法必须积极地促进国家实现教育刑理念。"❷ 可见，牧野英一虽然师从德国的李斯特，但他对违法性的理解却不采纳法益侵害说，而是采纳了规范违反说。新派主要人物之一的宫本英修的态度则比较模糊。他既坚持犯罪是犯罪人违反规范性的征表，同时也接受德国的观点：犯罪是对法益的侵害或者威胁。❸ 旧派早期代表人物小野清一郎在德国文化规范违反说的基础上提出了伦理规范违反说。他认为，犯罪是违反道义的行为：犯罪既是侵害国家的危险的行为，实

---

❶ 金德霍伊泽尔. 刑法总论教科书［M］. 6版. 蔡桂生，译. 北京：北京大学出版社，2015：23.
❷ 马克昌. 近代西方刑法学说史［M］. 北京：中国人民公安大学出版社，2016：409.
❸ 马克昌. 近代西方刑法学说史［M］. 北京：中国人民公安大学出版社，2016：436-437.

质上，也是国民道义不允许的行为，即反道义、反文化的行为。就违法的本质而言，与其说犯罪具有社会危害性或违反公序良俗，毋宁说是违反"国家的条理"或"文化规范"，即犯罪的本质是反道义、反文化（规范）。❶

第二次世界大战之后，因为法益概念对于检定立法合理性和正确解释、适用刑法规范有重要功能，法益成为刑法学理论绕不开的话题，所以，日本学者在其著述中都对法益的概念作了界定和分析。总体来看，违法一元论的法益观是日本的主流观点。

值得注意的是，一些学者，如宫本英修、佐伯千仞、藤木英雄、西原春夫、大谷实等，主张可罚的违法性概念，以限定刑法保护的法益范围。他们不赞成一直以来在德国占据主流地位的一元违法性论（不区分刑法中的违法与民法、行政法等中的违法），主张二元的违法性，认为刑法上的违法性是可罚的违法性，即必须达到值得科处刑罚的程度。❷ 但这种二元违法性的观点还没有被普遍接受。

法益说与其他犯罪本质学说的折中趋势，在日本较之德国更为明显。日本学者并不是纯粹地坚持法益说，有的是立足于法益说，辅之以其他学说的折中说；有的是立足于伦理规范违反说兼采法益说。①以法益说为主，兼采义务违反说的折中说。该说由日本学者团藤重光提出，得到了大塚仁等学者的支持。其主张犯罪首先是对法益的侵害或者威胁，将犯罪的本质理解为法益侵害基本上是妥当的。其次，犯罪也有对义务违反的一面，因为刑法并不只是根据行为对法益的侵害结果规定犯罪，刑法的某些条文因行为侵害或者威胁法益的样态不同而规定为不同的犯罪，因为主体身份不同而规定为不同的犯罪。这些都说明犯罪的本质不只是对法益的侵害，还包括对义务的违反。"以行为主体一定义务违反为中心要素的犯罪，为了弥补法益侵害说的不足，有必要并用义务违反说。而且对于那些只有考虑到行为人的义务违反方面才能正确把握其性质的犯罪，可以称其为义务犯。"❸ 这种折中说现已为许多日本学者所接受。②以社会伦理违反说为主，兼采法益说的折中说。大谷实认为，法益说虽然基本上是正确的，但仅用法益说还不能把握犯罪的本质。因为不重要的法益侵害行为，如民事侵权行为，委之于其他法律制裁就可以了。从维持社会秩序的观点看，没有必要将所有的法益侵害行为都规定为犯罪，只要从维持社会秩序的目的来看将当罚行为规定为犯罪就够了。而在历史上

---

❶ 马克昌. 近代西方刑法学说史 [M]. 北京：中国人民公安大学出版社，2016：457.
❷ 大谷实. 刑法讲义总论 [M]. 2版. 黎宏，译. 北京：中国人民大学出版社，2008：221.
❸ 马克昌. 比较刑法原理：外国刑法学总论 [M]. 武汉：武汉大学出版社，2002：92.

形成的社会伦理规范则是社会秩序的基础。"这样，犯罪的本质应该理解为违反社会伦理规范的法益侵害行为，违法性、责任而且连刑罚都要立足于这个社会伦理规范。"❶

（三）评价和启示

通过梳理和分析德国、日本刑法理论中法益说的历史发展与现状，至少有四点是明确的。

1）法益说是在资本主义上升时期，在天赋人权、主权在民、崇尚个体自由的时代背景下产生的。其后来曾经一度衰落，尤其是在第二次世界大战之前面临被义务违反说取代的挑战，在第二次世界大战之后才得以复兴。法益说在德国有如此命运，固然有这样或者那样的原因，但是一个被大家忽视的原因在笔者看来是十分重要甚至是基础性的：适应于自由资本主义生产方式的个体权利绝对、私权利至上的法益说，在自由资本主义向帝国主义转型和帝国主义生产方式发展时，表现出了明显的不适应。黑格尔说过，"一部法律永远是那一时代的法律"。❷ 如果不考察由自由资本主义向帝国主义转变的社会背景，我们便不可能洞悉法益说兴衰的规律性。因此，即使法益说实现复兴，也已经不是早期那样至高无上的学说了，而是各种折中的法益说或者缓和的法益说。我国也不能固守德国早期的法益说而进行简单的移植。

2）在当今的德国和日本，违法一元论是主流观点，即"违法"是指行为人的行为与法律价值相背反，只要行为在法律上被评价为"坏"的，即具有了违法性。在德国，违法一元论是主流理论。❸ 在日本，违法一元论也占主导地位，如木村龟二、前田雅英等学者都坚持违法一元论。❹ 现行的日本《刑法典》也奉行违法一元论。因此，他们不严格区分民事违法、行政违法与刑事违法的"违法性"。所以，也不严格区分犯罪危害的法益（或者说"刑法保护的法益"）与其他违法行为所侵害的法益。以盗窃罪为例，盗窃一分钱的财物，也可以构成盗窃罪。在这样的立法背景下，"刑法保护的法益"与民法法益、行政法法益之间呈并列关系。

3）在主流的违法一元论的统治下，在德国、日本，尤其是在日本，违法多元论（违法相对论）是对违法一元论的革命，代表着法益说新的发展趋势。

---

❶ 大谷实. 刑法讲义总论 [M]. 4 版. 东京：成文堂，1994：101.
❷ 黑格尔. 法哲学原理 [M]. 北京：商务印书馆，1961：4.
❸ 罗克辛. 德国刑法学总论：第 1 卷 [M]. 王世洲，译. 北京：法律出版社，2005：398.
❹ 张明楷. 外国刑法纲要 [M]. 北京：清华大学出版社，2012：149.

无论是日本学者将违法性限定为"可罚的违法性",还是德国的罗克辛、金德霍伊泽尔等主张的缓和的违法一元论,都展现出德国和日本的刑法理论基于违法一元论对"法益"不加区分的传统做法的有限否定,展示了对法益说加以改良的趋势。

日本的一些学者主张违法相对论,如大谷实主张在违法性中,除了违法性存在与否,还有一个违法的性质和程度问题,即一些学者倡导的"可罚的违法性"理论。❶ 近年来,违法相对论在日本有逐步走强的势头。尽管可罚的违法性理论有助于推动对刑法调整界限的深入研讨,使犯罪本质理论沿着法益说的方向延伸,从而有助于"刑法法益"的特立化——刑法法益从法益大家庭里独立出来。但非常遗憾的是,可罚的违法性理论遭到了保守学说的尖锐批判。例如,木村龟二、前田雅英等明确反对可罚的违法性概念。❷ 其认为,违法是对法规范、法秩序的违反,任何违法行为都将破坏全体法秩序;全体法秩序是一个整体,任何违法行为,无论是民事违法行为、行政违法行为,还是犯罪行为,都会使其受到破坏。❸ 由此,可罚的违法性理论虽然代表着犯罪本质问题的发展方向,但终究影响有限。要想真正地将可罚的违法性理论落到实处,就必须改变日本刑法关于犯罪"只定性、不定量"的立法模式,而这将是一个巨大的工程。正因为如此,日本学者对于"可罚的违法性"的体系性地位存在很大的争议。前田雅英甚至认为"没有必要使用可罚的违法性的概念,并且可罚的违法性概念引起了许多混乱"。❹

在德国,缓和的一元论主张违法性虽然从根本上是统一的,但违法存在不同的类型和程度,刑法上的违法与民法和其他法律上的违法行为不同。有学者认为,国家适用刑罚惩罚公民的合理性是为了维护市民之间的和平相处,国家有权力动用刑罚来威慑那些对社会极度有害的举止行为。在这个层面上,人们将刑法理解为最后手段,只有在没有其他缓和的办法的情况下,才可以辅助性地动用刑法。可见,德国主张犯罪的极度有害性和刑法的最后手段性。❺ 罗克辛教授十分注重刑法保护法益的界限,也即对国家刑罚权的限制问题,其实质是有意强调刑法法益的特殊性,从而也可以归属于缓和的违法一元论者。

无论是日本的可罚的违法性理论,还是德国的缓和的违法性理论,都

---

❶ 大谷实. 刑法讲义总论 [M]. 2版. 黎宏, 译. 北京: 中国人民大学出版社, 2008: 222.
❷ 前田雅英. 刑法总论讲义 [M]. 曾文科, 译. 北京: 北京大学出版社, 2017: 24.
❸ 张明楷. 外国刑法纲要 [M]. 北京: 清华大学出版社, 2012: 149.
❹ 前田雅英. 刑法总论讲义 [M]. 曾文科, 译. 北京: 北京大学出版社, 2017: 204.
❺ 金德霍伊泽尔. 刑法总论教科书 [M]. 蔡桂生, 译. 北京: 北京大学出版社, 2015: 23.

旨在为确定纳入刑法保护的法益的个性化做尝试，这种努力是值得肯定的。但是，只要不彻底摒弃违法一元论，坚持刑事违法与一般违法的严格区分，就永远跳不出目前法益观的"窠臼"。这说明德国和日本的刑法理论正在走向违法多元论，正在向我国"对一般违法与犯罪严格区分"的做法靠近。同时，德日刑法理论关于犯罪本质诸学说的折中趋势，说明人们对犯罪本质的理解是与时俱进、动态发展的，这一点是我们移植其刑法理论时必须注意的。

4）考察德国法益说时，应该清醒地认识到，包括罗克辛教授在内的德国学者之所以主张从宪法中寻找法益的根据，是因为法益说在西方从产生之日起，便先天地承担着一项重要的使命——非犯罪化、非刑罚化。源于历史传统，整个西方犯罪的门槛很低，并且宗教犯罪、渎神罪等都严重制约着民众的自由，所以，最初的文艺复兴时期的自然法理论以及目前的根植于宪法的法益理论，才可能胜任这一使命。这就是20世纪六七十年代欧洲的非犯罪化运动坚持以限缩刑罚为目的的法益概念的原因。

二、目前中国刑法理论对法益说的移植述评

（一）中国刑法理论对法益说移植的现状

1. 2000年以前的移植情况概览

在我国，早在20世纪90年代初，就有学者将法益作为犯罪客体加以论述："法益，在德日刑法理论中被称为保护客体，相当于中国的犯罪客体要件"，并主张把"犯罪客体驱逐出犯罪构成系统"。[1]《论刑法法益》一文首次系统地介绍了德日法益理论。[2] 1997年修订的《刑法》对罪刑法定原则予以明确，使德国的法益说在我国得到进一步传播。2000年年初，有学者撰文，主张用法益说代替社会危害性理论，在社会危害性理论被驱逐之后，为了避免使注释刑法学中的犯罪概念变成一个纯粹的法律形式，就需要引入一个具有实质意义的概念——法益及法益侵害。具体设想是把犯罪客体还原为刑法法益，然后将刑法法益纳入犯罪概念，将法益侵害作为犯罪的本质特征，由此取代社会危害性理论。法益侵害与社会危害性相比，具有"规范性""实体性""专属性"等优越性。[3] 有学者细致地分析了1997年修订的《刑法》的立法变化并认为其更加亲和法益说。"法益是根据宪法的基本原则，由法所保

---

[1] 张明楷. 犯罪论原理 [M]. 武汉：武汉大学出版社，1991：134.
[2] 杨春洗，苗生明. 论刑法法益 [J]. 北京大学学报（哲学社会科学版），1996（6）：12-25.
[3] 陈兴良. 社会危害性理论：一个反思性检讨 [J]. 法学研究. 2000（1）：3-18.

护的、客观上可能受到侵害或者威胁的人的生活利益。这是一般性的法益概念。从法益的一般概念出发，由刑法所保护的人的生活利益，则是刑法上的法益。"❶ 这两篇文章推动了法益说在我国的普及。不过，这两位学者都没有对法益说予以全面解析。这在当时是正常的，因为在移植之初不可能对德日法益说有完善的改良方案。

2. 2000年以后一些教科书或者论著关于法益说的移植

其一，鉴于法益侵害说不能说明轻微行为的非犯罪性，难以与我国《刑法》第13条中的"但书"相协调，张明楷教授坚持实质的犯罪论，认为对犯罪构成必须进行实质的解释，这样就可以将轻微侵害法益的行为或者侵害轻微法益的行为排除在犯罪构成之外。❷ 张明楷教授认为，法益说不能适应中国刑法规定是有道理的。之后，他又对德日法益说的改良提出了新思路：用比例原则对法益说进行补充和修正。其认为，虽然比例原则并无超越法益保护原则的内容，但比例原则对法益保护原则的贯彻具有方法论的意义，即将比例原则引入刑法领域以补充法益保护原则，❸ 并认为法益概念具有经验的实在性，是比例原则的适用前提，而且按照比例原则进行的具体审查，不可能离开法益概念与法益衡量；比例原则本身不可能独立确定刑罚处罚的合法界限，因而不可能取代实质的法益概念。❹ 这些观点体现了论者对移植法益说做出的不懈努力和创新，但其成果仍然存在问题（后文分析）。

其二，国内首次采用德日三阶层犯罪论体系的著作《刑法学》中写道："今天的通说，把犯罪的实质认定为对法益的侵害性或者威胁性的行为。这里说的法益，是指重要的生活利益，包括个人的生命、身体、财产以及其他有助于个体人格发展的个人利益，以及支持这些利益的国家的、社会的利益。"❺ 该书直接承认了法益说在犯罪本质问题上的优越性，但没有论述刑法法益与其他部门法法益的区别。

其三，有学者最初坚持规范违反说，❻ 但目前转为采纳规范违反说兼采法益说的折中立场，即立足于行为规范违反说的二元行为无价值论，认为犯罪是经由对规范违反而侵害法益的，由此，刑法的目的就是对规范有效性的维

---

❶ 张明楷. 新刑法与法益侵害说 [J]. 法学研究, 2000 (1): 19-32.
❷ 张明楷. 法益初论 [M]. 北京：中国政法大学出版社, 2000: 335.
❸ 张明楷. 法益保护与比例原则 [J]. 中国社会科学, 2017 (7): 88-108.
❹ 张明楷. 论实质的法益概念：对法益概念的立法批判机能的肯定 [J]. 法学家, 2021 (1): 80-96.
❺ 陈兴良. 刑法学 [M]. 3版. 上海：复旦大学出版社, 2016: 18.
❻ 周光权. 规范违反说的新展开, 北大法律评论：第5卷 [M]. 北京：法律出版社, 2004: 401.

护，通过这种维护来间接地达到保护法益的目的。❶

其四，有学者主张，犯罪的本质在于法益侵害性。"一般而言，法益是由法所保护的、客观上可能受到侵害或者威胁的人的生活利益。由此可见，法益并不只是由刑法所保护的，而是由所有法律所保护的，而刑法保护的法益只是刑法法益。""就刑法法益同其他普通法法益的关系而言，有两种情况值得注意：一是侵犯其他法律的法益，进而由于达到严重程度而侵犯了刑法法益；二是直接侵犯刑法法益。前一种情况侵犯了普通法和刑法双重法益，后一种情况只是侵犯了刑法法益，但这两种情况都统一于侵犯了刑法法益。"❷该观点有意识地把刑法法益与一般法益区别开来，这种见解是值得肯定的。但是，对于如何区分刑法法益和一般法益，尚欠深入论证。再者，认为犯罪可以不侵犯一般法益而直接侵犯刑法法益的观点是否成立，也是值得推敲的。因为现代刑法的谦抑性以及刑法在国家法律体系中的保障法地位，都要求刑法处于第二道防线的地位。

其五，新近有学者认为，刑法法益既是对前置法和刑法承载的宪法价值秩序之社会经验事实（利益）进行价值发掘与规范承认的产物，又是对前置法和刑法按照宪法比例原则的要求对法益进行规范层级调整与比例分配保护的结果。刑事立法规制的正当根基和规范边界在于对刑法法益保护的形式正义、实质正义和分配正义规则的坚守，而刑事司法规制的教义学适用指引则在于对前置法定性与刑事法定量相统一原则的秉持。❸上述见解是迄今为止我国对德日法益理论最为前卫的借鉴和改造成果。不过，其不足之处是，这种改造仍然没有脱离违法一元论的轨道。因为如果承认"刑法法益"与其他部门法法益有质的不同，那么，这里的"比例原则"便不成立。首先，德日坚持规范违反说的学者认为，法益无法为刑事立法和刑罚裁量划出有效又清楚的界限，才转而求助于比例原则。与其他法律一样，刑事法律也必须遵守比例原则，也就是说，刑事法律追求的目标必须正当，达成该目的的过程必须合理、必要且合乎比例，尤其是必须尽可能地用温和的手段去实现立法者设定的目标。但是，"比例原则"不应该仅仅是一个比值，还必须明确"按什么"比例。所以，比例原则无法摆脱法益的基础地位。其次，在我国的立法框架下，比例原则难以发挥作用。其实，对于犯罪本质问题，早在20世纪80年代，我国刑法学界就已经进行过充分讨论，所形成的主流观点是：犯罪具

---

❶ 周光权. 新行为无价值论的中国展开 [J]. 中国法学，2012（1）：175-191.
❷ 李晓明. 刑法学总论 [M]. 北京：北京大学出版社，2017：175.
❸ 田宏杰. 刑法法益：现代刑法的正当根基和规制边界 [J]. 法商研究，2020（6）：75-88.

有严重的社会危害性,与其他违法行为的社会危害性相比,不仅具有量的不同,而且具有质的不同。❶ 所以,刑法法益应当具有其自身的特性。我国《刑法》第13条的"但书"规定,在立法上已经对刑法法益予以个性化界定,司法中对刑法法益的衡量既定性又定量,而不是简单地落实比例问题。论者疏忽了我国与德日刑法在犯罪立法模式上的差异性。

此外,还有很多学者发表了有关法益说的重要文章,他们有的反对法益说,有的是赞成法益说。其中,赞成法益说者较多。一些文章就法益的刑事政策机能、法益的精神化和法益内涵的扩张等问题展开了一定深度的研讨。目前,中国刑法理论对于德日法益说进行了一定程度的改良。但是,整体上对德日法益说的移植效果还不理想。所以,还需要汲取德日理论的最新发展成果,站在中国刑法的研究角度对德日法益说进行中国化改良。

(二) 移植德日法益说需要解决的问题

我国对德日法益说进行移植将面临四个问题。

第一,如何使刑法法益既能保证其方法论的机能,又能具备刑事政策机能。前述罗克辛教授的建议值得我们借鉴。

第二,刑法与民法、行政法具有质的差别。首先,公法与私法在立法目的、价值取向、法律任务、制裁手段等方面具有实质性的区别。刑法是公法,民法是私法,刑法法益与民法法益有质的区别。公法和私法的区别,是今日整个法律秩序的基础,因此,必须对刑法法益与民法法益加以区分。其次,即使行政法也属于公法,但刑法与行政法在立法目的、价值取向、法律任务和法律责任等方面的实质性差别也非常显著。❷ 如果不区分刑法法益与民法法益、行政法法益,就不能体现刑法在整个国家法律体系中的保障法地位。既然刑法与民法、行政法有实质性区别,那么,刑法法益与民法法益、行政法法益自然不能混同。在这一点上,德日"可罚的违法性理论"与我国对犯罪既定性又定量的做法相似。

第三,基于我国《刑法》的立法规定,在我国,对刑法法益与民法法益、行政法法益进行区分十分迫切。一方面,法益概念是近代以来德日刑法学中的重要概念,法益理论是德日刑法理论的重要内容,是德国刑法学对世界所做的重要贡献。所以,中国刑法学界不能忽视,更不能排斥法益理论。另一

---

❶ 马克昌. 犯罪通论 [M]. 武汉:武汉大学出版社,1999:19-20.
❷ 牛忠志,牛颖颖. 民事违法与犯罪界分之我见 [J]. 重庆文理学院学报(社会科学版),2010(6):111-114.

方面，德日刑法理论主流的法益说是违法一元论下的法益说，但中国刑法与德日的这种情况不同。德日"所谓违法，就是指行为违反法律，行为为法律所不允许"❶的观点，在中国立法框架下并不可行。我国《刑法》第13条"但书"的存在和刑法分则对各种犯罪所作的"量"的限定（即使分则的法条中没有明文规定，司法解释或者司法实践也都把量的规定解释在犯罪构成之中），就使我国坚守了民事违法、行政违法等一般违法与犯罪严格区分的违法二元论。于是，刑法保护的法益与民法、行政法等保护的法益就应该具有实质性的不同。由此，我国的犯罪本质不能简单地归结为法益侵害（或者威胁）。以盗窃罪为例，其要求盗窃数额较大，如果某甲在北京盗窃了价值为2999元的财物（没有达到数额较大的标准3000元），那么，某甲侵害的是行政法法益；假如某乙在北京盗窃了价值为3000元以上的财物，某乙的行为在立法者看来，动摇了国家所确立的整个所有权法律秩序，不得不动用刑罚来惩治，构成犯罪，那么，某乙所侵害的就是刑法法益。可见，我国刑法法益与民法法益、行政法法益之间的关系，体现为前后关系或者位阶关系，而不是像德日那样的并列关系。所以，将德日刑法理论中的"法益"不加限定地移植到我国的刑法理论中，用以替代"刑法保护的，而为犯罪行为侵害的""社会关系"，只是迈开了移植法益说进程的关键的第一步。

在我国严格区分一般违法与犯罪的立法框架下，法益说没有解释清楚为什么某种法益侵害被规定为犯罪，而另一种法益侵害却不被规定为犯罪。如果说在德日由于奉行的是违法一元论，所以刑法保护的法益与民法法益、行政法法益等部门法法益没有实质性区别，因而是并列关系。那么，基于我国对一般违法与犯罪的严格区分，刑法的保障法地位、最后手段原则，以及我国《刑法》第13条中的"但书"规定，刑法法益与民法法益、行政法法益之间的关系，则体现为保障与被保障的关系（前后的递进关系）。这也决定了我国不能简单地移植德日的法益概念，而必须对其加以改良，切实实现法益说的中国化，方能保证法益说在我国的健康发展。

第四，德日的法益说不具有"说明对犯罪预备行为处罚的合理性"的使命和功能，法益说还应能够解释因风险社会背景下刑法介入社会调整时机提前的合理性。

首先，在德日立法框架下，由于法益说以不处罚犯罪预备行为为原则，对预备犯的处罚是作为原则的例外而安排的，即对于确需处罚的个别的犯罪

---

❶ 张明楷. 外国刑法纲要［M］. 北京：清华大学出版社，2012：137-149.

预备行为，立法则规定为独立的预备罪。故德日法益说不包含说明预备行为处罚合理性的内容，以及相应的解释功能。但是，我国以处罚犯罪预备行为为原则，对于许多故意犯罪的预备形态也要进行处罚，因而移植德日的法益说就需要赋予"法益"新的内涵以增加新的功能。

其次，为了应对风险社会的来临，简单地移植法益说也面临时代的拷问。现代刑法对法益的保护有所提前，出现了"环境""秩序"之类的法益，即被认为难以还原为人的生命、身体、自由、财产、名誉、感情等具体生活利益的抽象法益（保护法益的抽象化）。当代刑法逐步践行积极预防性刑法观，某些情况下刑法对法益的保护已经提前（无须等到发生侵害）：只要有发生侵害的危险，甚至只是具有抽象危险性，刑法就予以介入。正是由于面临多种新的风险，我国《刑法》的调整范围不断扩张，《刑法修正案（八）》《刑法修正案（九）》《刑法修正案（十一）》增设了大量的抽象危险犯，如危险驾驶罪，准备实施恐怖活动罪，强制穿戴宣扬恐怖主义、极端主义服饰和标志罪，拒不履行信息网络安全管理义务罪，非法利用信息网络罪，非法采集人类遗传资源、走私人类遗传资源材料罪，非法植入基因编辑、克隆胚胎罪，非法引进、释放、丢弃外来入侵物种罪等。这种局面的出现，说明刑法对法益的保护范围必须相应地拓展。我国的理论移植需要拓展法益说，以充分说明对法益侵害具有"抽象危险性情形"的处罚的合理性。

三、德日法益说适应中国的"四维"改良之方案

（一）在宪法上为法益的适正性寻求根据

德日法益说包含着合理成分，即限制国家权力、保障人权。其在立法阶段可以限制立法的恣意性，保障刑法设立犯罪的正当性；在司法阶段，可以对各罪所保护的法益进行目的解释，对犯罪成立条件进行合目的的实质性解释，正确贯彻立法目的。实践也证明，如果不严格坚守法益说，就会背离刑法的人权保障品格，践踏基本人权，所以要珍视法益说的价值。

前述德日法益理论一直存在"实在法法益"和"前实在法法益"之争。坚持前实在法法益（即自然法意义的法益），将应然状态的法益直接拿来作为法律保护的对象，其结果必然会将法益的外延扩张到无法实现。坚持实在法法益论者立足于现实主义，认为自然法意义的法益是理想国的概念，对这样的法益的保护是一个难以企及的目标，不要说刑法，即使是民法也难以把所有自然法意义的权利完全落实在实在法层面，因而法益一定是实在法层面的法益。问题是，因为法律是统治阶级意志的产物，一旦把法益限定为实在法的

法益，法益就成为统治阶级根据其意志而由法律所确定的利益，这样的法益的内涵与外延就难以避免统治阶级的恣意，由此，法益就丧失了对立法者所划定的犯罪圈是否合理的检视机能。鉴于此，如何使法益保有实在法的法益概念，同时也具有相应的刑事政策机能，是法益理论面临的一个挑战。德国学者从宪法高度为法益内涵的正当性找到了根本法依据，这值得我们借鉴。

立足我国《刑法》，我们应该：①正确区分利益、权利和法益这些概念。利益，是对主体而言，是"好"的东西，是一种存在论的描述；权利一词，根据不同的背景，既可以指存在论的天赋权利，也可以指实在法上的法定权利；法益，根据不同的背景，既可以指自然法上的利益，也可以是实在法所保护的利益。②坚持实在法的法益观念，前实在法的法益观念是不可行的，因为利益、权利只有经过实在法的确认，成为实在法上的利益、权利，才具有现实意义。③从根本法的层面为法益找到合理性根基，以便赋予法益刑事政策机能。在法治背景下，宪法是根本法，刑法法益属于法益，应根源于宪法。所以，罗克辛教授从宪法中寻找法益的界限和根据。以宪法为根本法依据的法益观，从基本人权和人类尊严的高度来限定法益的范围，可以使法益具有"评价危害行为入罪是否正当"的刑事政策机能。这就能避免"恶法亦法"的强权逻辑。

（二）实现由"刑法保护的法益"向"刑法法益"的提升

提升的路径是将法益纳入国家整体法秩序，在性质上实现由其他部门法的"一般法益"到"刑法法益"的质变。

1. 从实体法角度看，刑法法益是纳入"国家整体法律秩序"❶ 的法益

刑法是公法，不是私法。由于刑法的保障法属性，犯罪行为被立法者认定为犯罪人对国家整体法律秩序的反抗和挑战，而刑法的目的是维护国家整体法秩序，保证其他部门法的有效性；刑法的任务是解决国家与犯罪人之间的矛盾，而不是解决犯罪人与被害人之间的纠纷。所以，刑法对法益的保护不是直接的，而是间接的。

不过，在现实中，具体的法律秩序不是空洞的，而是实实在在的"客观存在"。具体的法律秩序由一定的权利义务关系构成，其中的权利即为法益，并与其中的法定义务相对应。当法律秩序被严重破坏时，关系到国家整体法律秩序的存亡，因此，这种破坏行为被纳入刑法的调整范围。具体法律主体

---

❶ 牛忠志. 犯罪构成四要件的"立体化"修正［J］. 政法论丛，2019（1）：51-63.

的权利（或者法益）不可能直接成为"作为整个法律体系的保障法——刑法的保护目标"；只有纳入国家整体法律秩序、成为国家整体法律秩序的有机组成部分的具体法定权利才能受到刑法的间接保护和附带保护；没有纳入国家整体法律秩序的"法益"只能是受其他部门法保护的"法益"。

1）从刑法的特殊性质、立法目的和任务来看刑法保护的法益与民法、行政法保护的法益的不同。刑法是规定犯罪、刑事责任与刑罚的法律。刑法的地位取决于其性质和特征，主要是刑法调整对象的特殊性和其制裁方法的特殊性质：刑法以犯罪行为及其刑事责任为调整对象；刑罚作为最严厉的制裁方法，是犯罪人承担刑事责任的主要方式。刑法以其严厉的制裁方式（主要是刑罚）惩治犯罪（严重的违法行为），以保障民法、经济法、行政法等其他部门法的有效性，是整个法律体系的保障法。这正如卢梭所言："刑法在根本上与其说是一种特别法，还不如说是其他一切法律的制裁力量。"❶

关于犯罪，马克思曾有以下经典论述："犯罪——孤立的个人反对统治关系的斗争，和法一样，也不是随心所欲地产生的，相反地，犯罪和现行的统治都产生于相同的条件。同样也就是那些把法和法律看作是某种独立自在的一般意志的统治的幻想家才会把犯罪看成单纯是对法和法律的破坏。"❷ 恩格斯阐述道："蔑视社会秩序的最明显最极端的表现就是犯罪。"❸ 犯罪的本质只有从是否危害有利于统治阶级的统治关系和法律秩序出发，才能进行科学的说明。这些论断肯定了刑法的保障法地位，说明刑法法益具有不同于其他部门法法益的特殊性。

我国《刑法》第 1 条规定了刑法的目的，第 2 条规定了刑法的任务，展现了我国《刑法》的特殊性质、特有的立法目的和任务，从中可以推出刑法法益的特殊性质。例如，《刑法》第 2 条规定了我国《刑法》的任务，其最终落脚点是"维护社会秩序、经济秩序，保障社会主义建设事业的顺利进行"，而不是直接保护公民的利益。这一立法不仅与马克思、恩格斯关于犯罪本质的论断和卢梭的刑法观相吻合，而且表明刑法作为保障法是直接维护社会秩序、维护国家整体法律秩序的，并不直接保护权利主体的法益。这从立法上确立了刑法法益的独立地位。

从对事物认识的历史进程来看，对事物既定性又定量的分析，比只进行

---

❶ 卢梭. 社会契约论 [M]. 何兆武, 译. 北京：商务印书馆，1962：63.
❷ 中共中央马克思恩格斯列宁斯大林著作编译局. 马克思恩格斯全集：第三卷 [M]. 北京：人民出版社，1998：379.
❸ 中共中央马克思恩格斯列宁斯大林著作编译局. 马克思恩格斯全集：第二卷 [M]. 北京：人民出版社，1998：410.

定量分析或者定性分析要深刻和全面。我国坚持对违法与犯罪进行严格的区分，对犯罪的规定既定性又定量的立法模式，比德日现行刑法违法一元论的立法现状更先进。尽管近年来日本学者提出了可罚的违法性理论，德国学者也逐步接受缓和的一元违法性理论，但是，其都没有彻底抛弃违法一元论，可以说，德日刑法理论在对犯罪本质的认识上落后于我国。以日本为例，日本的可罚的违法性理论要想付诸法治实践，会面临诸多障碍：不但要在理论上彻底战胜违法一元论，而且要在立法上改变其刑法关于犯罪规定"只定性不定量"的立法模式，这是很艰巨的任务。德国的罗克辛教授分析了刑法与法益的关系，认为刑法对法益的保护不是直接的，而是间接的、附带的。如果说这在德国还是有关刑法理论的新认识，那么，我国的刑法早已将这一认识立法化并贯彻到司法实践中了。所以，不能因为德日刑法奉行违法一元论，就认为我国也应该取消《刑法》第13条的"但书"规定。

2) "刑法法益"形成过程的描述。刑法是如何间接地、附带地保护法益的？或者说，如何正确地看待刑法法益与民法法益、行政法法益的递进关系？民法、行政法等部门法是一国法律体系的第一道防线，第一次对社会关系进行调整，在法律主体之间产生相应的权利义务关系——法律关系，这便形成了法律秩序。如果义务主体不履行义务，违反法律，就由相应的民法、行政法等部门法首先进行制裁或者实施法律救济。只有当违法行为具有严重的社会危害性时，才需要刑法的介入调节。刑法作为保障其他部门法有效性的综合法，在法律体系中处于第二道防线的地位。当"法律主体不履行法律义务，并且情节严重，以至于其他相应的法律部门的制裁措施根本不足以维持相应的法律秩序、救济相应的权利"时，即在不得已的情况下，立法者才把这种义务违反行为通过立法程序确定为犯罪，用刑罚制裁手段来督促行为人履行相应的法律义务或者防止其他人效仿这种严重的义务违反行为，以维护国家的整体法律秩序。[1] 当且仅当违法行为侵害或者动摇国家整体法律秩序时，刑法才介入社会生活。只有纳入国家整体法律秩序的法益，才是刑法法益。

以对所有权的侵害为例，所有权是民法上的一项重要权利，其内容是所有人依法对自己财产所享有的占有、使用、收益和处分的权利。所有权是绝对权、对世权，权利主体之外的任何法律主体都有维护权利人权利的义务，不得侵害权利人的权利或者妨害权利人的权利行使。如果出现有人以盗窃的方法非法占有他人财产的情形，首先应考虑使用民法或者行政法（如治安管

---

[1] 牛忠志. 刑法目的新论 [J]. 云南大学学报（法学版），2006（5）：18-23.

理处罚法）的制裁手段对这种侵权行为、违反治安管理规定的行为进行制裁，以保护权利人的所有权。不过，民事制裁（如恢复原状、返还原物、赔礼道歉、赔偿损失）和行政法律制裁的手段（如罚款、拘留等措施）的威慑力是有限的。就普通的盗窃而言，在盗窃数额不是"较大"的场合，这种制裁对于保护公民的所有权是有效的；但在盗窃的数额较大、巨大、特别巨大的场合，如果仍然采用民事制裁或者行政法律制裁的方法，将无法抑制行为人再次犯罪，也抑制不住其他人对盗窃行为的效仿。如果一个人盗窃100万元的价值，对其适用民事制裁方法，判令行为人向被害人赔礼道歉，或者返还原物、恢复原状，或者赔偿损失等，即便是这些制裁手段叠加适用，或者只是适用罚款、拘留的行政处罚方法，都难以让行为人以后不再盗窃，也不能阻止其他人效仿盗窃行为。更何况，现实社会中发生的盗窃案件，行为人真正被抓获并受到法律制裁的只是一部分，没有被揭露的犯罪数量也很庞大。囿于民事（行政）制裁手段的局限性，如果仅仅依靠民事（行政）制裁来维护国家的所有权制度和所有权法律秩序，那么，国家的"所有权整体法律秩序"必然会崩溃。因此，对于严重的侵害所有权的行为，国家必须动用刑罚手段加以制裁，这样才能保证国家的整体所有权法律秩序不至于因严重的义务违反行为的破坏而坍塌。这一分析还揭示了在法制健全的理想状态下，任何利益都应首先由民法、行政法等部门法直接保护，由此将特定的"利益"上升为"法益"；当法益被违法行为侵害但不严重时，就由相应的部门法来直接保护。在此之前，不需要刑法介入和调整。只有在民法、行政法等部门法保护的法益受到严重侵害，该法律部门的制裁不足以维护国家整体法律秩序时，刑法才直接以维护民法、行政法等部门法的有效性的面目出现，可见，刑法的目的是直接维护国家整体法律秩序。当然，刑法在维护国家整体法律秩序的过程中，间接地、附带地保护相应的各个权利主体的法益。这一过程体现了刑法介入社会生活的第二道防线的地位，即刑法与民法、行政法等部门法的关系不是并列的，而是递进的，以及刑法对已存在的法律关系调整的不得已性。考虑到刑罚制裁的最严厉性和刑法的人权保障机能，更需要对刑法法益的独立地位加以强调，也更需要发掘刑法法益的特殊性，即用"纳入国家整体法律秩序的法益"来限定，则这种"法益"质变为"刑法法益"。

2.刑法法益的特殊性还可从刑事诉讼法的目的入手加以佐证

刑事诉讼法是调整刑事诉讼活动的法律规范的有机统一体。刑事诉讼活动是国家的司法机关在当事人以及其他诉讼参与人的参与下，依照法律规定的程序和要求，解决被追诉者的刑事责任问题的活动。"刑事诉讼的根本目的在于维护国家的政治和经济制度，促进社会文明和进步；直接目的则体现为惩罚犯罪和保障人权两个方面。"❶ 刑事诉讼不是围绕如何弥补被害人因犯罪行为所遭受的法益损失而开展的活动。刑事诉讼的目的与民事诉讼的目的在根本上是不同的，民事诉讼的目的是解决当事人之间的民事纠纷，保护当事人的合法权益。

（三）给刑法法益加入量的限定

首先，与《刑法》第13条"但书"之"情节显著轻微危害不大"的行为不是犯罪的规定相适应，我国刑法法益说中"法益"的起点必须是形式与内容的统一，具有"质与量两方面"的规定性。其次，跻身"刑法法益集体"之后，刑法法益在刑事诉讼中还需要在定性的基础上进行量的维度的测算。例如，盗窃罪有"盗窃数额较大""盗窃数额巨大""盗窃数额特别巨大"等情形。再如，拐卖妇女、儿童罪有"基本情节""情节严重""情节特别严重"等情形。这就是说，基于我国《刑法》所进行的定罪和量刑活动，刑法法益还需要在一定的"质"的基础上进行"量的规定性"的考察。

（四）把刑法法益的内涵拓展至"抽象危险性"

刑事古典学派认为，应坚持绝对的个人自由主义，坚持完全的结果无价值立场，故德日法益说"法益侵害"的内涵当时只限于"实害结果"这一形态。但是，若法益侵害仅限于实害形态，就不能说明对未遂犯处罚的正当性（因为未遂犯罪对法益的侵害不具有实害结果，只是具有具体危险状态）。然而，维护国家整体法律秩序又必须处罚未遂犯，由此，基于惩罚重罪未遂犯的刑事政策要求，法益理论便不得不适应立法和司法实践的需要，把法益侵害扩张为"实害结果"和"具体危险结果"两种情形。这里的具体危险结果是指在未遂犯罪的情形下，实行行为对法益侵害的具体危险状态。于是，法益说对法益的侵害由"实害结果"扩展至"侵害的具体危险状态"。

不过，至此还不够。首先，德日法益说在德日立法框架下，因为以不处罚犯罪预备行为为原则，对预备犯的处罚是例外，故法益说不具有说明

---

❶ 陈玉忠，等. 刑事诉讼法学［M］. 北京：法律出版社，2016：2-7.

处罚预备犯合理性的功能。德日刑法不处罚预备犯是因为预备行为对于法益的侵害只"具有抽象危险性"。❶ 我国却是以"处罚犯罪预备行为"为原则，即原则上对于许多故意犯罪的预备形态也要进行处罚，因此移植德日法益说必须赋予其新的内涵、增加新的功能，即将法益的内涵继续延展至"对于法益侵害具有抽象危险性"。其次，为了应对当代社会各种风险的侵袭，当今世界范围内的刑事立法表明，对法益的侵害的理解也应当继续延展至有侵害法益的"抽象危险性"的情形。目前全世界范围内，包括德国、法国、意大利等国家，刑法不断增设环境犯罪、恐怖犯罪以及高科技领域的犯罪，刑法的扩张已是不争的事实。我国也一样，自《刑法修正案（八）》开始，包括之后的《刑法修正案（九）》和《刑法修正案（十一）》都奉行积极预防性刑法观，先后设立了大量的独立预备罪，增设了抽象危险犯，把预备行为行为化。独立预备罪的犯罪化根据就是立法者认为这些"预备行为"对法益的侵害具有抽象危险性而"可罚"。可以肯定的是，随着未来风险社会的真正到来，包括我国《刑法》在内的各国刑法会继续扩张，刑法介入社会生活调整的时点会继续前移，立法将会设立更多的抽象危险犯。由此，在抽象危险犯的场合，"法益"内涵必须与时俱进地继续延展至"抽象危险性"。

四、小结

法益根源于宪法的精神和基本原则，是由民法、行政法等部门法直接保护的公民的基本利益。当这些基本利益遭受"严重的违法行为"的侵害，以至于立法者认为若不动用刑罚来惩治这种违法行为，"国家的整体法律秩序"就会受到严重破坏时，立法将把这种违法行为确定为犯罪。此时，构成国家整体法秩序的法益就转化为"刑法法益"。我国的刑法法益是以民法、行政法等部门法直接保护的利益为基础。在法治国家，刑法法益的外延不能越过民法法益、行政法法益及其他部门法的法益范围的集合体。刑法法益根植于宪法的精神和原则，不但为刑法法益找到了适当性根据，并且有理由赋予刑法法益以刑事政策机能。基于刑法在国家法律体系中处于保障法地位，我国刑法法益与民法法益、行政法法益呈递进关系，而不是并列关系。与我国对犯罪规定的量的限定性相适应，刑法法益也应当具有量的限定性，同时，在刑

---

❶ 中外刑法理论对于"具体危险与抽象危险"的内涵和关系的理解争议很大。在哲学上，"抽象危险性"经由"具体危险状态"通向"实害结果"，故抽象危险应属于危害行为的属性，具体危险是实行行为对法益侵害所导致的一种危险，危险结果与实害结果相对应。

法法益"质"的基础上,具体犯罪侵害的法益还有"量的规定性的不同"。因应处罚预备犯和风险社会的不断发展所产生的各种风险,客观上要求扩张刑法的调整范围,刑法法益的内涵应延展至"抽象危险性"。经过这样的改良之后,才是真正的"刑法法益"。

第三章 犯罪成立条件理论的革新

我国的犯罪构成（其中"四要件"是通说）是认定犯罪成立与否的唯一标准。在德国、日本，认定犯罪成立与否的理论工具中"三阶层"犯罪论体系有较大的影响。为了便于中外学术交流，这里采用"犯罪成立条件"的称谓，以免产生歧义。犯罪构成理论十分重要，以至于其被认为是刑法学法学理论殿堂王冠上璀璨的明珠。本章首先讨论完善犯罪成立条件体系的路径选择，接着就犯罪构成四要件的"立体化"作出设想。在此基础上，对《刑法》第13条"但书"到底是什么、如何借鉴期待可能性理论、犯罪动机的构成要件地位以及刑事严格责任原则，分专题作了形而下的阐述。

第一节 完善犯罪成立条件体系的宏观问题分析

【核心提示】改良犯罪构成四要件与移植德日的阶层体系是完善我国犯罪成立条件体系的两条可供选择的路径。但是，德日的阶层体系所具有的只定性不定量、弱化主体要件地位、不能体现行为人社会危险性等缺陷，都决定了其难以被简单移植以适应我国现行刑法。所以，改良犯罪构成四要件是较好的路径选择。缘此，需要进一步回答犯罪构成要件的个数以及四要件之间的结构关系等问题。否定犯罪客体要件的诸观点不可取而必须坚持四要件说。全面评析当今国内学者的多种排序观点可以得出，犯罪客观要件、客体要件、犯罪主体要件、主观要件的排序主张较为合理。四要件之间的耦合关系是相乘或者幂的关系，而不是相加关系，不能把四要件的司法运用看成"堆积木"游戏。

当前，我国的犯罪论体系之争是传统的犯罪构成四要件体系与德日的阶层体系之争。因此，完善我国的犯罪成立条件体系有两条路径，即移植德日的阶层模式和改良传统的四要件体系。鉴于从来没有十全十美的理论体系，因而也不会有没有缺陷的犯罪论体系，所以，任何犯罪论体系都是不断发展完善的，无论是德日阶层理论还是犯罪构成四要件理论，都面临着其他理论的挑战，必须通过自身体系的完善，从宏观和微观视角回应其他体系的挑战。详言之，涉及的问题包括：①宏观上，如果主张移植德日模式，则需要进一步改进德日阶层体系不适合后期古典学派理念这一现代刑法根基之处，以及弥补其在方法论上过分肢解构成要件要素等缺陷；如果坚持并改良犯罪构成四要件体系，那么，就需要坚信犯罪构成四要件体系契合后期旧派基本观念的优越性，以及其系统论和方法论的整体性、合理性；在此基础上还要进一步回答是否应否定犯罪客体或犯罪主体要件的地位、各个要件的排序怎样等问题。②微观上，如果坚持移植德日阶层体系，为了适合我国现行《刑法》的立法特点，需要对德日阶层体系加以必要的改造；如果改良犯罪构成四要件体系，则需要对各个要件所包含的要素及其内容进行必要的修正和充实。应该说，无论是移植德日阶层论还是改良犯罪构成论，其面临的任务都不是一蹴而就的。笔者持改良论，从宏观的角度分析问题并提出自己的见解，以求教于学界同人。

一、完善犯罪成立条件体系的路径选择与相应任务

"犯罪"的内涵与外延是构建犯罪成立条件判断模式的逻辑起点，同时，犯罪成立条件判断模式的选择受制于各国的刑法立法规定及其相应的刑法理论。从这两方面看，德日的阶层体系不适合中国刑法。

（一）立足于"违法与犯罪二元分立"的犯罪构成四要件体系优于与"违法一元论"相适应的德日阶层体系

1. 我国刑法及其理论严格坚持"违法与犯罪二元分立"

根据现行《刑法》第13条，我国《刑法》规定的犯罪不同于民事违法、行政违法等一般违法行为，是指具有严重的社会危害性，触犯刑法，应当受刑罚惩罚的行为。犯罪具有三个基本特点，即一定程度的社会危害性、刑事违法性和应受刑罚惩罚性。在我国刑法框架下，犯罪确定必须强调危害行为所具有的"严重的社会危害性"。这是由我国《刑法》第13条关于犯罪的一

般规定中的"但书"——"情节显著轻微危害不大的，不是犯罪"的"量的要素限定"所决定的。这一立法特点表明，我国《刑法》坚持一般违法与犯罪的二元分立。刑法是保障民法、行政法等部门法的有效性的综合法。一般的违法行为（如民事侵权或者违约行为、行政违法行为）先由民法、行政法等法律加以制裁，只有当"违法行为情节严重"以致立法者认为，"如果不用刑罚的方法加以制裁，那么，整个国家的法律秩序就会坍塌"时，这种"严重的违法行为"才被立法者设定为犯罪。在我国，犯罪与一般违法行为的严格区分，体现了刑法与民法、行政法等部门法之间是前后递进的保障与被保障的关系。

刑法教义学必须服务于现行立法并与之相协调。犯罪成立条件作为教义学的重要内容，必须与我国《刑法》的立法特点相适应，具有对犯罪的"量"的测定功能。犯罪成立条件作为犯罪认定的法律标准，是一种事后判断模式：以法定的犯罪成立条件为标准，检定现实中所发生的案件事实是否构成犯罪，从而判定一个行为事实能否被评价为犯罪。鉴于我国刑法对于犯罪"量"的限定性特点，我国的犯罪构成不仅应具有"定性功能"，还必须有"量的测算功能"。

犯罪构成四要件系统是由客体要件、客观要件、主体要件和主观要件组成的有机统一体。这是一个既定性又定量的犯罪认定标准体系，能够很好地适应现行刑法对犯罪既定性又定量的规定。

2. 德日刑法及其主流理论坚持的违法一元论决定了其阶层犯罪论体系只具有定性功能

1）德国和日本的刑法对犯罪的规定不具有量的限定。例如，《德国刑法典》第242条规定："一、意图盗窃他人动产，非法占为己有或使第三人占有的，处5年以下自由刑或者罚金。二、犯本罪未遂的，亦应处罚。"❶《日本刑法典》第235条规定："盗窃他人财物的，是盗窃罪，处十年以下惩役。"❷上述德国和日本的刑法关于盗窃罪的规定都没有量的限定。据此，依照德国或者日本的刑法规定，在现实社会中，若有人盗窃1分钱的东西，诸如盗窃一张白纸，那么从刑法规范上判断都是犯罪。这就表明，在德国和日本，如果立法者决定由刑法来保护一种社会关系（或者法益），那么，刑法便自始至终地对其加以保护（从1分钱到任何巨大数额的财产）；如果一种社会关系（或者法益）由民法来保护，就被排斥在刑法保护之外。这说明在德国和日

---

❶ 德国刑法典 [M]. 徐久生，庄敬华，译. 北京：中国法制出版社，2000：174.
❷ 日本刑法典 [M]. 张明楷，译. 北京：法律出版社，2000：76.

本，民事违法、行政违法和刑事违法（即犯罪）是并列关系。不区分犯罪与一般违法行为，它们具有一样的、无差别的"违法性"，亦即德日的违法一元论。❶

2）与德日刑法的立法相适应，作为理论模型的"德日犯罪的阶层判断模式"只具有定性功能，无须具有定量的测算功能。无论是主张"构成要件符合性、违法性和有责性"三阶层模式，还是秉持"不法与责任"新构成要件论，与德日刑法对于犯罪没有量的规定相适应，在其"违法性"环节，违法一元论都是主流观点。德国刑法理论中的违法一元论（违法统一论）认为，"违法"是指行为人的行为与法律价值相背反，该行为为法律所不允许。❷ 在违法一元论背景下，民事违法、行政违法和刑事违法（即犯罪）是并列的关系，而不像中国刑法和刑法理论那样，将二者定位为前后相继的递进关系。

3. "既定性分析又定量分析"的犯罪构成四要件体系优于"只定性分析不定量分析"的德日阶层体系

在人类对犯罪的认识发展史上，违法二元论是违法一元论的升级版，"既定性分析又定量分析"比仅仅定性分析要技高一筹，所以，犯罪构成四要件体系优于只定性的德日阶层模式。

1）定性分析与定量分析的递进关系。定性分析和定量分析是认识事物的两种分析方式。定性分析是指通过逻辑推理、哲学思辨、历史求证等思维方法，分析和研究某一事物的属性。这种方法主要凭分析者的直觉、经验，根据分析对象过去和现在的延续状况及最新的信息资料等对分析对象的性质、特点、发展变化规律作出判断。定量分析则是对事物的数量特征、数量关系与数量变化进行分析的方法。这种分析方法是依据统计数据，建立数学模型，并用数学模型计算出分析对象的各项指标及其数值。定性分析能够明确分析的方向，是进行定量分析的前提；定量分析相比于定性分析，是更进一步的高级研究阶段，更加科学。首先，定性分析是最基本、最初始的分析方法。对事物进行质的分析是人们最初认识事物的方法，由于主要依据分析人员的经验和直觉对分析对象的状况进行剖析，归纳总结事物的性质特点以及发展规律等内容，故在对事物进行定性分析时，往往容易受分析者个人价值观的影响。其次，对研究对象的定量分析是近代科学方法论的一次最深刻、最有成效的变革。定量分析相对于定性分析，其优势是很明显的：它把事物定义在人类能理解的范围内，采用数学语言，通过一系列数据对事物进行精准刻

---

❶ 前田雅英. 刑法总论讲义 [M]. 6 版. 曾文科，译. 北京：北京大学出版社，2017：24.
❷ 罗克辛. 德国刑法学总论：第 1 卷 [M]. 王世洲，译. 北京：法律出版社，2005：398.

画，从而使人类对事物的把握更加准确、清晰。

2) 只具有定性分析的属性和功能的德日阶层犯罪成立条件体系，要想适合我国《刑法》的违法与犯罪相区分的立法特点，必须加以改造，简单移植是行不通的。在这一点上，犯罪构成四要件体系则具有天然的优势。

德日刑法仅限定犯罪行为的性质，而不限定犯罪行为的量度，处于只定性分析不定量分析的阶段，因而是一种有待改进的立法模式。我国《刑法》对犯罪既有质的规定又有量的规定，是对"犯罪"属性进行深刻认识的结果。例如，与德日刑法对犯罪不规定量度不同，我国《刑法》第13条关于犯罪的法定定义有"但书"规定，如对于普通的盗窃罪，要求盗窃的数额要达到"较大"。《刑法》第264条规定："盗窃公私财物，数额较大的，或者……处三年以下有期徒刑、拘役或者管制，并处或者单处罚金；数额巨大或者有其他严重情节的……"据此，普通的盗窃罪的入罪门槛是盗窃的财物价值达到"数额较大"。如果没有达到数额较大，如盗窃的数额甚微或者数额不大等情形，则这种盗窃行为就不是刑法意义上的盗窃行为，只能是民法上的侵权行为或者行政法上违反《中华人民共和国治安管理处罚法》的盗窃行为。然而，适用违法犯罪一元论的德日立法，原本只具有"定性分析属性和功能"的德日阶层犯罪成立体系，要想移植到中国并适应中国立法，必须加以改造，使其具有定量分析功能，从而与我国现行刑法的立法相适应。这是摆在移植论者面前的最为紧迫的任务之一。

（二）犯罪构成四要件体系更契合"后期古典学派"的基本立场

当前，世界各国的刑法和刑法理论已经进入后期古典学派时代。基于后期旧派观点，立法者将一种行为规定为犯罪，或者司法者将一种行为认定为犯罪，其目的都是通过对行为实施者的惩罚来维护国家法律秩序。犯罪是规范评价的结果，行为和行为人两方面的因素是犯罪成立与否，以及犯罪成立之后应该采取什么样的惩罚措施所不可缺少的考量指标。当前，世界各国整体处于奉行后期古典学派理论时期。适应后期旧派的现代刑法和相应的刑法理论（包括犯罪论体系和刑事责任理论）都应该"以行为主义刑法为主，兼采行为人主义"。根据后期旧派的立场，犯罪的内涵包括三个方面的内容：主观恶性、客观危害和人身危险性（再犯可能性）。❶

属于现代刑法的我国现行刑法，奠基于后期旧派的立场之上：对犯罪的

---

❶ 朱建华. 论犯罪的社会危害性的内在属性 [J]. 法学研究, 1987 (1): 49-53.

规定以行为主义为基础，以行为人主义为补充。我国现行《刑法》以行为刑法为主导是不言而喻的，其还包含着"一定的行为人刑法的色彩"。①我国现行《刑法》第5条规定："刑罚的轻重，应当与犯罪分子所犯罪行和承担的刑事责任相适应。"第61条规定："对于犯罪分子决定刑罚的时候，应当根据犯罪的事实、犯罪的性质、情节和对于社会的危害程度，依照本法的有关规定判处。"这两条规定的基本原则和量刑基本规则，集中表明了罪刑配置、定罪不单是以犯罪行为为基础，也包含着对行为人社会危险性格的考量；量刑时，除了要以行为的客观危害和主观恶性为基础，还需要以行为人的社会危险性格为补充。②刑法分则中规定的因"多次行为"而入罪的立法例越来越多，这体现了现行《刑法》中"行为人刑法"的一面。其情形主要有以下两种：一是分则条文直接写明"多次"入罪规定的，如多次盗窃，多次聚众淫乱，多次非法种植毒品原植物，多次走私普通货物，多次敲诈勒索，多次抢夺，多次扰乱国家机关工作秩序，多次组织、资助他人非法聚集扰乱社会秩序八项罪名。二是分则条文包含着"多次行为"而可能影响入罪的，如走私罪（对多次走私未经处理的，按照累计走私货物、物品的偷逃应缴税额处罚），逃税罪（对多次实施前两款行为，未经处理的，按照累计数额计算），走私、贩卖、运输、制造毒品罪（对多次走私、贩卖、运输、制造毒品，未经处理的，按毒品数量累计计算），贪污罪（对多次贪污未经处理的，按照累计贪污数额处罚）等。这些立法表明，我国现行《刑法》已经在一定程度上体现了"行为人刑法"的品格。

再看德日刑法，它们整体上仍适用刑事古典学派的行为刑法。这从德国和日本的刑法不处罚预备犯、只处罚重罪的未遂犯、法定的量刑规则等可以看出来。例如，现行《德国刑法典》第46条规定了"量刑的基本原则""犯罪人的责任是量刑的基础，且应考虑刑罚对犯罪人将来社会生活产生的影响"。该条规定表明，对犯罪者刑罚的分配以责任为基础。那么何谓责任？按照当今德国的权威见解，责任的要素包括责任能力（影响的因素为年龄、精神状况等）、故意或者过失、违法性认识、期待可能性。这些责任要素显然没有包含反映行为人再犯可能性的社会危险性格，故其量刑没有对行为人的危险性格给予应有的考虑。

德日阶层犯罪论体系适应其刑法而建立，其阶层体系没有包含充分的行为人人格要素。德日阶层犯罪论体系对犯罪主体的一般条件（即刑事责任能力一般条件）弱化的做法一直没有改变。其不但不重视行为人的因素，还将原本统一的主体要件分割得支离破碎：一般主体要件部分置于责任部分，特殊主体要件内容置于构成要件环节——更加弱化了犯罪主体要件的功能和地位。阶层体系在犯罪的成立条件中根本没有反映行为人社会危险性的任何情况。鉴于此,可以断言:如果不与时俱进地真正契合后期古典学派,德日阶层犯罪论体系将被时代淘汰。

相对而言,由于犯罪构成四要件体系把犯罪主体要件单独作为犯罪构成的一个要件——一个子系统,能够把犯罪人的人格因素置于此子系统中,故犯罪构成四要件模式能够适应"以行为主义为基础、兼采行为人主义"的品格。犯罪构成四要件体系能够对我国《刑法》和后期古典学派犯罪概念作出恰当的回应,它既涵盖客观危害、主观恶性,又包含行为人的社会危险性。质言之,其把犯罪主体条件独立地作为犯罪成立的四个要件之一,视其为一个子系统,这种安排能够为全面重视和考察犯罪主体要件,包括认识能力、意志能力以及行为人的社会危险性性格情况,提供一个独立的空间和广阔的平台。

综上,德日刑法理论的犯罪阶层判断体系是定性而不定量的模式。阶层犯罪论体系只注重行为,忽视了对行为人社会危险性的系统考量,难以适应当今各国"行为刑法+行为人刑法"的历史发展趋势,不能代表新生事物的发展方向。鉴于以上两个重大不足,如果不对其加以改造就简单、直接地照搬过来,是难以与中国刑法对接,难以解释中国刑法所规定的犯罪的。因此,如果要移植,就必须先对其加以改造。但是,目前的移植论整体处于简单移植状态。另外,一些学者一旦认识到犯罪构成四要件理论的不足就轻言抛弃,这种不自信的做法也不可取。鉴于此,要实现中国犯罪成立条件理论的不断科学化,对犯罪构成四要件模式不断完善要比改造和移植德日阶层模式的成本低,更具可行性。所以,接下来的任务就是分析我国学界对犯罪构成四要件理论进行改进的多种意见,评述优劣得失,并得出结论。限于篇幅,以下仅论述犯罪构成要件的个数及其排序这两个宏观问题。

二、关于犯罪构成四要件的个述

我国刑法理论通说认为,犯罪构成由四个方面的要件所组成,即犯罪客体、犯罪的客观方面、犯罪主体和犯罪的主观方面。❶ 一些学者对犯罪构成要件的个数提出了不同的见解,主要观点是否定客体要件或者主体要件。鉴于否定主体要件是早期极个别学者的见解,影响力较小,故本书只对否定客体

---

❶ 高铭暄,马克昌. 刑法学 [M]. 7 版. 北京:北京大学出版社,高等教育出版社,2016:51.

要件地位的观点加以评析。

最早质疑客体要件地位的声音产生于20世纪80年代中期，其重要的论据是：犯罪概念揭示了犯罪的本质特征，即具有社会危害性。而犯罪客体的内容，即"刑法保护的、被犯罪行为侵害的社会关系"，实际上是犯罪行为的实质。既然这个问题在犯罪概念中已经阐明，还有必要把它再提出来，作为犯罪构成的一个要件吗？笔者认为，没有必要把犯罪客体单独地列为一个犯罪构成要件。❶ 有的学者受德日刑法理论的影响，认为犯罪客体不是犯罪构成要件。犯罪客体是被侵犯的法益，但某种犯罪行为是否侵犯了法益以及侵犯了什么法益，并不由犯罪客体本身决定，而是要通过犯罪客观要件、主体要件和主观要件来综合反映。换言之，行为符合犯罪客观要件、主体要件和主观要件的，就必然出现犯罪客体，不可能出现符合上述三个要件却没有侵犯客体的现象。❷ 有学者认为，犯罪客体的价值在于说明犯罪行为为什么要被规定为犯罪，而不在于说明犯罪是如何构成的。因此，犯罪客体不应该成为犯罪构成的一个要件。❸

概括起来，否定犯罪客体的要件地位的学者，其主要理由是"犯罪客体属于犯罪概念的内容""客体是抽象的社会关系，难以把握""犯罪客体是价值判断，是被说明的对象，放在犯罪构成体系的首要地位，极不适当"。笔者认为，否定犯罪客体的犯罪构成要件地位的见解不合理。

1. 犯罪客体揭示了犯罪概念的内容，但这并不意味着犯罪客体就等于犯罪概念

犯罪客体只是揭示了犯罪概念的一部分内容，犯罪的社会危害性由客观危害、主观恶性和行为人的社会危险性三方面内容组成。混同犯罪客体与犯罪概念、犯罪本质，是否定客体要件之错误产生的原因。德日刑法理论的保护客体即法益，也只是一个纯客观的东西，可以与犯罪客体相当，但不能与"犯罪的社会危害性"相等同。

2. 我国《刑法》规定的犯罪是具有严重危害性的行为

由于存在"量"的规定，就必须对犯罪的成立条件进行实质性的理解和把握。如果把犯罪客体逐出犯罪构成体系，则难以把握我国的犯罪构成实质，而只能作形式性理解。在我国刑法学界，存在犯罪构成的形式解释和实质解释的对立。笔者认为，在德国、日本，形式解释有一定的市场，但在我国现

---

❶ 张文. 犯罪构成初探 [J]. 北京大学学报（哲学社会科学版），1984 (5)：46-54.
❷ 张明楷. 犯罪论原理 [M]. 武汉：武汉大学出版社，1991：134.
❸ 朱建华. 论犯罪客体不是犯罪构成要件 [J]. 广东社会科学. 2005 (3)：179-184.

行《刑法》对犯罪既定性又定量的立法背景下，必须坚持对犯罪构成的实质解释。实质解释的基本要求是把犯罪成立条件定位为具有应当追究刑事责任程度的社会危害性，而要达到这种"犯罪的社会危害性"，犯罪客体要件的存在是进行实质解释不可或缺的。

3. 在我国，一些学者否定犯罪客体要件地位的呐喊终究是曲高和寡

其原因在于，否定客体要件的观点的根本错误之处在于没有认识到"犯罪"是"规范评价"的结果（是"规范论"的产物），而绝对不可能是对事实的客观中性的描述（不是"存在论"的东西）。

刑法理论工作者必须对于观察事物的规范论与本体论视角的差异性有清醒的认识。存在论（或者称"本体论"）所追问的是"是"（toon, to be）本身，是对事物进行中性的、客观的描述。但是，犯罪不完全是存在论的产物。犯罪之所以是犯罪，是统治阶级以法律的形式把某种行为标定为犯罪，是规范论的评价结果。规范论属于价值论。价值论是主体对客体的价值判断，即"我认为物是什么"，是价值判断主体从其自身的需要、客体能否满足主体的需要以及如何满足主体需要的角度，来考察和评价各种物质的、精神的现象，以及主体的行为对个人、阶级、社会的意义（价值）。刑法是体现立法者意志和利益的行为规范，刑法学中的"规范"是立法者价值取向的载体，刑法教义学上的规范判断是站在法律规范的立场，以法律规范提供的标准和价值取向为判断依据对行为事实的评价，其价值取向是不言而喻的。既然犯罪是规范评价的结果，那么，在规范评价过程中，犯罪客体作为四要件之中最重要的价值衡量指标，是必不可少的。

4. 实际上，德日阶层体系并不是不考察"犯罪行为的负价值属性"

一方面，德日两国的法官在判断构成要件符合性时，以在先的刑法上的"行为"观念为引导，自符合性判断开始之时就已不是中立的判断了。李斯特的犯罪论体系作为三阶层的渊源，直接把行为定位为一个阶层，而且是首要的阶层。他把犯罪定义为，符合特定刑法规范的构成条件的、违法的和有责的行为。由此，从成立条件上看，犯罪有四个要素：犯罪是一种行为，是一种违法的行为，是一种有责的行为，是一种应受刑罚惩罚的行为。❶ 在这里，"行为"概念是李斯特犯罪论的基础和理论的出发点，只有认为具备刑法上的"行为"属性，才可以继续认定该案件事实是否具备后面的违法性和有责性等条件。此后，德国刑法理论的犯罪体系一贯秉承重视"行为"对犯罪论体系

---

❶ 李斯特，施密特. 德国刑法教科书 [M]. 徐久生，译. 北京：法律出版社，2000：170.

的基石作用的传统。❶ 这种刑法上行为的引导作用,当然包括价值的评判作用。另一方面,在德日阶层模式下(无论是构成要件符合性、违法性和有责性的三阶层,还是不法与责任的两阶层等),其犯罪的成立条件无一例外地在违法性环节蕴含着对行为或者结果的"负价值"要求——违法性环节最集中和最明显地体现着阶层的价值判断。阶层体系的违法性要件与犯罪构成四要件体系中的客体要件是相当的(尽管不是完全相同的)。只要德日阶层犯罪论体系中的违法性阶层是必不可少的,其存在具有合理性,那么,中国的犯罪客体要件就毫无疑问地具有犯罪构成条件的地位。

相反,如果把犯罪客体要件逐出犯罪构成系统,那么,对犯罪构成的实质解释就成为问题,就难以准确表达犯罪构成的质的规定性。如果没有犯罪客体要件的总揽全局,就不能站在国家整体法律秩序上审视案件事实的实质,而只能孤立地考察,那么,故意杀人罪与因正当防卫而把加害人杀死就难以区分。如果否定了犯罪客体的犯罪构成地位,把犯罪构成四要件之一的客体要件的功能分化给其他三个要件来承担,那么其他三个要件是难以胜任的。否定了犯罪客体要件,不管主张"犯罪客观要件、犯罪主体要件、犯罪主观要件"体系,还是"犯罪主体、犯罪主观要件、犯罪客观要件"体系,抑或"主观要件、客观要件"体系等,"这类体系对我国传统四要件体系的改造并不成功"❷。总之,犯罪构成的客体要件是必要的要件,不应将其逐出犯罪构成体系。

三、关于犯罪构成四要件的排序

犯罪构成四要件的排序,是一个很重要的问题。系统论告诉我们,系统的组成要素及组成要素的排列组合都会影响系统的整体功能。所以,犯罪构成作为一个规范评价标准体系,它的各要件必须有序排列。一些学者因不满刑法理论通说的排序而提出了不同的观点。

(一)20 世纪国内刑法学者提出的排序建议

陈忠林教授主张主体要件、客体要件、主观要件、客观要件的排序。其逻辑思维轨迹是:主体要件与客体要件是对立的两极,因此,主体要件是逻辑起点,接下来是客体要件。行为人通过"行为"作用于客体,而行为是主

---

❶ 罗克辛. 德国刑法总论:第1卷[M]. 王世洲,译. 北京:法律出版社,2005:120-121.
❷ 欧阳本祺. 犯罪构成体系的价值评价:从存在论走向规范论[J]. 法学研究,2011(1):126-138.

观要件支配下的举动,因此,把行为分解为主观要件和客观要件,于是就得出上述排序结论。❶ 陈忠林教授指出,这一排序有两个显著特点:一是强调主体要件是整个犯罪构成体系的逻辑起点,二是强调主观要件是犯罪构成的核心。赵秉志教授主张的排序是:主体要件、主观要件、客观要件、客体要件。❷ 其逻辑思路是:犯罪主体产生罪过,在罪过支配下实施行为,行为侵害客体。杨兴培教授不仅否定犯罪客体的要件地位,还否定犯罪主体的犯罪构成地位,认为犯罪构成是指主观罪过支配下的客观行为构成某一犯罪时所应当具备的主、客观要件的有机整体;犯罪构成中只有两个必要的构成要件,即作为主观要件的主观罪过和作为客观要件的客观危害。❸

以上三种排序观点都是从犯罪发生角度考虑,属于存在论的排序。各人有其自身的思路,有其逻辑路径,所以,不能断然否认他们的排序观点的逻辑性。但是,对于刑法教义学而言,上述见解都是不适当的。这些存在论的排序是从犯罪发生的角度来考虑的,属于"物本逻辑"结论。然而,我们必须清醒地认识到,犯罪的发生和犯罪的认定是互逆的过程,认定犯罪是一个规范评价过程,是以现实中已经发生的危害行为为事实基础,依据刑法规范所确立的犯罪成立条件和价值立场对案件事实进行的价值评判。这与"出门时把钱存放在保险柜里"与"回家后再把钱取出来"是"互逆的过程"一样。由此,上述存在论排序的诸观点,与事实学(如犯罪学)是相适应的,但对于具有价值属性的刑法教义学而言是不可取的。

(二) 21世纪以来受德日阶层模式影响而提出的排序见解

王充教授在其2005年的博士论文中主张借鉴德日的犯罪论体系,认为应该遵循从客观要素到主观要素、从形式要素到实质要素、从行为到行为人的排列顺序。我国犯罪构成要件的排列顺序是犯罪客观方面、犯罪客体、犯罪主观方面、犯罪主体。❹ 周光权教授借鉴德日阶层犯罪论体系,主张犯罪客观要件—犯罪主观要件—排除犯罪要件的排序。其后来又在《刑法总论》第二版和第三版中,把排除犯罪要件拆分为两部分:违法排除要件和责任排除要件。周光权教授认为,这一排序遵从了先客观判断再主观判断、先事实判断

---

❶ 陈忠林. 论犯罪构成各要件的实质及其辩证关系 [M] //陈兴良. 刑事法评论:第6卷. 北京:中国政法大学出版社,2000:328.

❷ 赵秉志. 论犯罪主体在犯罪构成中的地位和作用 [J]. 法学家. 1989 (3):44-48.

❸ 杨兴培. 犯罪构成原论 [M]. 北京:北京大学出版社,2014:110-111.

❹ 王充. 从理论向实践的回归:论我国犯罪构成中构成要件的排列顺序 [J]. 法制与社会发展,2003 (3):85-90.

再价值判断的犯罪认定顺序，有助于强调犯罪构成的出罪机制，突出了辩护机能。❶ 许发民教授借鉴德日犯罪论体系的阶层特点，主张我国犯罪构成论的应有结构为"两层次四要件"：第一层次包括三个要件，依次为犯罪客观要件、犯罪主体要件和犯罪主观要件；第二层次只有犯罪客体一个要件，其中，正当化行为等作为排除犯罪客体的事由在此纳入犯罪构成要件之中。无此事由，犯罪即告成立。❷

上述三种观点的出现，是在移植论者指责犯罪构成四要件体系存在不足（一是不具有逻辑性；二是客体要件过于前置，即价值判断不应先于事实判断；三是没有出罪机能，轻视辩护等）的背景下提出来的，其旨趣都是纠正"四要件"的上述"不足"。

笔者认为，移植论者所指责的这些"不足"是伪问题。

1）逻辑即人的思维的规律和规则，是对人的思维过程的抽象。但是，必须注意，逻辑因民族、地域、文化等的不同而具有差异。在现实中，逻辑因人、因时、因地而异，逻辑思维不是只有唯一的某一种定式化的思维方式，而是可以有多元的多种思维方式。是否符合逻辑，存在一个时间、地点、视角和场域的问题。就犯罪构成四要件的排序而言，一些学者从存在论的角度依据现实生活中犯罪的发生过程来设计犯罪成立要件的排序。这些思路是有逻辑的，只不过这种逻辑适合事实学的逻辑规律，而不适合刑法教义学的品格。

我国刑法理论通说认为，认定犯罪的一般过程，首先进入人们认识视野的是犯罪客体，其次才是客观行为，接下来便需要查明实施侵害行为的行为人是否符合犯罪主体要件，最后还必须确定行为人是否有罪过心理。从上述认定犯罪的一般过程可以看出，犯罪客体—犯罪客观方面—犯罪主体—犯罪主观方面的逻辑顺序符合人们认定犯罪的规律。❸

2）"先事实判断后价值判断"的判断顺序只是不可能的空想。因为犯罪是价值判断的产物，而不是单纯的存在论描述。"客观判断在前、价值判断在后"只是水中月、镜中花。在我国，有学者移植德国的新构成要件体系，主张不法和责任两阶层。其意在贯彻"不法（违法）是客观的、责任是主观的"和"客观判断在前、价值判断在后"的信条。但是，这些移植的理论体

---

❶ 周光权. 刑法总论 [M]. 北京：中国人民大学出版社，2016：序言.
❷ 许发民. 二层次四要件犯罪构成论：兼议正当化行为的体系地位 [J]. 法律科学（西北政法学院学报），2007（4）：120-131.
❸ 王作富. 刑法学 [M]. 2版. 北京：中国人民大学出版社，2004：38.

系不过是理想中的"乌托邦",不仅明显与立法不符,且理论破绽明显。第一,犯罪成立条件的理论发展历史证明,古典主义犯罪论体系不承认规范的构成要件,不承认主观的构成要件,但这是根本行不通的。也正因为如此,继之而来的新古典主义犯罪论体系不得不承认规范的构成要件和主观的构成要件,并因而将三阶层犯罪论体系合并为两阶层犯罪论体系。例如,张明楷教授的两阶层体系为了坚持违法是客观的、责任是主观的信条,不承认主观的构成要件要素。由此,他对危害行为的界定不含有意性。"刑法上的行为,是指行为主体实施的客观上侵犯法益的身体活动。并认为,行为具有两个基本特征:一是行为是身体活动,包括积极活动和消极活动;二是行为必须是客观上侵犯法益的行为。"其关于正当防卫、紧急避险的构成条件不再需要防卫意识和避险意识。❶ 但是,剔除"有意性"而给行为下定义,目前从世界范围来看,绝对是极少数人的见解;主张正当防卫、紧急避险的构成条件不再需要防卫意识和避险意识,不但在我国理论界是少数见解,而且与我国现行《刑法》的规定相矛盾。《刑法》第 20 条第 1 款规定:"为了使国家、公共利益、本人或者他人的人身、财产和其他权利免受正在进行的不法侵害,而采取的制止不法侵害的行为……"其第 21 条第 1 款规定:"为了使国家、公共利益、本人或者他人的人身、财产和其他权利免受正在发生的危险……"《刑法》在这里使用了"为了……"的表述,明确要求必须具有正当的"防卫目的"或者"避险目的"才成立正当防卫或者紧急避险。

第二,具体案件的司法认定不可能做到纯粹的"客观判断在前,价值判断在后"。张明楷教授曾于 2013 年 5 月下旬在西南政法大学渝北校区作了一次题为《刑法学研究中的若干关系》的学术讲座,在提问交流环节,有学生问:基于什么理由对一个案件开始该当性判断?这个问题的实质是:对于几个学生在一起学习讨论的行为,要不要"该当"一下?张教授的回答是"凭直觉"。这就是说,对于几个学生在一起学习的行为,"直觉"是没有理由进行该当性考察;而对于一起盗窃案件,"直觉"是要进行该当性考察。那么,问题来了:这里的"直觉"是什么?"直觉是未经充分逻辑推理的直观。"❷ 毫无疑问,直觉的获得源于价值判断,而且直觉是笼统的价值观念。在我们看来,对犯罪案件的司法认定,与其受这样的"直觉"的引导去"该当",毋宁受"犯罪客体"的引导更合适。所以,所谓坚持"先事实判断,后价值

---

❶ 张明楷. 刑法学 [M]. 5 版. 北京:法律出版社,2016:142.
❷ 陈兴良. 论犯罪构成要件的位阶关系 [J]. 法学,2005(4):3-7.

判断"的主张❶，只是理论空想，真正在现实中实际操作时，又不得不凭"直觉"，不得不靠价值判断来引导。正如有学者所说，德日的所谓"递进的犯罪构成体系"是不可能的。❷

3）有学者指责犯罪构成四要件"重视控诉、轻视辩护"，"没有把出罪事由放在该犯罪过程之中加以考虑"，"四要件没有出罪机制"等。笔者认为，这些指责都不符合事实。第一，犯罪构成四要件包含了辩护事由，并且具有多层出罪机制。犯罪成立是一个全称肯定性判断，"当且仅当""一个案件事实"全部具备"犯罪构成的四个要件"时，这个行为事实才被评价为犯罪行为。只要有一个要件不具备，该行为事实就不能被评价为犯罪行为。在四要件中，只要有一个要件不具备，就不是犯罪。现实中可供辩护一方进行无罪辩护的情形归纳起来应该包括以下四种情形：一是四个要件都不具备；二是只符合一个要件，其他三个要件都不符合；三是只符合两个要件，其他两个要件都不符合；四是符合三个要件，剩余的一个要件不符合。对这些情况进行组合计算，其数学公式是：$\sum = C_4^0 + C_4^1 + C_4^2 + C_4^3 = 1 + 4 + 6 + 4 = 15$。也就是说，犯罪构成四要件定罪过程中只有一个入罪口，却同时有15个出罪口，怎么能够说犯罪构成四要件没有出罪口呢？第二，那些认为犯罪构成四要件没有出罪机制，不能进行无罪辩护的观点，其不仅在逻辑上和数学上讲不通，更是对我国司法实践的辩护现实视而不见：我国司法实践中一直使用犯罪构成四要件来认定犯罪，难道刑事被告人、辩护人或辩护律师从来都没有辩护机会，没有行使过辩护权，或没有履行过辩护职能吗？这显然不符合我国的司法现实情况。

综上所述，通说的排序，即犯罪客体要件、客观要件、犯罪主体要件、主观要件，其本身没有实质性问题，其他学者的排序主张总体上没有实质性进步。不过，任何真理都是相对的，都具有时代局限性。任何时代都有其特殊的社会条件和时代背景。目前，鉴于我国传统的犯罪构成四要件理论正承受着德日阶层体系的冲击，为了不给予移植论者无谓的批判把柄，笔者主张犯罪客观要件、客体要件、犯罪主体要件、主观要件的排序（这一排序将有助于今后与德日阶层体系相贯通）。

最后还应说明的是，一些学者认为四要件就是四个要件的简单相加，把运用四要件认定犯罪过程视为把犯罪客体、犯罪客观方面、犯罪主体、犯罪

---

❶ 中国社会科学院语言研究所词典编辑室. 现代汉语小词典 [M]. 北京：商务印书馆，1986：706.

❷ 庄劲. 递进的犯罪构成体系：不可能之任务 [J]. 法律科学（西北政法大学学报），2015 (5)：66-78.

主观方面这四大块拼凑在一起"搭积木"的"游戏"。这里存在曲解。实际上，四要件之间不是简单的相加关系，而是耦合关系。所谓耦合关系，是指某两个以上事物之间存在的一种相互作用、相互影响的关系。如果把四要件之间的关系定位为"耦合"关系，那么，这四个要件之间的关系就是"一损俱损、一存俱存"的"相乘或者幂"的关系。如果把四要件之间的关系定位为相加关系，那么，各个要件之间的关系就不是耦合关系。假如视之为相加关系，则不能说明前述"四要件不同时具备"的15种情形下运用犯罪构成定罪的"一损俱损、一存俱存"的特点——因为按照相加关系，不管是"犯罪客体+犯罪客观方面"，还是"犯罪客体+犯罪客观方面+犯罪主体"，抑或其他任何不同时具备四要件的情况，其相加之和都不会是"零"。恰恰相反，在德日阶层体系中，前一阶层是后一阶层的基础，即使后一阶层不存在，前面的阶层也不会消失。所以，德日的阶层关系才是十足的简单相加的关系。

第二节 犯罪构成四要件的"立体化"修正

【核心提示】为了永葆犯罪构成四要件的生命力，需要对各要件加以"立体化"修正，包括从形式和内容、质和量、静态与动态、纵向和横向等维度"加宽加厚加高"。把犯罪客体修正为受刑法保护的而为犯罪行为所侵害或者威胁的社会关系及其载体的统一，以使之变得"有血有肉"，看得见、摸得着，增强其实体性和可测量性。在危害行为的定义中加入"犯罪工具"和行为"强度"的限定，既突出了实施危害行为对犯罪工具的利用，又符合我国《刑法》对犯罪规定既定性又定量的特点。在刑事责任能力的基础上，把行为人的社会危险性人格也纳入其中，以形成动静结合的主体要件内容。为了赋予犯罪动机的选择要件地位，切实地全面贯彻规范责任论，《刑法》第16条增加了关于因"期待可能丧失或者减弱"而刑事责任丧失或者减轻的规定。

进入21世纪，我国刑法学界主张移植德日阶层犯罪论体系的移植论者开始"大举侵入"，挑战传统的犯罪构成四要件说；四要件说的坚持者（包括改良论者）则严防死守，捍卫自己的正统地位。这种理论碰撞在2009年前后达到高潮（以三阶层知识于 2009 年 5 月首次进入《国家司法考试大纲》和高铭暄等学者撰文❶为四要件辩护为标志）。以后的十年间，移植论"驱逐"四要件，甚至"欲杀之而后快"，❷表明与坚持论（改良论）的强劲反击一直处于激烈博弈状态。目前看来，对立的双方在短时间内都难以彻底征服对方。所以，这种状态还将在今后一段时间长期存在。

客观地看，一方面，传统的犯罪构成四要件理论确实存在一些不足而需要完善和改造，而个别学者有意无意地放大犯罪构成四要件的缺陷，甚至对其先歪曲后批判的现象也时有发生。另一方面，德日阶层犯罪论体系的优点被不适当地夸大，其缺陷根本没有引起人们的重视，甚至被故意掩饰。尽管阶层体系构建的初衷是贯彻罪刑法定原则、保障人权、限制处罚范围，但是，阶层体系的发展史却表明，其所谓"先事实判断后价值判断"的定罪步骤，只不过如"镜中花、水中月"的乌托邦，从来没有也不可能真正在司法实践中得到贯彻。正如有学者指出，切实地按照递进的犯罪构成体系来认定犯罪，是不可能的任务。❸

无论哪一种理论都不会完美无缺，任何犯罪论体系都不例外。只看到阶层理论的优点而忽视其不足，或者只是一味地恪守传统的四要件说而排斥其创新发展，都是不可取的。而且在一个国家中，多个理论体系并存是正常的，也是必要的。所以，排斥异己，不管是一方企图打倒另一方，"欲杀之而后快"的做法，还是抱残守缺的保守主义，都是偏激的和片面的。百花齐放，百家争鸣，相互汲取营养，共同促进发展，才是可行之道。"打铁还需自身硬"的劝言，对于移植论者和坚持论（改良论）者都是适用的。所以，未来我国刑法学界关于犯罪论体系研究的迫切任务是：对于德日阶层体系，必须正视该模式与我国现行刑法规定难以直接对接的现状，不能简单地移植而必须有所革新（例如，必须克服该体系只定性不定量的缺点，必须充分认识阶层体系适应于刑事古典学派理论而落后于当代后期古典学派的滞后性）；对于传统的犯罪构成四要件体系，同样需要不断修正和完善（如大胆汲取德日阶层理论体系的有机素养为我所用），以永葆其旺盛的生命力。

---

❶ 高铭暄. 论四要件犯罪构成理论的合理性暨对中国刑法学体系的坚持 [J]. 中国法学, 2009 (2)：5-11；高铭暄. 对主张以三阶层犯罪成立体系取代我国通行犯罪构成理论者的回应 [M] //赵秉志. 刑法论丛. 北京：法律出版社, 2009：3 卷.

❷ 陈兴良. 构成要件论：从贝林到特拉伊宁 [M] //梁根林. 刑法体系与犯罪构造. 北京：北京大学出版社, 2016：107-108.

❸ 庄劲. 递进的犯罪构成体系：不可能之任务 [J]. 法律科学（西北政法大学学报）, 2015 (5)：66-78.

笔者认为，就可行性和经济性而言，对传统犯罪构成四要件的修正和完善是未来中国犯罪论体系科学化的最佳路径选择。而这需要从宏观和微观两个维度进行：前者涉及要不要否定犯罪客体和犯罪主体要件的地位，犯罪本质、犯罪客体与法益说的关系处理，以及各个要件的排序等宏观问题；后者包括对各个要件所包含的要素及其内容的具体修正和改造。关于宏观角度的研析，笔者撰写了《完善犯罪构成四要件体系的宏观分析》一文。本书是从微观角度对四要件中的各个要件提出相应的完善构想，其实质是对传统犯罪构成系统各个组成要素进行"立体化"修正，即从形式和内容、质和量、纵向与横向、静态与动态等维度"加宽加厚加高"，进行"立体化"的充实和完善。❶ 以下按照犯罪客体要件、犯罪客观要件、犯罪主体要件和犯罪主观要件的逻辑顺序展开论述。❷

一、关于犯罪客体要件的"立体化"修正

（一）犯罪客体要件理论的不足

我国传统刑法理论认为，"犯罪客体是指刑法所保护而为犯罪行为所侵害的社会关系"。❸ 犯罪客体是犯罪行为具有社会危害性的集中体现，是犯罪构成的必要要件。任何一种行为，如果没有或者根本不可能侵害刑法所保护的社会关系，就不能构成犯罪。因此，任何一种犯罪，都必然要侵害一定的客体，不侵害客体的行为就不具有社会危害性，当然也不构成犯罪。并且，某种具体的犯罪客体在社会中越重要，则侵害它的犯罪行为的社会危害性就越大，该犯罪行为就越容易构成重罪，处罚就相对越重。因此，犯罪客体是决定犯罪的社会危害性及其严重程度的重要标准。

---

❶ 关于传统犯罪构成四要件的"平面的"称谓，据笔者考察，最早是日本学者大塚仁教授给扣上的"帽子"。参见大塚仁. 犯罪论的基本问题 [M]. 冯军，译. 北京：中国政法大学出版社，1993：5；大塚仁. 刑法概说（总论）[M]. 冯军，译. 北京：中国人民大学出版社，2003：107. 我国一些学者只是不加分析地接受了这一提法。笔者认为，对中国犯罪构成四要件模式一知半解的日本学者的这一概括并不正确。如果硬要武断地说中国的犯罪构成四要件是"平面的"，那么，只具定性而不具定量功能的德日阶层模式，充其量只是"线性的"。由此，即使犯罪构成四要件是"平面的"，德日阶层模式是"线性的"，从点、线、面的关系来看，"平面"是"线"的集合，由此，平面模式是线性模式的"升级版"。

❷ 关于四要件的排序，通说认为是"犯罪客体要件、犯罪客观要件、犯罪主体要件和犯罪主观要件"的逻辑顺序。我国一些学者因对这一排序不满意而提出了不同的见解。刑法理论是规范论的产物，要素的排序问题对系统而言是很重要的事项，不过，鉴于这一问题是一个很大的论题（属于宏观问题）而难以为本书所包容，笔者认可采通说的排序。

❸ 高铭暄，马克昌. 刑法学 [M]. 北京：北京大学出版社，高等教育出版社，2016：53.

通说的上述观点受到了尖锐的批评：这样的客体要件定义，一开始就给人一种无边无沿、无法把握的感觉，不具有为犯罪的认定提供标准和规格的功能。❶这种批评是有道理的。通说关于犯罪客体要件理论最大的不足是把社会关系的"载体"剥离出去而作为独立的"犯罪对象"，于是，犯罪客体仅仅剩下抽象的"社会关系"。这就导致形成了两个缺陷：一是没有内容的社会关系毕竟太抽象、空洞，故客体要件难以为认定犯罪提供具有可操作性的标准，因为没有载体的抽象的"社会关系"充其量只能决定危害行为的社会危害性质，而不能决定危害行为的社会危害性的量之限度。但是，《刑法》第13条"但书"又恰恰要求犯罪是"严重的"危害社会的行为。所以，这样的犯罪客体理论难以与我国《刑法》规定的具体犯罪相适应。二是将"社会关系的载体"即犯罪对象独立化、现象化。所谓独立化，即传统理论主张将"社会关系的存在形式"离析出来，称之为"犯罪对象"，并将其理论地位归属于犯罪客观方面，只是为了便于论述，才提至"犯罪客体论"部分，其结局是在论述犯罪客体之后，紧接着轻描淡写地简述"犯罪对象"。所谓现象化，即传统理论主张"犯罪对象"是犯罪客体要件的现象形态。由此势必会削弱犯罪对象的地位，将其视为可有可无的东西，甚至导致"并非所有犯罪都有犯罪对象"❷这一令人难以信服的怪论。

（二）对犯罪客体要件的"立体化"修正

我们应把犯罪对象还原到社会关系中，"实化"犯罪客体要件，使犯罪客体要件真正具有量化的特性。犯罪对象是刑法所保护的社会关系的表现形式（存在形式），犯罪对象与该社会关系合在一起构成新的犯罪客体——刑法所保护的社会关系与犯罪对象是同一事物的实质和表现形式的辩证统一。❸这种见解十分精辟。将"犯罪对象"（即社会关系的载体）还原到社会关系中，即"新犯罪客体要件"=刑法保护的社会关系+犯罪对象。"纳入刑法保护范围的社会关系"与其"存在形式"（即社会关系的载体）合并在一起，实现了内容与形式的统一。在这里，"社会关系的载体"就是特定权利义务关系的载体；这种权利义务关系与犯罪对象是"内容与形式"的关系，而不再是通说所认知的"本体与现象"的关系。

---

❶ 杨兴培. 犯罪客体：一个巨大而空洞的价值符号 [J]. 中国刑事法杂志，2006（6）：3-9.
❷ 高铭暄，马克昌. 刑法学 [M]. 7版. 北京：北京大学出版社，高等教育出版社，2016：60.
❸ 陈忠林. 论犯罪构成各要件的实质及辩证关系 [M] //陈兴良. 刑事法评论：第6卷. 北京：中国政法大学出版社，2000：342-345.

这一改造的好处如下。

1)"社会关系存在形式"（即社会关系载体）无可争议地属于犯罪客体要件的一部分，而不会再被强行地剥离出来作为客观要件的一项内容，因而这种意义的"犯罪对象"就不再属于"现象范畴"，而是社会关系的存在形式，从而处于必要要素的地位。例如，就伪造假币罪而言，该罪所侵害的社会关系载体是真币而不是假币，假币在该罪中是真币的现象形态。这与通说含糊地把假币作为"对象"（究竟是行为对象还是犯罪对象，含糊不清）要深刻得多。这里的社会关系的载体也不是片面地、孤立地观察的结果，而是辩证地、系统地观察的结果。与通说关于"存在库房中的电话线与通信线路中的电话线是相同的"的见解不同，按照新犯罪客体说，"存在库房中的电话线"作为财物而体现所有权，"通信线路中的电话线"作为通信电路系统的有机组成部分而承载着通信安全，二者迥然不同。

2) 任何犯罪的客体要件，都是社会关系及其载体的统一。通说承认有的犯罪没有犯罪对象。❶ "实际上，对于某些行为来说，就是不存在其作用的对象。根本没有必要硬给安上一个对象。"❷ "正如在语言学上存在及物动词和不及物动词，行为也相应地存在及物行为和不及物行为。当不及物行为被刑法规定为犯罪时，当然就不存在行为客体。"❸

笔者认为，现实中，没有载体的纯粹抽象的社会关系是不可想象的，社会关系不可能脱离其载体而存在；危害行为只有作用于该载体才可能引起社会关系的变化。任何犯罪都是通过作用于社会关系的载体而侵害社会关系的。如果一种危害行为作用于真空而依法构成了犯罪，那么，该危害行为所作用的"真空"无疑就是犯罪对象。所以，通说的"有些犯罪没有犯罪对象"的观点难以成立。

3) 这一立体化改造克服了原来的"社会关系"之空洞、抽象，以及只能定性而不能定量的不足，使犯罪客体彻底地实体化，赋予了犯罪客体量化的功能：犯罪客体不只是可意会的理性思维的产物（抽象的社会关系），其在具体的案件中还是看得见、摸得着、可测量的客观存在物。例如，对于侵犯财产犯罪的一般客体要件，可表述为"财物的所有权"；在具体的盗窃案件中，其犯罪客体可以表述为"某台电冰箱的所有权""某条金项链的所有权"等。这样，犯罪客体要件源于其形式与内容的统一而成为可计量的具体物，从此

---

❶ 高铭暄. 新编中国刑法学：上 [M]. 北京：中国人民大学出版社，1998：103.
❷ 陈兴良. 刑法哲学 [M]. 2版. 北京：中国政法大学出版社，2000：72.
❸ 陈兴良. 本体刑法学 [M]. 北京：商务印书馆，2001：268.

告别了空洞和抽象。

总之，要把社会关系的载体（犯罪对象）还原到社会关系中。犯罪客体是刑法保护的而为犯罪行为所侵害或者威胁的社会关系及其载体的统一。

二、关于犯罪客观要件的"立体化"修正

（一）犯罪客观要件理论的不足

我国传统刑法理论关于客观要件的基本观点有：①犯罪客观方面，是指刑法规定的、说明行为对刑法所保护的社会关系造成侵害性的客观外在特征。犯罪客观方面的要件包括危害行为，危害结果，以及行为的时间、地点、方法（手段）、对象。②危害行为是犯罪客观方面的必要要件，是指由行为人心理活动所支配的危害社会的身体动静。③行为对象即犯罪对象，虽然属于犯罪的客观方面的范畴，但是由于其与犯罪客体的关系密切，理论上为了论述方便，一般将其作为犯罪客体要件的内容。④刑法因果关系只是危害行为与危害结果之间的关系，并不是犯罪客观方面的一个要件。❶

上述观点的不足之处如下。首先，把客观方面和客观要件两个概念混用是不妥当的。"客观方面"是"客观要件"的上位概念。客观方面的内容未必都是犯罪成立的"客观要件"；客观要件只是犯罪成立所必不可少的"客观方面"之要件；客观要件又包括若干客观要素。故应该精确地区分不同场合而使用"客观方面""客观要件"和"客观要素"三个不同的术语。其次，就客观要素的界定而言，还存在三个主要不足：①关于危害行为的界定没有"利用犯罪工具"的内容，也没有"量度"的限定；②否定刑法因果关系的选择要件地位；③对于行为对象与犯罪对象的关系定位不正确。

（二）对客观要件的"立体化"修正

1. 对危害行为内涵的修正

笔者认为，应当把刑法的危害行为修正为：在行为人的意识和意志的支配下，利用犯罪工具，实施触犯刑法、危害社会的，具有一定强度的身体动或静。这一界定与传统理论相比，有以下两个特点。

1）强调了行为人对犯罪工具的利用。

按照马克思关于劳动的观点，人与动物最为实质的差异在于，人具有主

---

❶ 高铭暄，马克昌. 刑法学［M］. 7版. 北京：北京大学出版社，高等教育出版社，2016：61-62.

观能动性,可以制造和利用工具进行劳动。劳动工具是人们在生产过程中用来直接对劳动对象进行加工的物件。制造和使用生产工具是人区别于其他动物的实质性标志,是人类劳动过程独有的特征。人类劳动是从制造工具开始的。随着社会的发展和科学技术的进步,尤其是当今社会,任何劳动都需要借助劳动工具来进行,并且劳动工具变得越来越复杂、越来越高级。犯罪也是一种劳动,只不过是一种"负价值"的劳动。在高科技时代,现实社会中的行为人"赤手空拳"实施犯罪的案件几乎没有,而借助犯罪工具,甚至是高科技犯罪工具实施的犯罪案件却十分普遍。因而,关于危害行为的定义必须强调犯罪工具。

2) 必须对危害行为的量的限度加以强调。

目前在世界范围内,主流的刑法理论对危害行为的定义都没有进行量的限定。这在德日两国不是问题,因为德日刑法关于犯罪的规定只定性不定量。但是,这在中国的立法框架下却是严重的缺陷。因为根据我国《刑法》第13条"但书"的规定,犯罪是具有"严重的"社会危害性的行为,其危害性既取决于危害行为的性质,也取决于危害行为的强度,二者缺一不可。所以,在界定危害行为时,应该也必须对其量的限定有所描述,绝对不能忽视。以刑法规定的伤害行为为例,从性质上看,伤害行为必须是不利于身体健康的行为。但是,仅有性质的限定还不够,还必须是"达到了可以致轻伤以上"量度的行为。如果一种伤害行为从致害性的强度上看,仅可致轻微伤,那么,该行为就只属于民事侵权行为和违反治安管理处罚法的行政违法行为,而不是刑法意义上的伤害行为。

2. 对刑法因果关系理论的修正

刑法因果关系理论主要包括三方面的内容:刑法因果关系的地位、外延(即是否包含偶然因果关系)、认定标准。

1) 刑法因果关系的地位。

我国传统刑法理论在这一问题上存在观点的前后变化和态度的模棱两可。早期只承认必然因果关系是刑法上的因果关系,认为只有当具有结果发生的实在可能性的某一现象已经合乎规律地引起某一结果的发生时,才能确定这一现象与所发生的结果之间的因果关系。之后,又不得不承认偶然因果关系的选择要件地位,即如果某一现象虽然有发生结果的实在可能性,但在其发展过程中,偶然地与另一个因果性锁链联系在一起,以致由另一现象合乎规律地产生这一结果,那么,前一现象和所发生的结果之间也存在刑法偶然因果关系。由此,必然因果关系和偶然因果关系都可以是某些犯罪的选择要件。

目前，传统刑法理论对于刑法因果关系地位的态度是"暧昧"的：一方面认为，"刑法因果关系只是危害行为与危害结果之间的关系，并不是犯罪客观方面的一个要件"；另一方面又说，"当危害结果发生时，要使行为人对该结果负责任，就必须查明其所实施的危害行为与该结果之间具有因果关系。这种因果关系，是在危害结果发生时使行为人负责任的必要条件""除必然因果关系外，偶然因果关系有时对定罪与否也有一定的影响"。❶ 那么，到底刑法因果关系是不是选择要件呢？前面说不是，后面又说是，很明显是前后矛盾的。

笔者认为，刑法因果关系应当是某些犯罪的犯罪客观要件的一个选择要素。首先，在行为犯（举动犯）场合，以行为的完成为犯罪既遂，因而这类犯罪成立和既遂的认定都不涉及因果关系问题（当然，在结果加重犯的场合，仍然涉及刑法上的因果关系问题）。这里的"不涉及因果关系"不是从存在论的角度说，这些犯罪案件中一概"不存在"因果关系，而是从规范意义上来说，对于这些犯罪的成立与既遂而言，不需要考察危害行为与危害结果之间的因果关系（不需要认定因果关系），即因果关系不是犯罪构成要件的要素。其次，在过失犯罪、以法定危害结果为既遂条件的犯罪中，必须考察特定危害行为与特定的法定结果之间是否存在刑法因果关系。由此，刑法的因果关系不是所有犯罪客观要件的必要要素，而只是部分犯罪（如过失犯罪、故意的结果犯）成立与否的选择要素。

还有一种观点是，在任何犯罪中，刑法上的因果关系都不是构成要件。其主要理由是刑法上研究因果关系，主要是为了解决已经发生的危害结果是由谁的行为造成，是为认定行为与结果服务的，一旦认定了危害行为与危害结果，因果关系本身便不再起作用。该观点之错误的关键在于没有正确认识存在论与规范论的不同立场。一是仅仅把刑法的因果关系等同于事实的因果关系，没有注意到刑法因果关系的规范性特点。其实，规范属性才是刑法因果关系的个性之核心内容。因为尽管刑法因果关系是以事实的因果关系为基础，但却是对事实的因果关系之规范论视角下的价值选择。这种价值选择突出体现在立法者为了维护一定的法律秩序，督促特定的群体履行其义务，强化其职责，不仅把必然的因果关系、直接的因果关系作为刑法的因果关系，也把一些偶然的因果联系、间接的因果联系纳入刑法的调整范围，如渎职罪的因果关系。鉴于国家机关工作人员的职责事关社会和国家的稳定、安

---

❶ 高铭暄，马克昌. 刑法学 [M]. 7 版. 北京：北京大学出版社，高等教育出版社，2016：62，77，80.

全与效率等，所以，对于由国家机关工作人员渎职行为偶然导致的危害结果和间接导致的危害结果，在情节严重时，从维护国家整体法律秩序的立场出发，视其必要而还有选择地将其作为刑法上的因果关系（除了必然的因果关系和直接的因果关系）。二是刑法因果关系不仅在定罪环节有价值，在量刑环节也有价值。后者如故意伤害罪的结果加重情况，必须考察伤害行为与加重结果之间是否存在刑法上的因果关系。只有将刑法因果关系作为独立的要素，才能完成其定罪与量刑的使命。现实的情况是，即使否定刑法因果关系的学者的论著都无一例外地大篇幅阐述了刑法因果关系理论；在司法实践中，对于需要考察因果关系的案件，司法人员都单独地分析危害行为与危害结果之间因果关系的存在情况，无论是定罪环节还是量刑，概莫能外。所以，与其"有实无名"地不给予刑法因果关系的客观要件以选择要素地位，毋宁开诚布公地承认其选择要素的地位，以使其"有名有实"、名正言顺。

2）刑法因果关系的外延。

其实质是偶然因果关系是否属于刑法因果关系的问题。传统刑法理论借鉴苏联的理论，把因果关系划分为必然因果关系和偶然因果关系。❶ 从实践来看，因果关系一般表现为两种现象之间有着内在的、必然的、合乎规律的引起与被引起的联系。这是刑法因果关系基本的和主要的表现形式。通常也只有这样的因果关系，才能使人对其行为引起的结果负责任。但是，偶然因果关系通常对量刑具有一定的意义，有时对定罪也有影响。因为自然和社会现象是十分复杂的，因果关系的表现也不例外，某种行为本身不包含产生某种危害结果的必然性（内在根据），但是在其发展过程中，偶然又有其他原因加入，即偶然地同另一原因的展开过程相交错，由后来介入的这一原因合乎规律地引起了这种危害结果。在这种情况下，先行行为与最终危害结果之间的偶然联系，即为偶然因果关系。

上述通说观点存在以下不足。首先，传统理论关于必然因果关系和偶然因果关系划分的最大失误是弱化了偶然因果关系的地位，以至于在20世纪后二十多年，我国刑法学界不得不花费很大的精力来论证偶然因果关系的地位问题。之后，随着学界对刑法因果关系理论认识的加深，传统理论在这个问题上的态度也有所变化：从最初只承认必然因果关系才是刑法上的因果关系，到有限承认偶然因果关系的客观要件要素的地位，再到目前受个别权威学者

---

❶ 高铭暄，马克昌. 刑法学 [M]. 7版. 北京：北京大学出版社，高等教育出版社，2016：80.

的影响，态度变得模棱两可。其次，传统刑法理论关于因果关系理论的错误还在于误导人们将必然性等同于现实性，将偶然性与可能性相等同。但是，在哲学上，必然性与偶然性是一对范畴，统一于可能性范畴之下。或者说，可能性包括必然可能性和偶然可能性。所以，不能把必然性与现实性相等同。刑法因果关系的认定，是在发生危害结果的场合由果溯因，因此，现实中刑法的因果关系都是客观必然性的现实化存在物或者基于可能性而转化为现实化存在物。区别只是在由行为到结果的因果关系展开过程中，其可能性在不同的情况下存在差异：属于必然性的因果关系，其向现实转化的可能性极大；属于偶然性的因果关系，其可能性较小。但是，一旦一个危害行为产生了危害结果，那么，该行为导致该结果出现的可能性，无论是必然可能，还是偶然可能，都已转化成"现实性"的东西。所以，只要明确承认因果关系的选择要素地位（刑法因果关系具有法定性），就应当同时肯定偶然因果关系与必然因果关系一样，都是客观要件的选择要素。

当然，必然因果关系和偶然因果关系的分类还是有意义的，因为在偶然因果关系的场合，行为产生危害结果的概率小，行为人明知是这种概率小的危害行为而去实施，最终导致结果的发生，与"行为人认为必然可能而实施，从而产生危害结果"的情况相比，是存在较大差别的。必然因果关系和偶然因果关系可以印证行为人罪过的主观认识以及意志的清晰和强弱程度，因而这种划分对于定罪及之后的量刑都是有意义的。

3）刑法因果关系的认定标准。

传统刑法理论基于必然因果关系和偶然因果关系的分类，把因果关系的认定引向歧途——把必然性等同于现实性，只把偶然性等同于可能性。

正确的做法是，对于刑法因果关系的认定采用条件说和相当因果关系说，分两步走。第一步应采条件说，判断是否存在事实的条件关系。刑法因果关系必须以哲学上的因果关系为基础，以事实因果关系为判断对象，而不能脱离哲学一般因果关系理论的指导。有学者认为，实际上，刑法因果关系根本不是哲学因果关系的具体运用，刑法因果关系的定型性、规范性，都是作为一门规范学科的刑法学所独有的。更为极端的说法是，刑法因果关系这个概念本身就是应当被否定的——不是因果关系，而是条件关系。❶ 该论者过分强调刑法因果关系的特殊性，以至于脱离了因果关系的共性。对此，笔者不敢苟同。哲学因果关系与刑法因果关系是共性与个性的关系，一方面，刑法因

---

❶ 陈兴良. 刑法因果关系：从哲学回归刑法学 一个学说史的考察 [J]. 法学，2009（7）：22-42.

果关系受哲学因果关系理论的指导，刑法因果关系不可能脱离哲学因果关系的范畴；另一方面，刑法因果关系也不能没有个性，其个性就是其作用的单向性、定型性、规范性。任何割裂共性与个性的片面观点都是不可取的。也就是说，刑法上的因果关系在逻辑上应该属于哲学上因果关系的范畴，脱离了这一大的前提，刑法上的因果关系便没有"类"的归属了。就事实因果关系而言，应采用条件说"没有前者便没有后者"的规则来判断是否存在事实的条件关系，以划定事实因果关系的范围。第二步，在存在条件关系的基础上，依照法律规定，基于经验法则，对事实因果关系进行价值判断，考察事实因果关系是否符合具体犯罪构成中要求的刑法因果关系。在这里，采用相当因果关系说（或者客观归责理论）审查事实因果关系是否符合具体犯罪构成中要求的刑法因果关系。

近年来，德国的客观归责理论对我国刑法学界影响很大。罗克辛教授的客观归责理论的内容：一是，行为制造了不被规范允许的危险；二是，这种危险已经实现（即产生了危害结果）；三是，该危害结果属于某一犯罪的法定危害结果（即该危害结果没有超出构成要件的保护范围）。❶ 对于该理论，有的学者不赞成并提出批评：客观归责理论将实行行为概念形式化；试图弱化甚至消除传统因果关系论的影响力，将因果关系降为纯粹自然的联系；放弃对行为和后果之间的相当性判断，因而也有不合理之处。如果对实行行为作实质性评价，对因果关系不是仅仅从存在论的意义上，还从论理的意义上进行理解，对相当性是否存在作审慎判断，就基本上可以得出客观归责理论不需要的结论。❷ 笔者认为，客观归责理论在条件说的基础上，为相当因果关系中"相当性"的判断提供了一个可操作的规则，有其可取之处。不过，该理论只是一种"相当因果关系理论"，故也不宜将其神化。

3.行为对象与犯罪对象关系的厘定

关于行为对象与犯罪对象的关系，刑法学界有不同的观点。

1）通说关于"犯罪对象是指刑法分则条文规定的犯罪行为所作用的客观存在的具体人或者具体物"的界定❸，表明其对犯罪对象和行为对象是不加区分的。有的学者认为，应该把通说中的"犯罪对象"改称为"行为对象"，即主体的犯罪行为所侵犯或直接指向的具体人、物或者信息；在体系

---

❶ 许玉秀. 主观与客观之间：主观理论与客观归责 [M]. 北京：法律出版社，2008：243.
❷ 周光权. 刑法中的因果关系和客观归责论 [J]. 江海学刊，2005（3）：119-124.
❸ 高铭暄，马克昌. 刑法学 [M]. 7版. 北京：北京大学出版社，高等教育出版社，2016：58.

地位上，行为对象是界定行为所需要的要素。❶ 该论者也认为，行为对象即犯罪对象。

2）主张严格区分行为对象与犯罪对象，将行为对象归属于犯罪客观方面，将犯罪对象作为犯罪客体要件的组成部分。有的学者主张，犯罪对象是社会关系的载体，行为对象是界定构成要件行为所要求的，行为所直接指向的具体人或者具体物。并认为任何犯罪都有犯罪对象，而行为对象则不然。犯罪客体与犯罪对象之间是本质与现象的关系；行为对象和犯罪对象的关系是"同出一源，内容上重合"。❷

笔者赞同这种严格区分和对行为对象的界定，但是认为犯罪对象与行为对象之间不是同一的关系，二者应该是事物与其现象的关系。因为犯罪客体要件＝社会关系＋犯罪对象（社会关系的载体）；行为对象是指危害行为直接作用或者影响的人或物，鉴于此，由于社会关系与其载体（犯罪对象）是内容与形式的关系，这里的社会关系的载体（即犯罪对象）是作为刑法保护的社会关系存在形式的客观事物；行为对象则是界定构成要件行为所要求的，行为直接指向的具体的人或物。可见，行为对象是作为社会关系之载体的犯罪对象的"现象形态"。行为对象与犯罪对象的内容并非完全重合。根据哲学上本体与现象的辩证关系，行为对象与犯罪对象的关系有以下三种情形：其一，二者往往是一致的，如在盗窃罪的情况下，被害人张三的电视机既是财物所有权的载体，也是盗窃行为直接指向的行为对象。其二，二者有时是整体与部分的关系，如"通信电路系统或者电力设备系统"与该系统的组成部分的"电线"。因为作为通信电路或者电力设备一部分的电线（即行为对象）首先应当被评价为公共通信安全或者公共电力输送安全的"载体系统"（犯罪对象）的有机组成部分，即破坏公共通信设施罪或者破坏公共电力设备罪的犯罪客体的一部分，而不是像"库房中的电线"那样首先被评价为"一种财物"。由此，"库房中的电线"和"通信电路或者电力设备系统中的电线"是不同的。其三，行为对象是对犯罪对象的歪曲反映，如伪造货币罪中的假币是行为对象，真币是货币管理关系的载体，是犯罪对象，假币是对真币的歪曲反映。

---

❶ 何秉松. 刑法学教科书：上 [M]. 北京：中国法制出版社，2000：352.
❷ 李洁. 犯罪对象研究 [M]. 北京：中国政法大学出版社，1998：17.

三、关于犯罪主体要件的"立体化"修正

(一) 犯罪主体要件理论的不足

1. 通说关于主体要件理论的不足

通说认为,犯罪主体,是指实施犯罪并且承担刑事责任的人。刑法规定,只有达到一定年龄,并且具有刑事责任能力的自然人,才能成为犯罪主体。"责任年龄和责任能力是犯罪主体的必要条件,犯罪主体是犯罪构成的一个重要方面,任何犯罪都有主体,即任何犯罪都有实施犯罪的人和刑事责任承担者。没有犯罪主体就不存在犯罪,更不会发生刑事责任问题。"❶

在上述表述中,不恰当的地方有:①混淆了犯罪主体和犯罪主体要件。犯罪主体作为一个整体,不是犯罪构成的一项内容。而犯罪主体要件是四要件之一。犯罪主体是在一种行为被判断为犯罪之后,该行为的实施者,即"行为人",才转化为犯罪主体,而不是先确定犯罪主体,再去认定犯罪成立。所以,犯罪主体与犯罪主体要件的概念不应混淆。②对于刑事责任能力与刑事责任年龄的关系定位不准确。在我国,刑事责任能力,是指行为人在刑法意义上对自己的行为及其所产生的后果的社会性质和意义的认识能力及控制能力。刑事责任能力是上位概念,影响刑事责任的要素包括年龄、精神状况、重大器官的功能情况等。③犯罪主体要件的内容没有包括行为人刑法的品格(即没有关于行为人社会危险性的内容)。

2. 关于犯罪主体要件在犯罪构成中位序的争论

犯罪主体要件在犯罪构成中的位序,直接关系到其与犯罪主观要件的关系。除了通说将其作为第三要件排在客观要件之后、主观要件之前,我国刑法学界的一些学者还有其他不同的主张,这里择其要者分如下情形加以评析。

1) 把犯罪主体要件置于犯罪构成四要件之首,认为主体要件是构建犯罪构成体系的逻辑起点。

例如,有学者主张四要件的排序应为犯罪主体要件、犯罪客体要件、犯罪主观要件和犯罪客观要件。❷ 再如,有学者主张犯罪主体要件、犯罪主观要件、犯罪客观要件、犯罪客体要件的排序。❸ 这两种排序都把犯罪主体要件排在首位。这是按犯罪发生的顺序所做的排序,属于存在论的安排。虽然符合

---

❶ 赵秉志. 高铭暄刑法思想述评 [M]. 北京:北京大学出版社,2013:135.
❷ 陈忠林. 论犯罪构成各要件的实质及辩证关系 [M]. 陈兴良. 刑事法评论:第六卷. 北京:中国政法大学出版社,2000:328.
❸ 赵秉志. 论犯罪主体在犯罪构成中的地位和作用 [J]. 法学家,1989 (6):44-48.

事物发生（犯罪的发生）的逻辑顺序（不能否认其逻辑性），但是，犯罪的认定（规范论的逻辑顺序）与犯罪的发生是互逆的过程，故不符合规范论的逻辑顺序，从而不能为规范论的刑法教义学所采纳。

2）弱化主体要件的独立地位，将犯罪主体要件融入主观方面（主观要件）之中。

例如，有学者主张，根据违法客观论，只要自然人的行为符合客观构成要件，即使没有达到法定年龄、不具有责任能力，也不影响对其行为的违法性评价。所以，法定年龄、责任能力不是客观构成要件要素，而是主观构成要件要素。❶ 再如，有的学者认为，"将主体作为犯罪主观要件的内容，不仅是因为其作为客观要件的内容不合适，还因为主体身份与责任能力、年龄等因素是密不可分、互为一体的。主体本身的实际状况能够影响刑事责任能力、年龄及涉罪种类等因素，没有主体，刑事责任能力、年龄等都无从谈起"。因此，"犯罪主观要件是包括犯罪主体、主观罪过、犯罪动机和目的的综合要件"。❷

这种把犯罪主体要件（确切地说是"犯罪主体要件的一般要件"）归属于犯罪主观要件的观点，显然借鉴了德日阶层犯罪论体系把作为犯罪主体条件的刑事责任能力放在"责任论"的首要部分的做法。❸ 但是，这种安排不合逻辑。德日阶层犯罪论体系是基于刑事古典学派的"理性人"的假设，弱化了犯罪主体的一般条件的地位，其合理性早已成为问题。之后，不管是刑事新派还是后期旧派，都承认行为人的个体差异，旦此，必须强调犯罪主体要件的独立地位。

3）把作为犯罪主体要件的刑事责任能力内容后置，放在主观要件之后。

例如，有的学者把犯罪的成立条件划分为"犯罪的客观要件、犯罪的主观要件和违法排除事由、责任排除事由"。❹ 这样的安排，首先，在逻辑上是不可思议的。因为刑事责任能力是罪过产生的本体基础。如果行为人不具有刑事责任能力，那么，他就没有刑法意义上的认识能力和意志能力，就根本不会产生犯罪意义上的认识和意志，即所谓"皮之不存，毛将焉附"。其次，这种安排不经济、效率低。实践中存在大量由于犯罪主体资格欠缺而其危害行为不构成犯罪的情形，如果把主体要件置于最后环节来考察，那么，会导

---

❶ 张明楷. 刑法学（上）[M]. 3版. 北京：法律出版社，2007：127.
❷ 李晓明. 刑法学总论 [M]. 北京：北京大学出版社，2017：241-242.
❸ 耶赛克，魏根特. 德国刑法教科书 [M]. 徐久生，译. 北京：中国法制出版社，2001：901；金德霍伊泽尔. 刑法总论教科书 [M]. 北京：北京大学出版社，2015：212.
❹ 周光权. 刑法总论 [M]. 3版. 北京：中国人民大学出版社，2016：91.

致许多主体要件不符合的案件却要做"先认定其他要件"的无用功，这是不符合诉讼经济法则的。

总之，笔者认为，无论采用什么犯罪论体系，无论怎么对犯罪成立条件进行排序，犯罪主体要件一定要置于主观要件之前，这是不可动摇的逻辑规则。在这一点上，传统犯罪构成理论是正确的。

3.中国刑法理论中也存在"李斯特鸿沟"问题

李斯特是刑事新派的集大成者，但是，他在犯罪论领域却坚持以行为为中心的犯罪成立条件体系，只是在刑罚论中奉行新派的理念。在犯罪论和刑事责任论中贯彻不同的理念，造成了犯罪论与刑罚论的不吻合，此即"李斯特鸿沟"。简单地说，李斯特鸿沟就是在犯罪成立环节不考虑行为人因素，而在刑事责任论部分又不得不考虑行为人因素，这就导致了犯罪与刑事制裁根基的脱节。秉承李斯特传统，后期旧派在第二次世界大战之后相当长的时间内没有在犯罪论中汲取行为人刑法思想，其所采新派的观点只限于在刑事责任和刑罚制度的设计上，而不涉及犯罪成立条件。

其实，李斯特鸿沟不只是德国的问题，而是世界范围内普遍存在的问题。无论是我国传统的犯罪构成理论，还是日本刑法理论，抑或主张移植德日阶层体系的中国学者的理论体系，对犯罪主体要件的阐述总体上都局限于行为时行为人的刑事责任能力（静态内容），而对于反映行为人社会危险性的人格主体的动态内容，则没有在犯罪论体系内将其作为犯罪成立条件（要素）给予显著的地位，作出合理的安排（尽管国内外一些学者有所尝试，但目前为止还没有出现普遍被认可的做法）。

然而，犯罪的本质包括行为的客观危害、主观恶性，以及行为人的社会危险性三个方面的内容，❶ 如果不在犯罪论体系中明确地把行为人的社会危险性纳入犯罪成立条件，而只是在犯罪成立之后的刑事责任环节才考量行为人的社会危险性是不够的，充其量也只是权宜之计，难以从根本上体现犯罪的未然之罪的一面。所以，在犯罪论上，迫切需要将行为人的社会危险性人格内容（刑事责任能力的动态成分）作为犯罪主体要件内容。

（二）对犯罪主体要件的"立体化"修正

基于前文的论述，刑法理论应该做到以下四点。①严格区分并准确使用

---

❶ 朱建华.论犯罪的社会危害性的内在属性[J].法学研究，1987（1）：49-53.

"犯罪主体"和"犯罪主体要件"两个概念。❶ ②在中国的立法和刑法理论体系下,必须坚持刑事责任能力是犯罪能力和刑罚承受能力的统一。刑事旧派坚持二者的统一;相反,刑事新派基于其社会防卫理论,不使用"犯罪能力"而采用"刑事制裁适应能力"的提法。及至当代,各国大多采用后期旧派立场(立足于旧派兼采新派的立场),既然是立足于旧派,那么就应该坚持刑事责任能力是犯罪能力和刑罚承受能力的统一。③在犯罪论体系中,一定要把犯罪主体要件放在主观要件之前,而不能随意颠倒。因为只有在行为人具备主体条件时,他的认识和意志才是刑法意义上的认识和意志。如果先承认行为人具备故意和过失,而后再考察其是否具备主体条件,就是本末倒置。④要摆正刑事责任能力及其影响因素的逻辑关系,前者是上位概念,后者是影响前者的具体内容。

以上观点相对容易理解和接受。这里着重讨论如何将犯罪主体的人格内容纳入犯罪论体系,以消弭李斯特鸿沟,实现犯罪主体要件内容静态与动态的结合。

1. 德国刑法学者早期的尝试

从沿革上看,注重行为背后的行为人的危险性格是新派的基本立场,讲求刑事制裁措施的个别化(性格责任理论)是刑事新派的特色。但是,新派的这一思想也逐步被刑事古典学派、后期旧派的学者所采纳。20 世纪初期,德国旧派阵营的领军人物毕克迈耶就坚持刑罚和保安处分二元论:对犯罪的刑罚是报应的结果;对犯人采用保安处分的原因并非犯罪,而是犯人的危险性,亦即由犯罪体现出来的犯人的危险性(有限地承认性格责任)。❷ 在此,毕克迈耶在刑事制裁的科处环节考虑行为人的社会危险性格,打破了刑事责任的刑罚藩篱,而采纳刑罚和保安处分的二元制裁机制。

之后,后期旧派的学者,如期待可能性理论的创立者——德国学者弗兰克强调,应从行为与行为人内在联系的角度理解"责任";责任是关于规范命令支配的对心理事实的价值判断。所谓责任,即"可非难性"。再如,德国阶层体系之新构成要件论的创立者梅兹格也主张,作为非难可能性的责任在维持法秩序的刑罚目的,即规范目的论的基础上构成。责任的判断必须在行为人的意思活动(心理责任构成部分)、动机(动机责任构成部分),具体案件中的具体行为与行为者的性格相结合的关系上进行。弗兰克和梅兹格在犯罪

---

❶ 其实,德日刑法理论一直把"行为主体"作为"行为人身份及其地位"的代名词,存在着与我国犯罪构成理论通说一样的错误。

❷ 马克昌. 近代西方刑法学说史略 [M]. 北京:中国检察出版社,1996:221.

论的责任环节植入期待可能性，改变了刑事古典学派的犯罪与刑罚的僵硬关系，实现了刑罚个别化。

但是，令人遗憾的是，由于《德国刑法典》对行为人刑法理念体现得十分有限，以上德国学者没有创造出真正意义上的"人格责任理论"，以较好地解决行为人刑法思想在定罪上的地位问题。

2. 日本学者提出的人格责任论

关于人格责任论，日本学者走在了德国学者的前面，后来居上。日本学者团藤重光于1957年提出了人格行为理论和人格责任理论，这一思想由其弟子大塚仁继承和运用。人格行为理论认为，人格是从各种各样的行为中推论出来的、特定的人的主体特征。行为是人格的外部表现，人格是主体的现实化。即行为是作为行为人人格的现实化的身体动静，是人格支配之下的身体动静。不表现人格的身体动静，诸如睡梦中的举动、无意识的举动，以及不可抗力和意外事件等都不是行为。人格行为理论为人格责任理论提供了行为本体根据。人格责任理论在人格行为理论的基础上，主张犯罪与人格责任是相对应的。所谓人格责任有两个层次：第一位的行为责任（报应责任）和第二位的人格形成责任。由此，在团藤重光那里，构成要件不单是行为类型，也是行为者类型。大塚仁师承团藤重光，高举人格责任论的大旗，以相对的意志自由、人格行为论（行为是作为行为人人格主体的现实化的身体动静）、人格责任论（以对相对的意志自由的行为谴责为核心，同时考虑存在于行为背后的犯罪人的人格谴责）为理论支柱，创立的人格刑法学，应该说是刑法理论的飞跃。但是，大塚仁的理论仍然存在一定的缺憾：其人格刑法学在"定罪时仍然贯彻单一的行为中心论，人格在这里只不过是用来说明作为犯罪构成的行为，符合构成要件的行为是体现了行为人人格的行为"。❶ 也就是说，在大塚仁的犯罪论部分，犯罪人人格因素虽然作为理念有所体现，但其独立地位还是没有得到应有的体现。

3. 当今德国学者创造性地提出了实质责任论

日本的人格责任理论反哺德国，德国继续开展研究。在当今德国，受日本的人格责任理论和李斯特重视刑事政策的传统的双重影响，罗克辛在这方面的尝试最为出色。罗克辛将刑事政策注入犯罪成立条件的每个阶层之中，通过对构成要件的实质解释、创立客观归责理论、主张积极的违法性判断、肯定积极的违法排除事由、引入处罚的必要性等，在构成要件符合性、违法

---

❶ 大塚仁. 刑法概说（总论）[M]. 3版. 冯军，译. 北京：中国人民大学出版社，2003：98-99.

性和有责性三个层面对贯通李斯特鸿沟做了有益的尝试。❶ 罗克辛基于刑事政策考量把人格因素纳入犯罪论体系,其最有成效、最明显的体现是在罪责部分要求除了考察行为罪责,还需要"处罚的必要性""预防的必要性"。❷ 因此,他的实质罪责概念既包括传统的心理责任(主观恶性)、规范责任(期待可能性),又包括预防的必要性要素。所谓预防的必要性要素,即以行为人的人格因素为核心的自身个性——必须为自身个性负责的罪责,也就是要考查行为人的"生活方式罪责"。这就在犯罪成立的有责性判断环节明确地给予了行为人社会危险性人格的独立地位。可见,罗克辛在其责任理论环节关于行为人的人格因素的植入,是有实质意义的创新。

但是,以上德日学者的尝试都是有局限的。因为时至今日,德日阶层体系仍没有摆脱刑事古典学派以意志自由的行为为中心之窠臼,加上以分析法为方法论的德国阶层体系把犯罪人的主体条件要素拆分为行为主体(特殊主体身份等)和刑事责任能力(一般主体身份),并分属于构成要件和责任两个不同的环节,从而导致这一模式的阶层体系难以恰当地安排行为人的人格特性内容。其最大的问题是,如何处置行为人的人格因素(责任要素)与行为主体(阶层论中特殊身份属于违法要素)的关系❸?或者行为人的人格因素是否是影响违法性的因素呢?身份要素对可谴责性有没有影响?这些问题使阶层体系陷入两难的境地。所以,如何切实实现犯罪成立条件在体现行为类型化的同时,也体现行为人的类型化,对于阶层犯罪论体系而言,是一个极富挑战性的、难以解决的课题。

4. 消弭李斯特鸿沟的中国法治实践和理论探讨

1)中国刑事法治实践呼唤消弭李斯特鸿沟。

行为人刑法的品格在我国的刑事法治实践中呈现得越来越明显。在立法上,我国现行《刑法》中规定的因"多次行为"而入罪的立法例越来越多。初步统计,现行《刑法》直接写明"多次"入罪规定的有:多次盗窃;多次聚众淫乱;多次非法种植毒品原植物;多次走私普通货物;多次敲诈勒索;多次抢夺;多次扰乱国家现行机关工作秩序;多次组织、资助他人非法聚集,

---

❶ 陈兴良. 刑法教义学与刑事政策的关系 [M]//梁根林. 刑法教义学与价值判断. 北京:北京大学出版社, 2016:91-94.

❷ 罗克辛. 德国刑法学总论:第1卷 [M]. 王世洲, 译. 北京:法律出版社, 2005:565.

❸ 德日刑法理论关于身份有广义说和狭义说。狭义的身份包括纯正的身份和不纯正的身份;广义的身份是指,在狭义的基础上把身份的外延扩展至其他一定的与犯罪有关的、行为主体在社会关系上的特殊地位或者状态,既包括违法身份,也包括责任身份。如果采用这样的广义说,那么,广义的身份就与罗克辛的预防的必要性所考察的内容有交叉部分。

扰乱社会秩序八项罪名。《刑法》规定的包含"多次行为"而可能影响入罪的有：走私罪（对多次走私未经处理的，按照累计走私货物、物品的偷逃应缴税额处罚）；逃税罪（对多次实施前两款行为，未经处理的，按照累计数额计算）；走私、贩卖、运输、制造毒品罪（对多次走私、贩卖、运输、制造毒品，未经处理的，按毒品数量累计计算）；贪污罪（对多次贪污未经处理的，按照累计贪污数额处罚）等。截至目前，中华人民共和国最高人民法院和最高检察院的司法解释文件明确把"多次行为"入罪的多达60多个。在刑罚制度上，累犯制度、再犯制度，以及自首制度、坦白制度和立功制度等，都包含着依据行为人社会危险性的高或低而从重或者减轻处罚的刑罚个别化新理念。这些立法和司法解释，尤其是关于多次入罪的规定，集中地彰显了我国现行《刑法》一定程度上的"行为人刑法"的品格。

司法实践中，在具体案件的定罪、量刑和行刑环节，考察行为人的社会危险性并将其作为罪与非罪、法定或酌定量刑情节也是极为普遍的做法。例如，因行为人的义愤犯罪、初犯、偶犯等酌定情节而得到宽宥，或者作为缓刑、减刑、假释的考量因素，通过自首、坦白、立功、累犯、社区矫正等制度，在刑罚裁量和刑罚执行环节已经得到了较好的贯彻落实。

我国的刑事法治（立法、定罪、量刑和行刑）实践，特别是适应我国《刑法》关于行为人刑法品格的立法规定，要求在犯罪成立条件环节直接地、明确地承认行为人的人格因素的犯罪成立条件地位。由此，必须丰富传统犯罪构成的主体要件内容，对主体要件进行立体化改造。

2）中国学者的创新性尝试。

国内一些学者在犯罪论体系中植入行为人人格因素进行了一些创新性探索。2003年，有的学者主张在犯罪成立条件中加入行为人的社会危险性因素，将"人格"作为与"犯罪构成"并列的要件来设计，即犯罪的成立条件＝犯罪构成+行为人的社会危险性人格。理由是，犯罪人的危险性人格是社会危害性的一项内容，具体体现危险人格及其程度的因素，如主观罪过、犯罪动机等，应当从一个具有综合性质的平台上考虑人格更符合逻辑，而这个平台并不能为犯罪构成的任何一个要件所包容，因而，人格宜从与犯罪构成分立的视域考虑。❶ 2005年，有的学者主张应当提升行为人自身所具备的犯罪危险性人格在认定犯罪中的地位，真正将其放在与客观行为相同的高度来认识，唯有如此，才能将罪与非罪的关系理顺，因而主张"犯罪行为与犯罪危险人

---

❶ 翟中东. 刑法中的人格问题研究[M]. 北京：中国法制出版社，2003：108-109.

格二元定罪机制"——"中国的犯罪构成要件＝事实判断要素（即法定的行为类型，包括行为、主体、罪过）＋价值判断要素（即行为人犯罪危险性人格）"。"坚持行为与人格在定罪问题上等量齐观，是我们对于二元定罪机制内部两大要素之间关系的基本态度：行为是犯罪危险性人格的征表，人格通过行为来实现，没有行为，不可能寻找到犯罪危险性人格；没有犯罪危险性人格，仅有客观危害行为，一律定罪，也是不妥当的。"由此，犯罪的危险性人格不仅有入罪作用，而且有出罪作用："对于没有犯罪危险性人格而落入刑法视野者，出罪"——使其成为行政违法者或者民事违法者，处以行政处罚或者民事制裁。❶

如何评价上述做法呢？一方面，我国《刑法》在立法、量刑、行刑上的实践都深受行为人刑法的影响，加上我国刑法理论整体属于后期古典学派，理应坚持"以行为刑法为基础，兼采行为人刑法"的理论，所以，无论是我国刑事法治实践还是刑法理论整体的逻辑要求，都应当切实奉行以行为刑法为主，兼采行为人刑法的综合主义立场。因此，应该将行为人的危险性人格因素引入犯罪成立条件体系，作为衡量罪与非罪的重要指标。所以，这一创新性尝试是有益的，总体上应该给予肯定。另一方面，对其具体的观点并非全部接受。例如，对于"社会危险性人格因素"的体系地位及其与行为是否"等量齐观"，我们有不同的见解。例如，前一种观点的不足，一是将犯罪的成立条件设计为犯罪构成加行为人的人格，动摇了犯罪构成是犯罪成立的唯一法律标准的信条；二是太过强调行为人的人格，使之与传统犯罪平分秋色，这在逻辑上不符合后期古典学派立足于旧派兼采新派"主次有别"的基本立场。后一种观点同样存在这些不足。

那么，怎样科学地把行为人的人格因素纳入主体要件以实现"立体化"修正呢？笔者主张：第一，把人格因素纳入主体要件的范畴。这样从静态和动态两个层面来把握犯罪主体要件的内涵，前者为刑事责任能力内容，后者为行为人的社会危险性人格内容。第二，鉴于后期旧派以旧派为基础，汲取新派的合理成分，故在定罪上，应以已然之罪为主、未然之罪为辅。所以，行为人的社会危险性人格要素的地位不应与"行为""等量齐观"，只应起次要作用，处于附属地位。第三，一个人一旦实施了犯罪行为，即使是平时一贯遵纪守法、道德优秀的"偶犯"，其犯罪的社会危险性人格也是不容否定地客观存在的，而不能单纯地认为这样的偶犯没有社会危险性。所以，"只有犯

---

❶ 张文，刘艳红，等. 人格刑法学导论［M］. 北京：法律出版社，2005：228-232.

罪行为而没有犯罪危险性人格"的情形是不可能存在的。如果把这类偶犯的社会危险性系数确定为"1"的话,那么,那些一贯不遵守法纪规章、大错不犯、小错不断的"问题人",以及累犯、再犯或者具有惯犯倾向的人的社会危险性人格系数应该大于"1",甚至是"1"的几倍。当这些人反复实施危害行为时,立法者就可以把这种"多次行为"规定为入罪条件。由此,在定罪环节,行为人的社会危险性人格只能作为法定入罪条件的次要因素,不宜作为出罪条件。

四、关于犯罪主观要件的"立体化"修正

(一) 犯罪主观要件理论的不足

传统刑法理论根据《刑法》第 14 条和第 15 条的规定认为,犯罪故意是指行为人明知自己的行为会产生危害社会的结果,仍然希望或者放任这种结果发生的主观心理态度;犯罪过失是指行为人应当预见自己的行为可能产生危害社会的结果,因疏忽大意而没有预见,或者已经预见但轻信能够避免的心理态度;犯罪目的是指行为人希望通过实施犯罪行为达到某种危害社会结果的心理态度。其关于犯罪故意、犯罪过失、犯罪目的的内容,都同时包含了对事实和规范两个层面的心理认识与意志内容;强调犯罪故意、犯罪过失、犯罪目的与一般生活意义上的故意、过失和目的(对行为本身的心理态度)的不同,都属于规范责任论的罪过概念。

传统刑法理论根据《刑法》第 16 条的规定界定了不可抗力事件和意外事件。所谓不可抗力事件,是指行为虽然在客观上造成了损害结果,但不是出于行为人的故意或者过失,而是由不能抗拒的原因引起的;所谓意外事件,是指行为虽然在客观上造成了损害结果,但不是出于行为人的故意或者过失,而是由不能预见的原因引起的。据此可知,无论是中国立法还是中国刑法理论,都明确地体现了"法不强人所难"的"期待可能性理论"。所以,对于传统刑法理论总体上应予支持。

但是,从应然角度审视,传统刑法理论仍然有不足之处:①刑法理论对于犯罪动机的研究较为薄弱,理论分析篇幅十分有限,研究的深度和广度都有待加强;②没有明确肯定犯罪动机的选择要件地位;③刑法规范贯彻期待可能性的彻底性还有待增强等。

（二）对犯罪主观要件的"立体化"修正

1. 应该赋予犯罪动机以选择要件地位

犯罪动机，是指纳入刑法调整范围的，刺激犯罪人实施犯罪行为，并促使犯罪行为朝着犯罪目的进行的内心冲动或者内心起因。犯罪动机的作用是发动犯罪行为，说明实施犯罪行为对行为人的心理愿望具有什么意义，即回答犯罪人基于何种心理原因而实施犯罪行为。行为人的某种犯罪目的的确定始终是以一定的犯罪动机为指引的。例如，对直接故意杀人罪来讲，非法剥夺他人生命是其犯罪目的，而促使行为人确定这种犯罪目的的内心起因（即犯罪动机）可能是贪财、奸情、仇恨、报复或者极端的嫉妒心理等。

犯罪动机与一般行为动机有显著区别，主要体现在其负价值性、立法意志选择性，以及与犯罪行为、犯罪结果的关联性上。犯罪动机只存在于直接故意犯罪之中；间接故意犯罪场合存在其他行为动机，但不存在犯罪动机；在过失犯罪场合，也可能存在其他行为动机，但仍然不存在犯罪动机。

传统刑法理论对犯罪动机的定罪作用认识不深刻。笔者主张，犯罪动机对直接故意犯罪的定罪和量刑都具有一定的意义。首先，犯罪动机作为法定或者酌定的量刑情节，侧重影响量刑。其次，当犯罪动机被刑法选择作为某些犯罪的构成要素时，特定犯罪动机的存在与否，就成为区分罪与非罪、此罪与彼罪的界限。例如，寻衅滋事罪，强制猥亵、侮辱罪都要求行为人具有满足其畸形心理需要的犯罪动机。最后，除了明示犯罪动机可以影响罪与非罪，《刑法》总则第13条"但书"规定"情节显著轻微危害不大的，不认为是犯罪"，由此，刑法分则在以概括的"情节严重"为入罪条件的场合，行为的动机是隐形的、决定"情节严重与否"的内容之一。在此场合下，犯罪动机仍然是罪与非罪的考量因素，如侮辱罪和诽谤罪、故意毁坏财物罪、打击报复证人罪等"情节犯"。

2. 进一步完善有关期待可能性的制度设计，全面落实规范责任理论

1）期待可能性理论是规范责任理论的组成部分。

规范责任理论是对心理责任理论的辩证否定。心理责任理论将责任理解为行为人对行为的心理关系，并将心理关系分为对行为或者结果的认识（故意犯罪场合），以及认识的可能性（过失犯罪场合）。所谓责任无非是故意、过失这种心理事实的上位概念。有这种意义上的故意或者过失，就有责任；没有故意、过失，就没有责任。规范责任理论建立在心理责任理论的基础上，

与心理责任理论不同，规范责任理论认为，刑事责任的本质是从规范的角度对事实加以非难的可能性，仅有行为中的心理因素尚不足以保证刑事责难的合理性，要求行为人行为时必须有遵从法律规范的期待可能性作为制约因素，如果责任人有责任能力及故意、过失，但没有期待可能性的话，仍然认为其没有责任。这里的期待可能性，是指行为人实施行为时是否能够预见以及是否具有实施合法行为的可能性，如果行为主体存在避免实施违法行为的可能性，却实施了违法行为，则可以确定行为主体有责性，且不能据此排除对他的非难。可见，在规范责任理论看来，责任结构包含了事实因素的心理事实、规范评价的期待可能性等内容。❶

2）尽管我国《刑法》的立法规定和司法活动都在一定程度上贯彻了规范责任论，但仍有进一步完善的余地。

如前文所述，根据刑法的规定，刑法理论关于犯罪故意、犯罪过失、意外事件和不可抗力的定义，都包含了期待可能性的内容。除此之外，在司法上，期待可能性理论对刑事司法的指导意义也是明显的。例如，同样是盗窃、抢劫、贪污、侵占等犯罪，若动机不同，实施适法行为的期待可能性也是不同的，因此，是否追究刑事责任以及追究刑事责任的程度必将存在较大的差异。如果行为人实施危害行为在当时的情形之下，由于缺乏适法行为的期待可能性或者实施适法行为的期待可能性减弱，就应当不构成犯罪，或者即使构成犯罪也应当从宽处理或免除刑事责任。这就表明，其在很大程度上贯彻了规范责任理论，考虑了期待可能性在定罪和量刑上的影响。所以，那种认为我国需要"引入"期待可能性的提法❷是不成立的，是忽视我国《刑法》立法、司法实践和刑法理论中有关期待可能性的内容而得出的不恰当结论。

尽管如此，我国《刑法》和刑法理论在"期待可能性理论"问题上还有继续完善的余地。因为期待可能性不仅包括有或无的问题，还存在强和弱之分。由此，可在《刑法》第16条中增加一款作为第1款："如果行为时无期待可能性，或者期待可能性减弱，则行为人的刑事责任能力丧失或者减弱。"现有的关于不可抗力和意外事件的规定作为本条的第2款，成为前款的注意性规定。这样，从体系上将期待可能性制度明确规定在《刑法》第14条的犯罪故意、第15条的犯罪过失之后，具有承上启下的作用。

---

❶ 大谷实. 刑法讲义总论 [M]. 2版. 黎宏, 译. 北京：中国人民大学出版社, 2008：285-286.
❷ 李跃利, 吴洪帅. 论我国刑法对期待可能性的引入 [J]. 天津法学, 2015（3）：12-17.

第三节 驳"但出符合形式犯罪构成的行为说"

【核心提示】"但出符合形式犯罪构成的行为说"主张《刑法》第13条"但书"所"但出"的是"符合形式犯罪构成"且又属于"情节显著轻微危害不大"的行为。该说的不足之处主要有：对我国的犯罪构成进行形式化解释，打破了"我国的犯罪构成是犯罪成立的唯一法律标准"的信条；混用了"犯罪构成"与"构成要件"这两个属于不同理论体系且内涵不同的术语；忽视了我国《刑法》分则中许多条文都明确规定以"情节严重"为入罪门槛，并以此对《刑法》总则第13条"但书"做了照应性规定的事实；对我国犯罪构成的形式化解释会导致《刑法》第13条与第63条、第101条规定在体系上的矛盾。在我国的熟人社会尚未彻底解体、人治文化统治尚未彻底改观，以及司法的整体水平和司法体制仍处于社会主义法治初创阶段的现实状态下，"但出符合形式犯罪构成的行为说"在司法实践中难以得到贯彻。

一、诸家观点的学术史回顾与研究价值分析

（一）学界对于《刑法》第13条"但书"的三种理解

关于《刑法》第13条"但书"到底"但"什么，我国刑法学界存在三种不同主张。

其一，"但出不符合实质犯罪构成的行为说"。该说坚持实质意义的犯罪构成观和"犯罪构成是犯罪成立的充分必要条件"的信条，认为我国的犯罪构成对社会危害性的说明既有定性也有定量功能，应把定罪情节纳入犯罪构成体系，从而主张"但书"但出的是"不符合犯罪构成的行为"。

其二，"但出符合犯罪构成的行为说"。该说也坚持实质意义的犯罪构成观，主张在行为事实的形式和实质都符合犯罪构成的前提下，鉴于案件事实总体上又情有可原，因而需要"但书"作为对原则（符合形式的和实质的犯罪构成就成立犯罪）之例外的灵活处理手段（不认为是犯罪）。

其三，"但出符合形式犯罪构成的行为说"。该说将我国的犯罪构成理解

为只具有形式意义的犯罪构成（犯罪构成对社会危害性的说明只具有定性功能，而不具有定量功能），认为犯罪的成立条件应包括成立犯罪的积极要件（符合形式意义的犯罪构成）与消极要件（但书、正当行为、情节显著轻微等）两个平行的部分，从而主张"但书"是在行为事实符合犯罪构成（即形式意义的犯罪构成）的前提下，由于案件事实属于"情节显著轻微危害不大"，不能满足犯罪成立的实质要件而构成犯罪。

（二）关于《刑法》第13条"但书"不同观点的形成脉络

从历史渊源上看，上述三种不同观点源自苏联。❶ 在苏联，第一种观点占主导地位。由于我国师承苏联的刑法理论，故直至1997年，"但出不符合实质犯罪构成的行为说"占绝对主导地位，❷ 而"但出符合形式犯罪构成的行为说"和"但出符合犯罪构成的行为说"是极少数学者的主张。

在1997年修订的《刑法》明确地确立了罪刑法定原则并废除了类推制度之后，学者们对犯罪的社会危害性与刑事违法性的关系发生了认识上的变化。同时，由于德日刑法理论在我国不断传播，我国理论界有学者开始提倡"但出符合形式犯罪构成的行为说"。其代表性著作有陈忠林的《应受刑罚惩罚性是犯罪的本质特征》（《现代法学》，1986年第2期）、金泽刚的《论定罪情节与情节犯》（《华东政法大学学报》，2000年第5期）、张永红的《我国刑法第13条但书研究》（北京大学博士学位论文）、王志远的《立体化犯罪成立理论的前序性展开》（吉林大学博士学位论文）、王政勋的《定量因素在犯罪成立条件中的地位》（《政法论坛》，2007年第4期）、陈兴良的《社会危害性理论：一个反思性检讨》（《法学研究》，2000年第1期）、王尚新的《关于刑法情节显著轻微规定的思考》（《法学研究》，2001年第5期）、陈忠林的《现行犯罪构成理论共性比较》（《现代法学》，2010年第1期）等。分析已有的研究成果可以看出，近年来，学者重提这一学说的主要目的在于积极推动全面引入德日"三阶层"犯罪成立模式。

（三）研究价值分析

近年来，国内不少学者不满足于继续高举苏联刑法理论的大旗，而极力

---

❶ 刘艳红. 晚近我国刑法犯罪构成理论研究中的五大误区 [J]. 法学，2001（10）：38-48.
❷ 当时国内权威的教科书，如高铭暄主编的《新编中国刑法学》（中国人民大学出版社，1998年版）和马克昌主编的《犯罪通论》（武汉大学出版社，1991年版）等都持该见解。

主张去苏俄化，❶ 大力提倡全面引入德日刑法理论。基于此种考量，检讨和批判"四要件"犯罪构成理论的不足就成为必然。为此，有的学者原本持"但出不符合实质犯罪构成的行为说"，但为了达到抛弃"四要件"犯罪构成理论而引进德日的"三阶层"理论的目的，现在则不惜转变自己原有的立场，把"但出符合形式犯罪构成的行为说"硬说成是我国"四要件"犯罪构成理论的当然结论，进而认为该理论只有"入罪功能而不具有出罪功能"，是不科学的理论。目前，我国的"四要件"犯罪构成理论与德日"三阶层"理论的较量已进入白热化阶段，急需在澄清各个理论体系真相的基础上进行优劣比较和抉择。

如果对于《刑法》第13条"但书"的见解不同，那么，对于刑法分则规定与犯罪成立条件关系的确定也是不同的，实践中对于具体案件的认定结论也有可能存在天壤之别。而且，基于不同的主张，对犯罪论的其他相关问题也会有不同的见解。例如，如果坚持"但出符合形式犯罪构成的行为说"，就会认为"但书"是一个独立的构成条件，与"四要件"组成的犯罪构成是平行、并列的存在，共同组成我国的犯罪成立条件，形式意义的犯罪构成是必要条件，而"但书"是充分条件；如果坚持"但出符合形式犯罪构成的行为说"，就会认为刑法分则条文在社会危害性的规定上只是定性规定，这种对犯罪的定性规定必须加上总则的"但书"规定才能判断犯罪的成立与否，分则条文具体的规定与总则第13条"但书"之间是"必要条件与补充条件的关系"，等等。然而，若采纳"但出不符合实质犯罪构成的行为说"和"但出符合犯罪构成的行为说"，则得出的肯定不是上述结论。

限于篇幅，本书只驳斥"但出符合形式犯罪构成的行为说"。

二、"但出符合形式犯罪构成的行为说"的内涵和形成原因

（一）"但出符合形式犯罪构成的行为说"的内涵和论据

"但出符合形式犯罪构成的行为说"坚持对我国犯罪构成的形式解释，认为"但书"的适用是在具体行为事实符合犯罪构成（即形式意义的犯罪构成）的前提下，由于存在"情节显著轻微危害不大"的属于在实质危害上不值得科处刑罚的情形，因此该具体行为事实便不被认为是犯罪。

---

❶ 陈兴良. 社会危害性理论：一个反思性检讨 [J]. 法学研究，2000（1）：3-18；陈兴良. 刑法知识的去苏俄化 [J]. 政法论坛，2006（1）：20-23.

我国刑法学者陈忠林教授❶曾认为，从司法上看，我们可以应受刑罚惩罚性标准，将形式上具备刑法所禁止的行为特征，但没有社会危害性或者社会危害性还没有达到应受刑罚惩罚程度的行为排除于犯罪之外，如正当防卫、紧急避险以及"情节显著轻微危害不大，不认为是犯罪"的行为只在形式上具备了犯罪构成要件，即刑事违法性，但不能纳入犯罪的范畴。❷ 在这里，陈忠林教授对我国的犯罪构成进行了形式意义的理解，认为"情节显著轻微危害不大"就是没有达到"应受刑罚惩罚性标准"，犯罪成立条件包括犯罪构成（形式意义的条件）和"应受刑罚惩罚性标准"（实质意义的条件），犯罪构成只是犯罪成立的必要条件。目前，陈忠林教授仍然坚持认为，在各国具有主流地位的犯罪构成理论（包括我国的"四要件"论）中所包括的犯罪成立条件，都应该是犯罪成立的必要条件，而不是犯罪成立的充分条件。❸

我国刑法学界还有一些学者也持此说。例如，在论述定罪情节时，有学者指出，"既然是定罪情节，就意味着缺少情节要素，犯罪就不能成立。对规定这类情节的犯罪而言，评价其他要件要求的犯罪事实后剩余的犯罪事实，如果不影响行为人的社会危害性和人身危险性，或者这种影响达不到情节要求的程度，就不能构成犯罪。因此，概括性定罪情节虽然与其他犯罪要件密切相关，但只是相关不是重合，情节要件是评价其他要件之后剩余的综合，是这类犯罪之犯罪构成的具体要件之一"。❹ 再如，有学者在对我国的犯罪构成采用形式解释的前提下，认为"'行为符合刑法分则条文的规定'就是形式意义的符合。行为要成立犯罪，除了符合形式的犯罪构成（积极要件）以外，还须具备一定的条件，如《刑法》第13条的'但书'规定的'情节显著轻微危害不大'的情形。即'但书'作为犯罪构成的一个要件，它不同于犯罪构成形式意义的'四要件'，是消极要件（此外，正当防卫、紧急避险等排除犯罪性的行为也是犯罪构成的消极要件）"。❺

（二）"但出符合形式犯罪构成的行为说"的形成原因分析

考察"但出符合形式犯罪构成的行为说"的形成，笔者认为大概有以下主要原因：

---

❶ 据笔者所知，陈忠林教授是"四要件"理论的维护者，他持此说是基于他的学术判断而不是为了抛弃"四要件"理论。
❷ 陈忠林. 应受刑罚惩罚性是犯罪的本质特征 [J]. 现代法学，1986 (2)：18-19.
❸ 陈忠林. 现行犯罪构成理论共性比较 [J]. 现代法学，2010 (1)：159-169.
❹ 金泽刚. 论定罪情节与情节犯 [J]. 华东政法大学学报，2000 (5)：40-43.
❺ 张永红. 我国刑法第13条但书研究 [D]. 北京：北京大学，2003：175-179.

1）长期以来，我国的刑法理论过分关注犯罪的实质，由此导致了对刑事违法性的形式理解，并进一步将这个"形式意义上的刑事违法"泛化为对刑法中"违反刑法""触犯刑法""依法"等术语的形式化理解。社会主义法学基于马克思主义的阶级立场、阶级分析等唯物辩证史观，旗帜鲜明地强调了社会主义法学中犯罪的阶级属性。与此相应，对于犯罪概念的研究，则强调阶级立场之下的"严重的社会危害性"，最终建立了以苏联为样本的"社会危害性中心论"的社会主义刑法学理论体系。在苏联及我国刑法理论中，由于在犯罪概念中强调社会危害性，并将其确定为犯罪的实质特征，因此（刑事）违法性自身缺乏实体内容，仅是社会危害性在刑法上的表现。❶ 刑事违法性是指形式意义上的刑事违法性，即行为违反了刑法。❷

2）我国在借鉴苏联的刑法理论时，将苏联刑法理论界少数学者对犯罪构成的形式化理解一同引入国内。苏联及俄罗斯在一定程度上存在着对犯罪构成的形式化理解的法律根据。1926年《苏俄刑法典》第6条规定："对于形式上虽然符合本法典分则某一条文所规定的要件，但因显著轻微，并且缺乏损害结果，而失去危害社会的性质的行为，不认为是犯罪行为。"1960年修改的《苏俄刑法典》第7条第2款（关于犯罪概念）有着同样的规定。现行《俄罗斯刑法典》第14条第2款规定："行为虽然形式上含有本法典规定的某一行为的要件，但由于情节轻微而不具有社会危害性，即未对个人、社会或国家造成损害或构成损害威胁的，不是犯罪。"可见，俄罗斯的刑法立法以"由于情节轻微不具有社会危害性"为由，明确地将形式上符合法律规定的行为排除于犯罪之外。在这样的立法背景下，苏联及俄罗斯刑法理论界对犯罪构成的形式化理解虽不是主流，但还是有相当大的市场。正如有的学者所言，"正当防卫、紧急避险之所以不纳入犯罪构成体系，主要还是由苏俄刑法学中社会危害性理论的逻辑以及犯罪构成体系的结构所造成的"。❸

3）一些学者对刑事违法性的形式化理解导致了对我国犯罪构成"四要件"形式意义上的解释。有学者认为："我国《刑法》关于犯罪的立法定义是采用了刑事违法性和社会危害性相结合、规范标准和非规范标准互为补充的复合标准。根据《刑法》第13条的'但书'规定，在复合标准之下，犯罪认定可大致区别为四种情况：第一，具有刑事违法性且具有相当程度的社会

---

❶ 陈兴良，刘树德. 犯罪概念的形式化与实质化辨正 [J]. 法律科学，1999（6）：92-101.
❷ 张明楷. 刑法学 [M]. 北京：法律出版社，2003：99.
❸ 陈兴良. 违法性理论：一个反思性检讨 [J]. 中国法学，2007（3）：156-169.

危害性，构成犯罪；第二，没有刑事违法性也没有相当程度的社会危害性，不构成犯罪；第三，具有刑事违法性但没有相当程度的社会危害性，不构成犯罪；第四，没有刑事违法性但有相当程度的社会危害性，不构成犯罪。"❶ 在这里，论者对刑法规定的犯罪构成作了形式化的理解，其结果是："犯罪构成只有定性功能而不具有定量功能。行为符合刑法分则规定还不能认定为犯罪，而只具有刑事违法性；除此之外，还要判断是否具有严重的社会危害性，只有二者同时具备，才能认定为犯罪……'但书'是社会危害性的载体，发挥了出罪的作用。"❷ 有学者认为，在我国当前的法律语境下，主张实质解释论容易造成理论上的混乱，因此不宜提倡实质解释论。❸ 基于形式解释立场，可将我国的"四要件"犯罪构成模式概括为"平面耦合式"。在这个"平面耦合式"犯罪成立理论体系中，作为犯罪构成这一整体组成部分的四个方面要件之间是构成要素集合这样一种平行的关系，这一特点可以称为犯罪构成的"平面化特质"。❹ 其实，把我国的犯罪构成称为"耦合式"是正确的，但如果进一步说是"平面"的耦合式，则是对我国的犯罪构成进行的形式上的解释。

4）尽管从应然的角度看，必须对罪刑法定原则从形式和实质相统一的角度予以理解，但是在现实中对我国《刑法》第3条所规定的罪刑法定原则却必须并且只能作形式主义的理解。因为在立法中，罪刑法定原则的实质侧面（包括处罚范围的合理性和罪刑配置的合理性）的主要部分被分离了出来，另规定为《刑法》第5条的罪责刑均衡原则，所以，对我国《刑法》第3条的罪刑法定原则只能作形式意义的理解。这样的立法现状也导致学者对刑事违法性和刑法分则条文所规定的具体犯罪构成的形式化理解。

5）对德日犯罪成立理论中的术语，尤其是对"构成要件"一词的简单照搬和混用，导致了不少理论混乱。有学者指出："在有情节规定的犯罪中，情节要件只能作为该类犯罪的犯罪构成中的独特要件，因为它不能与犯罪构成中的其他要件相互包容。故建议把犯罪构成分解为'情节要件'和'构成要件'。"❺ 该学者在这里使用了"构成要件"，实际是想借用德日理论的"构成要件"一词作为我国犯罪构成形式意义的规定性的代名词。其实，这种简单

---

❶ 储槐植，张永红. 善待社会危害性观念：从我国刑法第13条但书说起 [J]. 法学研究，2002（3）：87-99.

❷ 储槐植，张永红. 善待社会危害性观念：从我国刑法第13条但书说起 [J]. 法学研究，2002（3）：87-99.

❸ 陈兴良. 社会危害性理论：进一步的批判性清理 [J]. 中国法学，2006（4）：3-17.

❹ 王志远. 立体化犯罪成立理论的前序性展开 [D]. 长春：吉林大学，2005：8.

❺ 李翔. 情节犯的犯罪构成理论意义 [J]. 云南大学学报（法学版），2006，19（4）：19-24.

的类比是错误的，因为即使是对我国犯罪构成的"四要件"作形式意义的理解，其内涵也与德日刑法理论中的"构成要件"（不包括价值判断和责任判断内容）有很大的差别。还有人认为，"苏俄刑法学中的违法性相当于大陆法系刑法学中的形式违法性，指某一行为在刑法中被规定为犯罪。而苏俄刑法学中的社会危害性相当于大陆法系刑法学中的实质违法性"❶；"我国刑法理论、司法实务中耳熟能详并和'实质的违法性'大致类似的概念是现成的，这就是'社会危害性'"❷。在这里，尽管论者意识到了德日刑法理论与苏联和我国刑法理论的差别，而使用了"相当""大致类似"的提法，但德日刑法中的"形式违法"和"实质违法"与苏联和我国刑法理论中的"社会危害性""刑事违法性"这两组概念仍然是不能简单等同或者类比的。我国刑法理论中的社会危害性和刑事违法性是在整体地考察犯罪、解析犯罪的本质时"宏观"地分析所得出的结论；而德日的犯罪成立条件的"三阶层"理论中的违法性（包括形式违法性和实质违法性），只是对行为的法律价值的判断，是判断行为事实是否成立犯罪的三个环节中的一环。所以，我国的刑事违法性和犯罪的社会危害性与德日刑法理论中的形式违法和实质违法根本不是一个平台上的对应物。

三、对"但出符合形式犯罪构成的行为说"的批驳

笔者不赞成对我国犯罪构成作形式化的解释，也不赞成把犯罪成立条件分为"四要件"（积极条件或者必要条件）和"但书"（消极条件或者实质条件）的逻辑结构。以下笔者从该学说是否具有逻辑自洽性、与总体的立法现状是否吻合以及是否有利于司法三个维度，对"但出符合形式犯罪构成的行为说"进行批驳。

（一）"但出符合形式犯罪构成的行为说"在理论上站不住脚且在逻辑上不能自洽

1. 该说是一些学者在极端强调犯罪实质的情况下对犯罪构成进行形式化理解的错误结论

本来，强调犯罪本质的重要性是正确的，但是若过分地强调实质内容而忽视形式，则不足取。如果说在研究犯罪的基本特征时，将与"犯罪的社会

---

❶ 陈兴良. 违法性理论：一个反思性检讨 [J]. 中国法学，2007（3）：156-169.
❷ 王政勋. 定量因素在犯罪成立条件中的地位：兼论犯罪构成理论的完善 [J]. 政法论坛，2007（4）：152-163.

危害性"相并列的"刑事违法性"理解为仅具有形式意义,在逻辑上没有错误的话,那么,基于这种对刑事违法性形式化理解的惯性,推而广之地对全部刑法理论或刑法中的"违反刑法""触犯刑法""依法"等术语统统加以形式意义的理解则是错误的。然而,正是这种强调犯罪实质而走向极端的做法,却不时地出现在我国许多刑法学者的言论中。例如,有学者认为,根据《刑法》第13条的"但书"规定,如果行为虽然触犯刑法,具有一定的社会危害性,但是情节显著轻微危害不大,就不能以犯罪论处。❶显然,这里的"触犯刑法"是指形式上的违反刑法。对刑事违法性的形式化理解导致了个别学者对我国的犯罪构成"四要件"形式意义的错误解释,从而违背了我国的犯罪构成是犯罪成立的充分必要条件的基本认识,甚至出现把我国的犯罪构成概括为"平面式"的错误结论。

2. 与德日的构成要件与犯罪的成立条件关系不同,我国的犯罪构成是犯罪成立的充分必要条件

这是一个基本准则和信条。然而,正是由于"但出符合形式犯罪构成的行为说"将"情节显著轻微危害不大"、正当防卫、紧急避险等情形放在犯罪构成之外并采取了形式化的解释,一些学者才得出"正当防卫和紧急避险符合我国的犯罪构成,但不是犯罪"的结论。这一解释打破了我国的犯罪构成是犯罪成立的充分必要条件的基本准则,将犯罪构成的地位下降为一个必要条件。于是,犯罪的成立条件除了犯罪构成(积极条件或者必要条件),还有另外一个条件——消极条件,包括"但书"、正当行为等。这一理解只是坚持了罪刑法定原则的一个侧面,势必会把我国的犯罪成立条件变成开放性的体系,在实践中增加了判断一个行为是否为犯罪时的变数,从而为最终破坏我国确立不久的罪刑法定原则提供了便利的渠道。

3. 从理论渊源及近期泛滥的原因上看,该说不具有正统性

从理论渊源上看,这种主张来源于苏联立法的缺陷和一些苏联学者对犯罪构成的偏见。结合前文的分析,苏联尽管在立法上存在对犯罪构成进行形式解释的空间,但是由于苏联一直坚持马克思主义法学,坚持从本质上研究犯罪与犯罪构成,因此,"犯罪构成是犯罪成立的充分必要条件"在苏联处于主导地位,而对犯罪构成的形式化解释只是支流。本来,在苏联刑法理论昌行于我国的时代,因"但出符合形式犯罪构成的行为说"属于支流而没有多大的市场,几乎沉寂到无人问津的地步。但是,近年来,随着德日刑法理论

---

❶ 冯卫国, 王志远. 刑法总则定罪量刑情节通释 [M]. 北京: 人民法院出版社, 2006: 57.

的引入和我国刑法理论的"去苏俄化",这种观点又重新"泛滥"起来。实际上,认为"我国《刑法》中的正当防卫与紧急避险在形式上符合犯罪构成而又不构成犯罪"的观点,是在将我国《刑法》中的犯罪构成等同于大陆法系构成要件的前提下,同时将大陆法系有关正当防卫与紧急避险的论述不加区分地进行照搬的结果,是在混同了大陆法系中的"构成要件"与我国刑法理论中"犯罪构成"的前提下得出的错误结论。它不但与我国的犯罪构成理论相矛盾,而且会人为地造成刑法理论上的混乱,导致我国犯罪论体系的模糊不清。❶

4. 该说与我国绝大多数刑法教科书对犯罪构成的解释和论证的现状不符

在我国绝大多数刑法教科书中,无论是刑法总论对犯罪构成定义的阐述,还是刑法分论对具体犯罪的犯罪构成的分析,都是既定性分析又定量研究。例如,"我国《刑法》中的犯罪构成,是指依照刑法规定,决定某一具体行为的社会危害性及其程度,而为该行为构成犯罪所必须具备的一切主观要件和客观要件的有机统一"。❷ 这里明确指出了犯罪构成的定量属性,强调犯罪构成是犯罪成立的充分必要条件。再如,在刑法分论阐述具体犯罪的犯罪构成时,绝大多数教科书都注意对"情节严重"进行阐述和分析,尤其是在具体的法条已经明文要求特定的危害行为必须达到严重的社会危害程度时,更是无一不注重对犯罪构成量的规定性进行阐释。如果无视上述事实,武断地对我国的犯罪构成只作形式化的理解,且不说有可能使自己的学术观点自相矛盾,至少是把自己的见解置于绝对少数派之列。

5. 该说的主要目的是"给'但书'、正当行为和期待可能性以构成要件的地位"的说法,更没有说服力

因为我们完全可以在坚持对犯罪构成进行实质解释的前提下,将"但书"、正当行为和期待可能性融入实质与形式相统一的"立体耦合的"而不是"平面耦合的"犯罪构成来解决出罪问题。一些学者总是指责我国的犯罪构成不具有出罪功能,但笔者认为,行为事实如果不同时具备四个要件就不是犯罪,所以,任何一个要件的欠缺都是出罪的路径。例如:其一,对正当行为的出罪,要么对行为事实的价值从法律立场来考察,法益衡量的结果是该行为受到法律支持,因而无须启动犯罪构成评价;要么是行为事实的实施者不具有我国《刑法》所要求的罪过,因而否定了行为的犯罪性。其二,犯罪情节(包括定罪情节与量刑情节)自在于实质与形式相统一的犯罪构成之中。

---

❶ 刘艳红. 晚近我国刑法犯罪构成理论研究中的五大误区 [J]. 法学, 2001 (10): 38-48.
❷ 高铭暄. 新编中国刑法学 [M]. 北京: 中国人民大学出版社, 1998: 88.

我国的犯罪构成是质规定性和量规定性的统一，犯罪成立条件内在地包括两个层次，即质的要求与量的要求。定罪情节属于犯罪构成的量的规定性，它正是通过"标示"犯罪构成"量"的要求，从而决定了一种行为的危害性是否值得科处刑罚。将"犯罪情节"从实质与形式相统一的立体的犯罪构成体系之中"抠"出来，把犯罪构成形式化理解并使之平面化，同时再把犯罪情节单独地与形式的犯罪构成并列地组成犯罪的成立条件，实属多此一举。其三，期待可能性（理论）本已包含在我国的刑法规定（理论）之中，我们需要做的是进一步贯彻该理论，而不是再另外"引入"该理论。从罪过理论沿革上讲，责任的实质经历了由心理说到规范说的演进。"心理说"产生于启蒙时代，在19世纪后期和20世纪初期占统治地位。"心理说"认为罪过是行为与行为者间的心理联系，其表现形式是行为人主观上的故意或者过失；罪过的作用仅限于证明危害事实与行为人之间存在有意义的心理联系，除此之外无任何意义，特别是不能用它来影响刑罚的轻重。❶ "心理说"假定"任何人都是平等的和无差别的理性人，罪过只存在有或者无的问题，而不存在程度的差异"，这显然是错误的。为了弥补"心理说"在理论与实践上的缺陷，德国刑法学家弗兰克于1907年提出的规范责任说逐渐被多数学者所接受。规范责任说认为，不仅应该在自然层面将罪过归结为行为人与违法事实间的心理联系，而且应该从法律规范的角度解释行为人意志中违反刑法义务的态度，或者说罪过的实质在于行为人的意志与刑法禁令或者命令之间的对立，即行为人没有根据刑法规范要求来运行自己的意志。❷ 规范责任说的重大进步在于从经验人的角度出发，把行为人放在具体的社会生活环境中来考察罪过问题，给罪过的内容增加了期待可能性。

  我国《刑法》贯彻的是规范责任论。首先，在我国，罪过的心理事实包括认识因素与意志因素两个方面。根据《刑法》第14条和第15条的规定，犯罪的主观要件是指犯罪主体对自己的行为及其危害社会的结果所抱的心理态度。❸ 所以，在确定犯罪主观要件时，犯罪故意必须要求行为人认识到"危害行为会产生危害社会的结果"，而不是仅仅对行为本身有认识；意志因素是要求行为人对这一危害结果持希望或者放任的态度，而不是对实施该行为与否持希望或者放任的态度。犯罪过失的认识因素和意志因素同样

---

❶ 陈忠林. 意大利刑法纲要 [M]. 北京：中国人民大学出版社，1999：114.
❷ 帕多瓦尼. 意大利刑法原理 [M]. 陈忠林，译. 北京：法律出版社，1998：184-185.
❸ 陈忠林. 刑法（总论）[M]. 北京：中国人民大学出版社，2003：157.

也不限于行为本身，而是针对行为所产生的危害社会的结果而言的。其次，刑法规定的罪过、刑罚制度的设定和具体犯罪的构成要件的设定等都带有规范角度的价值评判。我国《刑法》对行为人的谴责和非难不是仅要求存在心理因素，还必须以当事人在当时的具体环境下能够实施其他合法行为为前提。《刑法》第 16 条就包含着期待可能性思想。"意外事件"直接说明的是行为人不具有罪过的认识因素，"不可抗力"对应了不具有期待可能性的主要情形。除了《刑法》第 16 条，第 19 条关于刑事责任能力的规定，第 28 条关于胁从犯的规定以及分则的众多条文规定，如第 134 条重大责任事故罪，第 306 条毁灭证据、伪造证据罪等，都贯彻了期待可能性理论。总之，期待可能性不是存在于我国的犯罪构成之外，而是自在于其中，至少可以说，期待可能性因素（说明期待可能性存在与否的因素）已经存在于我国犯罪构成"四要件"的主观要件之中了。现在，我国理论界关于期待可能性的争议，不应是期待可能性合理与否的问题，也不应是我国的刑法理论、刑事立法和司法实践能不能与期待可能性相融合的问题，而应是怎样恰当地对其进行贯彻的问题。

6. 该说夸大了个案不公出现的概率

如果说有"从构成要件来判断，行为事实符合犯罪构成从而被认定为犯罪，但总体衡量比较，又感觉到不该定罪判刑"的情形，笔者认为，这种情况应该只是个别事例而非常态，除非该具体的立法是不科学的立法。实际上，个案的不公正只是特例，因为我国的犯罪构成是事实判断和价值判断、形式判断和实质判断、各个要件判断（单个要件判断）与系统判断（全面判断）的有机统一。系统论认为，系统的功能大于其各个要素功能的简单相加。犯罪构成的四个要件都在单独地从各个侧面朝着"说明行为成立犯罪"这一方向标定行为的社会危害性，所以，从逻辑上讲，不会出现四个要件单独看都各自符合具体犯罪的相应的一个方面的犯罪构成要件，但由四个要件所组成的犯罪构成系统整体所说明的社会危害性反而又小了的情况。如果片面地夸大个案不公正出现的概率，就有杞人忧天之虞。

（二）"但出符合形式犯罪构成的行为说"不符合我国的刑法立法现状

1. 该说忽视了我国《刑法》分则中许多条文都已经对《刑法》总则第 13 条"但书"作了照应性规定的事实

分则中的具体犯罪定量因素与《刑法》总则中一般犯罪的"但书"规定具有契合性。曾有统计显示，刑法中共有 33 个条文计 36 个罪名属于数额犯，70个条文计87个罪名属于后果犯，此外还有一些犯罪既不是单纯的情节犯，也不是纯粹的后果犯或数额犯，而是或以情节、后果和数额中之一为犯罪构成要件，或以情节、后果和数额同时具备为犯罪成立条件，共有20个条文计21个罪名。❶ 分则中基本罪状的定量因素抬高了具体的犯罪构成门槛，使所有属于"情节显著轻微危害不大的"危害行为以不符合"犯罪构成"为由而被过滤掉，从而使总则第13条的规定在分则中有了具体的依托。除了刑法条文的直接规定，还有不少司法解释等规范性文件也进一步对某些犯罪的犯罪门槛作了量的限定，如2000年发布的《最高人民法院关于审理伪造货币等案件具体应用法律若干问题的解释》（法释〔2000〕26号）就对伪造货币罪的入罪门槛作了规定。所以，不能漠视我国立法和司法解释对许多犯罪的犯罪构成所作的进一步细化，不能通过量的规定以提高该犯罪的门槛，错误地把这些犯罪的犯罪构成理解为不具有定量性而只具有定性功能。

2. 该说与我国现行立法的价值取向不符

1979年《刑法》把"宜粗不宜细"作为立法原则。与此相应，在《刑法》生效之后的18年间，尽管不断颁行的单行刑法逐步填补了立法空白和细化了刑法规定，但总体上并未改变我国司法的自由裁量权过大的现实。然而，1997年修订的《刑法》，明确地确立了罪刑法定原则并废除了类推制度，重申了"从旧兼从轻"原则，在具体犯罪的罪状设计上力图犯罪情节的具体化、犯罪构成设计的精细化，尽量避免抽象的描述。这些修改都极大地缩小了司法的自由裁量空间。从1997年《刑法》施行之后所颁行的单行刑法和《刑法修正案》来看，对犯罪构成要件的修改目标一直是尽量使我国的《刑法》分则对具体犯罪的规定明确化、精细化，以增强可操作性。这样的立法趋势十分明显地释放出一个信号：强调法律的权威，限制司法自由裁量权过大。限制司法自由裁量、提高立法的权威性的趋势和立法意图，必然反对先把犯罪构成进行形式解释，再采取扩大司法者的自由裁量权以"实现个案的公正处理"的问题处理思路。国内许多学者正是注意到了上述立法走势，才倡导对我国犯罪构成进行实质解释，❷ 主张我国《刑法》应该走实质与形式相结合的道路。❸

---

❶ 张永红. 刑法第13条但书的适用范围 [J]. 黑龙江省政法管理干部学院学报，2006（6）：28-30.

❷ 张明楷. 刑法的基本立场 [M]. 北京：中国法制出版社，2002：113.

❸ 陈忠林. 刑法散得集 [M]. 北京：法律出版社，2003：1.

3. 对犯罪构成的形式解释不是对现行立法的体系性解释的恰当结论

首先，该说违背了对法条的体系性解释原则。《刑法》第 63 条规定❶的酌定减轻处罚尚且需要报最高人民法院核准，然而，在许多犯罪都有情节规定的前提下，却主张在司法环节中，办案者有权根据"但书"把符合分则某一犯罪所要求的犯罪构成的某一具体行为事实自行确定为"不是犯罪"，这种理解显然难以令人信服。其次，在分则条文已经照应了总则第 13 条"但书"规定的情况下，对贯彻《刑法》第 101 条会存在问题的担心是没有必要的。陈忠林教授为了给"但出符合形式犯罪构成的行为说"立论，还进一步分析道："总则条文对分则条文具有普遍的指导意义，这是刑法常识。《刑法》第 101 条规定，'本法总则适用于其他有刑罚规定的法律，但是其他法律有特别规定的除外'，因而，《刑法》总则第 13 条'但书'对分则条文都有指导作用，都要适用。不仅如此，而且也只有把第 13 条'但书'理解为'但'出的是符合犯罪构成（指形式意义的犯罪构成）的行为，才能对《刑法》第 101 条的规定解释得通。"❷ 笔者认为，由于那些分则条文已经作了照应性规定，故无须再次适用总则第 13 条"但书"；只有由于立法技术的粗糙和疏忽，没有对总则第 13 条"但书"进行照应性规定的分则条文所规定的犯罪的解释和认定，才必须适用第 13 条"但书"，以便对相应犯罪的犯罪构成进行实质的解释。所以，并非必须坚持犯罪构成的形式解释才能对第 101 条解释得通，恰恰是必须坚持实质的解释，才能彻底贯彻《刑法》第 101 条。

（三）"但出符合形式犯罪构成的行为说"难以在司法实践中贯彻

1) 该说忽视了我国社会历来十分注重，现在仍然比较注重的血缘关系、地缘关系所形成的"熟人社会"的现实。"熟人社会"的传统在当今中国并未彻底改变。在我国由氏族社会迈向阶级社会的进程中，氏族血缘关系随着国家的形成而更加强韧❸，以至于我国整个古代社会都是"家天下"，家国一体，家国同构。可以说，中国传统文化最重要的社会根基是以血缘关系为纽带的宗法制度，它在很大程度上决定了中国社会政治结构及其意

---

❶ 《刑法》第 63 条规定："犯罪分子具有本法规定的减轻处罚情节的，应当在法定刑以下判处刑罚……犯罪分子虽然不具有本法规定的减轻处罚情节，但是根据案件的特殊情况，经最高人民法院核准，也可以在法定刑以下判处刑罚。"

❷ 这是 2010 年 5 月 22 日陈忠林教授在西南政法大学沙坪坝校区行政楼毒品研究中心给 2009 级刑法博士研究生上课时所阐述的。

❸ 叶孝信. 中国法制史 [M]. 北京：北京大学出版社，1990：7-8.

识形态；注重血缘关系，对亲情、乡情和友情的眷顾，超越了对法律给予尊重的人治文化。"熟人社会"形成的人治文化传统根深蒂固，法律权威因而受到了挑战，在现实社会中，许多犯罪的发生都是源于血缘关系、姻缘关系、老乡关系、同学关系等。在司法实务中，上述"熟人关系"经常影响司法的公正和廉洁，不时地成为徇情枉法、滥用职权或者玩忽职守的原动力。

2）该说没有充分认识到我国执法和司法的整体水平，以及司法、执法体制还处在社会主义法治的初创阶段的现实，过于理想主义化。该说担心有限的法律难以事前规定现实生活中的无限犯罪情况，忧患静止的法律条文无法适应变动的社会现实，因而主张发挥司法者的主观能动性，在案件行为事实符合具体犯罪构成的前提下，通过"但书"的例外规定进行灵活处理，力求做到个案公正。在应然状态下，"但出符合实质犯罪构成的行为说"是有其道理的。但在实然社会中，任何事物都不会十全十美，如果过分理想化，则会因噎废食。虽然成文法与判例法各有优劣，但从法律存在形式的发展趋势来看，成文法形式优于判例法形式，成文法化是总趋势。然而，我们在享用了成文法的明确、稳定等"利"的同时，也不得不承受成文法的僵硬性的"弊"。在立法规定合理的情况下，个别案件的不公正是成文法局限性的必然体现。再者，法律不仅在于逻辑，更在于经验。除了书本知识外，法律的实施更在于执法和司法人员的社会经验是否丰富，是否能够体察和把握老百姓的健康情感。然而，目前我国的法官、检察官的选拔机制和任用制度并不能满足这种"社会经验素质"的需求。虽然权力的相互制约和平衡是司法制度设计的原则，但是在我国目前的体制下，院长负责制、局长负责制等首长负责制复活了我国传统上的"家长制"。所以，在法治初创的现代中国社会背景下，坚持"但出符合形式犯罪构成的行为说"，主张扩大办案人员的自由裁量权，很可能被用于打着实质合理的旗号，实现的却是某些"长官"的个人意志，给中国的"人治传统"留下一个可以苟延残喘的"呼吸通道"，最终导致全盘否定罪刑法定原则，更有甚者，还可能重新陷入司法擅断和专横的泥潭。

总之，"但出符合形式犯罪构成的行为说"在理论上、立法和司法上均存在诸多问题，因而不足采信。

第四节　应当如何借鉴期待可能性理论

【核心提示】 在我国犯罪论体系中，没有期待可能性的情形，或者转化为导致罪过的不成立，或者影响到行为人刑事责任能力进而影响罪过。为了突出地强调该理论，可在《刑法》第16条的第1款规定："如果行为时无期待可能性，或期待可能性减弱，则行为人不存在罪过，或者行为人的刑事责任能力丧失或者减弱。"现有的关于不可抗力和意外事件的规定作为本条的第2款，成为第1款的注意性规定。期待可能性理论的作用既可以是免罪，也能作为从轻、减轻或者免除处罚的理由；其适用范围限于过失犯罪，也适用于故意犯罪情形；既可以是法定事由，也可以是超法规事由。期待可能性的消极构成包括事实要件和价值要件，前者由客观要素和心理要素构成，具体包括行为客观情状的非常性和行为动机形成的受涉性，后者是指行为在刑法上的可宽宥性。无期待可能性的判断标准应该采用"以行为人标准为依据，以平均人标准为参考"的主客观统一说。

期待可能性理论是德日刑法的重要理论之一。所谓期待可能性，是指根据行为时的具体情况，有可能期待行为人不实施违法行为而实施其他适法行为的情形。期待可能性理论认为，如果行为人在行为当时有实施合法行为的可能性，而仍实施违法行为，则行为人的选择及其实施的行为是其相对自由意志的体现，因而应受到法律的谴责和惩罚；如果在行为人实施行为的当时没有选择其他适法行为的可能性，那么就不存在对此情形下之违法行为非难的合理性。

我国刑法学界近来日益重视对期待可能性理论的研究，以期洋为中用。鉴于国内众多学者已系统梳理了该理论的产生及演变，详细论证了该理论的合理性根据，全面评价了其体系性地位等，本书仅以这一研究过程中所产生争议的评析为线索，论证我国《刑法》应如何借鉴该理论。

一、国内刑法学者关于期待可能性理论地位的不同观点

第一种观点认为，基于我国的犯罪论体系与德日犯罪论体系的差别，我

国现有的犯罪论体系根本无法接纳该理论，或者只能吸收该理论的精神。

有学者认为，鉴于期待可能性理论自身的局限性——期待可能性的性质和地位无法界定，标准比较混乱，而且难以找到期待可能性理论和我国犯罪构成理论的契合点，引进该理论的实际意义不大，故不能将其移植到我国刑法理论中。❶

也有学者主张，"基于我国刑法理论与德日大陆法系刑法理论在语境上的巨大差异以及该理论（即期待可能性理论）自身的价值与缺陷，我国《刑法》应当借鉴的是期待可能性理论所蕴含的基本精神，以之来指导刑法理论的探讨和刑事立法，而不是简单地将它人为地融入犯罪构成理论中，更不能在司法活动中直接适用。"❷

第二种观点认为，源于体系性特点，我国的犯罪构成缺乏"从形式理性向实体理性递进"的"阶梯"，为了借鉴期待可能性理论，我国的犯罪成立理论应当分化为"犯罪构成要件"和"犯罪阻却事由"两个层次，前者包括所有可以完全形式理性化的主客观要件，后者则包括所有不能完全形式理性化的具体情形。故意、过失作为心理事实，可以完全形式理性化，所以属于犯罪构成要件层次；期待可能性作为一个独立的规范评价指针，不能完全形式理性化，故属于犯罪阻却事由层次。❸

第三种观点认为，我国的犯罪故意、犯罪过失已经包含了期待可能性理论，再谈论移植该理论是不足取的，或者是多余的。

有学者认为，"在国内，目前所有的期待可能性概念都是直接搬自大陆法系，并没有运用我国刑法理论对其进行消化、吸收与改造。西方的期待可能性概念以行为的违法性为其理论前提，与它们的刑法理论及体系是协调的，却不符合我国刑法理论……我国《刑法》中的故意与过失作为罪过是内容与形式的统一，事实与法律的统一，主观与客观的统一。我国《刑法》中的故意、过失本身便是心理事实与规范评价的统一，已经完全体现了期待可能性思想。主张将期待可能性引进我国犯罪主观要件中以完善罪过的观点是完全不足取的。❹

第四种观点认为，不能将期待可能性定位在"犯罪论"中，主张应该改

---

❶ 姜涛. 期待可能性理论：引进还是拒绝 [J]. 江苏大学学报（社会科学版），2005（4）：60-66.
❷ 唐稷尧，詹坚强. 本源、价值与借鉴：评期待可能性理论 [J]. 四川师范大学学报（社会科学版），2004，31（6）：49-56.
❸ 刘远. 期待可能性理论的认识论反思 [J]. 法学评论，2004，22（2）：43-48.
❹ 李立众，刘代华. 期待可能性理论研究 [J]. 中外法学，1999（1）：31-39；龙立豪，马长生. 论期待可能性理论在我国刑法中的适用 [J]. 湖南省政法管理干部学院学报，2000（2）：8-11.

造我国的刑事责任理论，在刑事责任中确立期待可能性。

有学者认为，就目前的犯罪成立理论和刑事立法来说，将期待可能性纳入我国的犯罪论中的观点，无论是积极要素说还是消极要素说，要么是没有理解期待可能性理论的深刻内涵，要么是不具有逻辑上的充足性，因此，借鉴该理论的途径只能是将"期待可能性置于我国的刑事责任领域"，主张"让其作为刑事责任的消极因素或者例外因素，统领我国的阻却责任事由"。❶

还有不少学者试图在我国的犯罪论体系中寻找期待可能性的位置，但观点也不统一，主要观点如下：

1）有人主张，用期待可能性理论完善我国的罪过理论，将其作为主观罪过的要素，使罪过包括：①基本要素：故意、过失；②评价因素、前提因素、消极因素：期待可能性。❷

2）有学者认为，"期待可能性无非是意志自由程度的外在形式，是评价行为人认识能力和意志能力的根据，是罪过心理产生的前提。当期待可能性的程度趋于无时，表明行为人无意志选择的自由，当然不会产生罪过心理"。❸ "按我国犯罪构成的基本理论，期待可能性是刑事责任能力的一个构成要素，而不是与责任能力、故意和过失并列的第三要素，也不是故意和过失的构成要素……自然人犯罪主体的层次结构为：犯罪主体—刑事责任能力—刑事责任年龄、精神无障碍（积极的、原则的要素）+期待可能性（消极的、例外的要素）。"❹

还有学者认为，"期待可能性体现了规范化的意志自由，正确显示了行为人内在的法性格，所以，以期待可能性概念为核心的规范责任论已取代心理责任论，成为如今大陆法系刑事责任论中的通说。……我们需要移植以期待可能性为核心的规范责任理论"❺。这种观点的实质，也是认为期待可能性是罪过的前提性要素。

3）有学者赞同日本刑法学中的独立要素说，认为"期待可能性虽然是指向行为人的主观的，是对行为人主观选择的期待，但是，与故意、过失不同，它不是行为人的主观的、心理的内容本身，而是从法规范的角度对处于具体

---

❶ 贾宇，舒洪水. 我国刑法中的期待可能性 [C] //第五届全国中青年刑法学者专题研讨会暨"期待可能性"高级论坛交流论文集. 南京：南京师范大学法学院，2008：89-93.
❷ 丁银舟，郑鹤瑜. 期待可能性理论与我国犯罪构成理论的完善 [J]. 法商研究，1997（4）：57-62.
❸ 姜伟. 期待可能性理论评说 [J]. 法律科学，1994（1）：23-27.
❹ 游伟，肖晚祥. "期待可能性"与我国刑法理论的借鉴 [J]. 政治与法律，1999（5）：22-27.
❺ 童德华. 刑法中期待可能性的基本问题 [J]. 湖北警官学院学报，2004（7）：10-16.

状况下的行为人的主观选择的评价。可以说，故意、过失是主观性的归责要素，而期待可能性是客观性的归责要素，期待可能性是独立于故意、过失之外的归责要素"❶。

4) 有人认为，"期待可能性是能期待行为人选择不实施违法行为的综合条件（综合状态），而这种综合条件由行为时行为人的责任能力、心理和各种客观状态组成，因此，期待可能性既不能作为犯罪主观要件的构成要素，也不能作为犯罪主体的责任能力的构成要素。它属于专门用于综合评价意志自由有无的法哲学领域"❷。

二、对上述观点的分析和笔者的见解

1) 学者们都注意到了我国犯罪构成与德日犯罪构成要件的实质性差异。的确，德日刑法理论关于判定刑事责任成立的"构成要件符合性、违法性和有责性"的线性递进模式，与我国的犯罪构成理论通说"四个要件"的"一存俱存，一失俱失""四个构成要件之间互相制约、互相依存"的"耦合模式"差异巨大。鉴于这种体系性的差异，囫囵吞枣地生搬硬套肯定是行不通的。

犯罪构成的理论体系实际上是对刑法规范进行解释的工具，尽管与不同的司法模式和司法环境相适应的犯罪成立理论体系不同，但当今世界上主要的三大法系（英美法系的双层控辩式、德日的三重判断的递进式和我国目前的四个要件的平面耦合式）的犯罪构成理论体系的内容也存在一致性。以我国的犯罪构成四要件理论体系为线索来看可以得到的结果是：对于犯罪客体，在大陆法系中是违法性中研究的保护法益问题，在英美是在减免刑事责任事由中解决的问题；在犯罪客观方面，在大陆法系中是构成要件中的基本问题，包括客体（行为客体）、行为、结果等，在英美法系中是刑事责任基础中的客观面的问题；在犯罪主观方面，在大陆法系中是责任中的重要内容，而在英美法系中是刑事责任基础中的主观面的问题；对于犯罪主体，在大陆法系中是责任中的另一项内容，在英美法系中是减免刑事责任事由中的问题。也就是说，对于建构犯罪构成的理论大厦，其建筑材料基本是相同的，因为在何谓犯罪的问题上，如果除却意识形态的差别，其他方面不可能是完全不同的，毋宁说，其基本内容基本是相同的，相同或者相近的社会发展阶段中的生活要求也应该具有基本的一致性。这种基本的一致性，正是不同的犯罪构成理

---

❶ 冯军. 刑事责任论 [M]. 北京：法律出版社，1996：252.
❷ 欧锦雄. 期待可能性理论的继承与批判 [J]. 法律科学，2000（5）：49-58.

论体系可以进行比较与借鉴的理由。❶ 据此，笔者认为，判断是否借鉴国外的"某个理论"时，关键要看"某个理论"是否有借鉴的价值，而不是理论体系是否相同。

事实上，不论国内学者对借鉴移植期待可能性理论持什么样的见解，理论界都不否认该理论的合理性及其理论与实践的价值，所争议的只是我国借鉴期待可能性理论的途径，以及该理论在多大程度上能为我国所借鉴。

以期待可能性为核心的规范责任论"对刑事责任的追究作出了某种更为严格的限制，因而可以看成是一种通过限制国家刑罚权而保障被告人权利的刑法理论"。"期待可能性理论对于刑法的合理化与正当化都是一种强有力的推动。"❷ 因而是值得我们借鉴的东西。

期待可能性理论以相对的意志自由论为哲学根据，充斥着浓厚的人文关怀精神；以兼顾个案公正为旨趣，进而保证了刑法的实质公正性；该理论合乎刑事责任的目的，维护了罪责刑相适应原则，与现代刑法的人权保障价值取向和谦抑性互相融合，表现出强大的生命力，在德日刑事法治中曾经发挥并将继续发挥出积极的作用。对此，我国许多学者花费很多精力进行了论证。❸ 因此，在世界范围内，无论是国外还是国内，几乎无人会断然否定该理论的合理性和重大实践价值。

引进期待可能性理论之后，我国刑法理论中的许多问题将得到合理的解释。例如，对于紧急避险行为、执行上级命令的行为等，我国刑法学界曾众说纷纭，有的称作"排除社会危害性行为"，也有的称为"排除犯罪性行为"。将紧急避险行为称为排除社会危害性行为尚可，但对执行命令的行为，则难以用排除社会危害性来解释，因为这里所讲的执行命令的行为本身就包含着执行命令后，会对社会产生危害的行为。之所以会出现这种情况，是因为我们一直没有找到一种合适的理论对其进行解释，期待可能性理论则可以很好地解释这两种情况：紧急避险是因为情况紧急，行为人只能采取一定的破坏行为以保护更大的利益；而执行命令的行为，是因为行为人迫于上级命令的压力，不可能期待其采取其他的更为合适的行为。在这两种情况下，行为人的意志自由丧失，失去了刑事责任能力，因而其行为不构成犯罪。

---

❶ 李洁. 犯罪构成理论体系设定需要厘清的基本问题 [J]. 湖北警官学院学报，2007（1）：10-14.

❷ 陈兴良. 期待可能性问题研究 [J]. 法律科学（西北政法学院学报），2006（3）：72-81.

❸ 唐稷尧，詹坚强. 本源、价值与借鉴：评期待可能性理论 [J]. 四川师范大学学报（社会科学版），2004，31（6）：49-50.

由此可见，"我国现有的犯罪论体系根本无法接纳该理论"以及"我们只能吸收该理论的精神，而不能移植该理论"的观点都是过于消极悲观的主张。

2）"将具体的刑法理论与刑法规定对应"的做法，以及"将期待可能性理论与我国的罪过相对应"的观点都是机械式思维的产物。实际上，一种具体的理论或者制度往往由许多刑法条文来贯彻落实。在德国和日本，期待可能性理论不仅直接体现在其基本原则（责任原则）和关于胁从犯的规定中，而且在正当防卫、紧急避险，以及"属于不是完全没有适法行为的期待可能性，但因为显著减少而减轻责任非难的一些具体规定"中都有所体现。

例如，现行《日本刑法》第37条第1款规定："为了避免对自己或者他人的生命、自由或者财产的现实危险，而不得已实施的行为，如果所造成的损害不超过其欲避免的损害限度时，不处罚；超过这种损害限度的行为，可以根据情节减轻或者免除刑罚。"第36条规定："为了保护自己或者他人的权利，对于急迫的不法侵害不得已所实施的行为，不处罚。超出防卫限度的行为可以根据情节减轻或者免除处罚。"再如，现行《德国刑法》第32条规定："一、正当防卫不违法。二、为使自己或者他人免受正在发生的不法侵害而实施的必要的防卫行为，是正当防卫。"第33条规定："防卫人由于惶惑、害怕、惊吓而防卫过当的，不负刑事责任。"关于紧急避险，现行《德国刑法》第34条规定了"所要保全的法益应明显大于所要造成的危害的法益"的"阻却违法性的紧急避险"和第35条其他情形的"阻却责任的紧急避险"。德国刑法理论通说在解释紧急避险的正当化根据时，认为以阻却违法事由为原则，以责任阻却为例外事由。❶ 也就是说，在德日刑法学者看来，现实生活中发生的某些具体正当防卫和紧急避险非犯罪性是难以用期待可能性理论去说明的。

反过来，一个刑法条文也可能规定若干制度、体现若干刑法理论。例如，我国《刑法》第16条规定："行为在客观上虽然造成了损害结果，但是不是出于故意或过失，而是由于不能抗拒或者不能预见的原因所引起的，不是犯罪。"该条文就同时规定了不可抗力和意外事件。

这就给了我们如下启示：其一，规定一项具有合理性和可行性的制度，可以并且往往需要用不同的刑法条文来体现。其二，一个刑法条文可能规定若干制度、体现若干刑法理论。所以，"将具体的刑法理论与刑法规定对应"的做法，以及"将期待可能性理论与我国的罪过相对应的"观点都不是辩证

---

❶ 张明楷. 外国刑法纲要 [M]. 北京：清华大学出版社，1999：170.

的思维。国内不少学者企图仅仅用期待可能性理论去说明紧急避险或者正当防卫的合理性，这是不全面的。其三，法律规范与刑法理论是形式和内容的关系，不能分开。那种割裂法律规范与刑法理论，认为"刑法关于正当防卫和紧急避险的规定属于规范层面问题，因而不用考察期待可能性，而只有超法规事由才需要期待可能性理论"的观点实不足取。

我们知道，期待可能性在德日刑法理论中属于责任要素，而责任要素包括"刑事责任能力、故意、过失和期待可能性"诸要素，大体上相当于我国犯罪构成要件的主体要件和主观要件，因此，那种"将期待可能性理论与我国的罪过相对应"的观点是把复杂的问题简单化了。

而且，由于一项刑罚制度或者刑法理论可能不只体现在一款刑法条文之中，所以，那种"我国的犯罪故意、犯罪过失已经包含了期待可能性理论，再谈论移植该理论是不足取的，或者是多余的"的见解，也同样把复杂的问题简单化了。的确，我国刑法理论对于罪过是以对结果的认识和意志为标准，而且贯穿了期待可能性理论，也就是说，我国的罪过理论绝对不是单纯的心理学意义上的故意和过失概念。但笔者所强调的是，我国《刑法》第14条、第15条关于罪过的规定并不能把期待可能性理论全部体现无遗。

3）在我国的刑事法治中充斥着期待可能性理论。在刑事立法上，我国现行《刑法》中虽无任何"期待可能性"的字样，却包含了丰富的期待可能性思想。我国《刑法》第19条关于刑事责任能力的规定，第14条、第15条关于犯罪故意和犯罪过失的规定，第16条关于不可抗力和意外事件的规定，第28条关于胁从犯的规定，都体现了期待可能性的思想。我国《刑法》分则规定的一些具体犯罪，如第134条的重大责任事故罪，第307条的帮助毁灭、伪造证据罪，第310条的窝藏、包庇罪，第312条的掩饰、隐瞒犯罪所得、犯罪所得收益罪等，也都体现了期待可能性思想。可见，期待可能性理论已经通过立法技术被潜移默化地融入我国的刑法规范之中，这是不争的事实。

有关的司法解释也体现了期待可能性思想。例如，对因自然灾害而逃难至外地为生活所迫与他人重婚，因丈夫长期外出、下落不明造成家庭生活严重困难而与他人结婚的，因强迫或包办婚姻或因婚后受虐而外逃后再婚的，或者被拐卖而被迫重婚的，都不能以重婚罪论处；1999年最高人民法院《全国法院维护农村稳定刑事审判工作座谈会纪要》指出，对于那些迫于生活困难、受重男轻女思想影响而出卖亲生子女的，可不作为犯罪处理等。此外，还有许多有关的司法解释，笔者不再一一列举。

在司法实践中，众多的义愤杀人案件，激情犯罪案件，为生活所迫而实施盗窃、抢劫、贪污、挪用、侵占等犯罪，为救治重症亲人而抢劫（或者盗窃），以及其他情有可原的案件（如1986年陕西第三印染厂职工王某某在汉中为母亲夏某某实施"安乐死"案、2008年3月7日《半岛都市报》报道的"孝女不忍心母亲被病魔折磨对母亲实施安乐死，之后跳楼自杀未遂"案）等，在其他情节基本相同的情况下，往往比预谋杀人案件，以及出于奢侈享受而实施的盗窃、抢劫、贪污、挪用、侵占等犯罪案件科处更轻的刑事责任，就是因为前者实施适法行为的期待可能性弱于后者，所以判处的刑事责任不同，这正是期待可能性思想发挥作用的体现。在这里，法官自由裁量而从轻或者从重处罚，显然是将"一些情有可原的情节"或者"一些情不可原的情节"作为酌定量刑情节了。

上述现状表明，无论是在我国的刑事立法上，还是司法过程中，都贯彻着或者应用了期待可能性理论。这当然是实践对理论的需要。由此，不难得出以下结论：现在关于期待可能性的争议不是该理论合理与否的问题，也不是我国的刑法理论、刑事立法和司法实践能不能与期待可能性相融合的问题，而是怎样恰当地贯彻期待可能性理论的问题。

笔者考察了德日刑法对期待可能性的法典化情况。除了正当防卫和紧急避险规定外，《德国刑法》第15条故意和过失行为、第16条事实上的认识错误、第17条法律上的认识错误、第18条对特别结果的加重处罚、第19条儿童不负刑事责任、第20条精神病患者不负刑事责任、第21条限制责任能力以及第46条量刑的基本原则等，都与期待可能性有关；《日本刑法》第38条故意和过失、第39条心神丧失和心神耗弱、第41条责任年龄以及第66条酌量减轻等条文，都体现了期待可能性理论。我国对期待可能性理论的"立法化"与德日刑法相比，还存在一些差距，为了促进刑事法治和完善我国的刑法理论，❶建议用单独的刑法条文集中地贯彻期待可能性理论，彰显它的地位，从而突出地强调它是必要的。

4) 上述认为不能将期待可能性定位在"犯罪论"中，而主张改造我国的刑事责任理论，在刑事责任中确立期待可能性的观点，是将德日刑法理论中构成要件符合性、违法性、有责性的逻辑关系直接应用到我国，而忽视了我国实质的犯罪与刑事责任——对应的逻辑关系。不改变我国实质的犯罪构成理论体系，是论者的初衷，但是其主张在刑事责任领域加入期待可能性，不仅注

---

❶ 我国的刑法对于执行命令的行为、被害人的承诺、正当业务行为、自救行为、义务冲突等正当行为还没有明文规定，期待可能性理论的立法化也有助于解决上述问题。

定要改变我国实质的犯罪构成体系特点，导致"行为实施既然符合了犯罪构成，也就不能当然地延伸出刑事责任"的结果，也进一步打破了满足犯罪构成就一定引申出刑事责任的"犯罪与刑事责任——对应的逻辑关系"；而且，在加入了期待可能性之后，"刑事责任"也就不是现在意义上的刑事责任了。按照这一主张，势必得出"正当防卫或者紧急避险行为是犯罪行为，只是因为不具期待可能性，因而是不可罚的行为"的结论，而这一结论是十分荒谬的。

5）前述认为，我国的犯罪构成体系缺乏"从形式理性向实体理性递进"的"阶梯"，为了借鉴期待可能性理论，我国的犯罪成立理论应当分化为"犯罪构成要件"和"犯罪阻却事由"两个层次。这一观点显然是受到英美和德日刑法理论的影响。论者解决问题的积极态度是好的，但该主张面临的最大问题是必须首先改造我国的犯罪论体系，使犯罪构成要件系统不再是实质意义上的犯罪成立条件。

虽然评价三大刑事责任判断模式的优劣已经超出了本书的范围，但是该主张的焦点是我国的犯罪构成体系容不得"犯罪构成的消极要件"。实际上，犯罪构成要件的设定或者描述，既可以是正面的肯定，也可以是反面的排除。因为在我国，犯罪的成立必须同时具备四个要件，所以行为事实只要不具备四个要件中的任何一个，该行为就不能最终被认定为犯罪。这里的"不具备四个要件中的任何一个"实际上就是犯罪成立的"消极要件"。也就是说，我国现有的犯罪论体系可以兼容"犯罪构成的消极要件"。

6）上述主张在不改变我国的犯罪论体系的前提下，试图在我国的犯罪论体系中寻找期待可能性位置的前三个观点，实际上是德日刑法理论的简单翻版。在德日刑事责任判定模式中，关于期待可能性的地位主要存在三种不同的见解，即"故意、过失的构成要素说""第三责任要素说""故意、过失的前提说"。这三种观点错误的关键是忽视了中国犯罪论体系与德日构成要件体系的差异。

而那种认为"期待可能性是能期待行为人选择不做违法行为的综合条件（综合状态）"的主张，也没有最终解决问题，即没有确切地说明期待可能性在我国犯罪构成体系中的具体地位，实际上是回避了问题的实质。

7）笔者认为，在我国的犯罪构成体系中，期待可能性的有无最终可转化为"影响罪过能否成立"或者"影响行为人的刑事责任能力"。主要论据如下：

①西方刑法学中所称的"责任"，与我国刑法学中所称"责任"的内涵是不同的。在"犯罪构成要件该当性、违法性、有责性"体系中的"责任"，

相当于我国犯罪构成要件中的犯罪主体的部分内容和犯罪主观方面的内容，再加上期待可能性。

②规范责任论与心理责任论的区别，就在于不把罪过看作单纯的心理事实，而认为罪过是法律规范对心理事实的评价结果。

德国学者舒密特主张，法规具有两种作用：评价规范的作用和命令规范的作用。其中，评价先于命令，依据命令而作出意思决定的人，如果违反其期待而决意实施违法行为，就会发生责任问题。评价规范和义务规范在理论上或时间上并不同时存在，两者是在前后继承的纵向方面发挥作用，实质上就是同一法规在不同层面上发挥作用。命令规范的作用即命令行为人必须决定采取合法态度而不得采取违法态度。这是一种责任判断，其判断对象只能是依据命令而为意思决定的人。他认为，责任既非单纯的心理事实，也不是单纯的价值判断，而是以具有责任能力为前提的心理事实和价值判断的结合。在心理要素方面，行为人对其行为的性质、结果及行为与结果的因果关系有认识；在规范要素方面，必须足以认定行为人实际发生的心理活动有缺陷，以及引起违法结果的意念、欲望是不应有的，并且可以期待该行为人采取适法行为以代替其实际采取的违法行为。

在日本，关于期待可能性的地位有三种观点：期待可能性包含在故意、过失之中；期待可能性是与责任能力、故意过失相并列的"第三责任要素；责任能力、故意、过失是责任的原则要素，期待可能性则是责任的例外要素。其中，第三种观点被较多的学者所秉持。❶ 第一种观点实际是将期待可能性加入心理责任论中的"故意、过失"，以实现罪过的"规范化"。如果立足于规范责任论，那么该观点就没有什么不正确的。若将期待可能性作为"第三责任要素"，那么与之相对应的，"故意和过失"就只能是"纯心理事实"。这显然没有实现责任的"规范化"。将期待可能性作为"责任的例外要素"的主张，同样也没有实现责任的"规范化"。不过该说注意到期待可能性阻却责任或者减轻责任毕竟不是一般的通常情况而是具体的特殊情况，如果把期待可能性作为"第三责任要素"，显然不符合社会现实情况，并且也会因为要求公诉机关证明每一起案件的期待可能性，而导致司法资源的浪费，因而不能将期待可能性与责任能力、故意过失相并列。

③在我国，罪过和刑事责任能力的内涵，决定了无期待可能性的场合有时候导致罪过的不成立；有时候使行为人的刑事责任能力消失或者减弱而最

---

❶ 张明楷. 外国刑法纲要[M]. 北京：清华大学出版社，1999：248.

终影响到罪过的有无或者强弱。

首先,我国《刑法》第14条、第15条关于犯罪故意和犯罪过失的规定,表明我国的罪过不是单纯的心理事实,而是规范意义上的罪过。在规范罪过概念框架下,在没有期待可能性的某些场合,实际上会使罪过最终不能成立。例如,在海上航行的客船遇上了狂风暴雨,在万般无奈的情况下,船长经过深思熟虑,最终命令船员"采取抛弃货物,保全生命"这一唯一的自救方案。这一案例是典型的紧急避险案件。在本案中,船长和船员把价值不菲的货物毁坏了(侵害了物主的法益),存在毁坏财物的行为,船长和船员都达到了刑事责任年龄,而且此时此刻其认识能力和意志能力都没有丧失或者减弱。他们的行为不构成犯罪的原因是他们的主观心理。因为我国的故意罪过是指明知自己的行为会发生危害社会的结果,而希望或者放任这种结果发生,本案中,在无可奈何的情况下,船长和船员明知其向大海中抛弃货物有益于社会,而不是危害社会,因而不生罪过。可见,在一些情况下,由于不具期待可能性而最终使罪过不能成立。

其次,在有些情况下(如假想避险的情况,或者因情况紧急而防卫过当的情况),期待可能性影响了行为人的刑事责任能力,成为刑事责任能力的消极要素,因而最终使罪过消失或者减弱。

刑事责任能力是指行为人认识自己行为的性质、意义、作用和后果,并能选择自己行为方向,从而对自己的行为承担刑事责任的能力,包括辨认能力与控制能力,其中起决定作用的是控制能力。意志是否自由不仅取决于人本身的因素,也取决于外部环境是否允许人作出自由的选择。也就是说,行为人是否具有刑事责任能力,由两个方面的因素决定:首先是行为人自身的因素,即年龄是否达到法定刑事责任年龄,精神状态如何,主要感觉器官功能是否异常,行为是否在其健全的意识支配下实施;其次是行为实施的具体环境。所以,在一般情况下,如果行为人达到法定刑事责任年龄,且精神无障碍,就可以推定其具备刑事责任能力。

但在特殊情况下,如果某些行为无期待可能性或期待可能性减弱,如假想避险的情况,或者因情况紧急而防卫过当的情况,则行为人的刑事责任能力也相应地丧失或者减弱。因此,在这种情况下,期待可能性就成为刑事责任能力的一个构成要素,而且是一个消极要素。❶

---

❶ 强调这一点,在诉讼法上也是很有意义的。在我国,期待可能性既然是刑事责任能力的消极要素,那么对其存在与否,在一般情况下就不需要特别证明,也就是说,决定期待可能性不存在或者减弱的事实是消极事实。

三、期待可能性理论的立法化及相关问题的交代

（一）立法建议

我国现有的立法已经在很大程度上确立了期待可能性理论，但这还不够。在此基础上，比较中外刑法立法情况，笔者建议，在《刑法》第16条的第1款中规定："如果行为时无期待可能性，或期待可能性减弱，则行为人不存在罪过，或者行为人的刑事责任能力丧失或者减弱。"现有的关于不可抗力和意外事件的规定作为本条的第2款，成为第1款的注意性规定。这样就从体系上将期待可能性问题规定在第14条、第15条之后，具有承上启下的作用，既突出地体现了期待可能性理论，也可使立法的逻辑更严谨。❶ 从内容上看，确认在没有期待可能性的场合，行为人或者不存在罪过，或者不具有刑事责任能力，因而不会产生罪过，也就不构成犯罪；在期待可能性减弱的场合，行为人的刑事责任能力减弱，罪过程度降低，刑事责任减小。

还有学者认为，应在量刑制度中增加期待可能性的规定。笔者认为，在《刑法》第16条的第1款中加入以规定后，就没有必要再在量刑制度中予以规定了。否则就是重复立法，浪费了立法资源。

（二）相关问题的交代

1. 有人认为，期待可能性理论的功能是免罪，而不能作为从轻、减轻或者免除处罚的理由

笔者不赞成这种见解。既然期待可能性的判断依赖于行为时的具体情况，那么，这些具体情况就有质的差异和量的差异，从逻辑上看，判断的结论有三个：完全有期待可能性、根本无期待可能性和虽然存在期待可能性但程度有所减弱。只要承认期待可能性理论的作用可以免罪，就应该同时承认"虽然存在期待可能性但程度有所减弱"的情况能够作为从轻、减轻或者免除处罚的理由。

2. 有人认为，期待可能性理论只适用于过失犯罪范围之内，对故意犯罪的情形不适用

如我国台湾地区学者韩忠谟认为，"过失的自体原以期待可能性的存在为

---

❶ 一方面是正面规定或命令性规范，另一方面是禁止性规定或者义务规范，这体现了成熟的立法技巧。如《刑法》第3条前段规定了积极的罪刑法定原则，后段紧接着规定了消极的罪刑法定原则。再如，法律一方面规定家庭成员之间有赡养扶助义务，另一方面也强调禁止虐待、遗弃家庭成员。

前提，否则，就无成立过失犯的余地，如一方面认为有过失行为存在，另一方面又认为无期待可能性而阻却责任，是很难想象的事。就故意犯来说，刑罚处罚故意犯罪，是以社会的常人为对象，凡属常人，如认识犯罪构成事实，且依其情形，一般皆可期待他不为此一行为者，就有责任。因此期待是否可能，常维持一客观标准，并非就行为人主观的特殊情形而为判断，设不如是，则犯罪行为人都可就其个别特殊情况，主张期待不可能而免于刑责，客观的法律秩序势将无法维持。可见期待可能性恒为罪责的基础，已在刑法衡量之中"。❶

笔者不赞成这种见解。道理很简单，无论是故意犯罪还是过失犯罪，都是主观与客观的统一，其刑事责任都既取决于行为人行为的客观危害，也取决于行为人的主观恶性和社会危险性。❷ 期待可能性存在与否及其强弱，既然能够影响过失犯罪的主观要件的内容，当然就能影响故意犯罪主观要件的内容。因此，期待可能性理论不仅适用于过失犯罪，对故意犯罪的情形也适用。第一次世界大战结束时，德国针对当时的状况，极力主张因生活困苦，为求生存出于不得已而犯罪者应无责任，否则无异于与人情相反，制造国民与法的仇隙，从而将期待可能性适用的范围扩大至故意犯罪。

另外，各国的刑法都规定对胁从犯从轻处罚，而主流观点认为，胁从犯的成立要求行为人的主观心态是犯罪故意。

3. 有的人主张，期待可能性的地位只是法定事由

德国通说认为，缺乏期待可能性只限于法律规定的责任阻却事由，主要担心无限制地适用期待可能性理论可能导致刑法的弹性过大。这种主张可能与德国的民族特点是严谨、相对保守，以及德国人崇尚逻辑严谨有关。耶赛克就指出，"期待不可能性这一超法规的免责事由，不论从主观上理解或从客观上理解，都会减弱刑法的一般预防效果，导致法律适用上的不平等。因为所谓'期待不可能性'不是可能使用的标准。而且免责事由，根据法律的明确的体系，设置着不能扩大适用的例外规定。甚至困难的生活状况下会强迫面对这种状况的人作出很大的牺牲，社会共同体也不是一律不要求服从其法律"。❸

我国台湾地区学者韩忠谟也认为，"若无相当明文可据，自不宜再以期待不可能为由免除刑责，否则扩张过甚，不免流于宽松"❹。韩忠谟的主张几乎

---

❶ 童德华. 刑法中的期待可能性论[M]. 北京：中国政法大学出版社，2004：257.
❷ 牛忠志. 犯罪构成之共同要件研究[J]. 山东科技大学学报（社会科学版），2007（4）：9-13.
❸ 耶赛克，等. 德国刑法总论[M]. 西原春夫，监译. 东京：成文堂，1999：392.
❹ 黄丁全. 刑事责任理论中的危机理论[M]//陈兴良. 刑事法评论：第四卷. 北京：中国政法大学出版社，1999：151-152.

全盘否定了期待可能性阻却责任事由。

与德国相反,在日本,肯定期待可能性为一般的超法规责任阻却事由的见解占主导地位。其理由是,既然在实定法的背后,存在期待可能性的思想,那么,在缺乏期待可能性时,应解释为阻却责任。如果只将缺乏期待可能性理论作为规定的责任阻却事由的解释原理,就不能充分发挥这一理论的作用。大塚仁教授指出,"关于责任阻却事由,也可在刑法的规定之外,考虑超法规的责任阻却事由,特别是在关于责任的刑法规定中,因为缺乏对违法性那样的包括性规定,就有必要在违法性阻却事由之上,承认超法规的阻却事由。而且,更重要的是期待可能性的不存在问题"[1]。山中敬一教授也认为,在学说中,期待可能性"位于规范的责任论的核心,给予作为阻却责任论的理论以支柱的作用,并且认为期待可能性的不存在是超法规的阻却责任事由,是压倒性的通说"[2]。

我国台湾地区的洪福增教授在《刑法之理论与实践》一书中也明确表达了其对于无期待可能性作为超法规的阻却责任事由的肯定态度。他认为,依据罪刑法定主义的立场,"刑法已将所有应成为罪之行为类型即犯罪类型,搜罗殆尽,而以明文规定,以资信守,为被告人之利益起见,自应禁止以类推之解释方法创造新犯罪类型。然另一方面,刑法对于阻却违法及阻却责任事由,则未作网罗之规定,自初即系预定以解释补充其不足者。……罪刑法定主义之精神,在于禁止类似新设刑罚或加重刑罚为不利于被告人之类推解释,并未禁止排除或减轻刑罚之有利于被告人之类推解释","更不能因之而否定期待可能性具有阻却责任的机能"[3]。

事实上,德国、日本也好,中国也罢,各自的刑法都规定了法定的阻却事由,如紧急避险、正当防卫、胁从犯等。争论的问题是:是否应允许法官将某些"超法规的期待可能性事由"作为酌定的出罪情节、免罪,或者酌定的减轻、从轻、免除刑罚的量刑情节。

对此,笔者的立场是,期待可能性既可以是法定事由,也可以是超法规事由。因为立法者不是万能的,法律规范也就不可能是圆满的,刑法不可能将责任阻却事由都搜罗殆尽,并且期待可能性理论的宗旨本来就是调解法律与人情之间的对立关系。以期待可能性的缺乏来否定责任,使不幸的被告人

---

[1] 川端博. 刑法总论二十五讲 [M]. 余振华,译. 北京:中国政法大学出版社,2003:260.
[2] 马克昌. 德、日刑法理论中的期待可能性 [J]. 武汉大学学报(社会科学版),2002(1):5-11.
[3] 洪增福. 刑法之理论与实践 [M]. 北京:刑事法杂志社,1988:127.

不至于落入犯罪的桎梏，符合有利于被告人的刑事司法理念，也不违背罪刑法定原则的宗旨。因此，以期待可能性不存在为理由否定有责任性，不应当局限于刑法上的明文规定，而应允许解释为超法规的评价。

但考虑到刑法的安定性，应当根据实质与形式相统一的现代意义的罪刑法定原则，对于将某些"超法规的期待可能性事由"作为酌定的出罪情节、免罪、或者酌定的减轻量刑情节进行严格控制；而对于将某些"超法规的期待可能性事由"作为酌定的从轻、免除刑罚的量刑情节，则无须特殊限制，完全交由主审法官自由裁量即可。这样，既发挥了期待可能性理论的作用，又不损害刑法的安定性，也能使法官的自由裁量权在法律规范限定的范围内得到行使；既考虑到被告人的权益，又不至于因无原则的宽松而制造不应有的不公平。

4. 期待可能性的具体判定

（1）期待可能性的消极构成条件

期待可能性理论作为一种免责理论，其宽容性是有底限的，其运用是有条件的。期待可能性的消极构成包括事实要件和价值要件。前者由客观要素和心理要素构成，具体包括行为客观情状的非常性和行为动机形成的受涉性；后者是指行为在刑法上的可宽宥性。必须同时具备事实要件和价值要件，才能成立期待可能性的弱失，才能以此减免刑事责任。❶ 具体而言：①只有当不具备附随情状的正常性时，即客观情状处于非常状态，才可以考虑期待可能性的减弱或丧失。例如，是否存在人身安全受重大威胁、生存物质利益受威胁、人格尊严受严重损害等情况。②在判断期待可能性时，除了考察行为时客观情状的非常性外，还必须进一步考察这些非常的客观情状是否会影响行为人内心对行为的选择，即是否存在行为动机形成的受涉性。如果客观条件并没有影响行为人的内心选择，客观情状的非常性就不能成为期待可能性的评价依据。③期待可能性的价值要件是指，不得已实施的行为在刑法上是否值得宽宥。出于客观情状的非常性不得已而实施犯罪行为，并非都能成为期待可能性的弱失事由，还必须经过刑法上的价值评价，以考察该事由是否值得谅解。期待可能性消极事由的两个要件并非并列的，而是渐进排除的关系，而且价值要件居于核心地位。

（2）无期待可能性的判断标准

考察这些非常客观情状是否会影响行为人内心对行为的选择，客观情状的非常性能否影响到行为人的认识与意志，必须按照一定的标准来判断。

---

❶ 庄劲，罗树志. 宽容的底线：期待可能性的消极构成 [J]. 甘肃政法学院学报，2003（4）：61-66.

德日刑法理论关于期待可能性的判断标准有三种观点：行为人标准说、平均人标准说和国家标准说（法规范标准说）。当今，德国和日本主张法规范标准说的仅有少数学者，主要是行为人标准说和平均人标准说的争论。

在我国，对期待可能性的判断标准争论很激烈。

1) 行为人标准说是主流观点。❶ 许多学者赞成日本学者大塚仁的见解："期待可能性的理论，其意向本来在于对行为人人性的脆弱给予法的救助，判断其存否的标准也自然必须从行为人自身的立场去寻找。刑法中的责任是就所实施的符合构成要件的违法的行为对行为人进行的人格性非难，所以，像关于责任故意和责任过失已经说明，必须站在行为人个人的立场上来考虑。期待可能性的判断也应该以行为人为标准。"❷

2) 平均人标准说。有学者认为，期待可能性的合理性的判断标准应以平均人标准说为宜。❸ 主要理由是：德日刑法理论的三种观点都有不足之处，但我们可以选择较为合理的观点；要求法官对个别化的行为人基于个性上的缺陷而寻求其实施适法行为的合理性，是极其困难的；平均人标准有利于遏制法官的司法裁量权，也符合实质的罪刑法定原则。

3) 折中说，又分两种截然相反的观点。

其一，期待可能性既然适用于具体案件中具体的人，其标准自然不能脱离行为人的客观状况，但也不能不考虑社会上一般人在相同情况下的态度，否则容易导致宽严失衡，故其标准应当是二者的结合。具体而言，如果根据行为人的个人情况可以期待其为适法行为，则不管一般人在此种情况下的态度如何，都应认定有期待可能性，不能免责。如果根据行为人的个人情况不能期待其为适法行为，则同时应考虑一般人在此情况下的态度，如果一般人在此情况下不能期待采取适法行为，则行为人无期待可能性；如果一般人在此情况下能期待采取适法行为，则行为人仍有期待可能性，不能负责。❹

其二，凡是行为人本人不具备适法行为的可选择性的情况，即无期待可能性；即使行为人由于自身条件具有适法行为的可选择性，只要社会平均人在同等情况下不具备此种可能，也不应认为行为人具有期待可能性，从而要

---

❶ 陈兴良. 期待可能性问题研究 [J]. 法律科学（西北政法学院学报），2006（3）：72-81；刘远. 期待可能性理论的认识论反思 [J]. 法学评论，2004（2）：43-48；马克昌. 比较刑法原理 [M]. 武汉：武汉大学出版社，2002：508.

❷ 大塚仁. 刑法概说（总论）[M]. 3版. 冯军，译. 北京：中国人民大学出版社，2003.

❸ 徐岱. 期待可能性的机能：扩张或紧缩 [J]. 吉林大学社会科学学报，2002（6）：112-118.

❹ 姜伟. 期待可能性理论评说 [J]. 法律科学（西北政法学院学报），1994（1）：23-27.

求其承担对其不利的法律后果。❶

笔者认为：①"平均人标准说"虽然立足于操作性和形式公正性，有一定的合理性，但与该制度的设立初衷相背离，故必须考虑具体案件中行为人的个人情况，这是期待可能性理论的本体价值所在，因此，行为人标准说从根本上讲有可取之处。②对具体的无期待可能性判断，毕竟是法官对已经发生的案件事实的回溯，如果仅以行为人标准来判断，看似合理却不具有操作性，而且或者会过分迁就行为人而损害法律的权威，或者在行为人的能力高于一般人时难以有足够的证据证明，使认定面临困境。从追求个案公正（考虑具体的行为人的孱弱个性）即人权保障，同时兼顾法的稳定性的角度，笔者认为可以采用"以行为人标准为依据，以平均人标准为参考"❷的主客观统一说。❸具体而言，对于一个具体的案件，先按照平均人标准判断是否有期待可能性。如果结论是对平均人无期待可能性，则行为人就无期待可能性；如果对平均人有期待可能性，则需进一步考察对行为人是否为无期待可能性，只要对行为人无期待可能性，就最终确认为无期待可能性。

第五节　论犯罪动机
——为犯罪动机的构成要件地位而呐喊

【核心提示】犯罪动机是指纳入刑法调整范围的，刺激犯罪人实施犯罪行为，并促使犯罪行为朝着犯罪目的进行的内心冲动或者内心起因；现行刑法理论中的"第二种意义的犯罪目的"实际上就是犯罪动机；犯罪动机与一般行为动机的显著区别在于其负价值性、立法意志选择性以及与犯罪行为、犯罪结果的关联性。犯罪动机只存在于直接故意犯罪中，间接故意犯罪、过失犯罪不存在犯罪动机。犯罪目的是犯罪意志的核心内容，不是独立的犯罪构成要件。应当确立犯罪动机的选择要件地位。

---

❶ 付立庆. 人权标准说：认定期待可能性有无的一种新标准［J］. 杭州商学院学报（原浙江省政法管理干部学院学报），2002（4）：71-75.

❷ 考虑到刑法的身份犯规定，这里的"平均人"是有层次的，如贪污罪的"平均人"就是一般的国家工作人员，而不是一般的公民。

❸ 牛忠志. 刑法学［M］. 北京：中国方正出版社，2007：155.

一、犯罪动机的概念、存在范围及地位之争

（一）犯罪动机的概念

犯罪动机的概念有以下两种代表性表述。

1）犯罪动机，是指刺激犯罪人实施犯罪行为，以达到犯罪目的的内心冲动或者内心起因。❶

2）犯罪动机，是指刺激、促使犯罪人实施犯罪行为的内心起因或者思想活动，它回答犯罪人基于何种心理原因实施犯罪行为，故动机的作用是发动犯罪行为，说明实施犯罪行为对行为人的心理愿望具有什么意义。❷

表面上，这两种表述没有大的差别，但是，与第一种将犯罪动机理解为"犯罪性动机"不同，第二种表述的实质是将犯罪动机理解为"犯罪的动机"而不是犯罪性动机。将犯罪动机等同于行为动机❸必然对犯罪动机作中性化的理解。所以，这里的关键问题是，犯罪动机较之普通的行为动机有何特性？

（二）犯罪动机的存在范围

关于犯罪动机的存在范围有如下观点。

1）犯罪动机存在于一切犯罪之中。因为无论是故意犯罪或者过失犯罪，行为人对于其所面临或可能面临的情况，都是足以凭借自己的主观能动作用，在事前或者当场实行判断选择的……都是事出有因，水流有源。❹

2）除过失犯罪外，直接故意与间接故意的犯罪都存在犯罪动机。❺

3）"人为限定犯罪动机存在的范围并不可取，（如果）将犯罪动机理解为'只是回答行为人基于何种心理原因实施了犯罪行为'，而不是将犯罪动机理解为'犯罪性动机'，那么，除了忘却犯外，其他犯罪都有犯罪的动机。"❻

4）犯罪动机只存在于直接故意犯罪之中，间接故意犯罪和过失犯罪中当然不存在犯罪动机。❼

犯罪动机存在范围之争，是人们对犯罪动机内涵不同认识的必然延伸。

---

❶ 高铭暄，马克昌. 刑法学 [M]. 北京：北京大学出版社，高等教育出版社，2000：122.
❷ 张明楷. 刑法学 [M]. 北京：法律出版社，1997：213.
❸ 陈建清. 我国犯罪构成体系完善探略 [J]. 法律科学，2003（4）：73-80.
❹ 梁世传. 刑法学教程 [M]. 南京：南京大学出版社，1987：79.
❺ 马克昌. 刑法学 [M]. 北京：高等教育出版社，2003：110.
❻ 张明楷. 刑法学 [M]. 北京：法律出版社，1997：124.
❼ 马克昌. 犯罪通论 [M]. 武汉：武汉大学出版社，1999：389.

笔者认为，要回答犯罪动机存在范围的问题，除了要解决犯罪动机定义所涉及的问题，还必须考虑一般意义的行为动机在何种场合下有刑法意义，以及有什么样的刑法意义。

（三）犯罪动机的犯罪构成地位

关于犯罪动机的犯罪构成地位存在以下不同见解。

1）犯罪动机通常不是犯罪构成要件，但它能反映行为人主观恶性的程度，是量刑的重要指标。❶

2）"犯罪动机侧重于影响量刑……对直接故意犯罪的定罪也有一定的意义。这主要表现在，我国《刑法》总则第13条规定的'情节显著轻微危害不大的，不认为是犯罪'；刑法分则的某些条文规定的'情节犯'，如第246条的侮辱罪和诽谤罪等，明确以情节是否严重、是否恶劣作为划分罪与非罪的界限，这样，作为重要情节之一的犯罪动机，在一定程度上可以成为影响定罪的一个因素。"❷

3）犯罪动机在刑法有明文规定的情况下，可以成为犯罪构成要件。只是我国《刑法》尚无这种规定。但是，犯罪动机对量刑有一定的影响。❸

4）除了影响量刑，"在某些情况下，还能够借助犯罪动机来区分此罪与彼罪。例如，在故意造成一般伤害的场合，如果行为人是出于流氓动机，不按故意伤害罪定罪，而应按流氓罪定罪；在寻衅滋事、破坏公共秩序的场合，根据行为人是出于流氓动机还是其他个人动机，可以把流氓罪与扰乱社会秩序罪、聚众扰乱公共场所秩序或交通秩序罪区分开来；在故意毁坏公私财物的场合，出于流氓动机的应定流氓罪，出于其他个人动机的则应定为故意毁坏财物罪……应当指出，这时犯罪动机所起的作用，并非决定是否构成犯罪，而是在于借助它来判明犯罪目的和整个犯罪故意，并进而按照主客观相统一的犯罪构成确定犯罪性质，区别此罪与彼罪"。❹

上述观点对犯罪动机的量刑意义没有异议，争议的焦点在于犯罪动机是否是独立的犯罪构成要件。下面逐一进行分析。

观点一认为犯罪动机"通常"不是犯罪构成要件，那么，这是否意味着其在"非通常情况下"可以是构成要件呢？论者没有回答。

---

❶ 马克昌. 刑法学 [M]. 北京：高等教育出版社，2003：110.
❷ 张明楷. 刑法学 [M]. 北京：法律出版社，1997：124.
❸ 高铭暄. 刑法学原理 [M]. 北京：中国人民大学出版社，1993：124.
❹ 高铭暄. 刑法学 [M]. 北京：中央广播电视大学出版社，1993：193.

观点二认为犯罪动机作为一种情节，对于定罪仅有间接意义，没有承认它的独立要件地位。

观点三承认犯罪动机的选择要件地位，实为可取，但"只是我国《刑法》尚无这种规定"的结论却暴露了其研究的不深入。

观点四对犯罪动机的犯罪构成地位态度摇摆不定、前后矛盾，即先承认在某些情况下，可以借助犯罪动机区分罪与非罪，但紧接着又对犯罪动机的独立作用进行了彻底否定。

二、犯罪动机的个性

一般而言，动机是引起个体活动、维持已引起的活动，并促使该活动朝着某一目标进行的内驱力。犯罪动机虽是一种动机，但它是一种特殊的动机，可从下述视角透视其个性。

（一）犯罪动机的形成和发展

在心理学上，动机的形成过程主要受三方面因素的制约，即内在起因（需要或欲求）、外在诱因（满足需要的对象或者手段、方式等）和自我意识的调节作用。其中，自我意识的调节作用是联结、协调行为动机的内在起因和外在诱因的桥梁，二者通过它发挥作用。这一原理同样适用于犯罪动机的形成。

假如纵向地考察，其形成过程会经历三个阶段。

第一阶段，犯罪动机的萌芽。当犯罪的某种内在需要被犯罪主体意识到，或者因某些外在诱因的出现而激活犯罪主体的某种需要，并且这种需要与抽象的犯罪手段、侵害目标相联系时，就形成了故意犯罪的意向——犯罪意图。例如，行为人囊中空空，急需金钱，当其头脑中闪现"偷"的想法时，即产生了盗窃意图。不过，这时候行为主体往往还不能自觉、明确地认识到自己的需要，对需要的意识比较模糊。所以，犯罪意图不是真正意义上的犯罪动机，只是犯罪动机的萌芽状态。

第二阶段，犯罪动机成型化。当犯罪人明确地意识到某种需要，并希望实现这种需要时，其对自己的需要已有了更多的自觉性、主动性，意思表示也非常明确，并且强烈地希望这种需要得到满足。于是，这种愿望与具体的对象相结合，并明确地意识到运用具体的犯罪手段和在什么条件下实现犯罪预定的目标时，犯罪人的需要就进入了对象化阶段，犯罪动机便正式形成。

第三阶段，犯罪动机的动态发展。初始的犯罪动机形成之后，行为人常常会进行犯罪预备，如制订犯罪计划、准备犯罪工具等。此阶段，行为人在决定是否实施、何时实施、实施何种犯罪以及采用何种方法犯罪时，既要考虑预期的犯罪"效益"，又要考虑犯罪成本，平衡预期犯罪"效益"与犯罪成本之间的对比关系。只有当预期犯罪"效益"大于犯罪成本时，行为人才有可能实施犯罪。这种犯罪动机与反犯罪动机斗争通常会延续到犯罪实施阶段，有时直至犯罪结果的出现。

（二）犯罪动机与犯罪需要

与正常的需要不同，犯罪人的需要（简称犯罪需要）是指在环境诱因的刺激下，犯罪主体不服从社会规范调节、不能得到现实条件的充分满足，或者臆想的、畸变的需要。它具有原始性、利己性，与正常需要的对抗性、不可调和性等特点。

犯罪动机以犯罪需要为基础，是犯罪需要的意识化。犯罪需要为犯罪动机的产生、发展提供了心理发展的动力；犯罪人对其需要的意识化，则为犯罪动机的发展指明了方向。

犯罪需要的这些特点加上犯罪的危害社会性特点，共同决定了犯罪动机的负价值性。

（三）犯罪动机与犯罪目的的关系

1. 犯罪目的的界定

刑法理论一般认为，"犯罪目的实际上分为两大类：一是直接故意中的意志因素，即行为人对自己的行为直接造成危害结果的希望（第一种意义的目的）；二是指在故意犯罪中，行为人实现行为的直接结果后，所进一步追求的某种非法利益或结果，如我国《刑法》分则所规定的非法占有目的、牟利目的等（第二种意义的目的）。"❶

有别于上述观点，笔者认为：

1）上述第一种意义的目的就是直接故意的意志心理，第二种意义的目的实际上应当是犯罪动机。因为第一种意义的犯罪目的是指"行为人实施犯罪行为希望达到的危害结果的主观反映"，而直接故意是指"行为人明知自己的行为会产生危害社会的结果，并希望这种结果发生的心理态度"。仔细比较它们的内涵，犯罪目的中所谓"希望达到的危害结果的主观反映"与直接故意

---

❶ 张明楷. 刑法学 [M]. 北京：法律出版社，1997：221.

的意志心理的"希望这种结果发生的心理态度"在内涵上并无质的差异。正所谓"故意杀人的希望就是行为人追求被害人死亡的目的;盗窃故意的希望就是行为人追求取得他人财物的目的。脱离了犯罪目的,便无从理解犯罪故意的希望"。所以,笔者认为,犯罪目的是希望意志的核心,是直接故意的当然组成部分。将犯罪目的与直接故意的意志心理割裂开来的观点,抹杀了犯罪目的和意志心理的内在关系,曲解了犯罪目的在犯罪构成中的本来地位和应有作用。

2)正是由于存在上述两种意义的犯罪目的,许多论著才不小心将这两种目的混为一谈:给犯罪目的下定义时,是指第一种意义的目的;而在说明犯罪目的的意义时,却是指第二种意义的目的。而且,除了造成不应有的混乱,将本属于犯罪动机范畴的东西称为第二种意义的犯罪目的,作为犯罪构成主观方面的选择要件,也不利于对犯罪目的和犯罪动机认识的深化。刑法理论界对合同诈骗罪、集资诈骗罪的主观要件是否应当包含"非法占有的目的"至今仍争论不休,但实际上,如果否认"非法占有目的"的构成要件意义,就等于否定了合同诈骗罪的主观意志心理,必然会陷入客观归罪的泥潭。区分集资诈骗罪与非法吸收公众存款罪的关键在于犯罪目的(实质为意志内容)的不同,前罪的犯罪目的在于将非法筹集的资金占为己有,而后罪的犯罪目的是通过非法吸收存款进行营利活动,并没有将非法吸收的存款据为己有的目的。

鉴于此,本书认为,犯罪目的是指行为人决意实施犯罪并且希望通过实施犯罪行为来达到某种危害社会结果的心理态度,也即观念形态预先存在于犯罪人大脑中的犯罪结果。它实际上是犯罪直接故意的意志因素的核心。

2. 犯罪动机与犯罪目的(犯罪意志)的关系

一方面,一定的犯罪动机总是与一定的犯罪目的相联系。犯罪动机必须通过犯罪目的外化为犯罪行为,才能满足犯罪需要。一定的犯罪动机总是与一定的犯罪目的相联系,离开了犯罪目的,犯罪动机也就失去了目标。犯罪决意不仅有犯罪意识因素参与,而且有犯罪的意志因素,在直接故意时还会形成犯罪目的。而一旦形成犯罪目的,犯罪动机的指向功能就分化为由犯罪目的承担,犯罪动机只起激励和调节作用。可见,二者密切相关,犯罪动机对于确定犯罪目的(犯罪意志的核心)具有一定意义。

另一方面,二者之间也并非简单的一一对应关系,更不能简单地将二者等同。有时候犯罪目的相同,其背后的犯罪动机未必相同;反之亦然。它们在性质、产生的时间、对行为的作用等方面都存在差异。

这里要强调的是，笔者认为，二者的构成要件地位不同：犯罪目的不是独立的犯罪构成主观方面的选择要件，而是直接故意意志的内核，是一切直接故意心理不可或缺的心理要素，因其属于直接故意意志的组成要素而无独立的构成要件地位；犯罪动机应当是独立于罪过心理的犯罪构成主观选择要件（对此下文将详细论述）。

（四）犯罪动机具有立法者意志选择性

因为犯罪具有立法者的意志选择性，即犯罪是立法者基于一定的标准将某些行为选择为"犯罪"，犯罪动机必须是激起这些特定危害行为、产生相应危害结果的特殊动机。所以，犯罪动机除了在价值判断上具有负价值，还必须是立法者选择的，与特定危害行为、特定危害目的（结果）具有逻辑关联的动机。

三、本书的主张

（一）犯罪动机的概念

笔者不赞成将犯罪动机与行为动机等同的观点，犯罪动机的界定必须反映出其与一般意义上的行为动机的差别。

前文已述，犯罪动机具有负价值性、与犯罪行为和犯罪结果的关联性以及立法意志的选择性等特点。如果说行为动机属于"事实判断"，那么犯罪动机不仅属于"事实判断"，更是"价值判断"。"一般意义上的行为动机通常将意图、愿望等视为其表现形式之一，而犯罪动机的概念仅指外显于犯罪行为的动机，至于仅有单纯的犯罪意图（犯意）而没有实施犯罪行为，尽管它有可能在一定条件下转化为犯罪动机，但在其转化之前就不能称为犯罪动机。"❶ 如果将行为动机与犯罪动机等同，实际上就是将犯罪动机作了中性化理解，其错误犹如将"犯罪等同于一般行为"一样显而易见。

所以，犯罪动机是指纳入刑法调整范围的，刺激犯罪人实施犯罪行为，并促使犯罪行为朝着犯罪目的进行的内心冲动或者内心起因。

（二）犯罪动机只存在于直接故意犯罪之中，间接故意犯罪和过失犯罪中不存在犯罪动机

第一，疏忽大意过失是一种没有认识的过失。这时，行为人的犯罪需要

---

❶ 邱国梁. 犯罪动机论［M］. 北京：法律出版社，1988：28.

或者不存在，或者没有被激活，主观上也没有认识到外界诱因。因此，犯罪动机形成的基本因素全部阙如，犯罪动机根本不可能产生。

第二，过于自信过失不存在犯罪动机。过于自信过失属于行为人认识错误的一种——行为人虽然已经预见到自己的行为可能产生危害社会的结果，但同时认识到现实中存在阻却该结果产生的一些主观、客观条件，并据此作出判断：危害结果不会发生。而实际上这是错误的判断，危害结果最终发生了。在这一过程中，行为人没有犯罪需要，其意志因素是不仅"不希望"危害结果发生，而且是"希望不"发生。❶ 可见，认识因素和意志因素对该过失犯罪的发生都是排斥的。尤其是当行为人缺少犯罪需要时，就缺少犯罪动机形成的基本因素（内在诱因），犯罪动机就无从产生。

第三，间接故意犯罪也没有犯罪动机。实践中，间接故意犯罪通常发生在下列几种场合：①行为人追求某一犯罪目的而放任另一危害结果发生；②行为人为了追求一个非犯罪的目的，但在行为过程中放任了某种危害结果的发生；③在突发故意犯罪中，行为人不计后果，放任了严重结果的发生，如行为人以伤害为目的，放任死亡结果发生等。

在这些情况下，"'明知自己的行为会发生'是指在行为人看来，如果以其行为为中心的客观方面按照自己的认识内容去发展，便确信一定发生或至少具有现实发生的可能性；'放任'是一个动态辩证的发展过程，它既不是'希望'，也不是'不希望'，而是由'不希望'衍化而生的，带有主观价值判断色彩的特殊的'中间'意志形态，即行为人有目的、有意识地控制自己的行为按自己的预定目标发展，同时纵容这一'主行为'目标之外的、作为该间接故意的危害结果发生"❷。简而言之，间接故意犯罪是在行为人认识到可能发生的危害社会结果的前提下，其追求的"特定目的行为"所派生的，而不是行为人有目的、有意识地控制自己的行为导致该危害结果而造成的。

从以上分析出发，主张间接故意犯罪没有犯罪动机的理由如下。

首先，间接故意时，导致"主行为"的"内在起因（需要或欲求）"不等同于实施追求作为间接故意犯罪的危害结果的行为之"内在起因（需要或欲求）"。

其次，在相应犯罪需要与相应犯罪诱因借助主体的自我意识调节作用取得独立的协调和关联的场合，行为人会基于犯罪需要形成相应的犯罪动机，

---

❶ 牛忠志. 间接故意与过于自信过失的区别与认定 [J]. 山西高等学校社会科学学报，2002（8）：73-76.

❷ 牛忠志. 重新认识间接故意 [J]. 政法论丛，2002（6）：30-34.

并在犯罪动机的指引和推动下确定犯罪目的。在间接故意场合，虽然行为人主观上存在一定的意识，也存在刺激主行为的内在需要和外在诱因，"放任"也是带有主观倾向的价值判断，但是，这时行为人的意识调节环节仍然没有在作为间接故意的危害结果产生的方向上建立起具有独立意义的、相应的犯罪需要与外在诱因的联结和协调关系。

最后，这一结论也是必须区分行为动机与犯罪动机，强调犯罪动机的负价值性和立法意志选择性的观点的逻辑必然。

（三）犯罪动机的地位

笔者认为，犯罪动机除了影响量刑，当它被法律选择，作为某些犯罪的构成要件时，其存在与否就成为区分罪与非罪、此罪与彼罪的界限。主要理由如下。

1. 对犯罪主观方面不断深化认识是对犯罪现象认识深化的重要表现

对犯罪现象的认识不断深化是社会发展的趋势。这种深化的主要表现之一是，由过去侧重于考察行为的客观危害，发展到近代、现代极其重视（刑事实证学派）或者比较重视（现代刑法学派）行为人主观恶性和人身危险性。"从某种意义上说，整个刑法发展史实际上就是一部将定罪的标准逐渐从违法行为移向行为者的历史。"❶ "犯罪概念只是慢慢地吸收罪责特征于自身；罪责学说的发展是衡量刑法进步的'晴雨表'。"❷ 现在刑法理论把罪过分为故意和过失，并进一步细分为直接故意、间接故意、疏忽大意过失和过于自信过失；将致被害人死亡的案件分为故意杀人罪、故意伤害罪（致死）、过失致人死亡罪等，都是对犯罪主观方面深化认识的结果。笔者呼吁强化犯罪动机的理论研究，确立它的选择要件地位。

2. 犯罪动机在现代刑事侦查学和刑事侦查实务中越来越重要

现代刑事侦查学"以犯罪动机为标准，将犯罪划分为物欲型、性欲型、情感型和信仰型四种主要类型；根据杀人动机，将杀人案件分为侵财型、奸情型、复仇型、霸权型、厌弃型、迷信型和其他类型；根据作案的动机，将投毒案件分为报复社会投毒、私仇报复投毒、谋财害命投毒、因奸情投毒杀人"❸。也正是基于对犯罪动机重要性的认识，杀人案件、放火案件、投毒案件等许多案件的侦查实务，都将犯罪动机作为"分析案情，确定侦查范围"

---

❶ 陈忠林. 意大利刑法纲要 [M]. 北京：中国人民大学出版社，1999：114.
❷ 李斯特. 德国刑法教科书 [M]. 徐久生，译. 北京：法律出版社，2000：266.
❸ 王国民. 现代刑事侦查学 [M]. 北京：中国人民公安大学出版社，2000：395.

的重要指标。❶ 犯罪动机的推定往往成了揭示犯罪人犯罪心理、查获犯罪人的突破口——根据犯罪结果与犯罪人自身的利害关系推测其犯罪动机，进而划定侦查范围，推测犯罪嫌疑人。美国联邦调查局传奇人物约翰·道格拉斯将侦破经验总结为"为什么+如何做=谁"，其中的"为什么"指的就是犯罪动机。由此可见，犯罪动机对"标定"犯罪行为（人）有很重要的作用。

3. 主客观相统一的犯罪论立场要求强调定罪量刑时不能忽视主观因素的价值

如果缺少主观因素，不顾犯罪的主观方面去定罪量刑，则无疑倒退到了古代的客观责任，而犯罪动机就属于主观方面的因素。

4. 那些否认"犯罪动机能够成为构成选择要件"的观点理由并不充分

首先，有人认为"犯罪动机属于思想问题"。这一观点经不起推敲。犯罪动机在没有被付诸行动之前，确属心理活动，但是，当它被付诸行动后，就不再仅仅是心理活动，而是"主观见之于客观"。虽然应当强调"法律调整人们的外部行为，不应干涉人的内心；内心生活应交由道德支配"，但是，一方面，当人们的内心生活外化为行为时，对外部行为的定性与定量都离不开对内心的意识、意志、动机等方面的考察。另一方面，如果一个人不将恶的内心表现出来，我们也不可能对其进行道义谴责。笔者赞同"法律也关注内在性，道德也关注外在性"❷ 这一结论。

其次，有人认为，犯罪动机只能说明行为人为什么要进行犯罪活动，但它不能决定行为的具体形式，对决定犯罪行为的性质没有意义，因而犯罪动机不是犯罪构成的要件。该观点与事实并不相符。犯罪动机作为一个客观存在，当然有其自身的质和量的规定性。犯罪是基于立法者的意志，对以危害行为为核心的客观存在［包括身体的动或者静、行为人的主体要件、行为侵害的利益、行为人对其行为的认识和意志（目的）等］进行类型化和法定化的结果。而且，犯罪与一般违法行为的关键的、实质的区别就在于行为人的主观恶性。犯罪动机应当是最能反映行为人主观恶性的指标，不同性质的犯罪动机反映出行为人在主观恶性程度上的差别。所以，犯罪动机有资格作为犯罪的构成要件，尤其是在我国严格区分犯罪与一般违法的情况下。

最后，还有人以"犯罪动机不易被测定"为借口否定它的定罪价值。笔者对此不敢苟同，因为"不易被测定"的论断与事实不符。事实上，确定犯罪人的犯罪动机方式、方法已经被相当广泛地应用到刑事侦查领域，成为刑事侦查的突破口。况且，"不易被测定"不是"不能被测定"；现在"不易被

---

❶ 杨殿升. 刑事侦查学［M］. 北京：北京大学出版社，2001：225.
❷ 张明楷. 刑法的基本立场［M］. 北京：中国法制出版社，2002：74.

测定",并不代表将来"不易被测定"。随着科学技术的发展,人们对心理现象的研究越来越透彻,加上科技手段越来越先进,对犯罪动机的认定手段和判定能力也必将越来越有效。所以,我们完全有理由,也能够把犯罪动机作为一些犯罪的构成要件。

5. 我国刑法理论界也存在一些支持本书观点的声音

有学者指出,从某种意义上说,犯罪动机具有"目的"功能,具体表现为行为人以犯罪动机的实现和满足为实施犯罪行为的目的。所以,应当将《刑法》第276条破坏生产经营罪中的"由于泄愤报复或者其他个人目的"理解为该罪的犯罪动机。[1]

按照这一思路,既然犯罪动机是深层次的犯罪目的,而且所谓"第二种意义的犯罪目的"已经被当成犯罪的选择要件,那么,将同样的东西换一个不同的称谓——犯罪动机时,其构成要件地位不应当有变化。

最近有学者也强调犯罪动机的重要意义,认为"犯罪动机和犯罪人格是行为人承担刑事责任的主要主观依据,也是犯罪心理的具体表现和核心内容"[2]。

6. 我国的刑事立法存在不少将犯罪动机作为犯罪成立条件的立法例

1979年《刑法》如此,1997年修订的《刑法》亦然。我国现行《刑法》第243条诬告罪中的"意图使他人受刑事追究";第305条伪证罪中的"意图陷害他人或者隐匿罪证的";第363条与第364条,对于传播淫秽物品的行为,根据有无牟利目的,区别为不同的犯罪;第276条破坏生产经营罪中的"由于泄愤报复或者其他个人目的"(该条的犯罪目的实应理解为犯罪动机);由1979年《刑法》中的流氓罪分解而来的第237条侮辱、猥亵妇女、儿童罪,第301条聚众淫乱罪,第292条聚众斗殴罪,第293条寻衅滋事罪在认定时仍然少不了流氓动机的存在。

7. 国(境)外立法例以及对犯罪动机的认识也支持本书的观点

日本、德国和我国台湾地区刑法中有不少犯罪是将犯罪动机作为违法性内容,而且其刑法理论也肯定了犯罪动机的重要地位。日本刑法理论有"倾向犯"的立法例。"所谓倾向犯是指,从行为中可以看出行为人主观倾向的表现,例如公然猥亵罪(《日本刑法》第174条)、强制猥亵罪(《日本刑法》

---

[1] 马克昌. 犯罪通论 [M]. 武汉:武汉大学出版社,1999:396-397.
[2] 梅传强. 犯罪心理学研究的核心问题:刑事责任的心理基础 [J]. 现代法学,2003(2):72-77.

第176条)、侮辱罪(《日本刑法》第231条)等正是。"❶ 德国刑法及刑法理论中也有此种倾向犯。❷ 我国台湾学者认为,判定行为的违法性,"尤以某种侵害性行为之动机、目的等,每为衡量行为是否违法之必要要素,此乃现时刑法学之重要发现,通常称为主观的违法要素……'刑法'中亦有以动机为犯罪成立要件者,如第320条以下的财物取得罪,第120条意图刺探'国防秘密'未受允准而入军用处所罪,及第204条意图供伪造变造有价证券之用而制造交付或收受器械原料之罪"。❸

综上所述,笔者呼吁确立犯罪动机的选择要件地位。

第六节　论刑事严格责任原则

> 【核心提示】现代刑法必须坚持罪过原则,从根本上否定"绝对责任"。但是,对罪过原则的贯彻落实应该与时俱进、动态发展。鉴于环境污染等公害犯罪的社会危害性日益严重,而且有其自身特点,故应引入现代意义上的刑事严格责任原则——过错推定原则。确立这一原则既符合刑罚的目的性、公正性,又能提高司法效率。

罪过原则是近现代刑法区别于古代刑法的显著特点之一,也是刑法由野蛮迈向文明的标志之一。"无犯意则无犯人"(Non reu nisi mens sit rea)是英国人用拉丁语表述的法律格言,其含义是:如果行为人在实施刑法禁止的行为时,不具有犯意(包括故意与过失),那么,其行为就不构成犯罪,行为人就不是犯罪人,对行为人就不能适用刑罚。上述格言用我国的刑法用语可表述为:没有罪过就没有犯罪,没有罪过就没有犯罪人。用大陆法系国家刑法用语可表述为:"没有责任就没有刑罚"(Nulla poena sine culpa)。

然而,考虑到某些犯罪的特殊性,我国刑法理论界有学者主张"刑事严格责任"原则。但目前,无论是国外还是国内,刑法理论对严格责任的含义、它作为刑事责任原则的合理性及其可适用于哪些犯罪等问题,都存在分歧。

---

❶ 木村龟二. 刑法学词典 [M]. 上海:上海翻译出版公司,1991:122.
❷ 耶赛克,魏根特. 德国刑法教科书 [M]. 徐久生,译. 北京:中国法制出版社,2001:384.
❸ 韩忠谟. 刑法原理 [M]. 台北:台湾雨利美术印刷有限公司,1982:140.

本书以污染环境犯罪为例，着重论述刑事严格责任原则的合理性，期望与学界同人共商。

一、两种针锋相对的理论观点

对污染环境犯罪等适用刑事严格责任原则，理论上存在肯定说和否定说两种观点。

（一）肯定说的主要论据

许多学者赞同污染环境犯罪适用刑事严格责任，主要是基于以下理由。

1）刑事严格责任原则体现出对人的生命、健康及子孙后代生存权、环境权的重视，是时代的要求。❶ 危害环境犯罪的成立仅以过错为依据已经不足以控制由于现代化生产高速发展所引起的对环境的严重危害，因此有人主张应在采用罪过责任的同时，考虑采用无过失责任归责原则。❷

2）适用严格责任是出于预防犯罪的需要。严格责任对特定行业的从业者也是一种鞭策，有助于增强排污者的责任感，❸ 使其谨慎从事，自觉加大治污力度，把危险降到最低。❹

3）适用严格责任是出于遏制犯罪、惩治犯罪分子的需要。环境污染的周期长、危害辐射范围广、致害因素复杂等特点，决定了认定污染环境犯罪的棘手性。❺ 因为随着近代工商业的发展，出现了一些对公众有很大危害而又难以证明其犯罪意图的犯罪，若把犯罪意图作为犯罪构成的必要条件，往往会使被告逃脱惩罚，使法律形同虚设，致使犯罪分子常常逃避惩罚。❻ 同时，行为人也时常以可以原谅的不知、疏忽或错误为辩护理由，轻易逃脱法网。故适用严格责任不仅可以节省司法资源，提高司法效率，并且有利于严密刑事法网。

4）适用严格责任符合刑罚的目的。它不仅能起到一般预防的作用，而且有助于进行特殊预防。

---

❶ 刘山泉. 环境污染犯罪的刑事归责原则：谈严格责任在刑法中的引入［M］//赵长青. 刑法适用研究. 重庆：重庆出版社，2000：438.
❷ 赵秉志. 刑法修改研究综述［M］. 北京：中国人民大学出版社，1990：258.
❸ 杨春洗. 论环境与刑法［J］. 法律科学（西北政法大学学报），1996（1）：24-28.
❹ 刘山泉. 环境污染犯罪的刑事归责原则：谈严格责任在刑法中的引入［M］//赵长青. 刑法适用研究. 重庆：重庆出版社，2000：438.
❺ 刘山泉. 环境污染犯罪的刑事归责原则：谈严格责任在刑法中的引入［M］//赵长青. 刑法适用研究. 重庆：重庆出版社，2000：436.
❻ 克罗斯，琼斯. 英国刑法导论［M］. 赵秉志，等译. 北京：中国人民大学出版社，1991：77.

5）适用严格责任符合罪责刑相适用原则。如果认为环境犯罪的主观方面难以认定，就不追究刑事责任，或是以其他处罚代之，不仅违背了刑法的基本原则，也使被害人的权益失去了法律保障。❶

6）适用严格责任是当代福利社会的要求。早期的资本主义刑法大多出于对个体"人权"的保护，强调个性的发展，侧重于个人利益，以个体为本位。到了今天，刑法的目的在于维护大众利益，侧重于保护社会整体利益，以社会为本位。无过失责任正是基于对整体利益的维护而产生的法律手段，它强调个性的自由发展应以不损害他人为前提，从而与现代宪法倡导的"所有权伴随义务"原则相吻合。换言之，严格责任正是基于整体利益的要求而产生的。社会防卫论的基本观点因适应严格责任的需求而成了其产生的理论基石。❷

7）如果法律禁止实施某些行为，那么，将其仅仅限于基于邪恶预谋而实施的行为就是不合逻辑的。因为至少就一个行动的实际后果而言，无论它是邪恶预谋的结果，还是疏忽的结果或纯粹的意外事件，禁止其发生的理由都是一样的。❸

8）严格责任在英美法系刑法中是作为罪过原则的例外而存在的，这与英美法系国家重实证、求功利的价值取向有关；而大陆法系国家崇尚逻辑思辨的严密与完美，不让例外冲击原则的做法则过于理想化。现实中"模糊罪过"的客观存在，要求我们不应将严格责任看成与罪过责任势不两立的异己力量，而应视它们为共存于整个刑法体系之中，功能上互相补充，共同服务于刑法目的的"友邦"。❹

（二）否定说的主要论据

许多学者不赞同在刑法领域适用严格责任，并针对肯定说进行了有力的批驳。

1）英美法系国家关于无过失责任的立法理由，一是出于预防某种特殊犯罪的需要；二是出于惩治这些犯罪的诉讼考虑。这两点在我国都是不成立的。"其一，由于英美是单一处罚制国家，实施无过失责任的情况大多是将'行政不法转化为刑事不法'，所谓这些犯罪，在我国只是可受行政处罚的违反工商

---

❶ 刘山泉. 环境污染犯罪的刑事归责原则：谈严格责任在刑法中的引入 [M]//赵长青. 刑法适用研究. 重庆：重庆出版社，2000：438.

❷ 杨春洗. 危害环境罪的理论与实务 [M]. 北京：高等教育出版社，1999：165.

❸ 史密斯，霍根. 英国刑法 [M]. 李贵方，等译. 北京：法律出版社，2000：132.

❹ 邓子滨. 论刑法中的严格责任 [M]//陈兴良. 刑事法评论：第5卷. 北京：中国政法大学出版社，2000：317.

行政管理或治安交通管理的行政违法行为，或民事违法行为，而不是犯罪行为；其二，诉讼的根本价值在于追求公正，如果以强调诉讼效率为名，实行无过失责任，实际上是本末倒置。"因此，"在当前我国刑事立法和司法实践中不存在严格责任，而且将来也不应采取严格责任。罪过责任始终是我国刑事责任的原则，无过失责任与我国《刑法》的性质是背道而驰的，应予否定"。❶

2）绝对责任制度有违罪刑法定原则。我国《刑法》第16条明确规定："行为在客观上虽然造成了损害结果，但是不是出于故意或者过失，而是由于不能抗拒或者不能预见的原因所引起的，不是犯罪。"这就决定了目前我国适用无过失责任制度不妥。❷

3）无过失的罪过形态（肯定论者主张的外国立法例）多存在于污染环境的犯罪行为中，在共同排污的情况下，如果每个企业都按法定标准正常排污，它们是不可能预见共同排污的后果的。如果多个企业的合法排污行为共同造成了严重的污染结果，主要应归咎于测算部门的测算失误，单纯追究企业的刑事责任似乎有失公平。❸

4）如果法律义务主体确实已经尽其所能，运用了其"注意"，那么对其定罪会违反刑事责任的基本原则，而且这种定罪的不公平性会导致对法律的讽刺和践踏。❹

5）英美法系刑法采用严格责任原则，对犯罪人判处罚金，并赔偿受害人的损失，这样做的主要目的是强化行为人的注意义务，在事前起到防患于未然的作用，在事后控诉时克服对被告人的主观过错的举证困难，并且能公平地弥补被害人受到的损害。这些目的，在我国完全可以通过民事的、行政的手段达到。假如刑法介入就会造成刑罚资源的浪费，从而有违刑罚的节俭性原则；同时对无过错的行为处以刑罚，不仅会给刑罚的威慑力带来消极影响，还会给国家带来无谓的诉讼负担，给公司、企业带来诉讼之累，不利于国家的经济建设。因此，在我国《刑法》中确立严格责任，既违背刑法的基本原则，也没有太大的实际意义。❺

6）环境犯罪是伴随着人类社会经济发展而产生的负面效应，这些经济活

---

❶ 陈兴良. 刑法哲学 [M]. 北京：中国政法大学出版社，1997：30.
❷ 王秀梅. 破坏环境资源保护罪 [M]. 北京：中国人民公安大学出版社，1998：18.
❸ 王秀梅. 破坏环境资源保护罪 [M]. 北京：中国人民公安大学出版社，1998：18.
❹ 骆梅芬. 英美法系刑事法律中严格责任与绝对责任之辨析 [J]. 中山大学学报（社会科学版），1999（5）：114-119.
❺ 罗润华. 论环境犯罪 [D]. 重庆：西南政法大学，2000：24.

动本身具有社会有益性,环境危害的防治也有赖于社会的多功能、多渠道、多方位的综合治理。因此,"如果过分强调环境刑事法律责任的地位,不但会造成罪与非罪界限的混淆,甚至可能妨碍社会经济的正常发展。环境犯罪的认定必须坚持主客观统一原则,如果单纯从客观出发,追究当事人的环境刑事法律责任,并不能真正达到教育和改造的目的,充其量只是一种单纯的报复性的责任"❶。创立严格责任是为了更好地保护公共利益,但如果一味地强调这一点,反对任何可能的辩护,则不仅与法的理念相违,甚至会导致人人自危,从而使刑法丧失安定性。

7)严格责任的引入不利于刑法的引导作用的发挥,也给司法者的肆意专断提供了便利。因为在我国《刑法》中故意与过失在主观恶性上有着很大的差别,所以,在法定刑的规定上两者相差悬殊,在立法技术的条文规定方式上不允许两者是同一个罪名和一个法定刑。而严格责任归责原则不区分行为是故意、过失,还是无罪过,都作同一处置,正是犯了这一大忌。如果认为我国《刑法》中存在严格责任立法例,那么这种含糊其词、混淆是非的立法方式也是不可取的。❷

8)严格责任不仅不利于严密刑事法网,而且会使刑法变得残暴和野蛮。严格责任原则在实际生活中的运用,非但不能达到程序法上"堵漏"的目的(由于其本身不合理,漏洞只会越来越大),更恶劣的是,在实体法上会误导司法者及公众的观念——犯罪没有了故意和过失的区别,甚至意外事件也可以等同于犯罪。从长远来看,这可能给社会带来负面影响:生活中守法的人们即使付出了很多的注意,但仍无法避免意外所造成的危害,为此仍得接受严格责任原则的制裁;而蓄意违法的人即使受到了制裁,仍可能喊冤叫屈,因为我们并没有揭露他们付诸行为的邪恶的意图。这样的刑法不能不说是一种退化、野蛮和残暴。❸

9)"严格责任理论试图通过扩大刑罚处罚范围来保护公众利益,虽然其重视对社会利益的保护,但忽视了对公民人权的保障,与刑法的谦抑性思想格格不入。尤其不能令人们接受的是'因为立证困难便不要求有犯意'的理由。依此逻辑,只有容易立证的因素才是犯罪成立的条件,立证困难的因素就不是犯罪成立的条件。然而,立证的难易与行为的性质、行为的危险性程度并没有必然的联系;根据立证的难易程度确立犯罪的条件,犯罪的定义只

---

❶ 蔡守秋. 环境资源法学教程 [M]. 武汉:武汉大学出版社,2000:554.
❷ 冯亚东. 理性主义与刑法模式 [M]. 北京:中国政法大学出版社,1999:107.
❸ 冯亚东. 理性主义与刑法模式 [M]. 北京:中国政法大学出版社,1999:107-108.

能是'容易立证的行为',这一结论显然是荒谬的。"❶

二、两种观点分歧的症结

笔者认为,国内学者的分歧主要是基于下述原因。

1)对严格责任的含义认识不同。有学者认为,绝对责任(absolute liability)也可以称为严格责任(strict Liability),就是法律许可对某些缺乏犯罪心态的行为追究刑事责任,因此绝对责任也就是无罪过责任(liability without fault)。❷ 这种理解实质上是将严格责任等同于客观责任、结果责任。有学者认为,严格责任是指对于缺乏主观罪过或主观罪过不明确的特殊侵害行为追究刑事责任的刑法制度。❸ 这种理解的实质是将客观责任(结果责任)和有罪过的法律推定情形都包括在严格责任之内。有学者认为,严格责任是指行为人如果实施了法律禁止的行为,或处于法律规定的状态中,或导致了法律否定的结果,司法机关无须证明行为人的主观心理状态,即可使其负刑事责任,其本质在于免除起诉方证明被告人主观罪过的举证责任,严格责任制度的重要价值在于诉讼方面。❹ 我们知道,概念是对事物本质和特征的高度概括,它决定着事物的属性、功能和地位、作用,同时也是人们逻辑思维的起点。由于对严格责任的含义有不同的认识,因此,对它存在的合理性有不同的甚至是相反的见解,也就不足为怪了。

2)中外刑法理论的"罪过"的内容不同。尽管在世界范围内,犯罪心理态度包括认识因素和意志因素,这是通则,但是英美法系、大陆法系国家的刑法理论和刑事立法与我国的刑法理论和刑法关于故意犯罪及过失犯罪的规定并非完全相同。

例如,在英国,罪过(即犯罪心理状态)分为"蓄意、轻率或者疏忽"。蓄意不仅限于行为人为了追求犯罪结果的场合,"直到最近,居于支配地位的观点仍然是,虽然行为人的行为引起的危害结果不是行为人的目的,但是只要行为人知道其行为很可能(或只是有可能)引起危害结果,'蓄意'就成立";"故意冒险去引起犯罪行为,构成轻率",这种冒险行为是非理性的,即行为人在认识到存在危险或者将要出现危险,以及冒险将引发的结果的情况

---

❶ 张明楷. 刑法格言的展开 [M]. 北京:法律出版社,1999:193.
❷ 储槐植. 美国刑法 [M]. 北京:北京大学出版社,1996:86.
❸ 张文. 刑事责任要义 [M]. 北京:北京大学出版社,1997:91.
❹ 苗有水. 持有型犯罪与严格责任 [M] // 刑事法学要论:跨世纪的回顾与前瞻. 北京:法律出版社,1998:394.

下，仍然非理性地实施该行为时，即构成轻率；"未尽到合理的注意，过失地引起犯罪行为构成疏忽"，即疏忽是没有遵守规则，因而在没有认识到危险的情况下实施的冒险行为。❶

所有重罪和大部分轻罪都要求证实罪过要件，但是也有一些并不要求证实与犯罪行为一切要件有关的罪过。某些对于特定行为的一个或多个行为要件不要求故意、轻率甚至疏忽的犯罪被称为严格责任犯罪。❷

因此，在英国法院，可以在没有具备全部犯意的情况下，甚至有可能在完全或者部分没有犯意的情况下给被告定罪。如 D 只打算让他人使用汽车（实际上是未被保险的汽车）而被法院以允许他人使用未被保险的汽车定了罪，或当他只希望种植某种植物（实际上是大麻）而因种植大麻被定罪。或者说：认为严格责任犯罪"不要求有犯意"，并进一步认为这意味着犯意中的全部心理因素都可以缺乏，即一旦某种犯罪被认为是严格责任，就一定不需要犯意的推论是错误的，事实并非如此。

再以采用大陆法系的法国为例，其刑法理论认为，"犯罪之存在始终必须有行为人的意志，但是，并不是在任何情况下行为人的意志都起相同的作用，也不是在任何情况下都具有相同的范围。有时行为人的意志仅对行为本身起作用，有时则既对行为又对行为的后果起作用"❸。

由于中外刑法理论的"罪过"之内涵的差异，即不同国家确定"罪过"的标准不同，致使不同国家确定严格责任的标准也不同，但学术上的借鉴和交流往往对这些差异缺乏清楚的认识。

3）西方国家的犯罪概念与我国不同。许多情况下，西方国家并不严格区分犯罪与一般违法，而是实行单一的处罚制，不像我国对犯罪既有质的规定，又有量的规定。因此，西方国家对于环境犯罪等的严格责任立法例，在我国并不完全都是犯罪行为，其中不少是行政违法或者经济违法行为。

4）近代、现代的刑事严格责任自其在英美两国产生之日起，便面临这种质疑和责难，而且直至今天，英美两国仍然有一些法官和理论工作者没有严格区分无罪过责任、绝对责任和严格责任，有时甚至将它们混为一谈。"严格责任是指在某些特殊的犯罪中，即使被告的行为不具有对被控犯罪主要的后果的故意、放任或过失，即使被告的行为是基于合理的错误认识，即认为自己具有犯罪定义所规定的特殊的辩护理由，他也可被定罪。在这种情况下，

---

❶ 史密斯，霍根. 英国刑法 [M]. 李贵方，等译. 北京：法律出版社，2000：62-83.
❷ 史密斯，霍根. 英国刑法 [M]. 李贵方，等译. 北京：法律出版社，2000：114.
❸ 斯特法尼. 法国刑法总论精义 [M]. 罗结珍，译. 北京：中国政法大学出版社，1998：246.

被告人虽然没有任何过错,却要承担刑事责任,这种责任称为严格责任。"❶再如,"严格责任犯罪,有时又被称为绝对禁止之罪"❷。

所以,当这一制度泊入我国时,原有的争议——质疑和责难也就同时相伴而来,因而在我国产生争议是在所难免的。

此外,我国对西方刑法理论的介绍和了解存在严重的滞后现象。不少译作和著述参考了20世纪五六十年代以前甚至更早的资料,资料的匮乏和信息交流的滞后,导致我们没有注意到当今英美法系和大陆法系国家刑法理论与司法实践的最新动态。

在英国,"严格责任犯罪有时又被称为绝对禁止之罪……不过'绝对禁止'一词多少让人有些误解,因为它意味着引起某一特定行为的被告无论如何都必须被认作行为的责任者。但实际上,只有在比较极端的例子中,这种说法才是正确的。实际情况是,如果特定行为的某一单独的要素(通常是非常重要的要素)不要求犯意,那么这个罪行就被视作或者适当地被看作严格责任犯罪。但这绝不意味着对构成该罪的其他要件也不要求犯意"❸。这就反映出一个事实:"时至今日,英美法系的不少国家和地区、法官和刑法理论工作者已经将严格责任从无罪过责任中明确区分开来了。这些国家对于主观心态体系的认识经历了由'二分法'(罪过原则、无过失责任原则或者说早期的严格责任原则)到'三分法'(罪过原则、严格责任原则、无过失责任原则)的演变,当今'三分法'中的严格责任是有别于无过失责任(即绝对责任)的。"❹

这就是说,现在西方不少国家和地区已经把过去的无过失责任(即绝对责任或者说早期的严格责任原则)犯罪分为两类:一类是少数极端例子中的无犯意之罪;另一类是大多数严格责任犯罪。后者只是对犯罪行为的某一要素不要求具有犯意,而对构成该罪的其他事实要件仍然要求犯意,如不是不可抗力、不是意外事件等。因此,早期的严格责任与无过失责任(即绝对责任)一直交织在一起,常常被混淆。与此不同,现在的严格责任、无过失责任(即绝对责任)确实是不同的概念,必须明确地予以区分。

总之,现代意义的严格责任不同于绝对责任(或者结果责任,或者客观责任,或者无罪过责任),是指对于某些特殊的犯罪,法官并不把犯意作为决

---

❶ 克罗斯. 英国刑法导论[M]. 赵秉志,等译. 北京:中国人民大学出版社,1991:67.
❷ 史密斯,霍根. 英国刑法[M]. 李贵方,等译. 北京:法律出版社,2000:114.
❸ DEVINE F E. Moderating Strict Liability Crimes in Common Law Tradition Countries[J]. International Journal of Comparative & Applied Criminal Justice, 1998(1):117-128.
❹ 史密斯,霍根. 英国刑法[M]. 李贵方,等译. 北京:法律出版社,2000:114.

定刑事责任的先决条件要求检察官予以证明，只要被告实施了一定的被法律禁止的行为，而其又不能证明自己"主观上不存在过错"（包括"已尽自己的能力注意和避免"），则可被判有罪；而绝对责任则是指对某些特殊的案件，犯意并不是犯罪构成的必要条件，犯意的存在与否，不仅检察官无须证明，被告人也不能以此为辩护理由；即使被告人不存在值得谴责的过错，即使被告人的行为是基于合理的错误认识，即使被告人认为自己具有犯罪定义所规定的某个特殊的辩护理由，只要检察官证明被告人实施了某种犯罪行为，被告人就可被定罪。由此，从地位和作用上看，严格责任制度首先属于实体法的问题，涉及定罪与量刑；同时又有诉讼方面的价值，属于法律推定。

三、坚持罪过原则与贯彻严格责任制度

（一）必须坚持罪过原则

现代刑法强调"犯意"或"罪过"或"责任"是有充分根据的，从根本上否定"绝对责任"是正确的。所以，前述否定说的理由如果用来驳斥"无罪过的绝对责任原则"，反对客观归罪和结果责任都是成立的。坚持罪过原则的理由如下。

1）大陆法系国家刑法理论一般认为，"对于报应观来说，刑罚是行为人所带来'恶'的报酬，或者说是行为人为犯罪所支付的'代价'；强调罪过原则是为了合理地说明刑罚的根据，只有在行为人有能力控制自己不犯罪的情况下而选择了犯罪，刑罚才可能作为犯罪的'恶'的反映而存在……对于预防（包括一般预防和特殊预防）理论来说，强调罪过原则实际上反映了一种需要对刑罚的预防作用进行限制的要求。它代表的是一种与刑罚预防功能相反，但在现代的自由民主制度中居于不可侵犯地位的基本价值：对人的尊重。除了人们自身的要求外，不得为了某种目的而将人工具化，即不得将人作为实现超越他自身要求或强加于他的某种'目标'的工具，这是尊重人的最基本的要求。如果刑罚不将罪过作为适用的限度，仅以对社会成员的威慑、对犯罪人的隔离或最适当的再社会化为追求的目标，无疑就是将刑罚变成了一种实现某种预防性刑事政策的随机的工具。这样就无法为刑罚的适用制定一个客观的标准，因为预防的要求永远无法得到满足……可见，如果不强调主观罪过，刑罚制度就将盲目而严厉，人们的自由也将因此被限制到最低的程度"❶。因此，强调犯罪人行为的主观方面，既有报应主义根据，又有功利

---

❶ 帕多瓦尼. 意大利刑法学原理[M]. 陈忠林，译. 北京：法律出版社，1998：180-181.

主义根据。

2）刑事严格责任原则在西方的存在，与其"允许法官独立""自由心证""允许法官造法"的诉讼特点密切相关。法官把犯罪分为"真正的犯罪"和"准犯罪"，尽管立法上并没有这种划分。如果一种罪行在公众眼里耻辱性极小或没有耻辱性，不涉及"刑事耻辱"，那么该罪行就只是"准犯罪"。对于这样的犯罪有可能适用严格责任，而且，某一罪行的社会危险程度越高，其被解释为严格责任的可能性越大。通货膨胀、毒品、交通事故和污染经常被视为严重的罪恶，因此处理这类案件时，法官常常适用严格责任以保护社会。西方国家诉讼上的这些特点与我国的司法模式和法官在诉讼中的地位差别明显。这些差别决定了即使在西方国家刑法或者司法实践中存在绝对责任情形，也不能成为其在我国存在的理由。

英美法系国家同样认为犯罪心态是行为人承担刑事责任的道德基础，如果没有罪过，行为人的行为便失去了非难的道德基础。"犯意的要求产生于下列原则：处罚一个已经履行其注意法律所禁止行为的公民义务以及已经采取所有适当注意避免实施违法行为之人，是违背理性和文明刑法的，而理性和文明的刑法正是人们假定国会应该努力予以实现的……而反对绝对责任的理由为：首先，它是不必要的，因为它会导致对无罪过和不应该要求他们以任何方式改变自己行为的人定罪；其次，它是不公正的，因为行为人已经因自己本来对之无责任的行为而被正式定罪；最后，定罪可能会产生远远超出法院之外的后果，因为用刑罚处罚那些无辜的人，是不能让人信服的。"❶

没有罪过的行为不能构成犯罪——一种行为在法律上不应该受责备，就不能使行为人成为法律意义上的罪犯。❷

3）我国刑法理论坚持"无罪过不为罪，也不受刑罚的罪过原则……这不仅是从反对客观归罪的意义上限制刑罚权的适用，也是从对刑罚目的加以制约的高度，防止刑罚权的滥用，以保证人的自由和基本人权不受来自国家方面的侵犯"❸。

4）绝对责任原则是为了追求"功利"而忽视了"公正"，不仅违背现代刑法的精神和价值取向，而且有悖于现代刑法的目的。"在刑事活动的诸环节都必须统筹兼顾报应与功利的一般性规定，不能顾此失彼，应避免为惩罚而

---

❶ 史密斯, 霍根. 英国刑法 [M]. 李贵方, 等译. 北京：法律出版社, 2000：123.
❷ 史密斯, 霍根. 英国刑法 [M]. 李贵方, 等译. 北京：法律出版社, 2000：119.
❸ 克罗斯. 英国刑法导论 [M]. 赵秉志, 等译. 北京：中国人民大学出版社, 1991：24.

惩罚的盲目性，以及为预防犯罪而滥用刑罚，不致陷入'只要目的正当，就可以不择手段'的误区……在无法兼顾报应与功利的情况下，决不能采取任何把个人当成实现社会目的纯粹手段的方式；相反，对功利的追求只能在报应允许的范围内进行，超出报应允许的范围的刑罚，即使能有效地服务于预防犯罪的目的，也因不具有公正性而是不正当的。"❶

5）现代刑法理论认为，犯罪就其本质而言是行为人主观恶性的反映，而无论是英美法系的"犯意"，还是大陆法系的"责任"，抑或我国的罪过，就其本质而言，都是一个主观恶性的问题，罪过责任始终是我国刑事责任的原则，无过失责任与我国《刑法》的性质是背道而驰的，应予否定。❷

6）在我国，犯罪与一般违法有显著的不同，刑罚制裁与其他法律责任迥异，必须坚持由刑罚的剥夺本质及其在法律责任体系中的最严厉性所决定的刑法的谦抑性，以及奠基于其上的罪过原则。

（二）罪过原则的贯彻落实应该与时俱进、辩证发展，即引入西方现代意义上的刑事严格责任原则

随着工业的高速发展，经济活动的日益频繁，高度危险行业种类的增加，环境污染、环境破坏等公害犯罪日益严重，环境问题成为当今普遍存在的社会问题，甚至已经威胁到整个人类的生存条件。在这一背景下，法律也由过去的侧重于保护个体权利转变为现在的较为重视对社会整体利益的保护。西方国家刑法领域中的严格责任原则就是在这一背景下产生的。

由于严格责任制度属于法律推定，并且是可以反驳的法律推定，所以笔者认为，严格责任的追究仍然要求犯罪的主观要件，这与罪过原则并不矛盾，只不过是对罪过原则的灵活变通。这就从根本上决定了它在现代刑法中存在的可能性。

当然，将严格责任原则引入污染环境等公害犯罪，是基于以下考虑。

1. 刑法必须介入环境保护，惩治污染环境犯罪

第一，环境资源的有限性，决定了对污染环境的公害行为进行刑事处罚的必要性。环境危害行为是随着近代工商业的发展而出现的，而且其危害一旦产生，即便是花费数倍的代价也很难消除。例如，苏联切尔诺贝利核泄漏所造成的损害有多大？要花费多大的代价才能消除核污染？世人难以给出一个令人满意的答案。日本著名刑法学家藤木英雄曾一针见血地指出："公害并

---

❶ 何秉松. 刑法教科书［M］. 北京：中国法制出版社，2000：308-322.
❷ 邱兴隆. 刑罚理性导论［M］. 北京：中国政法大学出版社，1998：77.

非只是违章问题,也不是无可奈何的灾难,而是一种人祸。即使它不是那么直接,也不是那么明显,如果按照健全的社会共同观念来考虑,就应该把公害看作同杀人和伤害一样重大的犯罪行为。"❶ 第二,介入环境保护,惩治污染环境犯罪是刑法的保障法地位使然。没有刑法做后盾、做保障,环境保护方面的其他法律法规就难以贯彻实行,环境问题就不能得到妥善的、有效的解决。

2. 刑法的介入必须适度,必须坚持间接干预原则和最后手段原则

在"不能放任不管"的同时,也不能使环境危害的刑事治理走向"一管就死"的极端。

因此,我们不应引入无罪过的绝对责任原则,而应引入严格责任制度,原因如下。

第一,刑法的谦抑性和保障法地位决定了不应动辄诉诸刑法。从法律体系自身来看,刑法在现代整个法律体系中处于保障法的地位,由刑事制裁的最严厉性所决定的刑法之谦抑性是现代刑法的三大价值之一;它应当位于民法、行政法、经济法之后,作为这些部门法的保障法而存在并发挥作用。因此,不应动辄诉诸刑法。

第二,环境危害的性质——相当程度的价值正当性决定了不能禁绝危害环境行为的存在。事实上,环境问题是人类经济发展的一个"孪生畸形儿",环境问题与经济发展是互相矛盾但又紧密地联系在一起的,"环境污染是由于我们拥有制造'善恶'两个方面的工业生产过程而引起的,也就是说,要想获得'善',就得忍受'恶',要想消灭'恶',就得牺牲'善',而能否产生这一心情,与人们富强到何种程度有很大关系,因此,污染与贫困似乎为正反两个方面的关系。当社会富裕起来,有了剩余物质的时候,人们就会逐渐无法容忍污染"❷。

正是由于环境侵害具有相当程度的价值正当性或者说社会有用性,环境问题与经济发展的冲突才会成为许多国家制定发展战略和进行法治建设时的两难选择:或者一味强调经济优先,对环境污染和生态破坏听之任之,忽视用刑法等法律武器来保护环境,走"先污染后治理"的道路;或者过分强调环境保护、环境法律保护,尤其是刑法在治理环境、打击环境犯罪中的威慑作用,主张对环境危害行为以严密的刑事法网,实行无过错责任,加大刑事

---

❶ 陈兴良. 刑法哲学 [M]. 北京:中国政法大学出版社,1997:30.
❷ 藤木英雄. 公害犯罪 [M]. 丛选功,徐道礼,孟静宜,译. 北京:中国政法大学出版社,1992:前言.

制裁力度。前者无疑将导致环境危害现象日益严重，由于治理环境污染和恢复生态平衡往往要付出成倍的代价，所以这种模式无异于杀鸡取卵——片面地强调经济发展，如果不考虑环境破坏的负面效果，其发展成果将归零；后者则过分"迷信"法律，尤其是刑法的作用。两者都是片面的，均不足采。正确的观念应该是：刑法介入环境保护是必不可少的，但刑法不是万能的，其应起辅助作用，处于间接干预的保障法地位。这是当前我国环境刑事政策的应然选择。

  国外的经验也证明了这一政策的科学性。即使是环境刑事立法较为完备的德国，也并不愿将环境违法行为都作刑事化处理。在德国经济界，就常听到"环境保护会危害德国的经济地位"的说法。"过分扩大公害的刑罚处罚范围则有斫伤社会元气之虞"；刑法的目的是扩大和保护自由而不是限制自由，以刑罚制裁作为公害之防治，其目的并非在于消灭合法之事业活动与发展。正如制裁交通违规，非欲堵塞汽车之用。"基于刑法突出的"双刃剑"性质，美国刑法学者马克·A. 科恩曾指出：如果刑事制裁运用得恰当，可以成为导致社会积极变化的有力武器；但如果运用得不好，则会给社会带来重大的危害。环境犯罪的"超犯罪化"不仅会使刑法本身琐碎化，还会带来对经济发展的抑制，因为刑法的严厉性往往会使厂家将工作重心从革新与发展经济转移到采取过多的预防措施来确保其不被指控为犯罪。❶

  西方发达国家尚且如此，更何况作为发展中国家的我国呢！"发展是硬道理"，我们的迫切任务是抓住机遇，发展经济；而且国际社会和我国所选择的"可持续发展"道路的落脚点仍然在于"发展"；可持续发展不是"不发展"，也不是"零增长"，而是主张改变人类传统的经济增长方式和消费模式，最终着眼点仍是"发展"。如果清醒地认识到这一点，那么结论便是：污染环境行为之犯罪化或公害之刑罚制裁化在运用上必须加以约束与节制；在环境法律责任体系中，环境刑事法律责任是不可或缺的有机组成部分，但应处于辅助地位。环境刑事法律责任作为最严厉的环境法律责任形式，只适用于少数严重污染环境与破坏环境的犯罪行为。如果过分强调环境刑事法律责任的地位，不但会造成罪与非罪界限的混淆，甚至可能妨碍社会经济的正常发展。

  第三，对污染环境犯罪适用严格责任具有公平合理性。污染环境侵害行为的特点决定了环境犯罪不能因循罪过原则，而必须对其变通执行——引入严格责任。这类侵害行为的特点有：①加害人多为具有经济实力的企业，危

---

❶ 柯泽东. 环境刑法之理论与实践 [J]. 台湾大学法学论丛，1989，18（2）：94-95.

害辐射范围广——被害对象不特定；②受害人多为缺乏规避与抵制能力的一般公众，加害人与被害人之间的地位具有不平等性；③环境侵害往往要通过"环境"这一中介物间接作用于人身及公私财物，缺乏直接性；④环境危害在时间上具有连续性和不确定性——致害因素交互作用并日积月累，致害机理十分复杂；⑤多数危害结果的产生要经过一个很长的潜伏期，危害周期长，因果关系难以确定。

上述特点决定了刑法对污染环境犯罪构成要件设定上的特点，也决定了对其进行司法认定的棘手性：因果关系难以确认、犯罪意图难以证明。若把污染环境犯罪意图的设定和证明与一般犯罪不加区别地对待，结果往往会使法律形同虚设，放任犯罪分子逃避惩罚。我们知道，污染环境犯罪绝大多数是企业、事业单位所为，它们往往控制着致害原因，尤其是在运用新技术、新设备的情况下，审判机关难以了解环境污染损害发生的机制，而且企业常常拥有生产、制造以及排放污染物的工艺流程和有关致害物质性质的详细资料，特别是随着企业的商业秘密日益受到严密保护，被告常常以保护企业秘密为由拒绝提供有关材料，使得在司法实践中，对危害行为的主观心态和因果关系的认定极其困难。在这种情况下，对具体案件的主观方面的认定，即使是拥有强大搜查权限的国家机关，对于企业一方来说，也不一定称得上是强者。

基于企业现代生产的高度技术性和秘密性，同时考虑到工业生产给企业带来的丰厚利润，按照"谁受益，谁就应当承受风险"的公平观念，从法律的公正性要求出发，必须考虑污染环境犯罪主观方面的特殊性，采用特殊性的条件设置和刑事责任原则——严格责任制度。即法律实行推定罪过，同时允许企业间接反证自己无过错。作为一种反驳的推定罪过制度的严格责任，虽然未经证明或难以证明罪过的存在，但是，只要具备了某种行为，就可以依法推定行为人具备某种罪过（至少存在过失）。其合理性根据是统计学上的概率关系。同时，如果被告方能够证明自己没有过错或者危害是由第三方造成的就可以免责。这样的严格责任不仅可以节省司法资源，提高司法效率，而且可以兼顾公正、公平。

综上所述，刑法的性质和地位决定了其必须适度地、间接地介入环境保护，惩治污染环境犯罪。环境侵害具有相当程度的价值正当性决定了我们不能禁绝它的存在，以下是我国当前环境刑事政策的应然选择：在设置环境犯罪时，不应引入无罪过的绝对责任，而必须在坚持罪过原则的前提下，对于污染环境犯罪等一些特殊的犯罪实行严格责任原则。因为它既有存在的必要性，又有存在的合理性；贯彻它既符合刑罚的目的、公正性，又能提高司法效率。

最后应当指出，我国现行《刑法》第六章"妨害社会管理秩序罪"的第六节"破坏环境资源保护罪"中还没有严格责任的立法例。这种情况已经明显滞后于社会对环境资源保护的需要，不利于可持续发展战略的实施和我国国际义务的履行。笔者建议，应尽快在立法上确立这一原则。

第四章 民（行）刑衔接制度的完善

鉴于刑法和犯罪基本理论的基础性地位，刑法和犯罪基本理论的革新必然会引起一系列刑法制度的变革。本章以问题为导向，选取笔者思考较为深入的民事违法与犯罪的界分、对行政犯三种法律责任的追究、怎样实现对行政犯的"亦刑亦罚"、没收财产刑、死刑复核程序、牵连犯定罪处罚规则、拘役与有期徒刑的并罚，以及犯罪复原制度（对古代保辜制度的借鉴）等专题加以研究，在实证、贯彻和检验前文革新的基本理论的同时，提出自己的见解。

第一节 民事违法与犯罪的界分

【核心提示】 区分犯罪和民事违法，实质上就是把握民事责任与刑事责任的界限。这可以从民法与刑法的立法目的、调整对象以及民事责任与刑事责任等方面的不同加以说明。厘清民事责任与刑事责任的界限，有助于实现保障个人权益与维护社会利益之间的平衡。

现实中的某一危害行为到底是构成犯罪还是仅仅属于民事违法，其法律后果迥异，因而必须严格区分。笔者认为，区分二者的实质就是把握民事责任与刑事责任的界限，而这种界限又可以从民法与刑法的立法目的、调整对象以及民事责任与刑事责任等方面的不同来标定。

◎当代中国刑法理念的革新及其法治实践贯彻

一、民法与刑法的立法目的比较

立法目的是指立法者制定法律、适用法律所要达到的目的。首先，立法目的为立法者指引方向，约束立法者的立法活动。其次，立法目的还能为司法者适用法律、解释法律提供指导。比较民法与刑法的立法目的的不同，是区分民事责任与刑事责任的基础。

《民法典》第1条规定："为了保护民事主体的合法权益，调整民事关系，维护社会和经济秩序，适应中国特色社会主义发展要求，弘扬社会主义核心价值观，根据宪法，制定本法。"据此，民法的主要目的在于保护民事主体的合法权益。其次，民法的立法目的还在于调整民事关系。其实，正确调整民事关系只是手段。民法通过正确调整平等主体之间的法律关系来达到保障公民、法人的合法权益的目的，即民法是权利之法，这一点还可以从民法的性质和基本原则中得到印证。

众所周知，民法是私法。私法是关于公民权利的取得、行使、效力、保护等的法，是关系私权利与私人利益之法。私法的本质是权利，恩格斯说："私法本质上只是确认单个人间的现存的、在一定情况下是正常的经济关系。"[1] 民法的私法属性是民法性质的主要体现，并由此决定了民法私法自治、权利本位的理念与功能，因此，民法是权利之法。

民法的基本原则，是民法的本质和特征的集中体现。民法有五大基本原则——平等、自愿、公平、诚实信用、公序良俗原则，而平等与自愿原则是民法最基本的原则。平等原则是民法首要的基本原则，我国《民法典》第4条规定：民事主体在民事活动中的法律地位一律平等。即民事主体之间的地位是平等的，相互之间均可以自主地表达个人意志，任何一方均不得强加自己的意志于他人之上，其合法权益平等地受到法律的保护。自愿原则即"意思自治"，是指民事主体在从事民事活动时，应当充分表达其真实意思，根据自己的意愿设立、变更、终止民事法律关系。我国《民法典》第5条规定：民事主体从事民事活动，应当遵循自愿原则。自愿原则以平等原则为前提，只有民事主体间的地位是平等的，才能自由地表达自己的意思。可以看出，民法为平等主体按照自己的意愿自由地进行各种民事活动创造了良好的条件，民事主体可以在民法的保护下，根据自己的意思，平等协商，确立权利义务关系，最大化地行使自己的权利。因此，民法是权利之法，主要在于保障民

---

[1] 李开国，张玉敏. 中国民法 [M]. 北京：法律出版社，2002：16.

事主体的合法权益。

我国《刑法》第 1 条规定：为了惩罚犯罪，保护人民，根据宪法，结合我国同犯罪作斗争的具体经验及实际情况，制定本法。该条明确地规定了我国《刑法》的立法目的，但我国理论界没有正确地区分刑法的立法目的和刑罚的目的。刑法的立法目的和刑罚目的并不完全相同，刑罚目的只是刑法目的的一部分，它们是系统与其组成元素、整体与其组成部分的关系，刑法的目的包括刑罚的目的与保障人权。❶ 刑法的立法目的首先是惩罚犯罪和预防犯罪，即通过适用刑罚，使犯罪人遭受生理、道义或政治上的痛苦，从而达到惩治犯罪人的目的，预防其再次实施犯罪并防止社会上想犯罪的人实施犯罪。惩罚犯罪与预防犯罪最终是为了保护法益。其次，刑法的立法目的在于保障人权，由于犯罪的后果是刑罚，刑罚以剥夺人的最基本的权利为主要内容，国家在运用强大的国家权力惩罚犯罪时，极易侵犯被告人的人权，所以刑法还必须以保障被告人的人权为目的，即刑法是犯罪人的自由大宪章。

通过以上分析可以发现，民法的立法目的是站在民事主体的角度，保障其自由行使各项权利，并在其权利受到侵害时，给予平等的保护，弥补其遭受的损失。而刑法的立法目的是惩罚犯罪、预防犯罪并保障人权，主要站在被告人的角度，而对被害人一方的关注比民法要少很多。

二、民法与刑法的调整对象比较

民法的调整对象是平等主体之间的财产关系和人身关系。我国《民法典》第 2 条规定："民法调整平等主体的自然人、法人和非法人组织之间的人身关系和财产关系。"该条规定把民法调整对象定性为平等主体之间的社会关系，准确地界定了民法调整对象的社会关系的法律性质，突出和强调了民法所具备与要求的平等性质及特征。❷

民法调整的是平等主体之间的财产关系与人身关系。平等与隶属相对，平等主体之间具有以下特征：首先，平等主体之间各自具有独立的地位，任何一方均不从属于另一方；其次，平等主体之间均可以自由地表达自己的意志，具有独立的意志自由；最后，平等主体之间的交易遵循等价原则。

关于刑法的调整对象，陈忠林教授认为其具有特殊性。所谓刑法的调整对象的特殊性，主要表现在三个方面，即调整对象范围的广泛性、内容的确定性和利益的整体性。刑法调整对象范围的广泛性，是指刑法调整的范围几

---

❶ 牛忠志. 刑法目的新论 [J]. 云南大学学报（法学版），2006（5）：18-23.
❷ 李建华. 对我国民法调整对象的再认识 [J]. 法制与社会发展，1996（6）：23-28.

乎涉及社会生活的全部领域，包括政治、经济、文化等各个领域之间的社会关系。调整对象内容的确定性是指，刑法所调整的对象是经其他法律调整后所形成的法律关系。刑法调整对象利益的整体性是指，刑法所调整的社会关系涉及国家及社会的整体利益，❶即刑法只调整那些其他法律制度本身的制裁措施不可能有效制止的行为。

因此，民法的调整对象和刑法的调整对象不同，民法主要调整平等主体之间的财产关系与人身关系，其范围较窄，仅限于经济关系领域的一部分，且进行的是第一次调整。而刑法的调整对象较为广泛，涉及政治、经济、文化、社会各个领域，并且是在其他部门法调整后进行的第二次调整。

三、民事责任与刑事责任的比较

一般认为，法律责任是行为人由于违法行为、违约行为或者由于法律规定而应承受的某种不利的法律后果。❷尽管民事责任与刑事责任均属于法律责任，但二者有着实质性的差别，民事责任是指民事主体违反民事义务而依法应承担的民事法律后果，刑事责任是指犯罪人因实施犯罪而必须承担的法律后果。二者的具体差别如下。

（一）功能不同

民事责任以补偿功能为主，兼具预防功能。我国《民法典》规定的民事责任大多数为补偿性责任，只有少数为惩罚性责任即证明了这一点。民事责任的补偿功能主要在于使民事权利具有法律上的效力，其作用在于保护和救助民事权利。民事责任的补偿功能主要是通过使民事违法行为人承担"损害赔偿"的民事责任，对受害人所受到的生命、人身、财产等损害进行赔偿，实现弥补受害人所受损害的目的。可以说，补偿功能是民事责任的核心功能。《民法典》规定的承担民事责任的方式之一就是"赔偿损失"，之所以让加害人承担赔偿受害人损失的民事责任，是基于公平主义理念，其主要目的在于使受害人所受损失能够获得实质的、完整而迅速的弥补。❸

民事责任还具有预防功能，即预防违法行为再次发生。民事责任的预防功能是通过民法规定的惩罚性民事责任来实现的。惩罚性民事责任是法律规定的对行为人违法行为的一种经济制裁，其责任范围已不限于实际损害的赔

---

❶ 陈忠林. 刑法总论 [M]. 北京：高等教育出版社，2007：4.
❷ 沈宗灵. 法理学 [M]. 北京：北京大学出版社，1994：458.
❸ 王泽鉴. 侵权行为法 [M]. 北京：中国政法大学出版社，2001：8.

偿范围，而是属于加重的民事责任，比补偿性民事责任要严重得多，通过这种加重的责任对行为人产生一种心理强制，预防违法行为再次发生。我国民法中规定的违约金、精神损害赔偿等就是惩罚性民事责任。尽管如此，惩罚性民事责任仍然是行为人应依法承担的一种法律责任。

关于刑罚的功能，刑法理论通说根据刑罚对社会上不同的人可能产生的积极作用，将刑罚的功能分为对犯罪人的功能、对被害人的功能，以及对社会上其他人的功能。刑罚对犯罪人的功能是剥夺功能和改造功能，即通过适用刑罚达到限制、消除再犯条件的功能，并促使犯罪人改过自新。刑罚对于被害人具有补偿、安抚功能，即依法弥补被害人所受的物质损失，慰藉被害人及其亲属因犯罪而受到的精神创伤。刑罚对社会上的其他人具有威慑作用、教育功能和鼓励功能，即通过适用刑罚来制止潜在的犯罪人的犯罪行为，教育公民自觉守法，鼓励广大群众积极同犯罪行为作斗争。

因此，民事责任与刑事责任的功能存在较大差别，民事责任的功能主要是恢复被害人遭受侵害的权利，并补偿其损失。而刑事责任的功能是多样的，包括对犯罪人、被害人以及社会上其他人的功能。保护被害人权利仅是刑事责任功能的一部分，而且不是主要功能。民事责任是行为人对对方当事人承担的责任，而刑事责任是犯罪人对国家承担的责任。

(二) 归责原则存在差异

罪过并非民事责任的必备要件，无罪过也可能需要承担民事责任，而对于刑事责任来说，罪过是一切犯罪必须具备的条件。民事责任有三种：过错责任、无过错责任、公平责任。过错责任是指行为人只有在主观上具有过错的情况下，才承担民事责任。对于过错责任来说，过错是构成要件。无过错责任是指行为人主观上没有过错，但依照法律规定应当承担的民事责任。对于无过错责任来说，罪过不是构成要件。公平责任是指在当事人双方对造成的损害均无过错的情况下，由人民法院根据公平的理念，在考虑当事人财产情况及其他情况的基础上，责令加害人对受害人的财产损失给予适当补偿❶。对于公平责任来说，过错也不是构成要件。

罪过是构成一切犯罪必须具备的要件，是犯罪的主观构成要件，包括故意与过失。故意是指行为人明知自己的行为会产生危害社会的结果，并且希望或放任这种危害结果发生的心理态度。过失是指行为人应当预见自己的行

---

❶ 王淑娟，张立. 论民事责任的归责原则 [J]. 山西高等学校社会科学学报，2004 (7)：77-79.

为会产生危害社会的结果,但由于疏忽大意而没有预见,或者已经预见却轻信可以避免的心理态度。行为人必须具有罪过才可能成立犯罪,行为人的罪过表现了其对国家法律的敌对或藐视。只有当客观上实施了危害行为,主观上同时具备犯罪主观要件时,才可能成立犯罪;如果仅仅有危害行为,但主观上不存在故意与过失,就不可能成立犯罪,否则就是客观归罪,即无罪过则无刑罚。

可以看出,对于民事责任来说,只有过错责任才要求行为人主观上具有过错,而公平责任与无过错责任均不要求行为人在主观上具有过错。而对于刑事责任来说,罪过是必备要件。因此,民事责任成立的范围要比刑事责任广泛得多,行为人不具有过错也可能要承担民事责任,民法规定无过错责任与公平责任的目的就在于弥补被害人的财产损失、人身损失,可见民法更多地关注对被害人权利的保护。对于刑事责任来说,罪过是必备要件,可见,刑事责任的成立要件更为严格,犯罪的范围远远小于民事违法行为,原因就在于刑罚涉及对犯罪人最基本权利的剥夺,因此,其范围不能太广,成立条件必须由刑法明文规定,这样才能保障被告人的人权不受侵犯。可见,刑法更多地关注和保障被告人一方。

(三) 承担责任的方式不同

民事责任的表现形式多样,有停止侵害、排除妨碍、消除危险、返还财产、恢复原状、赔偿损失、消除影响、恢复名誉、赔礼道歉等。根据责任形式的不同,民事责任可以分为三类,即补偿型责任、排除妨害型责任、恢复原状型责任。补偿型责任的责任形式主要是赔偿损失。排除妨害型责任的责任形式主要是停止侵害、排除妨碍、消除危险。恢复原状型责任的责任形式主要有恢复原状、恢复名誉、消除影响。因此,民事责任主要在于尽力维持权利的原状、完满,当权利不能恢复时,通过赔偿损失来达到保护权利的目的。

刑事责任的主要表现形式是刑罚,刑罚可以分为主刑和附加刑。主刑有死刑、无期徒刑、有期徒刑、拘役、管制五种,附加刑有罚金、没收财产、剥夺政治权利、驱逐出境四种。每种犯罪只能承担一个主刑,但可以独立或附加适用数个附加刑。刑罚是以剥夺或限制被告人的某种基本权益为内容,其本质就是一种剥夺性痛苦,❶ 即使实施犯罪的有罪人承受一定的痛苦;剥夺

---

❶ 马荣春. 论刑罚本质、功能及其相互关系 [J]. 江苏公安专科学校学报, 2000 (7): 81-85.

其财产权、限制其人身自由、剥夺其人身自由甚至是生命。由于刑罚的本质是一种剥夺性痛苦，所以能够起到惩罚犯罪和预防犯罪的作用。

以上分析表明，民事责任的表现形式多样，其注重恢复被侵害的权利，不能恢复时则通过赔偿损失来达到保护权利的目的，因此，民事责任以保护民事主体的权利为根本；而刑事责任的表现形式单一，只有刑罚一种，刑罚是一种剥夺性痛苦，刑事责任以惩罚犯罪和预防犯罪为主。

最后还要指出，本书的学理分析只能给民事违法和犯罪的区分提供理论支撑，而区分这两种违法形式的真正标准，应该是我国现行的有关民法和刑法的法律规范。

第二节 对行政犯三种法律责任的追究

【核心提示】在我国，不同于德国、日本或者英国、美国，行政犯是十足的犯罪；行政犯可能同时承担刑事法律责任、民事法律责任和行政法律责任三种法律责任。行政犯承担的这三种法律责任既彼此独立、不能相互取代，又具有一定的关系。这就决定了对于这三种法律责任，既要全面而不能有所遗漏，不能以偏概全；又要适当而不能生硬、机械地按照算数加减法处置其并列关系。为此，在设计制度时必须坚持刑事优先原则和全面追究、整体协调平衡原则；必须在刑法和刑事诉讼法两个维度上设立犯罪分子依法"承担民事责任"便"宽宥处罚"的制度、"犯罪复原"制度、行政法律制裁与刑事制裁处罚种类和强度的协调机制，以及适用程序的合理衔接机制。如果说等待立法修改之后再实现本书的主张太过遥远，那么，在立法正式修改之前，在司法方面加大推行恢复性司法的力度则是当务之急。

一、行政犯应承担的法律责任

（一）行政犯的内涵及犯罪构成

在我国，犯罪是具有严重的社会危害性，依法应受刑罚处罚的行为。行政犯罪是指违反行政法律，具有"严重的社会危害性"，"触犯刑法"且"应受刑罚处罚"的行为。由此，行政犯具有如下特点。首先，其成立的前提是行为违反了行政法律。在法网严密、立法科学的情况下，如果行为不违反行政法律，则根本不可能构成行政犯罪，此所谓"不知有汉，何论魏晋"。行政犯具有前置的"行政违法性"，这是其区别于刑事犯的关键。其次，行政犯是犯罪。在我国的法律体系下，所有的行政犯都是十足的犯罪；行政犯的成立必须是违反行政法律达到"具有犯罪的社会危害性、触犯刑法、应受刑罚处罚"的程度。这一点不同于德国、日本的行政犯和英国、美国的违规犯罪。既然在我国行政犯都是犯罪，那么，其与一般行政违法行为就有着实质性的区别。

根据我国的犯罪构成"四要件"理论，行政犯的犯罪构成是：①犯罪客体要件是指我国《刑法》所保护而为行政犯罪行为所侵害的社会关系。②犯罪客观要件最能具体表明行政犯与刑事犯的区别，首先，成立行政犯必须以违反相应的行政法律为前提；其次，这种行政违法行为必须达到"情节严重"，如果没有达到情节严重，则是一般的行政违法行为。至于"情节严重"的情形，可以是"销售金额数额较大"、行为所产生的"后果严重"、一定时期内受到行政处罚之后再次实施相应的行政违法行为等。③犯罪主体要件，即犯罪主体（包括自然人和单位）具有对自己行为的辨认能力和控制能力。在真正身份犯的情形下，主体的特定身份是该行政犯成立的必要条件，如《刑法》第331条规定的传染病菌种、毒种扩散罪，就是为"从事实验、保藏、携带、运输传染病菌种、毒种的人员"专设的一种犯罪。④犯罪主观要件，即犯罪故意或者犯罪过失。在特殊情况下，特定的犯罪目的或者犯罪动机是该行政犯的选择要件，如《刑法》第326条规定的倒卖文物罪必须是以牟利为目的而实施了倒卖国家禁止经营的文物的行为。

（二）行政犯可能产生的法律责任情形

上述关于行政犯的内涵和犯罪构成特征的阐释，有助于我们全面把握行政犯的法律责任的特殊性：一个行政犯的犯罪事实可同时产生三种不同的法律责任，即刑事责任、行政责任和（或）民事责任。

犯罪本身是"严重的"违法或侵权行为。刑法是作为法律体系的第二道防线的保障法，可以保障民法、行政法等法律的有效性。再加上行政犯的成立必须前置性地违反相应的行政法律，因此，行政犯在产生相应的刑事责任的同时，应该也产生了一定的行政法律责任或者民事责任。总之，一个行政犯罪绝不可能只产生刑事责任。

1）具体的行政犯罪事实可能产生刑事法律责任和行政法律责任。例如，某生产商李某在产品中掺杂、掺假,以假充真,以次充好,正处于生产伪劣产品的过程中,还没来得及出售,就因案发而被抓获。经查明,李某制造的成品和半成品以及用于制造伪劣产品的原材料的经济价值共计51万元。本案中,李某构成生产、销售伪劣产品罪,因而产生了刑事法律责任;同时,由于其违反了《中华人民共和国产品质量法》的有关规定,可以对其处以"责令停止生产、销售",甚至"吊销营业执照"的行政处罚。在民事责任方面,由于李某还没有把伪劣产品卖出去,消费者的合法权益还没有遭受实际侵害,因此本案中李某的犯罪行为还没有产生民事法律责任。

2)具体的行政犯罪事实既产生了刑事法律责任,也产生了行政法律责任,还产生了民事法律责任。例如,生产商张某在产品中掺杂、掺假,以假充真,以次充好,销售金额总计15.6万元;消费者林某因使用该伪劣产品造成经济损失总计23万元。本案中,张某的行为构成生产、销售伪劣产品罪,其不仅应负刑事责任,也应承担行政法律责任(如"责令停止生产、销售",甚至"吊销营业执照或者生产许可证"),还应赔偿消费者林某因其犯罪行为所遭受的经济损失。再如,某乙酒驾肇事,导致二死三伤的危害结果,构成了交通肇事罪。本案中,某乙既要负刑事责任,又要承担行政法律责任(如吊销其驾照的行政处罚),同时还应承担相应的民事法律责任(赔偿"二死三伤"产生的经济损失)。

二、行政犯所产生的三种法律责任的关系

(一)行政犯的三种法律责任的相互独立性

行政犯可能同时产生刑事责任、行政责任、民事责任。由于是不同性质的法律责任,因此这三种法律责任是相互独立的。

1. 刑事责任是行政犯首先应该承担的法律责任

犯罪不是一般的违法而是最严重的违法,是蔑视社会秩序的最明显、最极端的表现;刑事责任是最为严厉的法律责任形式,犯罪之所以是犯罪,是因为它是立法者认为必须通过追究刑事责任来加以制裁的严重的、危害社会的行为。与德国、日本和英国、美国不同,我国的行政犯属于一类十足的犯罪,因而其具有任何犯罪所应有的基本特质,即具有严重的社会危害性、刑事违法性和应受刑罚惩罚性。由此,刑事责任是行政犯应承担的首要法律责任。在司法实践中,不时出现的以行政制裁代替刑罚或者以民事赔偿代替刑罚的法例,都是错误的。

刑事责任是指行为人因其犯罪行为应当承受的,代表国家的司法机关根

据刑事法律对该行为所作的否定评价和对行为人所进行的谴责。❶ 具体而言：①刑事责任的本质与内容是对犯罪行为的否定评价和对犯罪人的谴责；②追究刑事责任的主体是代表国家的司法机关；③承担刑事责任的主体是犯罪人；④追究刑事责任必须具有法律依据和事实根据。首先，犯罪事实是刑事责任的事实根据。没有犯罪事实就不可能产生刑事责任，刑事责任是犯罪的必然法律后果，只要实施了犯罪，就一定会产生相应的刑事责任，犯罪与刑事责任具有一一对应性。其次，犯罪与刑事责任在量上具有适应性，《刑法》第5条规定"刑罚的轻重，应当与犯罪分子所犯罪行和承担的刑事责任相适应"；第61条规定："对于犯罪分子决定刑罚的时候，应当根据犯罪的事实、犯罪的性质、情节和对于社会的危害程度，依照本法的有关规定判处。"罪责刑相适应基本原则和量刑原则都要求犯罪与刑事责任在量上具有适应性。最后，根据并合主义刑罚观，刑事责任的承担方式即各种刑事制裁，既包括回顾性的刑事制裁，也包括前瞻性的刑事制裁。前者即刑罚（主刑和附加刑），后者即保安处分（包括对人的保安处分和对物的保安处分）。无论犯罪人通过哪种方式承担刑事责任，都是承担了刑事责任。当然，对犯罪分子科处刑罚无疑是刑事责任实现的主要方式。

2. 行政犯还应该承担其因犯罪而产生的民事法律责任和（或）行政法律责任

当一个具体的行政犯罪同时产生了刑事责任、民事责任和（或）行政责任时，除了追究其刑事责任外，还应该追究其民事责任和（或）行政责任。这是因为，三种法律责任的功能不一样，不能只追究其刑事责任，而忽视对其民事责任和（或）行政责任的追究。

1）刑事责任与民事责任分属于公法责任和私法责任，是两类性质迥异的法律责任。从法理上讲，二者之间是互补关系，不存在互相交叉、折抵或者转化的问题。通过分析刑事责任与民事责任的功能便可获得这一认识。

①民事责任的功能。民事责任以补偿为第一要义，只有在少数情况下才具有一定的惩罚性而兼具预防功能。《民法典》第37条规定的"赔偿损失"是最常见、最重要的民事责任承担方式之一：让加害人承担补偿受害人因违法行为所致的民事损害的法律责任，即"基于公平主义理念，旨在使受害人所受损失能够获得实质的、完整而迅速的填补"❷。通过对受害人所受到的有关生命、人身、财产等损失的补救，来弥补受害人的损失。此外，在一些情

---

❶ 赵秉志. 刑法新教程［M］. 北京：中国人民大学出版社，2012：208.
❷ 王泽鉴. 侵权行为法［M］. 北京：中国政法大学出版社，2001：8.

况下，民事责任除补偿功能外，还具有预防违法行为再次发生的功能。这一预防功能是通过民法规定的惩罚性民事责任来实现的。惩罚性民事责任是民事法律规定的，针对违法行为的经济制裁方式，如违约金、精神损害赔偿等。在惩罚性民事责任场合，其责任不再局限于受害者的实际损害范围，而是一种加重的民事责任，比补偿性民事责任要严重得多。民法运用惩罚性民事责任制度，可以在事前对行为人产生心理强制，在事后加重侵权人承担责任的负担，旨在预防此类民事违法行为再度发生。

②刑事责任的功能。刑罚的功能主要有❶：对犯罪人的剥夺和改造功能；对被害人的补偿、安抚功能；对其他人有威慑、教育和鼓励功能等。

比较民事责任与刑事责任的功能，不难发现，二者存在较大差别：民事责任是作为平等主体的当事人一方对对方当事人承担的责任，其功能主要在于补偿被害人所遭受的损失（奉行"填平原则"）；刑事责任是犯罪人因其挑战"国家整体法律秩序"而应对国家承担的责任，其功能主要是国家对犯罪人进行惩罚和教育，而救济和保护被害人权利只是刑事责任功能的次要内容。

2）刑事责任与行政责任也有明显的区别，不能混淆、混同，也不能互相替代。我们可从刑法和行政法的立法目的、调整对象，以及二者法律责任的实质和调整方式等角度来认识它们的诸多不同。

首先，刑法和行政法的立法目的不同。行政法的立法目的在于：一方面，通过对国家行政行为的规范来充分发挥国家的公共管理职能，以维护或者引导形成统治阶级希望的社会秩序；另一方面，行政法不顾公民的承受能力，甚至通过侵犯公民的基本利益去开展"积极的且针对将来的塑造活动"，而必须在保障公民基本人权和合法权益的前提下去"积极实现国家目的"。

刑法的目的是保护法益和保障人权的统一（《刑法》第 1 条）。刑法是保障法，其可以保障其他法律的有效性。卢梭说过："刑法在根本上与其说是一种特别法，还不如说是其他一切法律的制裁力量。"❷ 德国著名刑法学家雅各布斯的机能主义刑法理论认为，犯罪是对规范有效性的破坏，犯罪所描述的是一个反规范的交往模式，刑罚使破坏规范的行为承担代价，由此向忠诚于法律的市民证明了由犯罪所描述的那个交往模式不是一个标准的交往模式。"责任主要不是由实施其他行为的可能性所确定的，而是由维持对规范的信赖

---

❶ 鉴于刑罚是追究刑事责任的主要方式，这里将对刑罚功能的阐述作为对刑事制裁功能解说的代表。

❷ 卢梭. 社会契约论 [M]. 北京：商务印书馆，1962：63.

的必要性所确定的。责任理论因此就在规范的有效性意义上与刑罚目的的理论融为一体。"❶ 鉴于刑法的保障法地位，刑法保护法益和保障人权是基于国家整体法秩序的立场，所以，刑法的目的是保护"国家的整体法秩序"。❷ 这一点区别于一般的部门法，如民法、行政法等，这些部门法只是在各自的领域，维护其特定的法律秩序。有学者指出，刑罚代表着国家的法律制度与公民个人基本权利之间的关系。正是因为犯罪行为侵害了国家的法律制度和全体公民的基本人权，国家"迫不得已"运用刑罚来维护国家法律制度的正常运行，并保护包括犯罪人在内的全体公民的基本人权。❸ 所以，行政法在其领域内保护社会公益、保障人权，而刑法则是在整个法律体系的层面保护基本的法益，保障基本的人权。

其次，刑法和行政法的调整对象不同。行政法是调整行政关系的部门法。所谓行政关系，是指行政主体行使行政职能和接受行政法制监督而与行政相对人、行政法制监督主体所发生的特定关系，以及行政主体内部发生的特定关系。其包括行政管理关系、行政法制监督关系、行政救济关系和内部行政关系四大类。行政法律关系是指行政关系因行政法律规范的调整而在特定的主体之间形成的特定权利义务关系。行政法是行政法律关系产生、变更或者消灭的准则。

刑法调整的对象涉及诸多方面的社会关系而不局限于某一方面。但是，对这些"诸多方面的社会关系"的调整又不专为刑法所独享——刑法和其他部门法的区别就在于刑法调整是"二次调整"，是对"破坏法律关系的行为"的"反正性"调整。"刑法的调整对象是破坏法律制度的行为"，刑法以特有的制裁手段调整"国家的整体法律秩序与公民个人基本人权之间的关系"❹。这些见解有助于把握刑法调整对象的特殊性。

最后，法律责任的承担方式不同。刑事责任的承担方式，前已有述，此处不再赘述。行政责任是法律主体因违反行政法律义务，由专门的国家机关依法追究或主动承担的否定性法律后果。根据我国法律，行政责任的形式因法律主体的不同而不同，分为以下三个方面：第一，行政相对人承担的主要是惩罚性的责任（行政处罚等）和补救性的责任（赔偿损失、恢复原状、返还权益等）。行政处罚包括申诫罚（警告）、财产罚（如罚款、没收非法财

---

❶ 赵秉志. 外国刑法学原理（大陆法系）[M]. 北京：中国人民大学出版社，2000：76.

❷ 牛忠志. 刑法目的新论 [J]. 云南大学学报（法学版），2006（5）：18-23.

❸ 陈自强. 刑法的调整对象新界说 [J]. 西南民族大学学报（人文社会科学版），2011（3）：110-115.

❹ 肖洪. 刑法的调整对象 [J]. 现代法学，2004（6）：57-65.

物)、能力罚(如责令停业、暂扣或者吊销许可证或者执照)、人身罚(如行政拘留、劳动教养)。第二,行政主体承担的责任形式有停止侵害,恢复性法律责任(包括财产、资格、名誉的恢复)。第三,行政人员(公务人员)的行政责任形式有身份处分(辞退或者开除公职)、记过等行政处分,行政追偿(在国家赔偿之后,对有过错的行政人员的追偿),违法所得的没收、追缴或者退赔。

(二)行政犯的三种法律责任之间具有一定的关联性

尽管行政犯的三种法律责任是相互独立、不可相互替代的,但这三种法律责任也具有一定的关联性:①都源于同一行为事实(行政犯罪事实);②承担者是同一行为主体。而且,在实践中,这三种法律责任通常需要进行一定程度的折抵或者吸收。

1. 行政犯的刑事责任与民事责任的关联性

刑事责任与民事责任因分属于公法和私法责任而截然不同,二者呈互补关系,不可混淆、混同、相互转化。但是,二者也是有关联的。第一,犯罪人积极地承担相应的民事责任,一般能表明其积极悔罪。鉴于犯罪是行为的客观危害性、行为人的主观恶性和人身危险性的有机统一,所以,积极承担民事责任的犯罪人,其犯罪性和应承担的刑事责任量便会因而有所减少和降低。第二,在现实社会中,一个行政犯能否足额地承担其应负的法律责任,取决于该罪犯的具体情况。例如,行政犯能否足额地承担其民事责任和刑事责任中的财产责任,取决于其财产的实际情况。因为在罪犯的财产不能足额支付的情况下,适用民事赔偿和支付财产刑(罚金或者没收财产)就存在一个此消彼长的关系。第三,刑事司法实践中往往只注重追究犯罪人的刑事责任,而对刑事被害人所遭受的民事损害的赔付问题不甚关切,时有忽视的情况发生。所以,在注重追究犯罪人刑事责任的同时,立法者需要从刑事政策角度考虑,设计必要的民事责任折抵刑事责任制度,以督责犯罪人积极、足额、及时地承担因其犯罪行为而产生的民事责任,从而切实保护被害人的民事权利。

2. 行政犯的刑事责任与其行政法律责任的关联性

行政法律责任与刑事责任也是各自独立的两种法律责任类型。不过,行政犯的刑事责任与其行政责任也存在关联,而且,与刑事责任和民事责任的关系相比,行政责任与刑事责任的关系更加密切。第一,行政法与刑法都是公法,都是义务本位的,都以保护公法益为其立法旨趣。正是因为二者具有公法性质，所以，从法律责任追究者的角度来看，行政责任和刑事责任的追究都是国家公权力机关发动的、针对违法（或者犯罪）的处罚。第二，在严格法治条件下，任何行政犯都以违反行政法为前提，行政犯的认定必须以一定的行政法律为依据。例如，在判定纳税人是否构成税收违法和税收犯罪时，税收法律法规是重要的依据。第三，犯罪和行政违法都要求一定量的社会危害性，因为法律不可能规定偷逃一元钱的税，税务机关便就该行为对纳税人进行行政处罚。第四，处罚的设定都以预防再次违法（或者犯罪）为目的。由此可见，对犯罪和行政违法科处处罚的原则基本相同，例如，处罚法定、过罚相当、教育与惩处相结合、公正公开等。第五，在具体的处罚手段中，行政制裁与刑事制裁的一些方法也十分相似，如拘留与拘役、罚款与罚金等。

正因为二者同属于公法上的法律责任，一些制裁手段具有一定的相似性，故在一定程度上更加容易抵充或者折算。对于行政犯的刑事责任与行政责任之间的这种密切关系，在设计制度时必须予以充分的考虑。

三、全面适当地追究行政犯的三种法律责任

（一）追究行政犯的三种法律责任的原则

行政犯的三种法律责任之间相互独立的关系表明，虽然行政犯的刑事责任是主要的，但也不能完全取代其行政责任、民事责任；反之，更不能以行政犯的行政责任和（或）民事责任来取代其刑事责任。

另外，行政犯三种法律责任之间的关联性表明，在追究行政犯所产生的三种法律责任时，决不能各行其道地分别独立追究，而应该有一个通盘的考虑和整体安排。鉴于此，可行且合理的方案是：对行政犯既要坚持刑事优先原则，全面追究，实行"亦刑亦罚亦赔"；又要在全局上整体协调、平衡，以适当地追究其法律责任。

1. 总体上坚持刑事优先原则

既然我国的行政犯是十足犯罪，就应该以追究其刑事责任为主导；犯罪被视为对法律秩序最严重的破坏，犯罪发生之后，犯罪人与刑事被害人的矛盾立刻转化为国家与犯罪人的矛盾。追究犯罪人的刑事责任是国家义不容辞的责任（这是现代刑事诉讼制度建立的基础）。刑事优先原则正是对国家利益至上价值取向的立法确认，这一点是不能动摇的。至于有学者主张民事处理优先于刑事追究的见解（论者认为，鉴于刑事附带民事诉讼的主次和先后定位不利于充分保护法益，从秩序与自由、刑罚之谦抑精神来分析，选择"先

民后刑"的模式更具合理性），❶ 笔者并不赞成。这种主张突出了犯罪的民事责任的积极效果，但是，其在根本上颠倒了问题的主次，实不可取。因为犯罪毕竟首先被评价为侵害了国家的整体法律秩序，是对国家整体法律秩序的挑衅、蔑视、破坏，而不是当事人之间的私事；刑法终究是公法而不是私法，也永远不可能变为私法（尽管存在公法私法化趋势），所以，刑事追究优于其他法律责任的追究，是理所当然的。

笔者在此想指出的是，这里的刑事优先原则具有相对性。最初的"刑罚优先"原则是用来处理刑事诉讼与民事诉讼的竞合的，但后来人们基于传统的"国家利益至上"惯性思维和"刑事优先于民事"的司法习惯，在惩处行政犯罪，科处行政处罚与刑罚时，也套用并遵从了"刑事先理"理念和原则。尽管这种遵从有其合理性，但是，在处理行政处罚与刑事处罚的竞合时，还应该注意刑事优先原则的相对性。❷

因为"刑罚优先"原则还存在例外情形：第一，法律规定"先予行政处罚"的。如果法律有特别规定：行政执法机关发现行政违法涉嫌犯罪，在案件移送之前，"先予行政处罚"的，就"依法先予行政处罚"。这是法治的要求，即"依法行政""依法定罪"和"罪刑法定原则"的要求。例如，《中华人民共和国税收征管法》以及其他税收法律法规通常规定，由税务机关对税收违法行为当事人予以行政处罚后，将案件移送公安机关追究刑事责任。再如，《刑法》第201条第4款规定："有第一款行为（纳税人采取欺骗、隐瞒手段进行虚假纳税申报或者不申报，逃避缴纳税款），经税务机关依法下达追缴通知后，补缴应纳税款，缴纳滞纳金，已受行政处罚的，不予追究刑事责任；但是，五年内因逃避缴纳税款受过刑事处罚或者被税务机关给予二次以上行政处罚的除外。"这一特别规定，明确了税务行政处罚优先于税务刑事追究。又如，《刑法》第212条规定："犯本节第201条至第205条规定之罪，被判处罚金、没收财产的，在执行前，应当先由税务机关追缴税款和所骗取的出口退税款。"这一规定特别强调了对涉税犯罪人执行财产刑之前，应先由税务机关进行行政处理。第二，遇到刑事诉讼应该中止的情形。例如，《中华人民共和国民事诉讼法》第153条规定："有下列情形之一的，中止诉讼……（五）本案必须以另一案的审理结果为依据，而另一案尚未审结的；（六）……"再如，2000年实施的《最高人民法院关于执行〈中华人民共和国行政诉讼法〉若干问题的解释》第51条第6项规定："案件的审判须以相

---

❶ 曾粤兴. 民刑诉讼关系的辨证思考 [J]. 甘肃政法学院学报, 2008 (3): 9-12.
❷ 牛忠志, 杜永平. 怎样实现对行政犯的亦刑亦罚 [J]. 河北法学, 2014 (1): 48-56.

关民事、刑事或者其他行政案件的审理结果为依据,而相关案件尚未审结的,中止诉讼。"第三,在司法实践中,确实存在以行政处罚或者行政诉讼的结论为行政犯的刑事追究前提和依据的情形。

2. 全面追究、整体协调平衡原则

1)"全面追究"是基于承认行政犯所产生的三种法律责任的各自独立性,要求对行政犯实行"亦刑亦罚亦赔"。刑事追究不是"刑事包办",不能认为一旦对行政犯给予刑事制裁,就完全取代了其他的法律制裁;更不能以对犯罪人施以民事制裁和行政制裁来替代对其追究刑事责任。

2)"整体协调平衡"是在承认行政犯所产生的三种法律责任具有一定的关联性的基础上,要求追究犯罪人因犯罪事实而产生的三种法律责任时,从全局上、整体上根据案件事实,合理地平衡刑事责任与民事责任、行政责任的关系,安排行政犯所产生的各种法律责任的实际承担情况。具体原因如下。

第一,在理想的状态下,对于行政犯应该实行"亦刑亦罚亦赔",但是,在实践中,行政犯能否足额地承担其应该承担的法律责任,则取决于犯罪人的具体情况,如其拥有的财产状况、其对法律制裁的适应能力等。

第二,作为一种保障法,刑法再现、维护着民法、行政法、经济法等法律的强制性,在整个国家法律体系中,处于"第二道防线"的地位,保障着整个国家法律制度的强制效力。同时,刑法也是人权最基本、最有力的保障手段,具有权利保障法的意义。刑法既是善良公民的大宪章,也是犯罪人的大宪章。既然刑法是保障法,保障其他法律规范的有效性,保障其他法律(如民法、行政法、程序法等)的实施,那么,以"刑事责任"督促"民事责任""行政法律责任",便是刑事政策的重要选项之一。尽管民事责任与刑事责任在理论上不存在"交集",但这种以刑事责任督责民事责任实现的刑事政策早已被立法者采用。例如,刑法中的侵占罪便是一个典型立法例。侵占罪是指以非法占有为目的,将他人交给自己保管的财物、遗忘物或者埋藏物非法占为己有,数额较大,拒不交还的行为。如果经权利人索要被侵占物,侵占者不是拒不退还,则不构成犯罪。除此之外,所有的亲告罪,都有这样的功用,因为法律规定自诉人有权决定是否动用求刑权来维护其合法权益,如果其相应的权益得到维护,便可以放弃其诉诸刑事追究的权利。

第三,《中华人民共和国刑事诉讼法》《中华人民共和国刑法修正案(七)》《中华人民共和国治安管理处罚法》《中华人民共和国行政处罚法》等法律法规以及有关的司法解释,都有关于这方面的一些规定:民事责任的承担可以减少其相应的刑事责任。例如,2018年修订的《刑事诉讼法》第

288 条第 1 款规定："下列公诉案件，犯罪嫌疑人、被告人真诚悔罪，通过向被害人赔偿损失、赔礼道歉等方式获得被害人谅解，被害人自愿和解的，双方当事人可以和解：（一）因民间纠纷引起，涉嫌刑法分则第四章、第五章规定的犯罪案件，可能判处三年有期徒刑以下刑罚的；（二）除渎职犯罪以外的可能判处七年有期徒刑以下刑罚的过失犯罪案件。"该法第 290 条规定："对于达成和解协议的案件，公安机关可以向人民检察院提出从宽处理的建议。人民检察院可以向人民法院提出从宽处罚的建议；对于犯罪情节轻微，不需要判处刑罚的，可以作出不起诉的决定。人民法院可以依法对被告人从宽处罚。"《刑法修正案（七）》关于逃税罪的修改：实施了逃税行为，但经税务机关依法下达追缴通知后，补缴应纳税款并缴纳滞纳金，已受行政处罚的，不予追究刑事责任。2012 年修订的《中华人民共和国治安管理处罚法》第 9 条规定："对于因民间纠纷引起的打架斗殴或者损毁他人财物等违反治安管理行为，情节较轻的，公安机关可以调解处理。经公安机关调解，当事人达成协议，不予处罚……"2021 年修订的《中华人民共和国行政处罚法》第 35 条规定："违法行为构成犯罪，人民法院判处拘役或者有期徒刑时，行政机关已经给予当事人行政拘留的，应当依法折抵相应刑期。违法行为构成犯罪，人民法院判处罚金时，行政机关已经给予当事人罚款的，应当折抵相应罚金……"《最高人民法院关于刑事附带民事诉讼范围问题的规定》（2000 年 12 月 4 日颁布）第 4 条规定："被告人已经赔偿被害人损失的，人民法院可以作为量刑情节予以考虑。"《最高人民法院关于审理交通肇事刑事案件具体应用法律若干问题的解释》（2000 年 11 月 10 日颁布）第 2 条规定："造成公共财产或者他人财产直接损失，负事故全部或者主要责任，无能力赔偿数额在 30 万元以上的"，构成交通肇事罪，"处 3 年以下有期徒刑或者拘役"；"造成公共财产或者他人财产直接损失，负事故全部或者主要责任，无能力赔偿数额在 60 万元以上的"，属于"有其他特别恶劣情节"，"处 3 年以上 7 年以下有期徒刑"。

上述立法和司法解释都表明，危害行为所产生的民事责任、行政责任和行为人对民事责任、行政责任的承担情况，会影响其最终承担的刑事责任。在司法实践中，一些地方尝试开展恢复性司法、辩诉交易的做法，以及在作出缓刑判决时必须要求犯罪人先全面适当地承担民事赔偿责任等，都是合理平衡行政犯不同类型法律责任的典型尝试。

（二）完善有关法律制度的建议

为了全面适当地追究行政犯的所有法律责任，必须对有关法律制度进行修改完善。

1. 建立"承担民事责任"便"宽宥处罚"的制度（即认罪认罚从宽制度）

前述对于承担民事责任的犯罪人的刑事责任给予减免的规定，不仅数量少，而且法律位阶不高，有的属于司法解释；即使是新修订的《刑事诉讼法》，也仅规定在"第五编　特别程序"中。所以，立法现状致使这些法律规范的"适用范围不广、效力和地位有限"，因而急需在刑法、刑事诉讼法层面进一步完善规定。笔者建议：将《刑法修正案（七）》关于逃税罪的修改和《最高人民法院关于审理交通肇事刑事案件具体应用法律若干问题的解释》所体现出来的精神加以法律化，可以在《刑法》第61条第2款中增加规定：犯罪分子依法积极充分地承担因犯罪而产生的行政法律责任、民事法律责任的，可以从轻、减轻或者免除处罚。在《刑事诉讼法》中规定"被告人已经赔偿被害人损失的，人民法院可以依法从宽处理"，作为第103条后段，加在"人民法院审理附带民事诉讼案件，可以进行调解，或者根据物质损失情况作出判决、裁定"之后。

2. 设立犯罪复原制度以示宽宥

我国古代存在保辜制度。何为保辜？《大清律辑注》中写道："保，养也；辜，罪也。保辜，谓殴伤人未致死，当官立限以保之。保人之伤，正所以保己之罪也。"一般认为，保辜是古代刑法处理伤害案件的一种特殊制度，其基本内容是殴人致伤后，当官立限，规定一定的期限，让加害者给被害人治疗，然后视期限届满时的被害人伤情，再行给加害人定罪量刑。详言之，若被害人受伤后在保辜期内死亡，则认为殴伤是死亡的直接原因，对加害人应以殴人致死论；若在保辜期限外死亡，则认为殴伤与死亡没有直接因果关系，对加害人应以殴人致伤论。这一制度的最大特色是，责令加害人对被害人负有医疗责任，如果加害人对被害人采取积极的救治措施，使之早日康复，便可据此来减轻加害人的罪责。这样就能够在很大程度上调动加害人医治被害人的主观能动性，对于减少犯罪损失、抚慰被害人的精神损害、缓和社会矛盾具有良好的效果。

我们可以借鉴古代的保辜制度来设立犯罪复原制度。犯罪复原制度是指在某些犯罪既遂之后，直至司法机关立案前，如果犯罪分子采取积极的将功补过态度和措施，对其犯罪行为所造成的社会危害进行有效的修复、补救，对被害人进行有效的慰抚，则应当给予犯罪人从轻、减轻或者免除处罚的制度。犯罪复原制度有如下特点：其一，犯罪复原只能发生在犯罪既遂之后（即"事后"），直至司法机关立案前；其二，犯罪复原必须以对被害法益进行有效的修复或者补救为成立条件；其三，犯罪复原以犯罪者本人亲自实施或者委托他人积极进行有效的修复、补救为成立条件；其四，考虑到犯罪是对国家整体法律秩序的侵犯的性质，犯罪复原制度的适用范围应该有所限定；其五，犯罪复原情节一旦经司法机关认定，便构成法定的"应当给予从轻、减轻或者免除处罚"理由，而不允许将其视为"酌定"量刑情节，以增加犯罪复原制度的刚性。

实际上，我国现行刑法规定和司法解释都有着犯罪复原制度的"胚胎"。例如，我国的"战时缓刑"制度：在战时，对被判处轻刑且没有现实危险而宣告缓刑的犯罪军人，法律允许其戴罪立功。若其确有立功表现，则可以撤销原判刑罚，不再以犯罪论处。再如，依据《最高人民法院关于审理交通肇事刑事案件具体应用法律若干问题的解释》，无论是入罪标准，还是"有其他特别恶劣情节"的认定，都是以肇事人无能力赔偿的数额为标准——这些表明，尽管交通肇事行为造成了巨大的财产损害，只要犯罪者足额赔偿被害人，则不再作为犯罪处理或者在犯罪情节上予以减弱。又如，《刑法修正案（七）》中关于逃税罪的修改等。

由此可见，笔者所说的犯罪复原制度既不同于既遂之后的"自首""立功"或者"坦白"等法定情节，也不同于立案后的"积极退赃"等酌定情节，而是有其独特的价值。该制度是与"自首""立功"或者"坦白"等制度相并列的量刑制度。

为了整合现行的规范性文件对犯罪复原制度的零散规定而使之系统化，并且将该制度提升到刑法的基本制度层面，建议把该制度放在《刑法》总则的"第四章 刑罚的具体运用"作为第二节（现行的第二节作为第三节，其余依此类推）。具体的制度设计是：其一，在《刑法》第64条之后增加规定："犯罪既遂之后，司法机关立案前，犯罪人采取积极的措施对其犯罪行为所造成的社会危害进行有效的修复、补救，对被害人进行有效的慰抚，符合犯罪复原的，应当从轻、减轻或者免除处罚。犯罪复原制度适用于过失犯罪和最高法定刑为十年以下有期徒刑的故意犯罪。"其二，在《刑法》分则相应条文中可作出注意性规定："本（章、节）罪（或者犯前款犯罪）适用犯罪复原制度。"

当然，实体法要求有与之相适应的程序法。《刑法》设立犯罪复原制度之后，要求《刑事诉讼法》也增设相应的制度予以配套。其中，首要的是《刑事诉讼法》必须进一步扩大自诉的范围，可以在《刑事诉讼法》第19条第3款中增加"犯罪复原"内容，该款可修改为："告诉才处理、犯罪复原和其他不需要进行侦查的轻微刑事案件,由人民法院直接受理,并可进行调解。"将其第 210 条关于自诉案件范围的第 1 项规定中的"告诉才处理的案件"修改为"告诉才处理和犯罪复原的案件"。同时,在第 101 条附带民事诉讼的规定中,增加规定:"附带民事诉讼适用先予给付制度。"

3. 行政处罚与刑事制裁手段和应用程序在立法上的合理衔接

在实体法方面,要做到行政法律制裁与刑事制裁处罚种类和强度的协调。如行政拘留与保安处分、自由刑设置,在期限和强度上的合理衔接;罚款数额与罚金数额的协调等。

在程序法方面,要强化行政犯处理过程中行政机关与司法机关的程序衔接。为了实现对行政犯法律责任的全面追究,可以作出以下规定:第一,行政机关在把案件移送给司法机关之后,有义务继续追踪案件的进展情况,并适时地结合法院认定的证据和犯罪事实给予行政处罚;司法机关(审判机关和公诉机关)在进行刑事追究和作出刑事判决的同时,应该将案件和处理情况及时反馈给有关行政执法机关。第二,行政执法机关在法庭辩论结束时,根据法庭审理所认定的案件事实,在其职权范围内依法作出行政处罚决定。为此,法律应该要求法院移送与案件有关的法律文书副本,行政执法机关在刑事诉讼中必须持续跟踪案件处理进展情况,并适时依法作出行政处罚。第三,关于行政犯刑事责任的最终确定,在法庭辩论结束后,法院先依法独立定罪判刑,然后进一步结合行政机关作出的行政处罚决定,把行政处罚中的财产罚和自由罚,与刑事判决中的财产刑和自由刑折抵或者冲减之后,最终确定该行政犯的宣告刑。第四,除了财产罚和自由罚之外,其他形式的行政处罚,如吊销执照、吊销许可证等,依然有效并将继续执行。

(三) 司法实践方面的权宜之计

学者的立法完善建议从影响到立法者,直至被采纳,体现在法律的修改上,往往是一个漫长的过程,并且要通过一系列严格的立法程序。然而,"一万年太久,只争朝夕",在立法没有被修改之前,我们不应坐等,而应在司法层面大力推行实施恢复性司法,为全面适当地追究行政犯的三种法律责任作出努力。

恢复性司法是指与特定犯罪有利害关系的各方共同参与犯罪处理活动的司法模式。恢复性司法理念把犯罪看成对国家、被害人和社区的侵害,而不仅仅是对国家的侵害,故对犯罪的处置不仅要着眼于维护国家整体法律秩序,还要注意维护包括对被害人和社区的法益恢复等在内的更加广泛的公平正义。

这就要改变过去的"绝对的国家统治秩序之维护""抽象的法益保护，满足被害人情感"（刑罚对被害人的抚慰）的报应性司法模式，转变为兼顾对被害法益的损害和社区的危害的恢复（包括国家法律秩序的恢复、物质损害的恢复、社区社会关系的恢复）的新的司法模式，以期追求对被害人、犯罪人以及社区、国家等都具有很好的综合性的司法效果。

目前，我国实施恢复性司法的关键是使被害人的被害法益得到修复。对于犯罪者满足了被害人正当需求的情形，应该适当地对其从轻、减轻或者免除处罚。恢复性司法的主要内容为：其一，让被害人、社区有关人员参与案件查处过程，成为犯罪解决过程的重要主体之一，充分发表各自的意见；其二，被害人在案件查处过程中享有充分的陈述受害真相并获得慰藉的权利，案件的解决方案要尊重被害人的意见；其三，加害人必须向被害人悔罪、道歉，尤其要赔偿被害人因犯罪所遭受的损失；其四，犯罪人、被害人都可以得到多种帮助或者支持，如当事人的亲友、律师、心理咨询师、社区志愿者等的法律服务、心理治疗或者其他适当的社会服务。

四、小结

公平正义是法律的永恒追求，刑法也不例外。不同的是，刑法是对危害国家整体法律秩序的犯罪进行规制的法律，属于公法范畴。公法上的公平正义是分配性的，不是基于自然观察的绝对的公平正义。尽管行政犯所产生的刑事责任、民事责任和行政责任是彼此独立、不能相互取代的，但在现实中，三者之间又有一定的相互制约以及有条件地转化和互渗的关系。所以，可取的做法是全面适当地追究行政犯的三种法律责任。这就需要进行相应的法律制度的完善：坚持刑事优先原则；坚持全面追究、整体协调平衡原则，在刑法和刑事诉讼法中正式、明确地设立犯罪分子依法"承担民事责任"便"宽宥处罚"的制度、"犯罪复原制度"、行政法律制裁与刑事制裁处罚种类和强度的协调，以及适用程序的合理衔接。如果完善立法、增设相应的法律制度，有助于从根本上为全面适当地追究行政犯的三种法律责任提供法律依据，那么，在立法正式修改之前，我们能做的工作就是倡导在司法实践中大力推行恢复性司法。思想是人的一切行为的先导，人区别于其他一切动物的根本特点在于其意志性，所以，无论是立法者还是司法者，都必须更新观念，充分认识行政犯的三种法律责任之间的关系，牢固树立并切实践行分配性公平正义观念和恢复性司法观念，这对于妥当追究行政犯的法律责任是十分重要的。

第三节 怎样实现对行政犯的"亦刑亦罚"

> 【核心提示】要实现对行政犯的"亦刑亦罚",应坚持相对的刑罚优先原则,克服相应的现实障碍并完善相应的法律制度。这里的"刑罚优先"是指刑事处罚具有优先性,但并不代表刑罚包办代替行政处罚。其优先性集中地体现在两个方面:第一,刑事侦查和刑事诉讼程序优先于行政执法程序,刑事制裁措施优先于行政处罚措施;第二,其相对性即对原则的例外,包括法律规定"先予行政处罚"和遇到刑事诉讼应该中止的情形。出于此目的,我们面临诸多制约:来自"打了不罚"或"罚了不打"传统观念的障碍,以及由其导致的现行法律制度的缺陷和法律实务中的一些错误做法等。当务之急是构建新的制度,以促成法院判决与行政处罚的衔接。

一、问题的提出

行政犯是法定犯中的一类犯罪,是指违反行政法律,且情节严重,触犯了刑法,应受刑罚处罚的行为。这类犯罪行为以违反相应的行政法律为前提,具有犯罪成立条件的"行政从属性",❶ 具有行政违法和刑事违法的双重属性,因而对其应既追究行政法律责任,也追究刑事法律责任。这是因为虽然行政法与刑法同属于公法,具有很多共性,但二者在立法目的、价值追求和调整手段、具体的法律责任方式等方面存在很大的差异,由此决定了行政责任和刑事责任各自独立而不能互相替代的特性。所以,无论是"以罚代刑",还是"以刑代罚",都不能全面地解决行政犯罪的法律责任问题,而必须"亦刑亦罚"。

那么,怎样才能实现对行政犯的"亦刑亦罚"?目前理论界存在的突出疑惑是:①应该采用"刑罚优先"原则,还是"行政处罚优先"原则?对于这一问题,立法上的规定并不明确,立法总体上采用"刑罚优先",但有时法律却规定"行政处罚优先";实务部门中有的执法机关奉行"刑罚优先",有的

---

❶ 杜琪. 行政瑕疵对环境犯罪的影响 [J]. 河南财经政法大学报,2013 (3):62-69.

奉行"行政处罚优先";❶ 理论界除了"刑罚优先"的主流观点之外，还有其他观点，如有的主张行政处罚优先犯罪的刑事追究❷，有的主张"以行政处罚优先为原则的特定情形下的刑事优先"❸。②现行法律法规关于衔接行政处罚与刑事处罚的制度设计还存在一定的不足。

笔者认为，对行政犯既要追究行政责任，也要追究刑事责任，做到"亦刑亦罚"，应坚持相对的刑罚优先原则，克服相应的现实障碍，并完善相应的法律制度。由此，本书首先论证对行政犯处理的刑罚优先原则的相对性，接下来剖析对行政犯行政处罚和刑事处罚的制度的不足，尤其是这两种处罚制度在衔接方面的缺陷，最后提出完善行政处罚和刑事处罚衔接的立法建议。

二、对行政犯处罚中刑罚优先原则的相对性

（一）刑罚优先原则的最初含义

刑罚优先原则（即刑事优先原则），是指当一个案件同时涉及刑事和民事两个诉讼时，采用刑事附带民事诉讼的模式，两个诉讼合并审理；如果急需解决刑事问题，则可以刑事诉讼、民事诉讼分理，由同一审判组织按照先刑事、后民事的顺序审理案件。这里的"优先"体现在两个方面：①"刑事主导，民事附带"，而不是"民事主导，刑事附带"；②"先理刑事，再理民事"，而不能"先理民事，再理刑事"。

之所以确立刑罚优先原则，首先是因为犯罪是立法者确定为最严重的违法行为，必须优先得到惩治；其次是对国家利益至上价值取向的立法确认。我国《刑事诉讼法》第99条和第102条集中体现了刑事优先原则。

（二）刑罚优先原则被移用到对行政犯的法律责任追究场合

刑罚优先原则原本是用来处理刑事诉讼与民事诉讼的竞合的，但后来，人们基于传统的"国家利益至上"惯性思维和"刑事优先于民事"的行为习惯，在惩处行政犯罪、科处行政处罚与刑罚时，也套用并遵从了"刑事先理"的理念和原则。

我国现行的法律法规从总体上肯定了对行政犯处理的刑罚优先原则。第

---

❶ 毛坚志. 论涉税犯罪查处中税务行政执法与刑事执法的衔接机制 [D]. 长春：吉林大学，2009：15.
❷ 毛杰，王雄飞. 讨论偷逃税行为的行政处罚与刑事责任追究之区分与衔接 [J]. 税务研究，2009（12）：56-59.
❸ 田宏杰. 行政优于刑事：行刑衔接的机制构建 [J]. 人民司法，2010（1）：86-89.

一，《行政诉讼法》第 66 条第 1 款规定："人民法院在审理行政案件中，认为行政机关的主管人员、直接责任人员违法违纪的，应当将有关材料移送监察机关、该行政机关或者其上一级行政机关；认为有犯罪行为的，应当将有关材料移送公安、检察机关。"第二，《行政处罚法》第 8 条第 2 款规定："违法行为构成犯罪，应当依法追究刑事责任的，不得以行政处罚代替刑事处罚。"第 27 条规定："违法行为涉嫌犯罪的，行政机关应当及时将案件移送司法机关，依法追究刑事责任。"第三，有关法规和司法解释都有相应的规定。例如，2001 年 7 月 9 日国务院发布的《行政执法机关移送涉嫌犯罪案件的规定》❶，最高人民检察院、全国整顿和规范市场经济秩序领导小组办公室、公安部、监察部在 2006 年联合发布的《关于在行政执法中及时移送涉嫌犯罪案件的意见》等。

笔者认为，现行立法基本上是可取的，但是绝不能简单照搬传统的"刑事优先于民事"的做法。详言之，应注意以下几点。

1）必须注意到在现代法治条件下，即使是在刑事、民事竞合的场合，"刑罚优先"原则也一改传统的僵硬而体现出一定的灵活性。随着民主法治的发展，国家对个体的利益日益重视，在这样的时代背景下，民事利益并不总是让位于国家利益，由此挑战了传统的"刑罚优先"原则。反映在立法上，就是在贯彻"刑事优先"原则的同时，在特定条件下，法律却特别规定了"民事优先"。例如，现行《刑法》就确立了三项"民事优先"制度："民事责任优先赔偿""民事正当债务优先偿还""被害人的合法财产优先返还"。由此可见，"刑罚优先"原则在现代法治的时代背景下呈现出其相对性。

2）要注意到"行政处罚（或者行政诉讼）与刑事诉讼"的关系不同于"刑事诉讼与民事诉讼"的关系。行政法（行政诉讼法）与刑法都属于公法，都以维护公共利益即"公益"为主要目的；所调整的社会关系限于国家与公民之间、政府与社会之间的关系。公法奉行"国家或政府干预"的强制理念，因而行政法（行政诉讼法）与刑法在立法目的、制裁措施、制裁程序等方面都具有很多共同或者相似的地方，从而显著区别于作为私法的民法。公法与私法的差别决定了起初适用于处理"刑民竞合关系"的"刑罚优先"原则不能简单地被照搬以处理行政处罚（或者行政诉讼）与刑事诉讼的竞合关系。

3）基于行政法（行政诉讼法）的公法性，又鉴于民刑处置中的"刑罚优先"原则在现代法治环境下的相对性，笔者认为，运用"刑罚优先"原则

---

❶ 该规定已于 2020 年 8 月 7 日修订。

处理"行政处罚（或者行政诉讼）程序与刑事诉讼的竞合"也应该表现出灵活性，而且是更大的灵活性。包括如下内容。

① "刑罚优先"是原则，但不是刑事包办。

第一，就该原则的内涵而言，"刑罚优先"是原则，而"原则"即观察或处理问题的准绳。所以，"刑罚优先"是指刑罚优先于行政处罚，而不是"刑事包办"，也不是时时处处都一定要"刑事优先"。既然对行政犯应该"亦刑亦罚"而不能"只刑不罚"或者"以刑代罚"，那么，就不能让行政犯的一切法律责任（包括行政法律责任和刑事法律责任，有时还包括民事法律责任）都以刑事责任来包办代替。而且，刑罚优先是从整体上讲的，并不意味着在整个行政犯的法律责任追究过程中，行政处罚一定要一路落后、刑罚处罚一定要一路领先。笔者主张，其优先性应该集中地体现在"刑事侦查和刑事诉讼程序优先于行政执法程序、刑事制裁措施优先于行政处罚措施"。

第二，以"刑罚优先"为原则，从总体上维护了我国现行的立法规定（前已有述）是可行的，而且与外国的通行做法相一致，从而具有合理性。不仅是中国，当代许多国家的立法都贯彻"刑罚处罚"优于"行政处罚"的原则。❶ 例如，日本对于税收犯罪行为奉行刑事优先追究原则，除了追究刑事责任，还要同时处以具有金钱制裁性质的行政处罚（加算税、重加算税）。❷ 再如，美国法律规定刑事程序优先于行政处罚程序，一旦启动刑事程序，行政处罚程序必须中止；待刑事程序结束之后，不管纳税人是否被判定有罪，行政处罚程序都恢复进行；在不同的程序中，根据不同的证明要求，对行政犯罪行为分别予以刑事处罚和行政处罚。

② "刑罚优先"原则的例外情形。

第一，法律规定"先予行政处罚"的。如果法律有特别规定：行政执法机关发现行政违法涉嫌犯罪，在案件移送之前，"先予行政处罚"的，就"依法先予行政处罚"。这是法治的要求，即"依法行政""依法定罪"和"罪刑法定原则"的要求。在美国，与"依法先予行政处罚"旨趣相同，在处理司法与行政关系上也有一个很重要的原则："初审权原则"。该原则是指在司法审查中，当遇到依照法律应先由行政机关处理的问题时，应当先由行政机关对该问题作出裁决，再申请司法审查。确立"初审权原则"的主要理由有以下三点：有利于行政机关运用其专门知识和技能，解决须依据专门知识和技

---

❶ 赵圣伟. 税收行政处罚与刑事处罚竞合研究 [D]. 长春：吉林大学，2008：23.

❷ 在日本，尽管立法规定了"刑事优先"，但在实践中对于行政犯罪却以行政处罚为主，很少处以刑事处罚。

能解决的问题；有利于行政机关运用统一的政策解决问题；有利于行政机关运用自由裁量权解决问题，防止司法权超越行政权。

我国的立法中也有不少关于"先给予行政处罚"的特别规定。例如，《刑法》第201条第4款："有第一款行为（即纳税人采取欺骗、隐瞒手段进行虚假纳税申报或者不申报，逃避缴纳税款），经税务机关依法下达追缴通知后，补缴应纳税款，缴纳滞纳金，已受行政处罚的，不予追究刑事责任；但是，五年内因逃避缴纳税款受过刑事处罚或者被税务机关给予二次以上行政处罚的除外。"这一特别规定，确立了税务行政处罚优先于税务刑事追究的制度。再如，《刑法》第212条规定："犯本节第201条至第205条规定之罪，被判处罚金、没收财产的，在执行前，应当先由税务机关追缴税款和所骗取的出口退税款。"这一规定特别强调了对涉税犯罪人执行财产刑之前应先由税务机关进行行政处理。其他行政法律也有这样的规定。例如，《中华人民共和国税收征收管理法》以及其他税收法律法规通常规定，由税务机关对税收违法行为当事人予以行政处罚后，将案件移送公安机关追究刑事责任。

第二，遇到刑事诉讼应该中止的情形。虽然《刑事诉讼法》和最高人民法院有关刑事诉讼的解释对此都没有相应的规定，但在司法实践中，确实存在将行政处罚或者行政诉讼的结论作为行政犯之刑事追究前提和依据的情形。❶ 例如，2010年9月20日，李某驾驶摩托车与张某驾驶的摩托车相撞，造成张某死亡。当地交警大队认定李某负事故的主要责任。李某不服，遂向当地上一级交警部门申请重新认定，上一级交警部门维持原来的事故责任认定。2011年1月26日，当地公安局以李某涉嫌交通肇事罪对其立案侦查，李某被取保候审。2011年2月10日李某提起行政诉讼，请求撤销该事故责任认定，人民法院对李某的起诉立案受理。次日，人民检察院对李某提起交通肇事罪之公诉，人民法院立案受理。本案中，关于交通肇事罪的刑事诉讼因受到事故责任认定的行政诉讼的影响而不能继续进行，必须等待行政诉讼审判有结果后再进行刑事处理。

三、对行政犯的"亦刑亦罚"所面临的主要问题

对行政犯罪既要追究刑事责任，又要追究行政责任，做到"亦刑亦罚"，既反对"以刑代罚"，也反对"以罚代刑"，应该切实地做到"上帝的归上帝，凯撒的归凯撒"。然而，这一目标的实现面临诸多障碍。

---

❶ 陈凤平，吴丽芬. 是刑事优先，还是行政优先？[J]. 人民司法，2001（8）：55-56.

(一) 来自"打了不罚"或者"罚了不打"传统观念的障碍

1. 对民众的影响

"打了不罚"传统观念在民众中有着相当广泛的影响。反映在刑民竞合的案件中,就是以刑事追究代替民事赔偿(例如,某甲杀死了某乙,民众从"一命抵一命"的朴素公平观念出发,认为一旦罪犯被判了死刑,就不该再赔偿被害人的物质损失了)。反映在对行政犯的处理中即"只刑不罚":一旦追究了刑事责任,就不应再追究其行政责任了。

"罚了不打"的传统观念的影响更为广泛。该观念反映在民刑竞合案件中,就是以民事赔付抵消刑事责任;反映在对行政犯的处理上即"以罚代刑"。

2. 对法学研究人员的影响

不仅在民众之间,甚至在法学研究人员的观念中,"打了不罚"或者"罚了不打"的传统观念也相当广泛地存在。例如,有些权威的法学教科书把"行政处罚"的定义表述为:"行政主体为了达到对违法者予以惩戒,促使其以后不再犯,有效实施行政管理,维护公共利益和社会秩序,保护公民、法人或其他组织的合法权益的目的,依法对行政相对人违反行政法律规范尚未构成犯罪的行为(违反行政管理秩序的行为),给予人身的、财产的、名誉的以及其他形式的法律制裁的行政行为。"❶ 还有的将其表述为:"行政处罚是指特定的行政主体对违反行政法律规范尚未构成犯罪的行政相对人,依法给予行政制裁的行政行为。"❷ 上述两种表述在行政处罚的定义中将"尚未构成犯罪"作为行政处罚的限制性条件,这是有问题的。难道只能给予一般的行政违法行为以行政处罚,而对于行政犯罪就不能给予行政处罚了吗?这一错误认识显然是受到传统的"打了不罚"观念的影响。

(二) "打了不罚"或者"罚了不打"传统观念所导致的立法缺陷和法律实务中的一些错误做法

1. 法律制度设计上的缺陷

1) 在基本法律层面,立法上没有关于"对行政犯罪者应该同时追究其行政法律责任和刑事法律责任"的明确的义务性规定。《刑法》仅在第 37 条对于这一关系有限制性规定,但该规定存在不足。第一,它规定"犯罪情节轻

---

❶ 姜明安. 行政法与行政诉讼法 [M]. 4 版. 北京:北京大学出版社,高等教育出版社,1999:220.

❷ 崔卓兰. 新编行政法学 [M]. 北京:科学出版社,2004:174.

微不需要判处刑罚的，可以免予刑事处罚"，即法院可以根据案件的不同情况，予以"训诫或者责令具结悔过、赔礼道歉、赔偿损失"，或者"由主管部门予以行政处罚或者行政处分"。其实，鉴于行政犯罪的双重违法性质，即使是在"需要判处刑罚"（即不"免除刑罚处罚"）之时，也需要建议主管部门给予行政处罚或者行政处分，而《刑法》第37条将其仅限于"犯罪情节轻微不需要判处刑罚的，可以免予刑事处罚"的情形，所以这一立法设计难以表达出这一层意思。第二，该条是授权性规定，在不给予刑罚处罚的前提下，授权法院"可以"（而不是"应该"）"予以训诫或者责令具结悔过、赔礼道歉、赔偿损失"，或者"作出司法建议：建议其主管部门予以行政处罚或者行政处分"，而不是要求法院给予一定的处理或司法建议。这就导致行政犯罪者被判处免于刑罚之后，其应负的行政法律责任难以被追究，因为法院可以不作处理，不作司法建议，也不构成违法。作为规定行政处罚的专门法律——《行政处罚法》也缺乏关于行政处罚与刑事审判衔接的规定。

2）国务院、最高人民检察院、公安部等关于行政和刑事案件竞合处理的法律制度，仅规定了执法机关、公安侦查机关和检察机关的衔接，缺乏执法机关与人民法院的衔接规定。

笔者认为，法律制度设计上的这些不足，其背后的原因应该是受"打了不罚"观念的支配：一旦人民法院判处行政犯罪人刑罚，就万事大吉了，立法因而缺乏对犯罪者进一步给予行政处罚的要求；行政机关一旦将案件移送给公安侦查机关，就认为自己的工作任务完成了，而无须继续跟踪案情进展，并实施行政处罚。

2. 行政执法活动和司法实务中的一些错误做法

第一，在行政执法实务中，"以罚代刑"的现象比较突出。其中的原因固然很多，但是"罚了不打"和"打了不罚"传统观念对行政执法人员的深刻影响，无疑是一个重要的原因。第二，在刑事审判法律实务中，法官对行政犯罪人判处刑罚之后，很少给出司法建议——无论是行政处罚，还是行政处分。导致这一局面的原因是《刑法》第37条属于授权性规定，而不是义务性规定，因而法官即使不作司法建议也不违法，但法官不作司法建议显然是以"打了不罚"传统观念为其思想支撑的。

目前，法律实务中的错误做法集中表现为，一些人错误地认为行政犯处理的"亦刑亦罚"违反了"一事不再理"原则和"一事不二罚"原则。

笔者认为，该观点没有正确把握"一事不再理"原则或"一事不二罚"原则的真实含义，而对于行政犯"亦刑亦罚"，既不违反"一事不再理"原则,也不违反"一事不二罚"原则。

大陆法系的"一事不再理"原则,有时也称"禁止重复评价原则",就是对判决、裁定已经发生法律效力的案件的被告人,不得再次起诉和审理。行政法上的"一事不二罚"原则,是指禁止对于一个行政违法行为给予两次行政处罚,防止处罚过剩。我国《行政处罚法》第29条规定:"对当事人的同一个违法行为,不得给予两次以上罚款的行政处罚。"尽管该法只是规定了"对一事不二次罚款",但是,行政执法实务和行政法学界在更加广泛的意义上遵守和奉行"一事不二罚"原则。

行政犯具有双重违法性,对行政犯可以给予刑罚处罚,同时给予行政处罚(有时甚至还要追究民事责任),这是行政犯罪的罪有应得。尽管行政法和刑法在立法目的、价值取向和处罚手段上有很多共性,但二者在这些方面也存在根本的差别。刑事处罚与行政处罚分属两个责任体系。

当我们厘清了"一事不再理"原则和"一事不二罚"原则的真正含义,明晰了对行政犯的刑事追究和行政处罚是两个不同的责任体系之后,就会发现:对于行政犯"亦刑亦罚",与"一事不再理"或者"一事不二罚"不存在冲突。

四、贯彻相对的"刑罚优先"原则,完善"刑事处罚与行政处罚"衔接制度,以便实现对行政犯的全面惩罚

(一)对行政犯既应给予行政处罚也应给予刑事处罚

重述对行政犯既应给予行政处罚也应给予刑事处罚,是强化人民法院与行政执法机关衔接的前提。因为如果这两种法律责任不是必须都要追究,那么人民法院与行政执法机关的衔接就成了随机事项,讨论这一衔接的意义也就大打折扣。

对行政犯罪既要给予刑事处罚,又要给予行政处罚,即"亦刑亦罚",其理由主要有两点。第一,行政犯既是犯罪行为,也是违反行政法律规范的行为,因而具有双重违法性,这决定了行政犯的行政法律责任和刑事责任具有双重性;既应给予刑事处罚,又应给予行政处罚。只有这样,才能全面追究犯罪分子的法律责任。第二,行政处罚与刑事处罚是两种性质、形式和功能均不相同的法律责任方式,因而二者不能相互替代。尽管行政处罚与刑事处罚具有很多共性,但是这两种法律责任毕竟存在"质"的差别,这一方面决定了二者不可相互替代,另一方面表明二者能够在一定程度上相互弥补各自的不足,以便从一般预防和特殊预防的角度预防行政犯罪的再犯。例如,对于骗取出口退税罪，仅予以刑事处罚并不能阻止犯罪人再次犯罪，而必须由税务机关中止犯罪人的出口退税权，剥夺其退税资格等。

有人认为，我国现行立法对于刑罚和行政处罚能否同时适用，主要采用两种规范模式：其一是规定"某种违反行政秩序的行为违法的，依法给予行政处罚；构成犯罪的，依法判处刑罚"；其二是规定"某种违反行政秩序的行为构成犯罪的，依法判处刑罚；尚未构成犯罪的，依法给予行政处罚"。❶ 在第一种模式下，行政处罚与刑罚应该同时适用；在第二种模式下，刑罚与行政处罚则不能同时适用，只能根据情况选择其一，即对于构成犯罪的追究刑事责任，而对于一般违法的只给与行政处罚。

笔者不赞成这一认识。这两种表述在对危害行为构成行政犯罪时能否给予行政处罚的认定上并没有实质的差别。笔者认为，立法之所以采用了不同的表述次序，是因为在第一种模式下，法律规范所描述的危害行为中，大量的、常态的可以构成犯罪，而一般违法相对较少；在第二种模式下，法律规范所描述的危害行为通常属于一般违法，只有在少数情况下，当危害行为的情节严重时才构成犯罪。

其实，研读法律法规（尤其是行政法律）就会发现不少要求合并适用刑罚与行政处罚的注意性立法例。例如，2003年10月28日通过的《中华人民共和国道路交通安全法》❷ 第101条规定："违反道路交通安全法律、法规的规定，发生重大交通事故，构成犯罪的，依法追究刑事责任，并由公安机关交通管理部门吊销机动车驾驶证。造成交通事故后逃逸的，由公安机关交通管理部门吊销机动车驾驶证，且终生不得重新取得机动车驾驶证。"《行政执法机关移送涉嫌犯罪案件的规定》第11条第2款规定："行政执法机关向公安机关移送涉嫌犯罪案件前已经作出的警告，责令停产停业，暂扣或者吊销许可证、暂扣或者吊销执照的行政处罚决定，不停止执行。"

与行政犯"亦刑亦罚"相对立的是"只刑不罚"或者"以罚代刑"。"以罚代刑"不但滥用了行政处罚权——超越职权处理了自己无权处理的事情，也包庇和纵容了犯罪者，使犯罪分子得以逍遥法外。"以刑代罚"既是对行政处罚权的放弃，主要是行政执法者的失职——行政执法机关认为一旦将案件移送给公安侦查机关，自己就无须再继续关注并处理了，也是对法官职权的滥用——刑事法官在判处刑罚之后不通报行政执法机关，也不作关于"行政处罚或者行政处分"的司法建议。

---

❶ 刘阳中. 检验检疫行政处罚与刑罚能否同时适用？[J]. 中国检验检疫，2007（6）：39-40.
❷ 该法已于2021年4月29日进行第三次修正。

长远地看，这两种情况都不利于打击违法犯罪行为，从而不利于国家的法治建设。鉴于此，为了切实做到对行政犯"亦刑亦罚"，立法应该要求：行政机关在把案件移送给司法机关之后，仍然有义务继续追踪案件的进展情况，并适时地给予行政处罚；司法机关（包括审判机关）在作出进行刑事追究、刑事判决的同时，还应该将案件的真实情况及时反馈给有关行政执法机关，并对这一反馈进行必要的程序衔接设计。

（二）强化法院判决与行政处罚的衔接

纵观现行的关于对行政犯处罚的法律法规和规范性文件，我国已经在行政执法机关、公安侦查机关、人民检察院之间的行政执法与刑事侦查、刑事审判监督等环节形成了较好的衔接机制，主要包括：信息共享和信息沟通的联席会议制度；案件移送和接受处理制度；行刑案件处理协作配合机制；行政执法、公安侦查、检察监督之间的互相监督制约制度等。但是，目前的薄弱环节是行政处罚与法院判决的衔接。由于对行政犯应该同时追究其刑事法律责任和行政法律责任，而这一缺陷难以达成全面追究行政犯法律责任的目标，因而是重大的不足。

那么，如何强化法院判决与行政处罚的衔接？是对现有制度进行"小修小补"，还是对现有衔接制度有所超越？笔者更倾向于后者。

1. 对现有制度进行"小修小补"难以彻底解决问题

曾有学者敏锐地觉察到目前衔接机制中"人民法院判决与行政处罚衔接的薄弱性"，而主张"应该加强刑事诉讼之后，人民法院的审理结果与行政执法机关的反向衔接。"❶ 其主要观点是：无论行为人的行为是否构成行政犯罪，也无论是否给予犯罪者以刑罚处罚，人民法院都应当将案件情况和处理结果通知有关行政执法机关，必要时还应当向有关行政执法机关提出司法建议，以便由有关行政执法机关依法追究行政责任。即使行为人的行为属于正当行为（既不违法也不犯罪），人民法院也应该把案情和处理结果及时通知先前移送案件的行政执法机关。

该学者的这一主张是局限于现行立法而对现行法律制度的微调。这一微调虽然具有一定意义，但难以彻底解决问题。我国现行《刑法》第37条所规定的：法院作出免于刑罚的判决之后，可以作出司法建议途径，其实行的效果并不理想。因为该途径的制度设计存在固有缺陷：①该规定属于对非常态

---

❶ 周佑勇，刘艳红. 行政执法与刑事司法相衔接的程序机制研究 [J]. 东南大学学报（哲学社会科学版），2008, 10 (1)：47-52.

情形的授权性规定，因为是授权性规定，故人民法院是否作出司法建议具有一定的随意性。这里的"非常态情形"是指该立法规范仅适用于"构成犯罪但免于刑罚处罚的情况"，"只有在免于刑罚处罚时，人民法院才可以给予司法建议。同时，这是一个授权性规定：给人民法院是否作出司法建议留下了自由裁量的空间。也就是说，在这种情况下，即使人民法院不作司法建议，也不算违法。②司法建议遇尴尬。在现有的制度设计下，不管是否强调司法建议的约束力，都将遭遇尴尬——一个"两难"困境：一方面，为了保证刑罚之后对行政犯罪的行政处罚，需要强调司法建议对行政执法机关的约束力。但这是不可能实现的，因为司法建议只是一种建议。既然是建议，不是命令，被建议者受约束的程度就是有限的。另一方面，若不强调司法建议的约束力，那么，人民法院的司法建议又是没有价值的。不强调其约束力，人民法院提出司法建议还有何用？正是司法建议的这种两难困境，久而久之，造成多一事不如少一事，人民法院"还是不作司法建议为好"的现实结局。

2.必须对现有的衔接制度有所超越，构建新的制度以强化法院判决与行政处罚的衔接

笔者建议：第一，行政执法机关应该在法庭辩论结束时，依据法庭审理所认定的案件事实作出行政处罚决定（为此，人民法院有移送案件有关法律文书副本的义务，行政执法机关有在刑事诉讼中持续跟踪案件处理进展情况和适时作出行政处罚的义务）。第二，在行政犯的刑事责任方面，在法庭辩论结束时，人民法院先依法独立定罪判刑，再进一步结合行政机关所给予的行政处罚决定，最终确定其宣告刑——对犯罪者的刑事处罚（行政处罚中的财产罚和自由罚与刑事判决中的财产刑和自由刑折抵或者冲减）。第三，在行政犯的行政法律责任方面，除了财产罚和自由罚，其他形式的行政处罚将作为行政法律责任形式被执行。

上述建议的立论依据有以下几点。

1) 在法院判决之前由行政机关作出行政处罚不违反"刑罚优先"原则。有学者基于僵硬的"刑事优先"原则，主张在对行政犯追究法律责任时，行政执法机关移交刑事案件前不应先行作出行政处罚。❶ 笔者不同意这种看法。前已有述，"刑罚优先"原则具有相对性，其优先性集中地体现在：刑事侦查和刑事诉讼程序优于执法程序，刑事制裁措施优于行政处罚措施；刑事处罚结果优于行政处罚结果。我们不能把"刑罚优先"理解为刑罚"时

---

❶ 于改之，吴玉萍. 徇私舞弊不移交刑事案件罪若干问题探究[J]. 河北法学，2007，25(8)：80-84.

时""处处"都优先。"刑罚优先"并不排斥在法院作出判决时把案情通报给有关的行政执法机关,由行政执法机关根据法庭审判所确证的事实,在其职权范围内作出行政处罚。在此基础上,人民法院再通观全案,全面权衡案件的各种因素,以确定给行政犯以刑事处罚。

2)行政法的立法目的、使命和刑法的立法目的、使命共同决定了在最终确定刑罚处罚之前,应由行政执法机关作出行政处罚。行政的目标是效率。行政机关作为国家公共管理机关,其活动以提高管理社会的效率为首要追求,而行政法的目标是为这种效率提供保障。行政处罚是行政责任的实现形式,是基于行为人对行政管理秩序的违反而施加的行政强制措施,其目的在于保障行政管理目的的顺畅实现,提高管理效率。在人民法院最终确定行政犯罪的刑事责任之前,先由行政机关予以行政处罚的路径设计,有利于充分发挥执法机关的专业特长,也符合行政执法效率价值的要求。以涉税犯罪为例,税务征收业务具有专业性,而税务机关是主管税收的行政机关,熟悉税法和政策;对逃税等违法行为的查处和逃税数额的确定具有很强的专业性。这就决定了税务机关对于逃税行为的认定和逃税数额的确定具有更大的权威性,由此,就能够提高对行政犯的处理效率。

刑法是司法法,以安定性为最高准则,其目的是保障社会正义,维护国家的整体法律秩序(不限于行政法律秩序一个方面)。刑罚处罚属于司法权,其以公正价值为第一追求,强调法的安定性,通过个案审理保护个体的权益来实现社会的公平正义。刑罚的目的是惩治和预防犯罪。刑法处于保障法地位,可以保障行政法、经济法等法律的有效性,也决定了行政执法可以先行。

3)符合穷尽行政救济原则和司法最终解决原则的要求。穷尽行政救济原则是指被害人一方对其所受的损害,在可能通过任何行政程序途径取得救济的情况下,不能申请司法救济。穷尽行政救济原则仅适用于由行政机关首先管辖的案件。确定穷尽行政救济原则的主要理由有四点:其一,根据分权原则,应由行政机关处理的问题,不能由司法机关代替;其二,有利于行政管理的统一和连贯;其三,有利于上级行政机关对下级行政机关的监督;其四,有利于行政机关首先运用自由裁量权和专门知识与技能解决其所主管的问题。

司法最终解决原则,是指当社会生活中所产生的矛盾和冲突,用道德、调解和仲裁等方法无法解决时,通过诉讼的途径,用具有强制力的国家公诉、裁判的方式加以解决,是国家"为当事人双方提供不用武力解决争端的方法"。司法方法是解决不同主体之间矛盾的最终方法。

人民法院与执法机关在法庭辩论结束时,各自依据案件事实分别作出刑罚处罚和行政处罚决定，之后，再由人民法院进一步结合行政机关所作的行政处罚确定合并执行对犯罪者的刑事处罚（行政处罚中的财产罚和自由罚与刑事判决中的财产刑和自由刑冲抵）。另外，就其行政法律责任而言，除了财产罚和自由罚，其他形式的行政处罚将作为行政法律责任形式而被执行。这样的制度设计，一方面有利于用尽行政救济——如果犯罪人不服行政处罚，则可以行使诉权以用尽行政救济（试想：如果人民法院在判决之后再作司法建议，这时犯罪人已被关到监狱去服刑了，还怎么保障其行使诉权并得到行政救济？）；另一方面又遵从了司法最终解决原则，是人民法院结合行政处罚决定来确定刑事责任内容和形式，行政处罚决定中与刑罚功能相似的自由罚和财产罚将被冲抵，不再付诸实际执行。❶

4）有利于人民法院通观全案以正确量刑。《刑法》第61条规定的量刑原则，要求法官在综合分析和把握具体犯罪行为的社会危害性的基础上正确量刑。在法庭辩论结束时，行政执法机关依据法庭审理所认定的案件事实作出行政处罚；人民法院先依法独立定罪判刑，再进一步结合行政机关所给予的行政处罚，以最终确定所执行的对犯罪者的刑事处罚，这有利于人民法院综合全案，把握当时的社会形势（尤其是政治、经济形势）而正确量刑。以罚金刑的最终确定为例，行政机关的罚款处理决定对法官最终决定罚金有参考作用，因为法官掌握的多是司法形势，执法机关则更加了解当时社会的政治、经济形势，从而有利于刑事法官参酌行政罚款数额，通盘考虑具体行政犯罪的法律责任。

5）有利于实现司法权对行政权的监督制约。从国家权力的分权与制衡来看，笔者提出的制度建议有利于司法权对行政权的监督。在现代社会，国家权力分权制衡，行政权与司法权相互监督。我国也是如此：实行议行合一，"一府两院"共同对权力机关负责，同时，行政与司法之间具有相互的监督制约权力。尽管这种监督制约是相互的，但是源于行政权的主动性、膨胀性和司法权的严谨性、公正性和中立性，司法权对行政权的监督构成了司法权与行政权相互监督这一矛盾统一体的主要方面。

---

❶ 应该指出的是，这种冲抵绝不意味着刑事责任吸收了行政责任，只是刑罚执行上的策略。正如数罪并罚一样：一人犯甲罪（假如被判处8年有期徒刑）与乙罪（假如被判处无期徒刑），其合并执行时，只执行一个无期徒刑，但我们不能说"乙罪（刑事责任）吸收了甲罪（刑事责任）"，这时甲、乙两罪都仍然成立，其各自的刑事责任依然存在，数罪并罚只是对罪犯执行刑罚的策略选择。

第五章 刑事制裁制度的完善

近年来，随着"尊重和保障人权"被写入宪法，理论界关于没收财产刑的存废之争进入高潮；随着刑事法治的进步和定罪量刑的精细化，有关牵连犯定罪处罚规则、拘役与有期徒刑的并罚等问题成为研究热点；随着恢复性司法理念的深入实践和认罪认罚司法改革的推进，建构犯罪复原制度（对古代保辜制度的借鉴）成为必要。本章基于前述革新的理论，对上述问题提出了笔者自己的见解。

第一节 我国没收财产刑的立法完善研究

【核心提示】从刑罚的本质属性，以及刑罚的正当化根据、刑罚功能、刑罚目的等维度来考察，没收财产刑具有现代刑罚的品性。一方面没收财产刑，尤其是在没收全部财产的情况下，其对罪犯经济权利之彻底否定功能是罚金刑所不具有的，这从根本上决定了没收财产刑存在的合理性。另一方面，大多数西方发达国家废止没收财产刑的理由和现实并不足以说明我国应该效仿。在我国，没收财产刑有其存在的历史和现实原因，国内理论界关于废除没收财产刑的主要观点说服力不强。鉴于此，针对没收财产刑的立法不足予以完善，适当收缩没收财产刑的适用对象和适用范围，改变没收财产刑立法设置的粗疏问题，以增强其可操作性、增强科处没收财产刑的灵活性等，将是未来立法改革的方向。

在 1997 年修订《刑法》之前，国内刑法学界关于没收财产刑的存废之争就很激烈，❶但修订《刑法》时，立法机关并没有废除此刑，反而扩大了没收财产刑的适用范围，《刑法修正案（八）》拟对黑社会性质的犯罪增设没收财产刑。❷现在国内刑法学界关于废除没收财产刑的呼声依然很高。❸在这种背景下，再一次全方位审视没收财产刑的正当性，并拷问我国现行《刑法》关于没收财产刑的规定就十分必要。

一、我国没收财产刑立法现状的概况

这里讨论的没收财产刑，即"一般没收"，是剥夺犯罪人合法财产的一部分或者全部，收归国家所有的刑罚方法。我国现行《刑法》第 59 条规定："没收财产是没收犯罪分子个人所有财产的一部或者全部。……"❹ 与"一般没收"相对应的是"特别没收"，是没收涉罪的特定物归入国库的强制措施，又称特定没收或者没收。❺ 特定没收不是本书讨论的对象，只在必要时才有可

---

❶ 主存者认为，没收财产刑是惩治经济犯罪的有效方法，是惩治严重犯罪的辅助措施，是一种具有经济性的刑罚，误判易纠等。主废者则认为，没收财产刑难以执行，具有不平等性，可能株连无辜，有碍于犯罪人的再社会化。参见陈兴良. 刑法哲学 [M]. 北京：中国政法大学出版社，1992：415-416.

❷ 《刑法修正案（八）》规定，组织、领导黑社会性质的组织的，处七年以上有期徒刑，并处没收财产。

❸ 关于没收财产刑废除论，刑法修订之后发表的文章主要有：熊向东，王思鲁. 再论没收财产刑的废止 [J]. 河南财经政法大学学报，1998（1）：57-59；曲新久. 没收财产：一种应当废除的刑罚 [N]. 检察日报，2000-03-16（03）；李洁. 论一般没收财产刑应予废止 [J]. 法制与社会发展，2002（3）：97-103；王飞跃. 我国财产刑与刑法基本原则的背离及其完善 [J]. 华东政法学院学报，2003（5）：50-59；万志鹏. 没收财产刑废止论：从历史考察到现实分析 [J]. 安徽大学学报（哲学社会科学版），2008（5）：67-73.

❹ 除中国外，目前在刑法中规定没收财产刑的国家还有俄罗斯、越南等。如 1996 年颁布的《俄罗斯联邦刑法典》把没收财产作为附加刑加以规定。该法第 52 条规定："1. 没收财产是指将被判刑人所有的全部财产或者部分财产强制性地无偿收归国家所有。2. 没收财产适用于出于贪利动机的严重的或特别严重的犯罪，且只有在本法典分则相应条款有规定的情况下法院才能判处。"可见，俄罗斯刑法典规定的没收财产刑属于一般没收，并且"俄罗斯联邦当代刑法和刑事诉讼立法规定既可以没收全部财产，也可以没收部分财产……没收全部财产要求没收属于被判刑人的全部财产，没收部分则及于刑事判决列举的具体物品或所指明数量的物品"。参见库兹涅佐娃，佳日科娃. 俄罗斯刑法教程（总论）：下卷·刑罚论 [M]. 黄道秀，译. 北京：中国法制出版社，2002：162.

❺ 特别没收的对象包括：①因犯罪所得之物，如受贿而来的财物、盗窃而来的财物，②违禁物品，即法律法令禁止私人自由持有的物品，如枪支弹药、爆炸物品、毒品、淫秽物品；③供犯罪所用或犯罪所生之物，如杀人凶器、生产的伪劣产品。我国现行《刑法》第 64 条规定："犯罪分子违法所得的一切财物，应当予以追缴或者责令退赔；对被害人的合法财产，应当及时返还；违禁品和供犯罪所用的本人财物，应当予以没收。"作为刑罚的没收财产，与对涉罪物品的没收是有严格区别的：

能涉及。

（一）关于没收财产刑的总则规定评析

《刑法》总则第 59 条规定："没收财产是没收犯罪分子个人所有财产的一部或者全部。没收全部财产的，应当对犯罪分子个人及其扶养的家属保留必需的生活费用。在判处没收财产的时候，不得没收属于犯罪分子家属所有或者应有的财产。"第 60 条规定："没收财产以前犯罪分子所负的正当债务，需要以没收的财产偿还的，经债权人请求，应当偿还。"这些规定，较之 1979 年《刑法》的变化主要是增加了对犯罪人家属必要生活资料不得没收的限制，关于以没收财产偿还债务问题的规定更加合理，同时规定了民事赔偿优先原则。

（二）关于没收财产刑的分则规定评析

1. 关于挂有没收财产刑的罪名范围

修订后的《刑法》分则关于没收财产刑的适用范围继续扩大。1979 年《刑法》共有 24 个条文所规定的 25 种犯罪涉及没收财产刑，主要集中在反革命罪、严重的经济犯罪和侵犯财产方面的犯罪。没收财产刑的适用方式有四种：并处、单处罚金或者没收财产；并处罚金或者没收财产；可以并处没收财产；必须并处没收财产。此后，全国人大常委会通过的 24 个单行刑法中有 30 余种犯罪涉及没收财产刑，主要集中在严重侵犯公民人身权利的犯罪、严重妨害社会管理秩序的犯罪和渎职犯罪等。

（接上注）
①二者的性质不同。没收财产刑是一种以剥夺犯罪人的合法财产为内容的刑罚方法，与罚金一道共同构成我国的财产刑，它是刑事责任分担的一种方法。而对涉罪物品的没收，从实质上讲不是刑罚，而是一种保安处分或者为取缔不法状态所采取的强制措施。②二者的对象及其限制条件不同。没收财产刑是没收犯罪分子个人所有财产的部分或全部合法财产；没收的数额既可以是全部也可以是部分，至于到底是没收哪些财产，得有法官依法具体地自由裁量。而特别没收只能是与犯罪有关的物品，如犯罪所得之物、犯罪所生之物、犯罪工具和违禁品；这些物品在具体的案件中都已经特定化了，法官、检察官等办案人员采取没收措施时，应没收的涉罪物品不得随意增减。③二者适用的正当理由不同。没收财产刑作为一种刑罚，其目的主要是报应已然犯罪，兼顾预防犯罪之需要。而没收则是为了取缔不法状态（剥夺因非法行为增加的财产）或者为了保护社会安宁而采取的保安处分，其中，没收非法财产是取缔不法状态（剥夺因非法行为而增加的财产），没收违禁品和犯罪工具是保安处分。④二者的裁判和执行的机关、程序不同。没收财产刑必须由人民法院依法判决，并由人民法院依法定程序执行。而没收视各国情况而定，一般规定没收由法院依职权采取，但有不少国家（如我国）规定在侦查阶段就可以没收犯罪物品，不限于法官，侦查机关等也可以采取。

1997年修订的《刑法》涉及没收财产的罪名增加到71个。据一些学者统计，共有68个条文、71个罪名可适用没收财产刑，分别占分则条文总数（357条）和罪名总数（413个）的19.9%和17.2%。❶ 具体分布情况：第一章"危害国家安全罪"（12个罪名全部可以并处没收财产刑）、第三章"破坏社会主义市场经济秩序罪"（94个罪名中配置有没收财产刑的有38个罪名）、第四章"侵犯公民人身权利、民主权利罪"（37个罪名中配置有没收财产刑的2个罪名）、第五章"侵犯财产罪"（12个罪名中配置有没收财产刑的5个罪名）、第六章"妨害社会管理秩序罪"（119个罪名中配置有没收财产刑的11个罪名）、第八章"贪污贿赂罪"（12个罪名中配置有没收财产刑的3个罪名）。

自1997年《刑法》至2009年2月底，我国最高立法机关因应社会的发展需要，先后通过了一部单行刑法和七部刑法修正案，在其中的三个新罪中设置了没收财产刑。第一，1998年12月29日《全国人民代表大会常务委员会通过的关于惩治骗购外汇、逃汇和非法买卖外汇犯罪的决定》第1条第1款规定，"有下列情形之一，骗购外汇，数额较大的，处五年以下有期徒刑或者拘役，并处骗购外汇数额百分之五以上百分之三十以下罚金；数额巨大或者有其他严重情节的，处五年以上十年以下有期徒刑，并处骗购外汇数额百分之五以上百分之三十以下罚金；数额特别巨大或者有其他特别严重情节的，处十年以上有期徒刑或者无期徒刑，并处骗购外汇数额百分之五以上百分之三十以下罚金或者没收财产：（一）使用伪造、变造的海关签发的报关单、进口证明、外汇管理部门核准件等凭证和单据的；（二）重复使用海关签发的报关单、进口证明、外汇管理部门核准件等凭证和单据的；（三）以其他方式骗购外汇的。"第二，在七部刑法修正案增设的犯罪中，有两个新罪配置了没收财产刑。《刑法修正案（三）》第4条："刑法第一百二十条后增加一条，作为第一百二十条之一：'资助恐怖活动组织或者实施恐怖活动的个人的，处五年以下有期徒刑、拘役、管制或者剥夺政治权利，并处罚金；情节严重的，处五年以上有期徒刑，并处罚金或者没收财产。单位犯前款罪的，对单位判处罚金，并对其直接负责的主管人员和其他直接责任人员，依照前款的规定处罚。'"《刑法修正案（七）》第13条："在刑法第三百八十八条后增加一条作为第三百八十八条之一：'国家工作人员的近亲属或者其他与该国家工作人员关系密切的人，通过该国家工作人员职务上的行为，或者利用该国家工

---

❶ 李业旺. 没收财产刑研究 [D]. 郑州：郑州大学，2006：24-25.

作人员职权或者地位形成的便利条件，通过其他国家工作人员职务上的行为，为请托人谋取不正当利益，索取请托人财物或者收受请托人财物，数额较大或者有其他较重情节的，处三年以下有期徒刑或者拘役，并处罚金；数额巨大或者有其他严重情节的，处三年以上七年以下有期徒刑，并处罚金；数额特别巨大或者有其他特别严重情节的，处七年以上有期徒刑，并处罚金或者没收财产。'"

综观现行《刑法》关于没收财产刑的适用范围，体现出的特点是：①数量多，大比例地增加对贪利型犯罪的没收。目前，我国《刑法》共有74个罪名可以判处此刑，约占分则罪名总数的七分之一。②涉及面广。在《刑法》分则10章中，可以判处此刑的涉及6章，只有危害公共安全罪、危害国防利益罪、渎职罪和军职罪中没有判处此刑的罪名。

2. 关于没收财产刑的罚则现状

现行《刑法》分则关于没收财产刑的规定都没有具体数量的限定。具体有三种适用方式：①得并制，即"可以并处没收财产"的方式。这种方式除了适用于国事犯罪的全部12个罪名，还包括其他类型犯罪中的5个罪名：第163条公司、企业人员受贿罪，第271条职务侵占罪，第383条贪污罪，第386条受贿罪，第390条行贿罪。②必并制，即"并处没收财产"的方式。共有19个罪名适用这种方式，而且除了第347条（走私、贩卖、运输、制造毒品罪）规定适用这种方式的可以是被判处15年有期徒刑，其他条文都规定适用这种方式必须是在主刑为死刑或无期徒刑的情况下。例如，《刑法》第239条规定："以勒索财物为目的绑架他人的，或者绑架他人作为人质的⋯⋯致人重伤、死亡的，处无期徒刑或者死刑，并处没收财产。"③罚金与没收财产择一必并制，即"并处罚金或者没收财产"的方式。这是现行《刑法》中最为普遍的适用方式，共有50个罪名适用这种方式。

与1979年《刑法》的规定相比，❶ 现行的立法规定有以下三个特点。

1)《刑法》分则中的个罪仍然没有规定没收财产的具体数量，司法操作

---

❶ 1979年《刑法》所规定的适用没收财产的方式包括：①得并制是最普遍的一种适用方式，共有20个条文采用这种方式。②必并制只适用于第155条贪污罪，即"并处没收财产或者判令退赔"。③罚金与没收财产择一得并制，即"可以并处罚金或者没收财产"，有2个条文、3个罪名采用这种方式：第122条伪造国家货币罪、贩运伪造的国家货币罪和第169条引诱、容留妇女卖淫罪。④罚金与没收财产择一得并或单独适用制，即"可以并处、单处罚金或者没收财产"，有2个条文、2个罪名（第117条投机倒把罪和第120条伪造、倒卖计划供应票证罪）采用这种方式，这种方式包含了没收财产刑单科制。

性差。❶ 加上《刑法》总则也没有从禁止剥夺的角度限定剥夺的范围，其结果是，一方面法官不知如何操作，无法确定是部分没收还是全部没收；另一方面，法官的自由裁量权过大，不利于对犯罪人财产的保护。❷

2)"得处"的情况变少，强制性科处的情况增多。现行《刑法》较多地采取必并制方式（包括"并处没收财产"和"并处罚金或者没收财产"两种情形），相对于1979年《刑法》较多地采取"得并制"而言，没收财产刑适用的强制性程度有所增加（除了危害国家安全罪为弹性规定，其余均为硬性规定）。

3)没收财产实际上已是一种只能附加适用的"纯粹"附加刑。尽管《刑法》总则中规定"附加刑可以单独适用"，但现行《刑法》分则中没有单科没收财产的规定，这是对1979年《刑法》可以单处没收财产刑立法的改变。

我国没收财产刑适用范围广、适用强制性大的特点表明了立法者对没收财产刑的肯定态度。但是，从近现代世界刑法的发展趋势来看，没收财产刑日渐式微。同时，鉴于我国《刑法》的立法技术不精、司法适用困难，在这样的背景下，国内理论界废止没收财产刑的声音不断。那么，我国《刑法》到底应该做怎样的选择呢？

二、没收财产刑具有现代意义的刑罚品性

要决定没收财产刑的存与废，首先要以现代刑罚观来考察没收财产刑是否具有刑罚品性：如果不具有，则应坚决废止，没有缓和的余地；如果具有，只是立法规定存在某些不合适的地方，则可修改完善。而判断其是否具有刑罚品性和独特性，要从刑罚本质属性、刑罚的法哲学根据、刑罚的功能、刑罚的目的以及刑罚与罚金刑的比较等维度来考察。

（一）从刑罚的本质属性来看

刑罚是国家为了防止犯罪行为对法益的侵犯，由人民法院根据刑事立法，

---

❶ 立法的粗疏导致没收财产刑存在适用上的困难，在司法实践中效果有限。"没收财产刑执行率低的问题比罚金刑更为突出。其原因在于，在判前阶段，由于没收财产刑通常适用于重罪，因此根本不能寄希望于被告人主动缴纳；在判决时，对没收部分财产刑的数额难以确定，通常是估算出一个大概的数额，而这个数额与财产刑所指向的被告人实际拥有的合法财产之间没有形成合乎逻辑的关系，以致时常出现没收财产的数额大于被告人财产的情况；在执行阶段，解决不了对共同财产进行析产的问题，无法确认个人财产范围。"参见重庆市第一中级人民法院课题组．财产刑执行情况的调查报告 [J]．西南政法大学学报, 2004 (5): 54-62.

❷ 蒋兰香．论没收财产刑的立法完善 [J]．政法学刊, 2001 (1): 29-32.

对犯罪人适用的，建立在剥夺性痛苦的基础上的最严厉的强制措施。使犯罪人承受一定的剥夺性痛苦是刑罚的惩罚性质，也是刑罚的本质属性。

没收财产刑是国家借助其强制力，强制地剥夺犯罪人的合法财产的一部甚至全部。犯罪人被剥夺财产之后，丧失了对该财产的所有权，既无法从物质层面享用该财产，也丧失了对该财产的精神享受，犯罪人因而所承受一定的剥夺性痛苦是不言而喻的。所以，没收财产刑具有刑罚的本质属性。

（二）从刑罚的法哲学根据、刑罚的功能和刑罚的目的来看

没收财产刑能够满足相对主义刑罚观的要求。刑罚既然是一种痛苦，是一种恶，那么，它存在的正当理由是什么？对此问题的回答，理论界早期有绝对报应主义和功利主义两种对立立场的解读。绝对报应主义是基于道义原则"善有善报、恶有恶报"的绝对报应。功利主义观点认为，刑罚是为了预防犯罪（如边沁认为，对犯罪人科处刑罚不是以使犯罪人遭受痛苦为目的，而是为了使犯罪人通过刑罚惩罚改过迁善，适应社会生活，不致将来再犯罪，同时规诫其他人不要重蹈覆辙）。这两种观点都存在各自的缺陷。为了克服绝对报应主义刑罚观的"为报应而报应"的盲动和单纯功利主义刑罚观的为了达到善的目的而把犯罪人置于工具地位的缺陷，相对报应论（即并合主义）应运而生，其"因为有了犯罪并为了没有犯罪而科处刑罚"的理念，实际上是既保护法益又保障人权的有机调和，因具有合理性而为现代社会所普遍接受。我国《刑法》也采取了相对报应论。❶

按照相对报应论，作为犯罪的法律后果的刑罚之上限是对犯罪的报应所需的刑罚量，在这一上限之下，再根据犯罪者的人身危险程度适当下调。于是，刑罚的配置便做到了既实现罪有应得，也顾及了特殊预防，把罪刑均衡和刑法的个别化有机地协调了起来。❷

以相对报应论考察没收财产刑，在部分没收财产的情况下，能够满足相对主义刑罚观的要求，是没有疑问的；关键是全部没收财产是否符合相对主义刑罚观。即使在全部没收财产的情况下，也有其存在的合理性。首先，看全部没收犯罪人的财产功利的一面：全部没收犯罪人的财产，犯罪人失去了进一步犯罪的物质基础，具有特殊预防作用；全部没收财产对其他人的警示作用也是不言而喻的。其次，在实在法意义上，人权是指人依法所享有的基本权利，而基本人权包括生命权、健康权、自由权、平等权和财产权等。尽

---

❶ 张明楷. 新刑法与并合主义 [J]. 中国社会科学，2000（1）：103-113.
❷ 冯军，等. 刑法总论 [M]. 北京：中国人民大学出版社，2008：504.

管财产权是保证自由权的前提，但财产权不直接等于自由权，它的重要性是次于生命权、健康权和自由权的。也正因为如此，刑法规定为保护生命健康而损失财产的紧急避险才有合理性根据。由此出发，只要剥夺自由（剥夺高层级的法益）的拘役和徒刑有合理性，那么，任何人都没有理由认为没收财产刑（剥夺低层级的法益）太残酷、不人道而具有不正当性。这是没收财产刑符合相对报应主义的一面。总之，根据相对报应主义，国家在报应的限度内剥夺犯罪人的合法财产是正当的，即使剥夺其全部合法财产亦然。

刑罚功能是刑罚的做功能力，它的发挥贯穿于运用刑罚的全过程。刑罚的目的是预防犯罪，包括一般预防与特殊预防。刑罚功能的发挥与刑罚目的的实现是一个问题的两个方面，我们把这两个方面统一起来考察。一般而言，刑罚具有以下功能：限制或者剥夺再犯能力、惩罚功能、威慑功能、改造功能、安抚功能、补偿功能、法治教育功能、强化规范意识功能等。按照这些功能与预防犯罪的特殊预防和一般预防的关联程度，划分为赖以实现特殊预防的功能和赖以实现一般预防的功能，前者包括限制或者剥夺再犯能力、个别威慑功能和教育感化功能，后者包括一般威慑功能、法制教育功能、安抚功能和补偿功能、强化规范意识功能。

没收财产刑具备全部的刑罚功能，其功能有助于"双面预防犯罪目的"的实现。英国哲学家休谟说，财富在一切时候对一切人都有价值，因为总能用它买来欢乐。因此，失去了财产，便失去了财产所能带来的精神享受，失去物质享受的自由，失去凝固化的或具体化的自由。没收财产刑借助国家的强制力，强制地对犯罪人的合法财产的一部甚至全部予以剥夺，犯罪人因而失去了对该财产的占有权、使用权、收益权和处分权，使罪犯本人认识到，其犯罪行为一旦被发现而被判处没收财产时，不但不能因犯罪而获利，还会丧失现有的财产。由此，没收财产刑的限制或者剥夺再犯能力、个别威慑功能和教育感化功能得到了发挥。结果是，在客观上剥夺了该罪犯再犯的物质条件，也就削弱了其再犯能力；使该罪犯失去一定的物质享受和经济基础的没收财产刑，可以抑制犯罪动机的再现，当其再次想实施犯罪时，就会在趋利避害心理的支配下终止再犯罪的意图，这就同时发挥了教育感化功能。其他的一般人看到犯罪人因犯罪而被施以没收财产刑并丧失了对财产的所有权，犯罪人无论在物质上和精神上都承受了痛苦，因而他们在想要实施犯罪时必定会权衡利弊，将犯罪的念头消灭在萌芽状态；同时，联想到自己因守法而不落入刑罚制裁，从而会强化其规范意识。借此，没收财产刑的一般预防功能得到了发挥。当刑事被害人看到犯罪人因犯罪而被施以没收财产刑，将承受物质匮乏的煎熬和精神痛苦时，其在心理上也就得到了抚慰。可见，没收财产刑功能的发挥过程实现了对犯罪的特殊预防和一般预防的目的。

(三) 与罚金刑相比没收财产刑具有的独特功能

罚金刑与没收财产刑都属于财产刑，且在我国都被作为附加刑。如果没收财产刑没有区别于罚金刑的独立个性，就可以为罚金刑所取代。尽管意识形态的对立在不断弱化，我国的法学研究也不再过分强调法律的阶级性而逐步摆脱"左"的枷锁，但是必须承认法律的阶级性，绝对不能抹杀法的阶级性。如果不讲法律的阶级性，就很难说明为什么社会底层（被统治阶级）的利益诉求往往上升不到国家意志层面而成为法律的内容；如果不承认法的阶级性，那么，各国把危害国家安全犯罪、黑社会性质犯罪等作为严重的危害行为就不再有合理性根据。因此，当我们坚持"法律是社会利益的调整器"，强调"法律对社会的规范功能"时，还要清醒地认识到，法律对社会的调整是按照立法者（即统治阶级）的意志进行的，这就是"法律的专政功能"。由此，我们必须承认刑法、犯罪和刑罚都有阶级性的一面。没收财产刑与罚金刑虽然都属于财产刑，但是，没收财产刑尤其是在全部没收的情况下，对罪犯经济权利之彻底的否定功能是罚金刑所不具有的。这也正是罚金刑无法完全替代没收财产刑的原因。

三、西方发达国家废止没收财产刑的原因分析

在西方古代刑法中，没收财产刑的适用相当普遍。[1] 然而到了近代，大多数资本主义国家的现行刑法都废除了没收财产刑。英国于19世纪后半叶废止了没收财产刑，意大利、日本、德国、瑞士等国在19世纪末20世纪初相继

---

[1] 西方奴隶社会具有代表性的《汉谟拉比法典》《十二铜表法》中就设有没收财产刑这种刑罚。随后的封建时期的西方各国，由于生产方式的变革和生产力的长足发展，大多数人在私有财产方面相对独立，拥有了属于个人所有的财产，这是封建社会没收财产刑日渐普遍的物质基础。在日耳曼法中，根据公元780年查理大帝颁布的萨克森地区敕令，规定对侵犯国王、教会、领主等违背忠孝义务和信仰的严重犯罪一般要处死刑，并没收其财产。在英国刑法中，12世纪初出现了重罪与轻罪之分，而对于重罪一律适用没收财产刑。据英国著名法学家布莱克斯顿的考证，是否没收财产是当时英国重罪（felony）与轻罪的区别，"felony"一词在词源上便包含没收财产之意。在俄国法律中，《1497年会典》规定，对于一个众所周知的被指控行窃、抢劫、杀人、暴力侵凌和进行其他卑鄙勾当的歹徒，应处以死刑，没收其财产偿付诉讼金额，多余部分归法官。对于第二次行窃的小偷应处以死刑，其财产偿还原告所遭受的损失，多余部分归法官。在日本刑法中，德川幕府时期，刑罚分为正刑、闰刑和附属刑。其中，附属刑中就有缺处，即没收财产的规定。概括起来，封建时期的西方国家普遍规定了没收财产刑，不但没有区分一般没收与特别没收，而且把犯罪人和家属收为奴隶。没收财产刑的广泛存在是与当时社会的政治、经济和法律制度特点相适应的。

取消了没收财产刑，美国自建国后就未采用没收财产刑。这些国家现行刑法典所规定的没收是指特殊没收，没收的对象主要包括危险物品、供犯罪所用之物、供犯罪预备之物、组成犯罪行为之物、犯罪行为孳生之物、因犯罪行为取得之物以及以上物品的代价物等。那么，这些国家为什么都纷纷在立法上废除没收财产刑呢？

（一）从"私有财产神圣不可侵犯"的宪法原则能否直接推导出应该废除没收财产刑

现有的国内研究资料显示，不少人认为，大多数资本主义国家以没收财产刑与资产阶级"私有财产神圣不可侵犯"的宪法原则相违背为由，取消了没收财产刑，只规定了特殊没收。❶ 这一见解也是我国主张废除没收财产刑者的重要依据。

笔者不赞成这一说法。如果说没收财产刑因与"私有财产神圣不可侵犯"的宪法原则相抵触而没有存在的余地，那么，同样地，罚金刑也是剥夺犯罪人的金钱，也就没有存在的余地，也应被废止。再进一步推理：西方发达国家的宪法确立了公民的自由权，那么，剥夺或者限制自由的刑罚也因与宪法原则相矛盾而应该全部废除，这显然是不合理的。可见，以"私有财产神圣不可侵犯"的宪法原则为根据来证明应该取消没收财产刑，这样的推理显然是不成立的。再看《世界人权宣言》，其第17条规定："人人得有单独的财产所有权以及同他人合有的所有权，任何人的财产不得任意剥夺。"该条规定任何人的财产不得"任意"剥夺，但没有排除在犯罪的特殊场合国家可以"依法"剥夺。换言之，法律完全可以规定对犯罪人的财产"依严格的法律程序慎重地予以剥夺"。正如有的学者所说，"从法理上来说，没收财产刑并不违背'私有财产神圣不可侵犯'原则，或者说两者之间不形成逻辑上的矛盾与冲突。正如宪法保护公民的人身自由，并不能由此否认自由刑的正当性"❷。

（二）西方发达国家在立法上废除没收财产刑的原因之我见

如果说"一部法律永远是那一个时代的法律"的话，那么，当时的社会物质条件所决定的政治、经济、文化因素才是立法废止没收财产刑的真正原

---

❶ 曲新久. 没收财产：一种应当废除的刑罚 [N]. 检察日报，2000-03-16（03）；赵善芹. 试论我国没收财产刑的废止 [D]. 北京：中国政法大学，2006：10；万志鹏. 没收财产刑废止论：从历史考察到现实分析 [J]. 安徽大学学报（哲学社会科学版），2008（5）：67-73.

❷ 陈兴良. 本体刑法学 [M]. 北京：商务印书馆，2003：714.

因。回溯 17 世纪末至 18 世纪初的西欧社会，便会发现西方发达国家废除没收财产刑是出于下列原因。

1) "资本主义""资产阶级"，这些称谓像标签一样标示着其作为一个群体对于"资本""资产"天生的"青睐"。正如地主阶级把"土地"视为其"命根子"一样。何为资本？资本是能够带来剩余价值的价值。社会发展到资本主义时代，科学技术的发展导致人们更加看重财物的动态流转价值，物的价值性更是在物的动态流转中得到了极限的发挥。所以，时代赋予了"资本主义""资产阶级"机会，使其天生地偏爱财产，且偏爱程度远远超过以前的任何社会。

2) 财产的时效性日益受到重视。在前资本主义社会，与低下的社会生产力水平相适应，财产的精神折旧率很低；而到了近代，在科技飞速发展的背景下，虽然财产的有形磨损是有限的，但由于科技的发展，财产的无形磨损却是飞快的，这也促使财产的流转不得不加速。财产的无形磨损又促使人们不得不重视财产的时效性。一般而言，由于没收财产刑把财产收归国家，从而在一定程度上迟滞了财产的流转进程，妨碍了财产效益的发挥。

3) 财产的主体特殊效用性。随着生产力的日益发达，一方面，"资本""资产"的具体种类不断增加；另一方面，人们对同一种财物属性的认识不断深化和拓宽。在封建社会，人们多用铁做铁锹、镰刀和刀枪等，但是后来人们认识到铁有更多用途，如可用来制成铁丝以导电，还可将铁与铝制成合金等，物的用途多了起来。而且，物的新用途往往能带来更多效益。正是由于社会不断发展，社会分工日益细化，导致物的用途多样化，以至于形成了不同人对于同一物的性能利用的差异性。在这样的背景下，财产的主体对其财产的性能、价值是最为熟知的，因而在非自主意志下，财产归属的变更极有可能不利于对特定财产的最大限度的利用。

4) 从感情上来说，人们会对自己长期持有和使用的财物产生感情，以至于敝帚自珍。如果这些财物突然被强制剥夺，则极易伤害人的感情。其结果是，没收财产刑有意无意地徒增仇恨而不利于罪犯内心的改造。这或许是罚金与没收财产的最大区别之一：罚金是判令罪犯在一定期限内上缴一定金钱以承担他的罪责，而没收财产是直接将罪犯的全部或部分现有财产收缴国库。没收财产刑对个体合法财产的剥夺是运用"武力"手段进行的。正源于此，边沁早在 19 世纪就严厉斥责没收财产刑："没收是几乎在整个欧洲都残存的野蛮之刑。这样的刑罚是极其令人厌恶的，因为它只是在危险业已消失之后才适用；更大胆地说，因为它强化了应尽可能消除的敌对情绪与复仇精神。"❶相反，"以钱赎罪"作为承担刑事责任的方式，是一种古老且宽容的刑罚遗风，责令犯罪人缴纳罚金比较容易令其接受。

5）没收财产刑实施后，需要对没收的财产进行看管、保存、储藏、估价、拍卖。这一系列处置过程的耗费很大，这也是没收财产刑不经济的一面。

6）近代以来，资产阶级国家的暴力一面被蒙上了一层温和的面纱，罚金刑较之没收财产刑显得更为温和。在奴隶社会和封建社会中，统治阶级与被统治阶级的压迫与被压迫、统治与被统治的对立关系十分明显。没收财产刑的霸道性在当时的社会背景下能够被容忍和接受。然而，以"天赋人权""人民主权""社会契约"为理论基础，以民主自由、平等、博爱为旗号的资产阶级通过三权分立，建立起相互制衡的国家机器，国家的专横性和暴力性被弱化了。没收财产刑的霸道性与资产阶级国家机器之暴力弱化的趋势不吻合，因而不受资产阶级的青睐，或者说，没收财产刑至少不是首选的刑种。这也是众多资产阶级国家纷纷废除或者大幅度削减没收财产刑的原因之一。❷

总体上看，多数西方发达国家废止没收财产刑有一定的道理，但绝不能因此就得出"没收财产刑在现代社会根本没有存在的余地"的结论，实际上，有些国家从未规定没收财产刑。至于我国是否应取消没收财产刑，则需要研究其在我国存在的原因以及我国当今的社会条件。

四、我国《刑法》一直保有没收财产刑的特殊原因

一方面，没收财产刑具有现代意义的刑罚品性，可以作为现代刑罚手段

---

❶ 边沁. 立法理论：刑法典原理[M]. 孙力，李贵方，等译. 北京：中国人民公安大学出版社，2004：73.

❷ 必须说明的是，国家机器的暴力性是无法彻底隐去的，一旦有可能动摇资产阶级国家存在的根基的情况发生，其国家的暴力一面便会自然暴露出来。所以，对于危害国家安全罪和其他严重犯罪，没收财产刑仍然是某些西方发达国家刑罚手段中最猛的"良药"之一。例如，1996年颁布的《俄罗斯联邦刑法典》把没收财产作为附加刑加以规定。该法第52条规定："1. 没收财产是将被判刑人所有的全部财产或者部分财产强制性地无偿收归国家所有。2. 没收财产适用于出于贪利动机的严重的或特别严重的犯罪，且只有在本法典分则相应条款有规定的情况下法院才能判处。"再如，虽然法国1994年生效的《新刑法典》总则中只规定了"特别没收"，没有规定对被判刑的人实行"一般没收"。但是，在分则条文的一些严重犯罪中却有规定。"一般没收"在"反人类之重罪"的强制性附加刑有所规定（《新刑法典》第213—1条）；在毒品走私犯罪中，"一般没收"作为任意性附加刑得到规定（《新刑法典》第222—49条第2款）；《法国刑法典》第422—6条规定："自然人或法人经认定反恐怖活动罪的，亦可处没收其全部或一部财产之附加刑，不论财产性质如何，是动产还是不动产，是可分财产还是不可分财产。"参见斯特法尼，等. 法国刑法总论精义[M]. 罗结珍，译. 北京：中国政法大学出版社，1998：494.

之一；另一方面，西方发达国家大多从立法上废止了没收财产刑。那么，我国《刑法》该怎么办？这就需要研究我国《刑法》维持没收财产刑的特殊原因，以分析没收财产刑存在的合理性。这种合理性体现在以下几个方面。

(一) 受中国传统法律文化的影响

没收财产刑在我国古代刑法史上可以说源远流长。从史料上看，关于没收财产刑的明确记载最早见于战国时期魏国的《法经》。东汉桓谭的《新论》中曾辑录了《法经》的部分内容："秦、魏二国，深文峻法相近。《正律》略曰：杀人者诛，籍其家及其妻氏……其杂律略曰：夫有一妻二妾，其刑膑；夫有二妻则诛。妻有外夫则宫，曰淫禁。盗符者诛，籍其家；盗玺者诛；议国令者诛，籍其家及其妻氏。"其中，"籍"即为没收之意。这段记载表明《法经》中没收财产是作为重大犯罪的附加刑使用的，同时还把罪犯甚至其亲属罚为奴隶。自此之后，我国历朝历代封建王朝均将没收财产刑规定于刑律之中，直到清末修律，这种状况才发生变化。

以唐律为例，其将没收财产刑称为"没官"，并分别规定了特定财产的没官是一般财产的没官。特定财产的没官是指彼此俱罪之赃及犯禁物的没官（"彼此俱罪"包括受财枉法、受财不枉法、受所监临财物、坐赃等罪，无论是授财方还是受财方都构成犯罪，其赃物即以没官。"犯禁物"，是指兵器、禁书、室印之类，对犯禁物也予以没官。一般财产的没官，唐律称为薄敛之物没官，就是将谋反、大逆正犯的所有财产没官）。《唐律·盗贼》规定："诸谋反及大逆者，皆斩。父、子年十六以上，皆绞；十五以下及母女、妻妾、祖孙、兄弟、姊妹，若部曲、资财、田宅，并没官。"

直到清朝末年，清政府迫于内外压力被迫修律。在借鉴德、日刑法立法的基础上，清政府于1910年颁布了《大清新刑律》。《大清新刑律》打破了传统的封建刑罚体系，废除了没收财产刑，只规定了特别没收。其所规定没收之物为：违禁私造、私有之物；供犯罪所用及预备之物；因犯罪所得之物。此后，中华民国政府和之后的国民党政府基本沿袭了《大清新刑律》的内容，如1935年的《中华民国刑法》规定："违禁物不问属于犯人与否，没收之。"供犯罪所用或供犯罪预备之物，"以属于犯人者为限，得没收之"，"免除其刑者，乃得专科没收"，"没收于裁判时并宣告之，但违禁物得单独宣告之"。不过，由于中国近代社会政权更替频繁，有关的立法没有很好地实行。之后，随着中国共产党的胜利，中华人民共和国宣布废除国民党的"六法全书"，清末以来所谓的变法成果对我国社会发展和现行的法律并未产生直接影响。

如果说人类与动物的根本区别在于其社会性，那么社会较之于自然的特殊性，就在于文化（尤其是传统文化）。传统文化、习俗和固有的观念像挥之不去的"魔咒"，无时无刻不在影响着现实中的人。既然中华民族素有重刑主义传统、专制主义传统和社会本位传统，那么，与这些传统相适应，没收财产刑的存在是必然的。❶ 而且，中国古代社会长期以来形成了"家国一体"传统、"家""国"不分的"家天下"观念：奴隶社会里"溥天之下，莫非王土；率土之滨，莫非王臣"❷、封建社会中皇帝乃上天之子而拥有天下，被视为天经地义。在这样的历史土壤和社会氛围中，有谁会去质疑国家对犯罪人施以没收财产刑有无道理呢？

（二）对革命战争时期法律的继承

我国 1979 年《刑法》的没收财产刑是对革命时期中国共产党领导下的工农民主政权、革命根据地、解放区人民政府的刑事法律，以及中华人民共和国成立后为彻底肃清反革命分子、稳定新生政权所颁布的法律法规中相应条文的继承和发展。例如，1934 年公布的《中华苏维埃共和国惩治反革命条例》第 39 条规定："凡犯反革命罪，除处一定的主刑外，没收其本人的财产一部分或全部。没收的财产有刑事案件中的违禁品、犯罪所用之物或犯罪所得之物、本人应得财产的一部或全部分。"再如，抗战时期的《陕甘宁边区抗战时期惩治盗匪条例》等解放区颁布的刑事法令中也有关于没收财产刑的规定。又如，中华人民共和国成立之后，1951 年 2 月公布了《中华人民共和国惩治反革命罪条例》，其中第 17 条规定："犯本条之罪者，得剥夺其政治权利，并得没收其财产的一部或全部。"再如，1952 年 4 月颁布的《中华人民共和国惩治贪污罪条例》第 3 条规定："犯贪污罪，其罪行严重的，得没收其财产的一部或全部。"直到 1950 年 7 月，中央人民政府法制委员会印发了《刑法大纲（草案）》，规定刑罚共 11 种，其中包括没收，并把没收的范围规定为：构成犯罪之物；因犯罪所得之物或利益；供犯罪所用之物；不属前三种的犯人所有的财产的全部或一部。显然，该草案以刑罚形式规定了一般没收与特别没收。

---

❶ "存在即为合理，合理终将实现"是黑格尔著名的辩证思想。一般而言，存在的就是合理的，尽管有时候存在的未必都是合理的，但笔者在这里强调存在的必然性，而不讨论是否合理的问题，合理与否将在下文中讨论。

❷ 《诗经·小雅·北山之什·北山》。

（三）马克思主义政治经济学根据和对苏联刑事立法的借鉴

从阶级和阶级斗争的角度来考察，刑罚应是实现国家职能的手段和国家权力强制性的表现。马克思说："由于国家是从控制阶级对立的需要中产生的，由于它同时又是在这些阶级的冲突中产生的，所以，它照例是最强大的、在经济上占统治地位的阶级的国家，这个阶级借助于国家而在政治上也成为占统治地位的阶级，因而获得了镇压和剥削被压迫阶级的新手段。"❶ 马克思主义的剥夺"剥夺者"理论为社会主义国家的没收财产刑提供了政治学根据。马克思主义要求，为建立、巩固自己的政权，无产阶级必须以一定的经济为基础，而广大社会财富却集中在资产阶级（或者地主阶级，列宁语）手中，因而社会主义国家都注重对敌对分子适用没收财产刑。从社会经济条件来看，社会主义国家经济制度的基础是生产资料的社会主义公有制，但社会主义国家的经济制度不可能无中生有，公有制经济的形成最初主要是靠对剥削阶级财产的没收。特别是社会主义国家的性质是无产阶级专政，强调对人民民主，对敌人专政，其作为新生力量，建立伊始在国际环境中就受到资本主义国家的仇视和资本主义世界的包围，面临被颠覆的危险，社会主义国家危机感很重，因而，更加强调国家作为专政机器的一面，强调国家权力、强调对敌（罪犯）专政、强调维护国家利益（包括政治的、经济的等方面）。

以马克思主义的政治经济学理论为指导，社会主义各国从成立至今，始终把没收财产刑作为打击严重犯罪的有力武器而规定在刑法之中。1922年《苏俄刑法典》明确规定"没收财产的全部或一部"是刑罚的种类之一，该法典第38条规定："没收财产，是把被判刑个人所有财产的全部或者经法院明确指定的一部分强制无偿地收归国有。"虽然后来苏联刑法历经修订，甚至没收财产也同其他刑种一道改称过"社会保卫方法"，但其刑罚性质始终没变。受苏联影响，第二次世界大战之后成立的社会主义国家，如罗马尼亚、保加利亚、波兰、南斯拉夫、蒙古国、越南等无一例外地在自己的刑法中设置了没收财产刑。我国《刑法》关于没收财产刑的规定直接借鉴了苏联刑事立法。❷

---

❶ 中共中央马克思恩格斯列宁斯大林著作编译局. 马克思恩格斯选集：第四卷 [M]. 北京：人民出版社，1972：168.

❷ 应当说明的是，在取得政权之后，进入社会主义建设时期，随着社会物质生产方式产生的利益和需要发生变化，国家所采用的手段也会逐渐发生变化，即国家以其基本职能和权力为基点，对刑罚的形式（包括没收财产刑）进行适当的调整。其表现之一是缩减没收财产的适用范围，将没收财产作为严重犯罪的附属刑罚加以适用，以保护重大公共利益，维护统治秩序和社会稳定。

(四) 中国当代社会的现实条件所决定

在1997年修订《刑法》之前，国内刑法学界关于没收财产刑的存废之争就很激烈，但是，立法者的最终选择是继续扩大没收财产刑的适用范围和适用对象。其中的重要原因之一是，改革开放把中国社会带入急剧转型的历史时期，新旧观念碰撞、新旧制度交替，社会的急剧发展必然会导致失范现象，尤其是在市场经济条件下，经济失范现象更加普遍，必须扩张没收财产刑，才能在社会经济方面"扶正祛邪"，从而为改革开放保驾护航。

值得注意的是，自1997年修订《刑法》之后颁布的一部单行法《全国人民代表大会常务委员会关于惩治骗购外汇、逃汇和非法买卖外汇犯罪的决定》和七部《刑法修正案》都没有对没收财产刑进行增减，但《刑法修正案（八）》对于黑社会性质的犯罪增设没收财产刑："组织、领导黑社会性质的组织的，处七年以上有期徒刑，并处没收财产；积极参加的，处三年以上七年以下有期徒刑，可以并处罚金或者没收财产。"这是国家为了严惩黑社会犯罪之现实需要的反映。

我们必须清醒地认识到，没收财产刑的存在是否具有合理性是一回事，而我国的现行立法是否妥当是另外一回事。笔者有时怀疑，西方社会法治的形成和运转与其对上帝的笃信是否有关？如果对上帝的信仰确实有助于人们的良心培养和自律习惯的形成，那么笔者宁愿相信上帝是存在的。或许如鲁迅先生所说，"这正如地上的路：其实地上本没有路，走的人多了，也便成了路"。由此，没收财产刑的合理性是一回事，没收财产刑的立法是否得当是另一回事，而没收财产刑所产生的效用又是另一回事。既然此刑在我国《刑法》中存在，那么存在本身就是合理性的直观证成。

五、废除没收财产刑的理由不足以击溃现行的没收财产刑立法

（一） 对废除没收财产刑的几个主要论据之批驳

主张废止论者多认为没收财产侵犯了基本人权❶，"没收财产刑违反宪法精神"❷。有人还进一步指出，《中华人民共和国宪法修正案（2004年）》将"国家尊重和保障人权"写入宪法，将《宪法》第13条修改为："公民的合

---

❶ 万志鹏. 没收财产刑废止论：从历史考察到现实分析 [J]. 安徽大学学报（哲学社会科学版），2008（5）：69-70.

❷ 熊向东，王思鲁. 再论没收财产刑的废止 [J]. 河南财经政法大学学报，1998（1）：57-59.

法的私有财产不受侵犯。国家依照法律规定保护公民的私有财产权和继承权。"在这样的背景下，再以维护重大公共利益的需要为由设置没收财产刑，是缺乏法律根据的。❶ 实际上，上述观点难以成立。因为论者忽略了《中华人民共和国宪法》（以下简称《宪法》）第33条还同时规定了"任何公民享有宪法和法律规定的权利，同时必须履行宪法和法律规定的义务"，忘记了"任何权利都不是绝对的""任何权利都是有限的"的法律常识。

有学者指出，"财产利益的不均等性决定了人有贫富之分。于富者而言，部分财产可能就是万贯家财，而对贫者来说，全部财产亦不过是寥寥无几。因此，在同样罪行的情况下，适用没收财产刑，犯罪人被剥夺的财产一般而言是不相等的，刑罚的轻重与犯罪的轻重亦不相当，这就有违法律面前人人平等和罪刑相适应的基本原则"❷。笔者认为这一观点值得商榷。我国《刑法》第4条规定："对任何人犯罪，在适用法律上一律平等。不允许任何人有超越法律的特权。"《刑法》分则也没有规定一些人虽然实施了严重危害社会的行为，但因其地位高贵而不受刑法约束；同样没有规定因为一些犯罪者的地位低下而只要其轻微违法便处以刑罚。刑法更没有规定因为被害人的高贵或者窘迫而减轻或者加重犯罪者的刑事责任。法律上的平等不是"平均"；罪责刑的均衡并不要求绝对的和僵化的"罪刑对等"。

还有人认为，"对犯罪人判处了死刑，其严厉程度已经无以复加，或者判处无期徒刑，已经严厉到剥夺人的终身自由的时候，仅以生命刑和自由刑，就已完全实现了刑罚的公正性要求"，就不再需要其他的附加刑罚来实现刑罚公正。"在已经给罪犯判处了死刑或者无期徒刑时，无论对于被害人还是社会公众，其报应感情就能得到满足，也足以警戒他人不能实施犯罪，从而达到了一般预防的目的；在已经判处了死刑或无期徒刑时，犯罪人就根本没有可能再利用其财产作为犯罪的手段，此时再附加的没收财产对预防犯罪没有必要，因而也就不是刑罚的功利性所要求的。"❸

这种观点实际上是经不起推敲的。刑罚虽然具有报应和预防两个方面的价值，但这两个方面的价值并非对任何刑罚、在任何时候都是并驾齐驱而不分主次的。在没收财产刑附加于无期徒刑和死刑的场合，没收财产刑的主要价值是报应和威慑。再者，不同的刑罚具有不同的功能，死刑和无期徒刑虽然是严厉的刑罚，但绝不意味着死刑可以取代其他刑罚方法。对于罪行极其严重的死刑

---

❶ 赵善芹. 试论我国没收财产刑的废止 [D]. 北京：中国政法大学，2006：37.
❷ 熊向东，王思鲁. 再论没收财产刑的废止 [J]. 河南财经政法大学学报，1998（1）：57-59.
❸ 李洁. 论一般没收财产刑应予废止 [J]. 法制与社会发展，2002（3）：97-103.

犯或者无期徒刑犯，仍然可以依法根据具体的案情，附加适用剥夺政治权利等资格刑，当然也可以附加适用罚金、没收财产等财产刑。

（二）对主张以罚金刑替代没收财产刑的观点的驳斥

有论者认为，相比较而言，罚金刑利大弊小，有补救的可能，且补救措施容易操作；而没收财产刑则是利小弊大，补救困难。如果在两种财产刑中选择一种予以保留，其必然结论是保留罚金刑，废止没收财产刑。❶

笔者认为，罚金刑和没收财产刑虽有共性，但也有差异，罚金刑无法完全取代没收财产刑，原因如下：①为什么必须"在两种财产刑中选择一种予以保留"呢？显然没有必要取消一种而保留另一种。况且，正是因为"单独考察，没有任何一种刑罚独自具备所有刑罚的必要属性"❷，所以立法上才需要财产刑与自由刑、死刑的合理组合，才需要资格刑与其他刑种的恰当搭配，才会有无期徒刑、有期徒刑、拘役刑以及管制刑的共生。我国《刑法》目前只有两种财产刑，可以说刑法规定的财产刑的种类不是多了，而是少了。②难道罚金刑和没收财产刑二者水火不容，不能共生吗？显然不是。难道宪法或者刑法的基本原则强制性地规定"刑法只能设置一种财产刑"吗？显然没有。既然可以共生，为什么必须从二者中选择一个，而废止另一个呢？那种认为"没收财产刑完全可以由罚金刑包容"的观点❸，只看到了没收财产刑与罚金刑具有共性的一面，却根本没有看到没收财产刑的独立个性。前文已经指出，没收财产刑，尤其是在全部没收的情况下，其对罪犯经济权利之彻底的否定功能是罚金刑所不具有的，罚金刑无法完全替代没收财产刑。

六、没收财产刑路在何方

（一）对待没收财产刑的基本立场

前文论述了没收财产刑的现代刑罚品性、剖析了我国没收财产刑存在的原因和合理性，在解析资产阶级国家废除没收财产刑逐渐衰亡的基础上，针对废止论者的观点逐一作了批驳。至此，笔者的结论是，目前我国不应

---

❶ 李洁. 论一般没收财产刑应予废止 [J]. 法制与社会发展, 2002 (3)：97-103.

❷ 边沁. 立法理论：刑法典原理 [M]. 孙力, 李贵方, 等译. 北京：中国人民公安大学出版社, 2004：81.

❸ 王飞跃. 我国财产刑与刑法基本原则的背离及其完善 [J]. 华东政法学院学报, 2003 (5)：50-59.

废除没收财产刑。但是,我国《刑法》中没收财产刑的设定确实存在设置太泛、量化不足、与其他刑种不够协调、缺乏禁止没收的规定而难以保障基本人权等问题。因此,当务之急应该是针对没收财产刑存在的不足之处予以完善。

(二) 在设计没收财产刑时应该强调的几点

1) 没收财产刑是重刑手段。根据现行立法关于三种附加刑的排列,没收财产刑是列在资格刑、罚金刑之后的,表明立法者把没收财产刑定位为重刑手段。

2) 没收财产刑既有抑制罪犯贪利性的功能(此功能可与罚金刑互换),也有从根本上对罪犯彻底否定的威慑功能(此功能不可由罚金刑担当)。没收财产刑有其独立的价值,其功能并不能完全被罚金刑所涵盖。

3) 注意克服没收财产刑非效益性的一面。前文已述,在当今市场经济和科技高速发展的时代,财产的精神折旧速度飞快、财产的主体特殊效用性明显,没收财产刑有可能迟滞财产的流转速度,有一定的不经济性。

(三) 我国没收财产刑的完善要点

笔者主张,应适当收缩没收财产刑的适用对象和适用范围,并适当改变没收财产刑立法设置的粗疏问题以增强其可操作性,提升科处没收财产刑的灵活性,这将是没收财产刑改革的重点。

1. 在《刑法》总则中完善要点

1) 规定禁止没收的财产范围。第一,正面指出哪些财产不可没收。鉴于我国《刑法》第92条已经列出了公民所有的财产范围,为了适当限制没收财产的范围,在此前提下,还可正面指出哪些财产不可没收。《俄罗斯联邦刑法典》第52条第3款规定:"依照俄罗斯联邦刑事执行法典规定的清单,罪犯及其所供养人生活的必需财产,不得列入没收财产之中。"这一规定可资借鉴。第二,规定在非死刑和无期徒刑的场合,禁止设置和适用没收全部财产,只能没收犯罪分子的部分财产。至于在部分没收时具体的没收对象,法律是无法事先明确列举的,只能由法官全案衡平之后自由斟酌。

2) 不要把"没收财产刑"置于只能附加使用的地位。许多学者主张把我国刑法中的没收财产刑变为纯附加刑。❶ 有些人还指出,为了避免将来制定的

---

❶ 鲜铁可. 没收财产刑探究 [J]. 现代法学, 1995 (1): 20-23.

单行刑事法规中出现单科没收财产的情况，有必要在刑法总则中特别规定"没收财产只能附加适用，不能独立适用"，使之成为纯粹附加刑。❶ 笔者认为大可不必。没收财产刑有其独立的价值，其功能不能完全被罚金刑所涵盖，作为一种刑罚，它与其他刑罚手段一样，应该能够单独地作为解决刑事责任的手段。否则，没收财产刑的刑罚资格就值得怀疑了。所以，无论是将没收财产刑用于抑制罪犯贪利性，还是用于对罪犯彻底否定的威慑功能，它都能够也应该单独地承担起刑罚的使命。

2. 在《刑法》分则中完善要点

1) 鉴于没收财产刑是重刑手段，因此，其只能适用于那些严重的犯罪，包括全部的危害国家安全的犯罪和其他严重的普通犯罪。第一，对于全部的危害国家安全罪，区分情况分别规定"可以并处没收财产刑"或者"应当并处没收财产"，以发挥其对危害国家安全的罪犯彻底否定的威慑功能。第二，对于走私犯罪、毒品犯罪、黑社会犯罪、恐怖活动犯罪等配置"可以并处没收财产"。第三，对于其他犯罪，仅在判处 10 年及以上有期徒刑、无期徒刑或死刑时才配置"可以没收财产"；对法定刑为 10 年以下有期徒刑的犯罪不再配置没收财产刑。

2) 关于没收财产刑的设置，第一，增加单科没收财产的规定，使之成为既可单处也可并处的"完整"的附加刑；第二，在并处的时候以"得处"为原则，尽量不规定"强制处"，以便在司法环节可以酌情处理。

最后，没收财产刑的完善论者都无一例外地在完善没收财产的同时，重点讨论特殊没收的完善，并主张将特殊没收上升为附加刑。❷ 对此，笔者并不赞成。其一，这种讨论的必要性不大，因为二者的性质不同、适用的正当理由不同。其二，在我国《刑法》还没有形成刑罚与保安处分二元并立格局的情况下，无论是对物的保安处分还是对人的保安处分，都还没有上升到刑罚的资格，贸然将特殊没收上升为附加刑，在立法体例上存在问题。

---

❶ 方文军. 没收财产刑的主要弊端及立法完善 [J]. 中国刑事法杂志, 2000 (6): 26-32.
❷ 杨彩霞. 没收财产刑的困境和出路 [J]. 华东政法学院学报, 2001 (4): 48-52.

第二节　我国牵连犯定罪处罚规则的立法完善

【核心提示】现行《刑法》只有一些分则条文对牵连犯规定了不同的定罪处罚规则，而总则条文则没有一般性规定，这导致了对于牵连犯定罪处罚规则的混乱、矛盾局面。牵连犯定罪处罚规则的选取，由多种因素共同决定：牵连犯本质及其构成条件、犯罪的本质和刑罚观、国家对具体犯罪的刑事政策、数罪并罚制度等。若欲弭除抵牾，使立法对牵连犯定罪处罚规则规范化和科学化，宜在《刑法》总则中规定："对于牵连犯，从一重罪从重处罚。法律规定数罪并罚的，依照规定。"《刑法》分则规范在对特定的牵连犯作出数罪并罚规定时，要基于审慎的严惩政策；具体的司法解释也应尽量避免把所涉及的牵连犯解释为实行数罪并罚。此外，作为配套措施，还应修改我国的数罪并罚制度来促进牵连犯处罚规则的和谐。

一、"两高"发布的《解释》激化了对牵连犯定罪处罚规则设置的矛盾

由"两高"联合发布，并于2016年4月18日起施行的《最高人民法院、最高人民检察院关于办理贪污贿赂刑事案件适用法律若干问题的解释》（以下简称《解释》）第17条规定："国家工作人员利用职务上的便利，收受他人财物，为他人谋取利益，同时构成受贿罪和刑法分则第三章第三节、第九章规定的渎职犯罪的，除刑法另有规定外，以受贿罪和渎职犯罪数罪并罚。"这一司法解释是基于严惩贪污腐败和渎职犯罪的刑事政策而作出的。

我国《刑法》分则对于牵连犯定罪处罚规则的立法本身存在前后不一、相互矛盾的情形，而这一解释再一次将矛盾凸显和激化。例如，《刑法》第399条第4款规定："司法工作人员收受贿赂，有前三款行为的，同时又构成

本法第三百八十五条规定之罪的，依照处罚较重的规定定罪处罚。"❶ 考察1997年修订《刑法》时的社会背景，刑法之所以作出"从一重罪处罚"的规定，是鉴于司法工作人员乃十分重要的公职人员，司法公正是社会公正的最后一道屏障，出于严惩司法腐败的旨趣，立法者不但对"徇私枉法罪""枉法仲裁罪""民事、行政枉法裁判罪""执行判决、裁定滥用职权罪""执行判决、裁定失职罪"等配置了重于一般渎职犯罪的法定刑，❷ 而且，当行为人的行为同时构成受贿罪和司法渎职的牵连犯形态时，法律还规定从一重罪处罚。但是，根据《解释》第17条的规定，司法工作人员如果利用职务上的便利，收受他人财物，为他人谋取利益，同时构成受贿罪和相应司法渎职犯罪牵连犯形态，由于"刑法另有规定"，故不能适用该《解释》的"数罪并罚"，而只能"从一重处罚"。由此可见，《解释》不仅把《刑法》第399条第4款严惩司法人员受贿渎职的立法初衷抹杀殆尽，而且造成了新的矛盾：作为重要公职人员的司法工作人员受贿并渎职犯罪的，却不能数罪并罚（只从一重罪处罚）；其他国家工作人员受贿并渎职犯罪的，都必须数罪并罚。这便使一直存在的《刑法》关于牵连犯定罪处罚规则立法设定之矛盾冲突再一次得到激化而变得更加尖锐。

二、《刑法》对牵连犯定罪处罚规则的设定缺乏协调性是导致矛盾的直接原因

《刑法》总则没有明文规定牵连犯的定罪处罚规则，只有一些分则条文对具体犯罪的牵连犯形态规定了不同的定罪处罚规则。归纳起来，《刑法》分则

---

❶ 《刑法》第399条规定："司法工作人员徇私枉法、徇情枉法，对明知是无罪的人而使他受追诉、对明知是有罪的人而故意包庇不使他受追诉，或者在刑事审判活动中故意违背事实和法律作枉法裁判的，处五年以下有期徒刑或者拘役；情节严重的，处五年以上十年以下有期徒刑；情节特别严重的，处十年以上有期徒刑。在民事、行政审判活动中故意违背事实和法律作枉法裁判，情节严重的，处五年以下有期徒刑或者拘役；情节特别严重的，处五年以上十年以下有期徒刑。在执行判决、裁定活动中，严重不负责任或者滥用职权，不依法采取诉讼保全措施、不履行法定执行职责，或者违法采取诉讼保全措施、强制执行措施，致使当事人或者其他人的利益遭受重大损失的，处五年以下有期徒刑或者拘役；致使当事人或者其他人的利益遭受特别重大损失的，处五年以上十年以下有期徒刑。司法工作人员收受贿赂，有前三款行为的，同时又构成本法第三百八十五条规定之罪的，依照处罚较重的规定定罪处罚。"

❷ 普通的渎职罪，其法定刑设置为三档。《刑法》第397条规定："国家机关工作人员滥用职权或者玩忽职守，致使公共财产、国家和人民利益遭受重大损失的，处三年以下有期徒刑或者拘役；情节特别严重的，处三年以上七年以下有期徒刑。本法另有规定的，依照规定。国家机关工作人员徇私舞弊，犯前款罪的，处五年以下有期徒刑或者拘役；情节特别严重的，处五年以上十年以下有期徒刑。本法另有规定的，依照规定。"

条文所规定的具体情形有以下几种。

1. 从一重罪处罚

对于牵连犯，《刑法》分则条文仅规定从一重罪定罪，没有进一步明示从重或者加重处罚。其中，有明示和非明示的"从一重罪定罪"两种情形。

1) 条文明示从牵连的数行为中择一重罪而定罪，至于是否从重处罚，则没有明示。例如，《刑法》第399条第3款规定（见前文所引），当司法工作人员既受贿又枉法时，依照处罚较重的规定定罪：根据具体案件的情况，或者定受贿罪，或者定司法渎职犯罪，其原则是哪个罪重就定哪个。至于量刑时是否再从重处罚，立法则没有明示，交由法官自由裁量。

2) 条文选择"目的行为"或者"手段行为"中的"一行为"，将其设定为一罪而处罚。立法者虽没有明示选择处刑较重的犯罪定罪，但按照通常的情况而选择"目的行为"或者"手段行为"中性质严重的"一行为"而定罪处罚。第一，当目的行为重于手段行为的，选择目的行为。例如，《刑法》第208条第2款规定："非法购买增值税专用发票或者购买伪造的增值税专用发票又虚开或者出售的，分别依照本法第二百零五条、第二百零六条、第二百零七条的规定定罪处罚。"即《刑法》原本规定了"非法购买增值税专用发票、购买伪造的增值税专用发票罪"（第208条第1款）、"虚开增值税专用发票罪"（第205条）、"出售伪造的增值税专用发票罪"（第206条）、"非法出售增值税专用发票罪"（第207条），如果行为人出于虚开或出售的目的，非法购买增值税专用发票或者伪造的增值税专用发票之后又"虚开"或者"出售"的，刑法对于这种牵连犯规定按一罪处理（即按照虚开增值税专用发票罪、出售伪造的增值税专用发票罪和非法出售增值税专用发票罪来处断）。显然，一般情况下的"虚开"或者"出售"增值税发票行为比"非法购买增值税专用发票或者购买伪造的增值税专用发票"行为的社会危害性要重得多。又如，《刑法》第241条第5款规定："收买被拐卖的妇女、儿童又出卖的，依照本法第二百四十条的规定定罪处罚。"由此，收买被拐卖的妇女、儿童又出卖的，依法只能按"拐卖妇女、儿童罪"一罪而处断。第二，手段行为重于目的行为的，选择手段行为。例如，《刑法》第239条规定："以勒索财物为目的绑架他人的，或者绑架他人作为人质的，处十年以上有期徒刑或者无期徒刑，并处罚金或者没收财产；情节较轻的，处五年以上十年以下有期徒刑，并处罚金。"行为人绑架他人并勒索财物，或者绑架他人作为人质的，立法者认为剥夺人身自由甚至生命的手段行为重于强索财物或者其他要挟行为，故立法只选择手段行为定绑架罪一罪。也即，在立法者看来，这里的"绑架他人"手段行为比勒索财物或者其他目的行为，其社会危害性更严重，更值得用刑罚加以惩治和控制。

2. 从一重罪定罪并且明确要求从重

对于牵连犯，有的《刑法》分则条文规范规定从一重罪从重处罚。例如，《刑法》第171条第3款规定："伪造货币并出售或者运输伪造的货币的，依照本法第一百七十条的规定定罪从重处罚。"即伪造货币并出售或者运输的，以伪造货币罪从重处罚。同样，《刑法》第253条关于邮政工作人员私自开拆或者隐匿、毁弃邮件、电报，并且有盗窃行为的规定，也是如此❶。

3. 从一重罪定罪并且明确要求加重处罚

对于牵连犯，有的《刑法》分则条文规定从一重罪，把轻罪作为重罪的加重情节。例如，《刑法》第229条第1款规定，承担资产评估、验资、验证、会计、审计、法律服务等职责的中介组织的人员故意提供虚假证明文件，情节严重的，构成该罪的基本犯。第2款规定："有前款行为，同时索取他人财物或者非法收受他人财物构成犯罪的，依照处罚较重的规定定罪处罚。"据此，承担资产评估、验资、验证、会计、审计、法律服务等职责的中介组织的人员索取他人财物或者非法收受他人财物，提供虚假证明文件的，以提供虚假证明文件罪论处，且法定刑升格为"五年以上十年以下有期徒刑"。又如，《刑法》第263条的第1、第7款将"入户抢劫"和"持枪抢劫"作为抢劫罪的两种加重情节。

4. 对于牵连犯明确规定数罪并罚

一些《刑法》分则条文在定罪上把牵连犯作为数罪并且在处罚上明确要求并罚。例如，《刑法》第120条第1款规定了组织、领导恐怖活动组织罪，其第2款规定："犯前款罪并实施杀人、爆炸、绑架等犯罪的，依照数罪并罚的规定处罚。"又如，第157条第2款规定："以暴力、威胁方法抗拒缉私的，以走私罪和本法第二百七十七条规定的阻碍国家机关工作人员依法执行职务罪，依照数罪并罚的规定处罚。"再如，第294条第4款规定："犯前三款罪又有其他犯罪行为的，依照数罪并罚的规定处罚。"

除了《刑法》分则条文规定的数罪并罚情形之外，近年"两高"的有关司法解释倾向于对牵连犯解释为数罪并罚的情形。1998年《最高人民法院关于审理挪用公款案件具体适用法律若干问题的解释》第7条规定：因挪用公款索取、收受贿赂构成犯罪的，依照数罪并罚的规定处罚。挪用公款进行非

---

❶ 《刑法》第253条规定："邮政工作人员私自开拆或者隐匿、毁弃邮件、电报，处二年以下有期徒刑或者拘役。犯前款罪而窃取财物的，依照本法第二百六十四条的规定定罪从重处罚。"

法活动构成其他犯罪的,依照数罪并罚的规定处罚。2002年最高人民法院、最高人民检察院及海关总署《关于办理刑事走私案件适用法律若干问题的意见》规定:"海关工作人员受贿又放纵走私的数罪并罚。"《解释》第17条也明确规定,对于所涉的牵连犯要实行数罪并罚制度。

综上所述,对于牵连犯,现行《刑法》分则条文以及有关司法解释中存在从一重罪处罚、从一重罪从重处罚、从一重罪加重处罚以及数罪并罚四种定罪处罚规则。对于同一种犯罪形态的不同处罚规则,导致了牵连犯定罪处罚规则的矛盾。要化解这一矛盾,就必须具体分析各种处罚规则的理论支撑,评价其优劣,以便立法选取最优的处断规则。

三、《刑法》分则条文的不同规定承载着不同的理论主张

国内刑法学者对于牵连犯应该采用什么样的处罚规则,存在不同的理论主张。按照演变脉络,主要学说有"从一重罪处罚说""从一重罪从重处罚说""数罪并罚说""折中说"。

1. 从一重罪处罚说❶

该说主张,牵连犯虽是数行为触犯数个罪名,但因行为人在主观上出自一个犯罪目的,而在客观上数行为之间又表现为不可分离的密切关联,故在处罚上采取吸收主义,按数罪中的重罪论罪并处以重罪之刑。即牵连犯的处罚原则是从一重罪处断(虽然是数个行为,但不实行数罪并罚)。这是刑法理论早期的主张。

2. 从一重罪从重处罚说❷

该说主张,牵连犯是实质的数罪(从犯罪构成上看),处断的一罪(司法惯例总是将其作为一罪来处理),考虑到其对社会具有较大的危害性,如果只按一罪处理,未免对犯罪有所轻纵,故按照一重罪定罪,在处罚时要从重处罚,从而体现罪刑相适应的刑法基本原则。这一观点是目前的理论通说。

3. 数罪并罚说❸

该说认为,从一重罪处罚或者从一重罪从重处罚都难以做到罪责刑相适应,故根据犯罪构成理论和一罪一罚原则,对牵连犯实行数罪并罚。这种观

---

❶ 牛忠志.对贪污贿赂司法解释第十七条适用的解析[N].人民法院报,2016-08-24(06).

❷ 当然,也有不少学者反对数罪并罚说,为捍卫通说而辩护。如高铭暄,马克昌.刑法学[M].7版.北京:北京大学出版社,高等教育出版社,2016:195-196.

❸ 何承斌.牵连犯的处罚原则再探讨[J].安徽大学学报(哲学社会科学版),2009(2):89-95.

点近年有逐步发展壮大的趋势。❶

4. 折中说

该说主张应当具体犯罪具体分析。基于牵连犯形态的构成特点，在犯罪社会危害性上，牵连犯与一般的数罪和单纯的一罪都有明显的区别，所以，如果一律作为数罪而并罚，则显然罚之过严；如果都按一罪处断，则肯定又失之于过宽，故主张对牵连犯的处断采用不同的规则。有的学者主张从一重罪而处断、从一重罪且从重处罚，或者数罪并罚（三种不同的规则）；有的学者主张一般情况下从一重罪而处罚，特殊情况下则数罪并罚（两种不同的规则）。❷

上述不同主张在立法上的体现，就是《刑法》分则对牵连犯处罚规则的不同选择。反过来也可以说，不同立法规定的背后有相应的理论观点作为支撑。正是理论界对于牵连犯定罪处罚规则的不同主张与立法上不同的立法例相互支撑，呈现出刑法学理论和刑法立法关于牵连犯定罪处罚理论观点争锋与矛盾的局面。

四、影响牵连犯定罪处罚规则立法设置的各种考量因素分析

如果把影响牵连犯定罪处罚规则立法选择的各种考量因素划分为本体因素和本体之外的因素，那么，前者涉及的问题是牵连犯的内涵与外延，以及牵连犯的构成条件；后者主要涉及犯罪本质观和刑罚观、国家的基本刑事政策、数罪并罚制度等。分析这些因素的地位和作用，将有助于解构牵连犯定罪处罚规则矛盾乱象，并提出有效的问题解决建议。

（一）由牵连犯的本质所决定的对其定罪处罚规则

对于牵连犯的本质，可以从其界定与构成特征加以认识。

1. 关于牵连犯的概念表述

牵连犯的具体内涵，最早可以见诸费尔巴哈的《巴伐利亚刑法典（草案）》："犯罪人以同一行为违反不同的刑罚法规，或者确以不同的行为实行了不同的犯罪，但这一行为仅是实现主要犯罪的手段，或是同一主犯罪的结

---

❶ 高铭暄，叶良芳. 再论牵连犯 [J]. 现代法学，2005（2）：103-114；庄劲. 从一重断还是数罪并罚：从牵连关系的限定看牵连犯的处断原则 [J]. 甘肃政法学院学报，2007（1）：110-116.

❷ 屈耀伦. 论我国刑法理论上的牵连犯 [J]. 甘肃政法学院学报，2002（3）：83-86；游伟，谢锡美. 对牵连犯处罚的思考 [J]. 上海政法学院学报，2006（6）：14-20.

果，应视为附带的情形，可考虑不作加重情节，只适用所违反的最重罪名之刑。"❶ 在此，费尔巴哈不仅对牵连犯的内涵作了阐述，而且规定了从一重罪处罚的原则，这是近代牵连犯处断规则的滥觞。随后，日本、我国清末民初相关刑事法律以及我国台湾地区等大陆法系刑法受其影响，将牵连犯规定在刑法当中。但是，我国第一部《刑法》和现行《刑法》分则条文虽然对一些牵连犯处罚的规则有所规定，总则中却未对牵连犯的内涵和处断规则作出一般性规定。

我国刑法学界对于牵连犯的概念主要有以下几种主要表述方式：①牵连犯是指行为人为了实施某种犯罪，其采取的方法行为或者结果行为又触犯了其他罪名的形态。❷②牵连犯是指犯罪的手段行为或结果行为与目的行为或原因行为分别触犯了不同罪名的情况。即将犯罪分为手段行为和目的行为时，二行为分别触犯不同罪名；分为原因行为和结果行为时，二行为同样触犯不同罪名。❸③牵连犯是指为了最终的一个犯罪目的，行为人基于数个牵连犯意，实行了数个犯罪行为，而其手段或者结果与行为人实施的主行为分别触犯不同罪名。❹

2.关于牵连犯的构成特征

上述关于牵连犯内涵的表述虽不尽相同，但有其共性。这些共性特征有：①行为人出于实施一个犯罪的目的。行为人在实施数个行为时，只是为了实施一个犯罪，其多个行为都是为了追求同一犯罪目的。例如，行为人购买并持有枪支的行为，虽然实施了购买和持有枪支两个犯罪行为，但是其犯罪目的还是非法获得枪支。②危害行为的复数性。即在牵连犯当中，行为人实施了两个以上的犯罪行为，这两个行为都是独立成罪的。如果有一个行为不能独立成罪，则不构成牵连犯，这是牵连犯成立的客观特征。③牵连犯的数个行为触犯了不同的罪名。牵连犯是行为人以实施某一犯罪为目的，其方法行为或者结果行为又触犯了其他罪名的犯罪形态。如果数行为都触犯同一罪名，则无所谓牵连犯。④行为人实施的数个行为之间具有牵连关系。牵连关系如何认定，是认定牵连犯形态的关键要素。对于牵连关系的判断存在三种观点：主观说、客观说、折中说（即主客观统一说）。其中，主观说认为，只要行为

---

❶ 刘宪权.我国刑法理论上的牵连犯问题研究［J］.政法论坛（中国政法大学学报），2001（1）：52-60.
❷ 高铭暄，马克昌.刑法学［M］.7版.北京：北京大学出版社，高等教育出版社，2016：194.
❸ 张明楷.刑法学［M］.5版.北京：法律出版社，2016：490.
❹ 赵俊新，黄洪波.论牵连犯［J］.江汉论坛，2003（1）：121-125.

人主观上具有将某种行为作为手段行为，或者将某种行为作为结果行为的意思，就存在牵连关系；客观说从客观事实上判断牵连关系是否存在，主张行为人不需要认识到前一犯罪行为是后一犯罪行为的手段或者结果，不考虑行为人的主观意识，只需要从客观上构成牵连行为即可；折中说认为，牵连关系的判断应该从主客观两方面考察，即行为人主观上具有牵连的意思，在客观上具有通常的方法或结果关系。

主观说和客观说的片面性是不言而喻的。折中说是我国目前判断牵连关系的通说。该观点强调牵连关系的主客观相统一性，既考察行为人的主观心态，又要求行为的客观方面，故具有合理性。

不过，还需要对其从主观与客观两个方面作进一步的补充：第一，对牵连关系的主观心态——"出于一个犯罪目的"怎么理解？一般学者多将牵连犯所涉及的犯罪限定为目的犯。❶ 但是，行为人对目的行为或者原因行为为直接故意为已足，而不要求行为人对所触犯的数罪都是直接故意，更不要求所触犯的数罪均为目的犯。第二，客观上，数行为无须具有"通常的"方法或结果的关系，而只要求事实上具有手段与目的的关系、原因与结果的关系。将牵连关系限定为"通常的"，与将牵连关系限定为"具有类型化"的手段与目的、原因与结果的关系，❷ 其旨趣相同。但问题是，如何判断"方法行为与目的行为、原因行为与结果行为的关系"是"通常的"，或者"手段行为与目的行为、原因行为与结果行为的关系"，怎样才算是"类型化的"，都具有人为因素。由此，这无疑增加了牵连关系认定的主观随意性。

值得注意的是，近年我国一些学者从维护对牵连犯从一重罪从重处罚规则的旨趣出发，试图通过限定牵连关系来缩小牵连犯的成立范围。例如，有的学者认为现行牵连犯的概念过于宽泛，既包括数罪的情形也包括一罪的情形，因而对牵连犯采用数罪并罚或一罪处断的处罚方针都是不科学的。实现牵连犯处断原则合理性的关键，并不是在数罪并罚与从一重处断之间进行取舍或者折中，而应当是限制现行牵连犯的概念，将外延限制在只包含一罪的类型范围之内。只有将牵连关系限定在"对同一客体的同一次侵犯"之中，才能保证牵连犯具有一罪的属性，才能对其从一罪处断。❸ 再如，有的学者认为，应该区分牵连关系和牵连犯的概念，主张只应将牵连犯限定在方法行为

---

❶ 李晓明. 刑法学总论 [M]. 北京：北京大学出版社，2017：87-92.
❷ 张明楷. 刑法学 [M]. 5版. 北京：法律出版社，2016：490.
❸ 庄劲. 从一重断还是数罪并罚：从牵连关系的限定看牵连犯的处断原则 [J]. 甘肃政法学院学报，2007（1）：110-116.

与目的行为之间具有牵连关系这种情况,而原因行为和结果行为的场合虽有牵连关系,但不宜纳入牵连犯形态范畴。❶ 由此,牵连犯应是指在同一犯罪目的的支配下侵犯同一客体的多个犯罪行为。笔者认为,这一趋势是鉴于对牵连犯的处断规则与我国《刑法》总体上奠立于后期古典学派的客观主义立场的不和谐而提出的权宜之计。如果从牵连犯成立条件的统一性和对不同犯罪可以采取不同的刑事政策以区别对待的见地出发,没有必要刻意限定牵连犯的处罚范围。

综合以上分析,牵连犯是指行为人为了实施某种特定犯罪,其方法行为或者结果行为又触犯了其他罪名的犯罪形态。其构成的特征主要有:主观上,行为人对目的行为或者原因行为以直接故意为已足,而不要求行为人对所触犯的数罪都是直接故意,更不要求所触犯的数罪均为目的犯;客观上,数行为只要求事实上具有手段与目的的关系、原因与结果的关系,无须限定为具有"通常的"或者"类型化"的方法或结果关系。

根据牵连犯的构成特征,其所牵连的数个犯罪既区别于普通的数罪,也不是单纯的实质一罪。由此,对于牵连犯,既不能一律予以数罪并罚,也不能简单地作为一罪来处理。

(二) 基于不同的犯罪本质观和刑罚观对牵连犯定罪处罚规则的不同选择

1. 立于刑事古典学派的选择

刑事古典学派主张,人具有绝对的意志自由,犯罪是行为人基于其绝对意志自由所实施的危害社会的行为。犯罪作为犯罪人的行为,其本质是一种"恶",故应该受到道义的谴责。给予犯罪人以刑罚处罚的合理性根据在于道义报应。在刑事古典学派看来,犯罪与刑罚的关系是绝对的如影随形的关系,有犯罪就应该有刑罚。无论是同种数罪,还是异种数罪,不管犯罪之间是否存在牵连关系、吸收关系等都应该并罚。

2. 立于刑事实证学派的选择

刑事实证学派针对刑事古典学派理论的缺陷及其所面临的实践难题❷,否定一般人的"绝对的自由意志",形成了刑事人类学派、刑事社会学派等刑事新派。他们把犯罪原因归结为生物因素(如天生犯罪人论),或者归结为行为

---

❶ 张二军. 牵连犯中的牵连关系研究 [D]. 重庆:西南政法大学,2010:2.
❷ 刑事古典学派的理论有其自身的局限性,突出地表现为坚持人的绝对的意志自由观,不能很好地解释社会上累犯率不断上升的现象,也无视精神病人与正常人、未成年人与成年人的个体差异,不能实现犯罪者刑罚的个别化。

人心理上缺乏社会所要求的基本的利他情感（仁慈感和正义感），或者归结为自然条件、社会政策等外在条件的合力促成。其共同特点在于否认意志自由理论，否定道义报应观点，主张社会防卫，秉持功利主义的刑罚观，提倡多元化的刑事制裁措施，将刑事责任的根据奠立于犯罪人的社会危险性之上，责任的大小取决于罪犯的社会危险性，并与之相适应。如果立于刑事实证学派，对于牵连犯，当然就是作为一罪而处断。至于是否从重，还要视具体犯罪人的人格情况而定。

3. 立于后期古典学派的选择

虽然刑事新派的理论有着相当科学的一面，但也有其致命的缺陷：将刑事制裁的标准奠立于行为人的社会危险性之上，这就弱化了犯罪行为决定刑事责任边界的地位，而委诸掌权者主观所认定的"行为人的社会危险性"。但是，对行为人的社会危险性进行量定时，囿于时代局限和科学技术水平所不逮而难以准确地做到。其结果极易导致定罪量刑标准的主观化，并引发区别于封建社会直观而任性的新型的罪刑擅断。实践也已证明，恰恰是刑事新派理论这一致命的弱点在第二次世界大战期间被德意日法西斯反动势力用于践踏人权，以至于新派理论在人类历史长河中只是昙花一现。在这样的背景下，刑法理论又不得不向刑事古典学派理论回归。当然，这种回归是对旧派、新派的否定之否定，最终形成了后期古典学派。其特点是一方面主张行为人具有相对的意志自由，另一方面实事求是地承认各个犯罪人之社会危险性的个体差异；在刑罚观上，扬弃了刑事古典学派绝对报应与刑事实证学派单纯的功利主义刑罚观，奉行罪责刑均衡原则，在确定犯罪分子刑事责任的大小和刑罚的轻重时，首先考虑犯罪的社会危害性（客观危害+行为人的主观恶性），同时也要考虑具体犯罪人的社会危险性，形成以刑罚处罚为核心、保安处分为补充的多元化刑事制裁体系。❶ 其实质在于摒弃盲目的报应，也不赞成不受客观准则限制的功利主义，主张刑事责任的大小以道义报应为上限来限制刑罚功利性的一面；对犯罪人的刑事制裁以报应为上限，视犯罪人的社会危险性大小作具体的调整。立足于后期古典学派，对于牵连犯的处理，最佳的答案是主张按一重罪从重处罚（牵连犯作为一类特殊的实质数罪，既不同于单纯的一罪，也不同于典型的数罪）。

当今世界，各国刑法都奉行和贯彻着后期古典学派的主张与立场。我国现行《刑法》也不例外，刑法规范坚持犯罪行为主义、坚持以行为为刑

---

❶ 牛忠志. 犯罪本质之义务违反说论纲 [J]. 山东社会科学, 2014（6）: 131-136; 牛忠志. 论犯罪本质的义务违反说优越于法益说 [J]. 法学论坛, 2014（1）: 131-136.

事制裁的边界；坚守实质与形式相统一的罪刑法定原则，规定明确的犯罪构成要件以供司法实践定罪之用；在刑罚、保安处分等制裁措施的配置上贯彻罪责刑相均衡的原则；在量刑原则、行刑制度等方面既坚持客观主义，又适当汲取新派的合理性主张，都是我国《刑法》立于后期古典学派立场的明证。

现行《刑法》明确地将罪责刑相适应作为其基本原则，同时，在具体个罪的法定刑配置、裁量确定刑罚时，都秉持后期古典学派的立场。第一，《刑法》第5条规定："刑罚的轻重，应当与犯罪分子所犯罪行和承担的刑事责任相适应。"这一基本原则要求在确定犯罪分子刑事责任的大小和刑罚的轻重时，首要的依据是犯罪的客观危害性和行为人的主观恶性；其次才是行为人的社会危险性，刑事制裁及其强度同时也要求与犯罪人再犯的可能性相适应。简言之，罪责刑相适应基本原则要求，刑罚轻重的确定既要与犯罪行为相适应，又要与罪犯的社会危险性相适应。第二，《刑法》第61条规定："对于犯罪分子决定刑罚的时候，应当根据犯罪的事实、犯罪的性质、情节和对于社会的危害程度，依照本法的有关规定判处。"这一规定是我国社会主义法律适用原则在刑法上的具体体现，也是罪责刑相适应原则在刑罚裁量环节的具体要求。就以犯罪事实为根据而言，这里的"犯罪事实"，是指符合刑法规定的犯罪构成要件的主观和客观事实；这里的"犯罪性质"，是指具体犯罪性质，即构成犯罪的主观和客观事实统一所体现的犯罪性质；这里的"犯罪情节"，是指犯罪构成事实以外的，说明犯罪的社会危害程度与行为人的人身危险程度的各种事实情况；这里的"犯罪的社会危害程度"，是将具体犯罪放在当时的社会背景下所作出的综合评价。总之，对犯罪的社会危害程度的评价，既要以犯罪的事实、性质与情节为基础，也要考虑行为人的社会危险性，还要考虑国家的政治、经济，特别是社会治安形势。可见，刑法关于具体犯罪的量刑原则也很好地坚持和贯彻了后期古典主义的立场原则。

（三）基于具体犯罪不同的刑事政策对牵连犯定罪处罚规则的不同选择

刑事政策是指国家据以同犯罪行为作斗争的政治策略。在法治社会，政策与法律之关系的普遍原理是：政策是法律的灵魂，对法律的制定和实施有指导作用；法律是政策的藩篱，法律对政策有限定作用，政策的运用不能突破法律的界限。基本刑事政策居于宏观层面指导刑法立法，并在客观上代表着一个国家刑事法治化的水平，"决定着一个国家的刑事法治化进程以及民主化、法治化的基本走向"❶；具体的刑事政策则是针对某一类（种）犯罪的刑事政策，具体的刑事政策受基本刑事政策的制约，是基本刑事政策在对待具体犯罪上的进一步细化和落实。

中国的刑事法治实践选择了"宽严相济"的基本刑事政策。宽严相济刑事政策的含义是：对刑事犯罪分子有"宽"有"严"，该"宽"就"宽"，该"严"就"严"，区别对待；"宽""严"要相互救济，反对单一的"严"，也反对单一的"宽"。"宽"和"严"这两个侧面之间是互相对立、互相依存、相辅相成的，"宽"和"严"缺一不可，不可偏废。❷

我国"宽严相济"的基本刑事政策在具体运用到不同犯罪的牵连犯形态之处断规则的设置时，如果需要严惩某类（种）犯罪，那么，刑法规范（或者司法解释）则会规定（或者解释为）对该类（种）犯罪的牵连犯形态，实行数罪并罚制度。例如，刑法关于贪污腐败犯罪、黑社会性质的犯罪、恐怖活动犯罪等牵连犯的立法例便是如此。如果对某一类（种）犯罪选择了宽恕的立场，刑法条文（或者司法解释）则不会规定（或者不解释为）对该类（种）犯罪的牵连犯的数罪并罚制度，而是规定按一罪处理或者不作规定而交由司法环节法官自由裁量。例如，刑法分则条文对于大多数犯罪的牵连犯形态，就排斥数罪并罚而规定为从一罪而处断，或者不予规定而交由司法自由裁量。

值得强调的是，鉴于社会条件的变化，犯罪的社会危害性也处于不断的变化之中。国家对于具体犯罪的刑事政策也处于不停的调整之中，从而导致了刑法规范关于某类（种）犯罪牵连犯的定罪处罚规则的不断变动和调整。由此导致了如下情形：刑法条文没有规定对牵连犯数罪并罚，后来的司法解释却解释为数罪并罚；原来的立法规定实行数罪并罚，但后来的立法修改原有规定，变为从一罪而处断。

（四）我国数罪并罚制度的不科学在一定程度上掩盖了目前立法关于牵连犯定罪处罚规则的混乱现状

前已有述，我国《刑法》坚持了后期旧派的立场。但是，在数罪并罚制度上，我国的并罚制度却主要贯彻了刑事新派的信念，而没有严格奉行后期古典学派的立场。

---

❶ 李晓明. 轻轻重重与宽严相济：域外刑事政策的借鉴（上） 重在从法律制度与司法运作两个层面探究 [J]. 法治研究，2010（4）：52-59.
❷ 牛忠志. 正确把握我国"宽严相济"基本刑事政策 [J]. 山东社会科学，2009（11）：67-70.

《刑法》第 69 条❶规定，判决宣告以前一人犯数罪的数罪并罚，我国采纳了折中原则，对不同的刑种，适用不同的并罚原则：第一，在行为人所犯的数罪中，只要有被判处死刑或无期徒刑的，采用吸收原则。即数罪中只要有一罪判处死刑或者无期徒刑的，不论其他罪判处何种主刑，都只执行一个死刑或者无期徒刑，其他罪的主刑被死刑或者无期徒刑所吸收而不再执行。第二，行为人所犯数罪的各罪所判处的刑罚均为有期徒刑，或者均为拘役刑，或者均为管制刑的，则采用限制加重原则。第三，对于行为人所犯的数罪的附加刑，则采用并科原则。

该条规定对于主刑的折中原则的并罚制度极不精细，也不尽合理。尤其是在行为人有一罪而被判处死刑或者无期徒刑时所采用的吸收原则，从根本上背离了罪责刑均衡的刑法基本原则。因为在判决宣告以前一人犯数罪，数罪中只要有一罪判处死刑或者无期徒刑的场合，不论对其他罪所判处刑种和刑期如何，最终宣告刑都只有一个死刑或者无期徒刑，其他犯罪的刑罚统统被吸收而消失了。这将会导致不同的刑事案件的处罚在横向对比时的轻重悬殊而明显丧失合理性，因为对相对较轻的犯罪"定罪或者不定数罪""并罚或者不并罚"，都变成了无所谓的事情。例如，张三只犯故意杀人罪一罪，被判处无期徒刑；李四同时犯有故意杀人罪、抢劫罪、强奸罪三罪，每个犯罪都被判处无期徒刑，即使被判处三个无期徒刑，但就宣告刑而言，张三和李四的结果都是一个无期徒刑。数罪并罚制度如此粗疏，以至于对李四而言，后两个犯罪定不定罪都无足轻重。这样，制度运行的结果与后期古典学派的折中主义刑罚观——以报应主义刑罚观为主兼采功利主义，严重地相背离；其进一步的影响是阻止了包括对牵连犯、吸收犯、想象竞合犯等在内的复杂的罪数形态的深入、细致的研究。相反，如果对于死刑和无期徒刑不采用吸收而采用并科（同时完善减刑、赦免、假释等制度），则会倒逼对牵连犯等复杂一罪的处罚规则立法的不断科学化。

五、本书的主张

上述诸方面分析了牵连犯的本质与特点、犯罪本质和刑罚观、刑事政

---

❶ 《刑法》第 69 条规定："判决宣告以前一人犯数罪的，除判处死刑和无期徒刑的以外，应当在总和刑期以下、数刑中最高刑期以上，酌情决定执行的刑期，但是管制最高不能超过三年，拘役最高不能超过一年，有期徒刑总和刑期不满三十五年的，最高不能超过二十年，总和刑期在三十五年以上的，最高不能超过二十五年。数罪中有判处有期徒刑和拘役的，执行有期徒刑。数罪中有判处有期徒刑和管制，或者拘役和管制的，有期徒刑、拘役执行完毕后，管制仍须执行。数罪中有判处附加刑的，附加刑仍须执行，其中附加刑种类相同的，合并执行，种类不同的，分别执行。"

策，以及数罪并罚制度等因素对牵连犯定罪处罚规则设置的影响。鉴于在社会现实中犯罪是极其复杂的社会现象，而这些因素也不可能是孤立地存在，而是综合地对行为的犯罪性确定和处罚规则的选择产生影响与作用，全盘考虑这些因素，为了解决对牵连犯犯罪形态的处断难题，笔者提出以下主张。

1)《刑法》总则可在"第二章　犯罪"之下设"第五节　罪数"一节，并规定："对于牵连犯，从一重罪从重处罚。法律有特别规定的，依照规定。"以此为基本的处断规范，进一步检视和修改有关的《刑法》分则条文：只保留统一的数罪并罚立法例，将其他的立法例全部删除。这样无疑会推进《刑法》分则条文对于牵连犯处断规则的规范化和合理化。

2) 在《刑法》分则条文对特定犯罪的牵连犯设定数罪并罚规则时，要克服随意性，审慎地采取严惩的刑事政策立场。同时，"两高"对具体之罪的司法解释，也尽量不要将刑法没有明文规定的某一类（种）犯罪的牵连犯形态解释为适用数罪并罚制度。前文已述，一般情况下，对于牵连犯，应该采用从一重罪从重处罚制度，在特殊情况下才应该数罪并罚。在《刑法》总则作了一般性规定之后，作为例外的数罪并罚的牵连形态就不应是常态的、普遍的。所以，《刑法》分则的立法，要审慎规定对某一类犯罪的牵连犯的数罪并罚。至于"两高"针对某一犯罪的司法解释，严格意义上，在《分则》条文没有明确规定的情况下，将某一类犯罪的牵连犯形态的处断规则解释为实行数罪并罚制度，实有违反罪刑法定原则之嫌，也与"刑法是保障犯罪人人权的大宪章"的地位相左。

3) 相应地，需要修改我国现行《刑法》规定的数罪并罚制度。应该严格秉承后期刑事古典学派的立场，不但在对具体犯罪的法定刑配置、量刑、行刑时，坚持以报应刑罚兼采功利主义的刑罚观，在数罪并罚场合，也应始终如一地坚持并合主义的刑罚观。建议对《刑法》第69条作如下修改：①在限制加重的操作上进一步细化，真正做到量化加重幅度，明确按一定比例、幅度加重"本刑"。②在有判处死刑或者无期徒刑的场合规定：即使采用吸收原则，但同时至少要加之以一定的严厉惩罚措施。例如，对于宣告死缓或者无期徒刑的罪犯，立法将给予严格的减刑限制（或者假释限制）等制裁。这些修改无疑可以促使数罪并罚制度的精细化和合理化。

第三节　拘役与有期徒刑并罚的折算规则选择

【核心提示】 由于《刑法修正案（九）》中第4条"数罪中有判处有期徒刑和拘役的，执行有期徒刑"的数罪并罚制度规定存在语焉不详的情况，采用文理解释者认为：拘役与有期徒刑的并罚采用了吸收规则，即有期徒刑与拘役数罪并罚时，由有期徒刑吸收拘役。这一见解违背了罪责刑相适应原则、数罪并罚原则，也不符合体系解释规则。应采伦理解释"折算有期徒刑执行规则"，即拘役和有期徒刑并罚时应当按照拘役一日折抵有期徒刑一日的规则将拘役折抵成有期徒刑，并按照限制加重原则决定最后应执行的刑期。这不仅符合罪责刑相适应原则、数罪并罚原则，还符合体系解释规则。在量刑的具体操作上，折算规则的适用具有刑法依据、折算的现实基础以及司法操作的便捷性。

一、问题的提出

刑法理论关于不同种有期自由刑的数罪并罚原则一直存在较大的争议，没有达成一致。主要的学说有折算说、吸收说、分别执行说、折中说。[1] 这四种学说有关拘役与有期徒刑数罪并罚的规则分别为：①折算规则主张将拘役一日折抵有期徒刑一日，然后按照限制加重原则决定应执行的刑期；②吸收规则采用重刑吸收轻刑的规则决定应执行的刑期，即有期徒刑吸收拘役，拘役不再执行；③分别执行规则主张应先执行较重的刑种，再执行较轻的刑种，即先执行刑罚较重的有期徒刑，再执行刑罚较轻的拘役；④折中规则主张对于拘役与有期徒刑的数罪并罚不应仅绝对地采用某一种方法进行并罚，而应依具体情况或者根据一定的标准加以区别，分别使用不同的方法予以并罚。例如，被告人被分别判处三年有期徒刑与一个月拘役，此时应当采用吸收规则；如果被告人被分别判处一年有期徒刑与六个月拘役，则应当分别执行有

---

[1] 关于不同种有期自由刑数罪并罚学说的详细梳理和介绍可参见孟庆华. 数罪并罚适用与比较[M]. 北京：中国人民公安大学出版社，2012：247-264.

期徒刑与拘役。

无论是 1979 年《刑法》、1997 年《刑法》，还是后来的立法解释，对于不同种自由刑的数罪并罚一向都缺乏明确规定。司法解释中关于拘役与有期徒刑数罪并罚的规则主要采用了"并科规则"（后文有述）。

值得庆幸的是，2015 年 8 月颁布的《刑法修正案（九）》第 4 条对拘役与有期徒刑如何数罪并罚作了规定："数罪中有判处有期徒刑和拘役的，执行有期徒刑。"目前的权威教科书以及大量对《刑法修正案（九）》内容评析的期刊论文，均将立法对拘役与有期徒刑的数罪并罚规则的规定解释为吸收规则。❶ 仔细分析《刑法修正案（九）》第 4 条的文本表述，其存在语焉不详的情况。因为该条规定有两种可能的解释：一是对该条采用文法解释。数罪中有判处有期徒刑和拘役的，只执行有期徒刑（想当然地认为有期徒刑吸收了拘役），即"吸收规则"。二是对该条采用伦理解释。数罪中判处有期徒刑和拘役的，把拘役折算为有期徒刑（而不是把有期徒刑折算成拘役），并按限制加重并罚，执行并罚后的有期徒刑，即"折算规则"。

笔者主张采用"折算规则"：当数罪中有有期徒刑和拘役时，应当按照拘役一日折抵有期徒刑一日的规则将拘役折抵成有期徒刑，并按照《刑法》第 69 条确立的限制加重原则决定最后执行的刑期。以下从罪责刑相适应原则、数罪并罚原则和刑法体系解释规则等方面论证折算规则的合理性与吸收规则的不合理性。

二、对"吸收规则"的商榷和"折算规则"的证成

（一）从罪责刑相适应原则来看

1. 我国《刑法》奉行报应为主兼采功利的刑罚观

罪责刑相适应原则的理论基础主要有报应主义和功利主义两种学说。刑事旧派主张报应主义，认为刑罚是对犯罪的一种报应，因此刑罚的质和量完全以犯罪为转移，刑罚应当与已然犯罪所造成的社会危害性相适应。刑事新派主张功利主义，认为刑罚不是与已然犯罪相适应，而是要求刑罚应当达到足以有效地制止行为人再犯罪和一般人效仿犯罪的程度。后期旧派则立足于旧派兼采新派的合理主张，主张在以报应为上限的范围之内进行功利性的调

---

❶ 相关的解释可参见高铭暄，马克昌. 刑法学［M］. 北京：北京大学出版社，高等教育出版社，2016：278；陈伟.《刑法修正案（九）》刑罚修订内容介评［J］. 法治研究，2015（6）：20-26；吴桂林. 刑法修正案（九）草案的得失及修改建议［J］. 中国刑事法杂志，2015（1）：50-71；骆群. 对《刑法修正案（九）》中几个条文的商讨［J］. 苏州大学学报（哲学社会科学版），2015（6）：78-83.

试,即在量刑时,主要考虑刑罚与已然犯罪的社会危害性程度相适应;在此基础上,再考虑功利因素。❶

目前多数国家的刑法都奉行后期旧派理论,我国亦然。《刑法》第 5 条规定了罪责刑相适应原则:"刑罚的轻重,应当与犯罪分子所犯罪行和承担的刑事责任相适应。"该条表明,刑罚的轻重应当首先与犯罪分子犯罪所造成的社会危害性相适应,以报应主义为基础;其次应当与犯罪分子的人身危险性相适应,以功利主义为辅。罪刑均衡应该是在确定犯罪与刑罚的关系时,以报应为主,适当地兼顾功利,这就是我国《刑法》中的罪刑均衡原则的理论基础。❷

2."吸收规则"违背了罪责刑相适应原则,而"折算规则"符合罪责刑相适应原则

罪责刑相适应原则作为刑法基本原则贯穿于全部刑法规范和刑罚适用中的准则,对于刑事立法和刑事司法都具有重要的指导意义。量刑活动是刑事司法的重要组成部分,量刑原则同样受到罪责刑相适应原则的指导,与罪责刑相适应原则一脉相承。从我国刑事立法来看,罪责刑相适应原则的内容在坚持刑事古典学派主张的罪刑相适应原则的基础上,吸收融合了新派所主张的刑罚个别化原则。罪责刑相适应原则在量刑中表现为,刑罚一方面必须与罪行的轻重相适应(与行为责任相适应),另一方面必须与犯罪人的社会危险性相适应(考虑预防犯罪的需要);前者是首要的基准,后者是次要的基准。❸

当拘役与有期徒刑数罪并罚时,吸收规则主张由有期徒刑吸收拘役,不再执行拘役。这种理解不符合罪责刑相适应原则。首先,从罪责刑相适应原则的内容上看,数罪中的每个犯罪都对社会造成了一定的危害,同时反映了行为人的社会危险性。基于我国罪责刑相适应的理论基础是以报应为主兼采功利主义,只要犯罪分子实施了犯罪,其就应当受到法律的谴责并应受到刑罚的惩处(法律另有规定免予刑事处罚的情形除外),吸收规则忽视了拘役对应犯罪所应受到的报应,违背了罪责刑相适应原则背后我国《刑法》采用的以报应为主的刑罚观。其次,从《刑法修正案(九)》修改后的《刑法》第 69 条第 2 款的规定来看,若采吸收规则,将会导致本条规定的自相矛盾。根

---

❶ 陈兴良. 刑法哲学(下)[M]. 北京:中国政法大学出版社,2009:664.
❷ 陈兴良. 刑法哲学(下)[M]. 北京:中国政法大学出版社,2009:657.
❸ 张明楷. 结果与量刑:结果责任双重评价间接处罚之禁止[J]. 清华大学学报(哲学社会科学版),2004(6):18-28.

据《刑法》第 69 条第 2 款的规定，有期徒刑、拘役与管制数罪并罚时，采用并科规则。鉴于拘役较管制的刑罚更重，其对应的犯罪造成的社会危害更大，行为人的社会危险性更高，按照罪责刑相适应原则，举轻以明重，拘役与有期徒刑的数罪并罚也应当采并科规则，或者至少采折算规则。但是，吸收规则却主张由有期徒刑吸收拘役，这种做法将导致该条法律规定的内在逻辑混乱。折算规则在处理拘役与有期徒刑数罪并罚时，一方面强调数罪从重，与犯罪的社会危害性相适应，体现刑罚报应观念；另一方面没有将"罪"与"刑"等同化，而是兼顾行为人社会危险性因素，将拘役折算为有期徒刑后进而适用限制加重原则，在"最高刑"与"总和刑"或"限制刑期"之间，根据刑罚预防犯罪的目的决定最后对犯罪人所执行的刑期。这两个方面符合罪责刑相适应原则的精神以及我国《刑法》所采用的刑罚观。

或许有的学者认为折算规则从根本上混淆了不同种有期自由刑在性质、剥夺自由之程度、处遇条件、执行方法和执行场所、法律后果和刑期起算与执行等方面的差别，有将轻刑升格为重刑之嫌。❶ 这里存在误解。因为折算规则将不同种有期自由刑折算为同一种便可以进一步适用《刑法》第 69 条第 1 款关于同种有期自由刑数罪并罚的规定，论者忽略了《刑法》第 69 条第 1 款"酌情决定执行的刑期"这一规定，法官在数罪并罚确定最后应执行的刑期时，会充分考量犯罪所表现出来的整体上的社会危害性、被告人的社会危险性等量刑情节，被分别判处拘役和有期徒刑的犯罪人显然比判处两个有期徒刑的犯罪人在整体上的社会危害性程度更低、社会危险性更小，故法官根据这些量刑情节决定执行的刑期也将会酌情减轻，并不违背罪责刑相适应原则。

（二）从数罪并罚原则来看

1. 数罪并罚原则的内容

数罪并罚是指对一人所犯数罪合并处罚的制度。❷ 我国《刑法》第 69 条第 1 款规定的数罪并罚制度采用了折中原则，即以限制加重原则为主、吸收原则和并科原则为辅。具体而言，数罪分别被判处有期徒刑、拘役、管制的，采取限制加重原则；数罪中有一罪被判处死刑或者无期徒刑的，采取吸收原则；数罪中有判处附加刑的，采取并科原则。

2. "吸收规则"不符合数罪并罚原则，而"折算规则"符合数罪并罚原则

吸收规则令有期徒刑吸收拘役，违背了作为有期自由刑数罪并罚原则的

---

❶ 高铭暄. 刑法专论 [M]. 北京：高等教育出版社，2006：594.
❷ 高铭暄，马克昌. 刑法学 [M]. 7 版. 北京：北京大学出版社，高等教育出版社，2016：274.

限制加重原则，使拘役所对应的犯罪不能得到应有的惩罚，有失公平正义。《刑法》第 69 条第 1 款确立的吸收原则仅限于数罪中一罪被判处死刑或者无期徒刑的情况，死刑或无期徒刑的执行必然导致其他刑罚没有执行的可能，但是拘役与有期徒刑之间的数罪并罚采用吸收规则并不具备这种条件。对于吸收规则与限制加重原则的关系，有的学者认为，没有理由规定有期徒刑和拘役并罚时，不能以数罪中最高刑期判处刑罚，而必须在数罪中最高刑期之上额外增加部分刑期。❶ 论者的这种解释与《刑法》第 69 条第 1 款在限制加重原则限定范围内"酌情决定执行的刑期"这一规定相冲突，违背了限制加重原则的精神实质。

限制加重原则作为有期自由刑之间数罪并罚的原则，既体现了数罪数罚，使行为人受到应有的报应，实现刑法的正义；又避免了并科原则体现的刑罚过于严厉（在英美刑法判例中常有因机械地采用并科原则而导致对行为人判处好几百年徒刑的案例，这对行为人是一种不切实际的要求，同时也起不到预防犯罪的效果）。所以，在有期自由刑数罪并罚时采用限制加重原则是科学合理的。当拘役与有期徒刑数罪并罚时，将拘役折算为有期徒刑以确定限制加重原则所要求的"总和刑期"，进而在"最高刑期"与"总和刑期"或"限制刑期"内酌情决定执行刑，是限制加重原则的实质要求，维护了《刑法》第 69 条第 1 款所确立的限制加重原则的地位。

（三）从刑法解释规则来看

1. 应该对《刑法修正案（九）》第 4 条对拘役与有期徒刑数罪并罚的规定采用伦理解释

体系解释属于伦理解释。体系解释是指根据刑法条文在整个刑法中的地位，联系相关法条的含义，阐明其规范意旨的解释方法。体系解释的目的在于避免断章取义，以便刑法整体协调。❷ 体系解释的外延存在外部形式体系与内在价值体系之分。外部形式体系是指法律的编制体系，主要是从语义的关联性上进行的界定。内部价值体系是针对法制秩序的内在、原则及价值判断而言的。❸

与伦理解释相对立，文理解释是解释刑法规范最先考虑使用的方法。如

---

❶ 吴桂林. 刑法修正案（九）草案的得失及修改建议 [J]. 中国刑事法杂志, 2015（1）：50-71.
❷ 牛忠志. 刑法学：上册 [M]. 北京：中国方正出版社, 2007：24.
❸ 王泽鉴. 法律思维与民法实例：请求权基础理论体系 [M]. 北京：中国政法大学出版社, 2001：223-225.

果文理解释的结论合理,则没有必要采取伦理解释方法;如果文理解释的结论不合理或产生多种结论,才有必要进行伦理解释。❶ 文理解释主张对任何刑法用语作硬性的统一解释,而体系解释坚持刑法用语的相对性和灵活性。承认刑法用语的相对性,并非破坏刑法的体系协调性,相反是为了实现刑罚的体系性与协调性。❷ 例如,《刑法》第 20 条第 1 款所提到的正当防卫与该条第 2 款所提到的正当防卫显然不是同一个概念,只有通过体系性的解释才能准确地界定刑法用语在相关语句中的内涵。

在笔者看来,无论采用什么解释,都必须基于罪刑法定原则的要求,使解释结论处于刑法用语的词义范围内,并符合常情、常理、常识。分析《刑法修正案(九)》第 4 条的法律文本,一方面,拘役与有期徒刑数罪并罚的吸收规则是一种机械的、字面意义的解释,其违反了罪责刑相适应原则、数罪并罚原则,导致刑罚裁量的不合理、法条内部的逻辑矛盾;另一方面,"执行有期徒刑"可以在词义范围内作出采用折算规则的解释:将"有期徒刑"理解为刑法对犯罪分子宣告执行的"有期徒刑"这一刑种(而非具体的刑罚)——执行的"有期徒刑"是指前者拘役折算为有期徒刑后与有期徒刑的总和。在基于文法解释得出采用吸收规则而对该条的解释出现内在矛盾的情况下,转而求助于伦理解释,主张应该对《刑法修正案(九)》第 4 条所规定的拘役与有期徒刑数罪并罚进行属于伦理解释的体系解释,这是符合刑法解释规则的。

2. "吸收规则"是机械解释的产物,而"折算规则"是体系解释的结论

1)基于《刑法》第 69 条第 2 款,折算规则与有期徒刑、拘役与管制并罚的规则相协调。《刑法》第 69 条第 2 款规定了有期徒刑、拘役与管制数罪并罚采用并科规则。从刑罚体系协调的角度来看,相对于比管制更重的拘役,其与有期徒刑的数罪并罚应当采取并科规则或者折算规则,限于语义的界限,分别执行规则超出了"执行有期徒刑"的语义界限,不具有体系解释的空间,只能采取折算规则。如果将《刑法》第 69 条第 2 款规定的拘役与有期徒刑数罪并罚理解为吸收规则,必然会导致数罪一罚、重罪轻罚。

2)基于《刑法》数罪并罚一节,折算规则与"漏罪""新罪"的处罚规定相协调。《刑法》第 70 条、第 71 条分别规定了判决宣告后刑罚执行完毕前发现漏罪、新罪的处罚方法。在发现漏罪时,刑罚适用方法为"先并后减";在发现新罪时,刑罚适用方法为"先减后并"。如果将拘役与有期徒刑数罪并

---

❶ 牛忠志. 刑法学:上册 [M]. 北京:中国方正出版社,2007:25.
❷ 张明楷. 注重体系解释、实现刑法正义 [J]. 法律适用,2005 (2):34-38.

罚的立法规定理解为吸收规则，则会出现当犯罪人第一次被宣告执行的刑罚为有期徒刑、漏罪或新罪为拘役时，无论适用"先并后减"还是"先减后并"，其最后所执行的刑罚都是有期徒刑减去已经执行的刑期。这种结果明显违背了刑法对"漏罪"和"新罪"的规范评价。犯罪人在刑罚执行期间又犯罪，说明其人身危险性相对于在判决宣告前犯同种罪更大，刑法对于"漏罪"与"新罪"不同的处罚方法，也反映了对"新罪"的否定评价更强烈。反观折算规则，无论漏罪或新罪为拘役还是有期徒刑，通过折算为一种刑罚，《刑法》第70条关于漏罪"先并后减"与第71条关于新罪"先减后并"的区别依然存在，维护了《刑法》数罪并罚制度的协调性。

3）基于《刑法》中刑罚的具体运用一章，折算规则与刑法"自首""立功"的规定相协调。《刑法》第67条、第68条分别规定了对于犯罪人自首、立功的，可以对其从轻、减轻或者免除处罚。如果两名罪犯分别被判处了有期徒刑和拘役，第一个人在两个刑罚所对应的罪名中均没有自首或立功的行为，第二个人在拘役所对应的犯罪中有自首或者立功的行为。如果采用吸收规则，可以发现，第一个人和第二个人最终适用的刑罚相同，这便架空了《刑法》第67条、第68条关于自首、立功的规定。而如果采用折算规则，则不论犯罪人在哪个刑罚所对应的罪名中具有自首或者立功的行为，都可以在最后应执行的刑罚中予以体现。

4）折算规则使《刑法》总则与分则的关系更加协调。《刑法修正案（九）》颁布后，刑法罪名共有471个，其中规定拘役的有387个，约占总罪名数的82%。刑法对于犯罪的评价体现在定罪、量刑与执行三个环节，每个环节的缺失都将影响刑法对该罪评价的独立性、完整性。在拘役与有期徒刑数罪并罚时，在采取折算规则的条件下，将每个犯罪所对应的刑罚通过折算与限制加重的处理都会在刑罚执行中予以体现，体现了刑法对犯罪的否定，使得《刑法》总则与分则的罪名在执行评价上相协调。

（四）从与司法解释的承继关系来看

拘役与有期徒刑数罪并罚的上位概念是不同种有期自由刑之间的数罪并罚，与其同属于下位概念的还有管制与拘役、有期徒刑的数罪并罚。从规范的角度来看，这两类数罪并罚的处理规则在《刑法修正案（九）》颁布之前一直处于法律真空领域，仅有相关的司法解释为司法实践提供指引。因为两类数罪并罚存在许多共同的特点，如数罪并罚中的刑种都属于有期自由刑，且在性质、剥夺自由之程度、处遇条件、法律后果等方面都存在差异，所以，司法解释在处理这两类数罪并罚时立场通常是一致的。对此，笔者综述了中华人民共和国成立以后我国司法解释对待不同种有期自由刑数罪并罚的立场，以期从实践中发现不同种有期自由刑数罪并罚发展的脉络，为拘役与有期徒刑数罪并罚折算规则的确立提供理论依据。

1. 司法解释对待不同种有期自由刑数罪并罚的立场

我国关于不同种有期自由刑数罪并罚的司法解释共有 6 部，其中 3 部规定了拘役与有期徒刑的数罪并罚，3 部规定了管制与有期徒刑、拘役的数罪并罚，它们分别为：1958 年 4 月 7 日《最高人民法院关于管制期间可否折抵徒刑刑期问题的复函》；1981 年 7 月 27 日《最高人民法院研究室关于管制犯在管制期间又犯新罪被判处拘役或有期徒刑应如何执行的问题的批复》；1984 年 9 月 17 日《最高人民法院研究室关于对拘役犯在缓刑期间发现其隐瞒余罪判处有期徒刑应如何执行问题的电话答复》；❶ 1986 年 10 月 6 日《最高人民法院研究室关于管制刑期能否折抵有期徒刑刑期问题的电话答复》❷；1988 年 3 月 24 日《最高人民法院研究室关于被判处拘役缓刑的罪犯在考验期内又犯新罪应如何执行问题的电话答复》❸；2006 年 8 月 16 日《最高人民法院研究室关于被告人在拘役缓刑考验期内又犯新罪被判处有期徒刑应如何并罚问题的答复》。

在上述 6 部司法解释中，前 5 部司法解释对待不同种有期自由刑数罪并罚的立场均为"并科规则"，即主张不同种有期自由刑数罪并罚应当分别逐一执行，先执行重刑，再执行轻刑。而 2006 年最高人民法院公布的这部司法解释❹的立场可以认为采用了折中规则。折中规则的灵活性也决定了该规则的不稳定性，难以在司法实践中形成统一标准。不仅如此，这部司法解释是最高人民法院对上海市高级人民法院在徐某某案件中的请示所作的答复，答复更多关注的是徐某某案，缺乏宏观指导意义。相比之下，前 5 部司法解释的处理意见对于一类问题所作的答复更具有宏观指导意义，反映了司法解释对待不同种有期自由刑之间数罪并罚的基本立场是采用"并科规则"。

---

❶ 根据《最高人民法院关于废止部分司法解释（第十三批）的决定》（2019 年 7 月 8 日公布）自 2019 年 7 月 20 日起，该批复不再适用，但此前依据其对有关案件作出的判决、裁定依然有效。

❷ 该答复已于 2013 年 1 月 18 日废止。

❸ 根据《最高人民法院关于废止部分司法解释（第十三批）的决定》（2019 年 7 月 8 日公布）自 2019 年 7 月 20 日起，该批复不再适用，但此前依据其对有关案件作出的判决、裁定依然有效。

❹ "《刑法》第 69 条对不同刑种如何数罪并罚没有作明确规定，因此，对于被告人在拘役缓刑考验期内又犯新罪被判处有期徒刑应如何并罚的问题，可根据案件的不同情况，个案处理，就本案而言，即可以只执行有期徒刑，拘役不再执行。"

2. "折算规则"是对司法解释立场的"扬弃"

社会生活条件的历史延续性决定了法律的继承性。❶ 司法解释虽然不是法律，但是我们可以从司法解释的立场中管窥我国立法者的基本价值取向。司法解释所坚持的"并科规则"，作为其背后的理论基础的刑罚报应观念在我国占据主导地位，即犯多大的罪就应当承担多重的刑罚。自古以来，"善有善报、恶有恶报"是中国人民最朴素的正义观念。这种报应为主的刑罚观念在我国传统思想中根深蒂固，延续至今。

但是，法律属于上层建筑，不应当完全受到社会条件的限制，而应当具有自身的品格，指引社会向更好的方向发展。随着社会的进步、人权保障事业的发展，刑罚在坚持以报应主义为主的基础上，开始越来越关注其预防功能。但是，这并不代表刑法所采用的刑罚观应当进行一个180°的转变，即以功利主义为主兼采报应主义。吸收规则背后的理论基础的刑罚功利主义占据主导地位，这种理解必然导致拘役所对应的犯罪得不到应有的报应，有违公民的正义观念。在我国当前社会仍坚持以朴素报应正义观念为主的社会条件下，报应仍有其存在的客观基础。因此在确定罪责刑关系时，当然不能置身于社会报应观念之外。吸收规则与社会生活条件的严重脱节必然会影响法律的公信力。

对拘役与有期徒刑的数罪并罚应当采用折算规则。一方面，折算规则对待数罪要求从重，符合报应观念；另一方面，折算规则并不主张数罪数罚，而是在"最高刑期"与"总和刑期"或者"限制刑期"之间酌情决定应执行的刑期，避免了"并科规则"对犯罪人处罚的过于严酷，有利于改造犯罪人，符合刑法人权保障的价值追求。折算规则是在继承司法解释立场并科规则基础上的扬弃，符合我国社会物质生活条件，体现了我国法治文明的进步。

三、折算规则的具体操作

上文在刑法理论层面对于折算规则的证成进行了相关的论证，但是，理论层面的合理性并不能说明折算规则在规范层面具有刑法依据，在事实层面具有折算的现实基础，在司法实践中具有便捷性和可操作性。作为一种具体的适用规则，折算规则只有在法庭量刑阶段才能有效地发挥其作用。只有具有刑法依据，折算规则的适用才能做到有法可依、有章可循；只有具有折算

---

❶ 张文显. 继承·移植·改革：法律发展的必由之路 [J]. 社会科学战线，1995 (2)：9-17.

的现实基础,才能为拘役与有期徒刑的折算公式提供数据支撑;只有具有司法可操作性,才能将此规则有效地付诸实施。首先,折算规则具有法律依据,根据《刑法》第 41 条、第 44 条、第 47 条的规定,羁押一日折抵拘役一日、有期徒刑一日。批判的观点认为,《刑法》第 41 条、第 44 条、第 47 条羁押折抵拘役和有期徒刑的规定是出于对犯罪人的价值考量,不具有普遍适用的效力。从本质上来看,"羁押"意味着犯罪分子被剥夺人身自由,有的还要进行一定的体力劳动;"羁押"与犯罪人被判拘役或有期徒刑后的状况基本相同。《刑法》第 41 条、第 44 条、第 47 条可以作为折算规则的法律依据。其次,拘役与有期徒刑之间具有折算的现实条件。拘役与有期徒刑从本质上说都是剥夺人身自由的刑种,这为拘役折算为有期徒刑提供了可能,虽然两个刑种在执行地点、执行方式等方面有细微的差别,如被判处拘役的犯罪分子每个月可以回家 1 天至 2 天,参加劳动可以酌量发放报酬,但是这并不影响两者之间的折算。反之,如果两个刑种的各要素都是相同的,则没有区分两者的必要性。同时,有关拘役与有期徒刑数罪并罚采用废除法的学者主张废除拘役,将 1 个月至 6 个月剥夺人身自由的刑期划入有期徒刑的刑期范围。❶ 废除法反映了在我国,拘役已经不能发挥其特有的功能,在司法实践中拘役与有期徒刑的效果趋同,两者的折算公式具有现实依据。再次,折算规则操作简单,给司法工作者提供了一个便于执行的规则。一方面,折算规则给法官提供了一个明确的公式:拘役与有期徒刑的数罪并罚,由拘役一日折抵有期徒刑一日;另一方面,折算规则继承了我国数罪并罚的基本原则,按照《刑法》第 69 条规定的限制加重原则确定应执行的刑期,便于法官掌握、操作。

综上所述,在当前学界多数观点将《刑法修正案(九)》第 4 条关于拘役与有期徒刑数罪并罚的规则解释为吸收规则的情况下,有必要通过司法解释的形式对这一问题进行明确说明。一方面,可以定分止争,为拘役与有期徒刑数罪并罚规定的司法适用提供一个明确的指南;另一方面,也是更为重要的一方面,通过司法解释明确拘役与有期徒刑数罪并罚采用折算规则,有利于贯彻刑法罪责刑相适应原则、数罪并罚原则、体系解释的规则,实现刑罚的公正。

---

❶ 孟庆华. 数罪并罚适用与比较 [M]. 北京:中国人民公安大学出版社,2012:276.

第四节　借鉴古代保辜制度以建立犯罪复原制度

【核心提示】 保辜制度是我国古代刑法中一个独特的法律制度，对刑事法治现代化建设具有借鉴意义。当前，借鉴保辜制度，应首先转变传统的社会义务本位法律价值观，确立人权保护、人权保障的观念。其次，在刑法方面，必须创立一个新的犯罪复原制度；在刑事诉讼法方面，必须进一步扩大自诉案件的范围，把犯罪复原案件纳入自诉案件之中。

在浩瀚的法律历史长河中，中华法系有过自己的辉煌，并被举世公认为"世界五大法系"之一。在中华法系内部，刑法具有特别重要的地位和作用，以至于形成了"诸法合体，以刑为主"的基本格局。在中国古代刑法中，有不少独特的原则和制度蕴含着丰富的东方哲学的精义与思辨，有着强大的生命力。保辜制度就是我国古代刑法中的一个独特法律制度，在中国古代社会实行了相当长的一个历史时期，直到清末修律才被强行废除。

然而，由于历史的原因，中华人民共和国的法律（包括刑法在内）主要是对苏联法律的移植，对于中国自己历史文化的继承却很少。作为中国古代法律文化之一的保辜制度没有被现代刑法所继承、借鉴，实乃憾事。笔者期望通过对这个问题的探析，引起学界对中国古代法律文化的重视，并为现行刑法、刑事诉讼法立法所采纳。

一、保辜制度的含义及其历史演变

何谓保辜？《清律辑注》说："保，养也；辜，罪也。保辜，谓殴伤人未致死，当官立限以保之。保人之伤，正所以保己之罪也。"一般认为，保辜是古代刑法处理伤害案件的一种特殊制度，其基本内容是殴人致伤后，规定一定的期限，视期限届满时的伤情再行定罪量刑。[1] 详言之，若被害人受伤后在保辜期内死亡，即认为殴伤是死亡的直接原因，对加害人应以殴人致死论；若在保辜期限外死亡，则认为殴伤与死亡没有直接因果关系，对加害人应以

---

[1] 高绍先. 中国刑法史精要 [M]. 北京：法律出版社，2001：26.

殴人致伤论。❶

保辜制度由来甚久，但其创立的确切时间尚不确定。"保辜"之说最早见于古代文献《公羊传》，书中这样记载："襄公七年十有二月，……郑伯髡原如会，未见诸侯。……伤而反，未至乎舍而卒也。"东汉经学家何休对此注释曰："古者保辜，诸侯卒名，故于如会名之。明如会之时为大夫所伤，以伤辜死。君亲无将，见辜者，辜内，当以弑君论之，辜外，当以伤君论之。"❷ 这段文字表明郑伯的死亡与大夫弑君行为确实有因果关系：大夫的杀伤行为导致了郑伯"未至乎舍而卒"。但关于这一史料的真实性，蔡枢衡先生曾提出过质疑，他认为"意图弑君，便属死有余辜，何待实行？更何待死亡？"由此认为何休不懂刑法❸，即认为何休的著述自相矛盾，是不足采信的。其实，笔者认为在这里蔡先生是有误解的，因为辜期不仅是一个观察期限并由此来确认杀伤行为与结果有无因果关系，而且包含了定罪量刑标准在内，即"弑君"与"伤君"无论是在罪名还是在处刑上都不相同。对于这些差异，薛允升先生曾有考证："其弑君论之者，其身枭首，其家执之。其伤君论之者，其身斩首而已，罪不累家。"❹ 就是说无论弑君、伤君，本犯都要处死。不同的是：弑君罪，本犯枭首而死，且连坐族系；伤君罪，本犯斩首而死，家人不连坐治罪。由此看来，前述何休之言并无矛盾。若据其提到的"古者保辜"之说，保辜相对于汉朝而言是"古者"，因此"保辜制度可能首创于西周（很可能是成康时期）"❺ 的猜测大致可信。

关于这一推断，还可从有关史料及考古发掘的秦代简牍加以考证。《礼记·月令》有载："是月也……命理瞻伤、察创、视折、审断，决狱讼，必端平"；《吕氏春秋》也有相似的记载。《说文通训定声》曰："凡殴伤皮肤肿起青黑而无创瘢者为疻，有创瘢者曰痏。"《云梦睡虎地秦简》的《法律答问》中提到"疻痏"有三处：①或与人斗，央（决）人唇，论可（何）殴（也）？比疻痏；②或斗，啮人颡若颜，其大方一寸，深半寸，可（何）论？比疻痏。③斗，为人殴（也），毋（无）疻痏，殴者顾折齿，可（何）论？各以其律论之。《封诊式》中对"疻""痏""痍"和"大痍""瘢"等有明确的区分，而且《法律答问》还将损伤分成"伤""创""折""断""疻""痏""痍""大痍"和"瘢"

---

❶ 阎晓君. 秦汉时期的损伤检验 [J]. 长安大学学报（社会科学版），2002（1）：43-46.
❷ 薛允升. 唐明律合编 [M]. 北京：法律出版社，1999：575.
❸ 蔡枢衡. 中国刑法史 [M]. 南宁：广西人民出版社，1983：208.
❹ 薛允升. 唐明律合编 [M]. 北京：法律出版社，1999：576.
❺ 蔡枢衡. 中国刑法史 [M]. 南宁：广西人民出版社，1983：208.

若干等级以区别对待。❶ 所有这些，都说明秦朝时期的损伤检验技术已相当发达。而之所以如此发达，笔者认为，这与当时的保辜制度有关，因为任何制度都不可能孤立地发展，秦时的损伤检验制度应是与保辜制度相互制约和相互促进的：辜期的长短需要依据伤情的轻重来确定，即必须通过"瞻伤""察创""视折"，才能准确、恰当地确定辜期，进而做到"端平"地处理案件。因此，上述史料和考古发现，一方面佐证了"保辜制度可能首创于西周（很可能是成康时期）"的推断；另一方面，可以推断出"秦朝时期保辜制度已有相当发展"的结论。

那么，汉、晋时期又怎样呢？尽管古代文献有"汉律有其事"❷的记载，但汉代的正律——《九章律》中未见保辜专条。不过，《汉书·功臣表》中有这样一段记载："嗣昌武侯单德，元朔三年坐伤人，二旬内死，弃市。"即"嗣昌武侯单德被处弃市，是由于他的伤人行为导致被害人于辜期（即二旬）内死亡，最终他以杀人罪被科以死刑。"❸《急就篇》也载道："保辜者，各随其状轻重，令殴者以日数保之，限内至死，则坐重辜也。"居延出土的汉代竹简有一枚载有："以兵刃、索绳、它物可以自杀者，予囚，囚以自杀、杀人，若自伤、伤人而以辜二旬内死，予者，髡为城旦舂……"❹从这枚汉简中也可以看出汉代的保辜制度有了新的发展：被伤之人，若辜期内死亡，不仅重惩加害人，而且对提供凶器的"予者"也要处以"髡城旦舂"。《晋律》的相关规定是"诸有所督罚，五十以下鞭如令，平心无私而以辜死者，二岁刑"。

保辜制度完备入律，当自唐律始。其主要内容规定在《唐律疏议》《斗讼》篇第6条"保辜"专条内："诸保辜者，手足殴伤人，限十日；以他物殴伤人者，限二十日；以刃及汤火伤人者，三十日；折、跌肢体及破骨者，五十日。限内死者，各依杀人论；其在限外及虽在限内，以他故死者，各依本殴伤法。"❺

之后，宋、元、明、清的保辜制度皆本于唐律，并且有了进一步的完善。例如，元律除因袭唐律外，还另外增加了"诸殴伤人，辜限外死者，杖七十七"和"诸以物伤人，伤毒流注而死，虽在辜限之内，仍减杀人罪三等坐之"的规定。再如，明律的"保辜期限"条规定："凡保辜者，责令犯人医治。辜

---

❶ 闫晓君. 秦汉时期的损伤检验 [J]. 长安大学学报，2002（1）：43-46.
❷《春秋·公羊传》.
❸ 程树德. 九朝律考 [M]. 北京：中华书局，1988：10.
❹ 居延新简 [M]. 北京：文物出版社，1990：561.
❺ 唐律疏议 [M]. 北京：中华书局，1983：388-389.

限内，皆须因伤死者，以斗殴杀人论。其在辜限外，及虽在辜限内，伤已平复，官司文案明白，别因它故死者，各从本殴伤法。若折伤以上，辜内医治平复者，各减二等（堕胎子死者，不减）。辜内虽平复而成残废笃疾及辜限满日不平复者，各依律令科。手足及他物殴伤人者，限二十日；以刃及汤火伤人者，限三十日；折跌肢体及破骨堕胎者，无问手足他物，皆五十日。"❶ 此外，为了使危害行为与隔时出现的危害结果进一步得到明确确定，明条例于正限之外另加时限，称为余限："例称斗殴伤人，辜限内不平复，延至限外，果因本伤身死，情真事实者，拟死奏请定夺，必须详究致死因由。今后问断限外人命，必别无他故，果因本伤而死，审系情真事实，且在今例。手足他物金刃及汤火限外十日内，折跌肢体及破骨堕胎，限外二十日内者，方准拟绞。"❷ 清律较明律进一步完备，尤其是在律文下有夹注，使律文在逻辑上和文字表述上更清晰。《大清律集解附例》在律文之后附上了关于保辜的条例，反映出司法实践要求突破律文的束缚。该条例规定："斗殴伤人，辜限内不平复，延至限外，若手足、他物、金刃及汤火伤，限外十日之内；折跌肢体及破骨堕胎，限外二十日之内，果因本伤身死，情真事实者，方拟死罪，奏请定夺。此外，不许一概滥拟渎奏。"清末新刑律废除保辜条文，标志着曾经实行于我国古代社会的保辜制度正式消失。

综上所述，中国古代保辜制度滥觞于奴隶制的西周时代，历经秦、汉、晋发展沿革，成形于封建盛世唐王朝，进一步丰富于明、清王朝，而终封建制之末，直到清末修律时被废除，漫漫几千年，形成了中国古代法治的一大特色。

二、对保辜制度的评价

笔者认为保辜制度的合理性主要表现在以下方面。

1）从文化的视角看，这一制度包含丰富的底蕴，既有儒家的非讼思想，又有古朴的公平、公正观念，是古代中国泛道德思想的典型反映，适合于我国的风土人情。因为中国社会生活的全部都染上了浓厚的道德色彩，中国是一个伦理本位的国家。

2）虽然司法专横、罪刑擅断是封建法制的显著特点，但保辜制度强调伤害行为与伤害结果之间要有因果关系，却不无科学成分。虽然当时的刑法不可能有现代意义的犯罪构成规定，也不可能实现真正的以法定罪量刑，但这

---

❶ 中国法制史参考资料汇编［Z］. 重庆：西南政法大学法制史教研室，1980：232-323.
❷ 薛允升. 唐明律合编［M］. 北京：法律出版社，1999：576.

一制度包含着"强调依律求是断罪量刑"和犯罪的"主观和客观相统一"的思想，这当然是有积极意义的。

3）它责令加害人对被害人负有医疗责任、对被害人采取积极的救治措施，使之早日康复，并据此来减轻加害人的罪责，这样就能够调动加害人的主观能动性，对于减轻犯罪损失、缓和社会矛盾必定会收到良好的效果。事实上，在一般的斗殴、伤害案件中，"多系偶因琐事，一言不合就拳脚相加，双方并无深仇，事过之后，又生悔意"。实行保辜制度，可以使加害人将医治被害人的伤病与减轻自己的罪责结合起来，积极地对被害人进行安慰、探视，为其医病治伤，以此将功补过，这有利于实现对被害人的慰抚、补偿，从而遏制其未来可能出现的报复行为，最终达到"化干戈为玉帛"、稳定社会的目的。

4）在古代医学鉴定技术水平有限的情况下，这一制度通过设立"辜期"以观察因果关系的进一步发展，一方面，可节省司法资源，提高效率，统一执法；另一方面，可使对加害人的刑事追究与其行为的社会危害性相符，从而有利于实现罪责刑相适应，蕴含着古朴的公平公正观念。

5）尽管严刑峻罚是封建刑法的主导特征，但这一制度却蕴含着刑法的"谦抑性"。我们知道，谦抑性是现代刑法的重要价值之一，是相对于"封建刑法的干涉性"而言的。现代刑法理论主张"法律仍在耐心地等待相反情况的出现，因为在茶杯与嘴唇之间，仍有很多困难……"。保辜制度也蕴含着这一精神，它通过设立辜限，责令加害人为被害人治疗伤病，以积极防治危害结果的发生或进一步扩大；同时，这一过程也考察了加害人的主观恶性程度，如果积极采取治疗措施，"辜内医治平复者"，说明犯罪人主观恶性小，客观危害性不大，可减轻处罚；反之，则要从重处罚。可见，如果说犯罪中止制度是在犯罪过程中为走上犯罪道路的人架起一座可以"返回的黄金桥"❶，笔者认为，保辜制度就是在"犯罪既遂"之后，为犯罪者架起的另一座可以"返回的黄金桥"。

由此可以看出，这一制度体现着法律对人的关怀，无论是对被害人还是对加害人，而这种人文精神恰恰是法律的终极追求。这种人文精神非常符合现代刑法的三个价值取向（公正、人道、谦抑）❷，也基本符合我国《刑法》罪责刑相适应原则，从而能为现行刑法所吸纳。

当然，这一制度也有它的不合理成分，主要有以下几点。

---

❶ 李斯特. 德国刑法教科书（中译本）[M]. 北京：法律出版社，2000：352.
❷ 陈兴良. 刑法哲学 [M]. 北京：中国政法大学出版社，1997：4-9.

1）在现代法学看来，保辜制度含有法律推定做法，既然是法律推定，就不是"确实充分"的证明。因为"辜期的长短"并不简单地等同于"危害行为与危害结果之间的因果关系"，而且，辜期长短的规定本身就有一定的僵硬性。

2）"别因他故致死者，各从本殴伤法"的规定实际上排除了在现代刑法看来具有可罚性的"偶然的因果关系"，只是确立了"必然的因果关系"。而且，就必然因果关系而言也有缩小之势，继唐律之后的明律虽然于辜期之外另设"余期"以补正，但仍有放纵罪犯之虞。

3）保辜制度除涉及因果关系推定，因而关涉定罪和量刑外，还与现代刑法的其他制度（如法条竞合、减刑制度、数罪并罚制度）有关，由此不难看出该制度的不精确性。

根据上述分析，笔者认为，从总体上讲，保辜制度是我国古代刑法中有积极意义的法律制度，是中华传统法律文化苑中的一枝奇葩。作为一种优秀文化遗产，颇值今世借鉴。如果现行刑法真能将其合理性吸纳并发扬光大，实乃幸事。

三、对保辜制度的借鉴

如前所述，现代刑事立法借鉴古代保辜制度，既有可行性，又有必要性。作为古代中国一个独特的法律制度，保辜制度是古代中国法律泛道德化的典型反映，有着丰富的文化底蕴，体现着法律对人的终极关怀，充满了浓重的人文精神；它基本符合现代刑法的价值取向，公正、人道、谦抑，也基本符合我国《刑法》罪责刑相适应原则，从而能为现行刑法所吸纳。但它又有一定的僵硬性和不精确性等不足之处，现代立法不应对其照搬。

那么，对其应如何借鉴呢？笔者认为，首先，应转变传统的社会义务本位价值观，确立人权保护、人权保障与社会保障并重的观念。由于我国几千年封建社会形成的中央集权制度，法律一直是以社会义务为本位设计的，个体的权利一向被忽视，过分地提倡所谓的"重义轻利"；再加上中华人民共和国成立后，受苏联的影响，并受左倾思想的禁锢和计划经济体制的制约，个体的权利不但未被重视，有时甚至被泯灭。在刑事法律制度的设计上，刑法偏重于对国家法益、社会法益的保护，刑事诉讼法也相应地采用职权主义的模式。因此，我们必须树立个体权利观，刑法制度应当向人权保护、人权保障方面倾斜，重视对公民个体权益的保护，刑事诉讼法应当采用当事人主义的诉讼模式。

其次，应使保辜制度在现行刑法和刑事诉讼法中都得到体现。就现行刑法而言，保辜制度的实质是犯罪者事后采取积极将功补过的态度和措施，以对犯罪行为所造成的危害结果进行有效的修复、补救。简言之，保辜就是对犯罪后果的恢复。所以，刑法上借鉴保辜制度，不妨引入一个新的制度，笔者在此暂且称之为"犯罪复原"制度，可将其界定为：所谓犯罪复原，是指在某些犯罪既遂之后，直至司法机关立案前，采取积极的将功补过态度和措施，对其犯罪行为所造成的社会危害进行有效的修复、补救，对被害人进行有效的慰抚，因而应当给予犯罪人从轻、减轻或者免除处罚的制度。这一制度有如下特点。

1）犯罪复原只能发生在犯罪既遂之后（即"事后"）直至司法机关立案前。因为如果是在犯罪既遂之前，即"在犯罪过程中，自动放弃犯罪或者自动有效地防止犯罪结果发生的，是犯罪中止"（现行《刑法》第 24 条）。而且，考虑到一旦司法机关立案，就标志着"公力救助程序"的开始，当事人的某些权利便会受一定的制约，故对这里的犯罪后果的恢复原状应限定在司法机关立案之前。

2）犯罪复原必须以对实施社会危害进行有效的修复、补救，对被害人进行有效的慰抚为成立条件。否则，没有效果便不成立犯罪复原。

3）犯罪复原必须以犯罪者本人亲自实施积极的、有效的修复、补救，对被害人进行有效的慰抚为其成立条件。否则，不是出于自愿的所谓"被迫做样子"便不具备这一条件。

4）犯罪复原制度仅适用于最高法定刑为五年以下有期徒刑的过失犯罪，或者最高法定刑为三年以下有期徒刑的故意犯罪。之所以如此限制犯罪复原制度的适用范围，其一，从政治的角度看，犯罪是"孤立的个人反对统治关系的斗争"，是"蔑视统治秩序最极端、最明显的形式"（就故意犯罪而言）；从法律的角度看，统治阶级认为犯罪首先是具有严重的社会危害性，有可能动摇或者已经动摇了现行的整体法律秩序或者宪法性法益，其次才是侵害了被害人的个体权益。所以必须对犯罪复原的适用范围进行限制。其二，至于在分则条文里相应作明确规定，是罪刑法定基本原则的要求，用以避免故意出入罪、枉法裁判。

5）犯罪复原一旦存在，经司法机关认定，便构成法定的"应当给予从轻、减轻或者免除处罚"的理由，而不允许将其视为"酌定"量刑情节。否则，犯罪复原制度的创立有可能前功尽弃。

不难看出，犯罪复原制度既不同于现有的犯罪预备、犯罪中止和犯罪既遂,也不同于既存的"自首""坦白",以及立案后的"积极退赃"等法定或酌定情节,从而有其独立存在的价值。

在具体的设计上,笔者认为,可以在《刑法》第24条之后增加一条作为第25条规定:在本法第64条(笔者主张将来在第63条之后增加一条作为第64条)规定的犯罪既遂之后、司法机关立案之前,犯罪人采取积极的措施,对其犯罪行为所造成的社会危害进行有效的修复、补救,对被害人进行有效的慰抚,符合犯罪复原的应当从轻、减轻或者免除处罚。犯罪复原制度设立后,刑法上还必须在总则和分则的相应条文中分别明确该制度的适用范围:在①总则第四章"刑罚的具体运用"之下第63条之后增加一条作为第64条,规定:犯罪复原制度仅适用于最高法定刑为五年以下有期徒刑的过失犯罪,或者最高法定刑为三年以下有期徒刑的故意犯罪;②分则条文也要在相应的各个犯罪条文之下分别明确"本罪(或者前款犯罪)适用犯罪复原制度"。

为了贯彻刑法关于犯罪复原的规定,刑事诉讼法必须进一步扩大自诉的范围,因为实体法具有本身特有的必要的诉讼形式。为了适应社会主义市场经济发展的需要,1996年修订的现行《刑事诉讼法》较之1979年《刑事诉讼法》扩大了自诉范围。其集中体现是增加了第210条第3项规定:被害人有证据证明对被告人侵犯自己人身、财产权利的行为,应当依法追究刑事责任,而公安机关或者人民检察院不予追究被告人刑事责任的案件",被害人可以向人民法院直接提起诉讼。在此之后,最高人民法院、最高人民检察院、公安部、司法部又联合将"被害人有证据证明的不需要进行侦查的轻微刑事案件"解释为"故意伤害(轻伤)案;重婚案;遗弃案;妨害通讯自由案;非法侵入他人住宅案;没有引起社会危害的生产销售假冒伪劣产品案和侵犯著作权案;属于《刑法》第四章、第五章的犯罪,被告可能判处三年以下有期徒刑的其他轻微案件"。这一解释显然又一次扩大了自诉范围。可以说,扩大自诉范围是社会发展的需要,是我国刑事诉讼法起诉制度的发展趋势。

现在,要借鉴保辜制度,刑事诉讼法必须进一步扩大自诉的范围,并作相应的修改。其设计上可以在《刑事诉讼法》第19条第1款增加"犯罪复原"内容,建议修改为:"告诉才处理、犯罪复原和其他不需要进行侦查的轻微刑事案件,由人民法院直接受理,并可进行调解。"将第210条关于自诉案件范围的第1项规定中的"告诉才处理的案件"修改为"告诉才处理和犯罪复原的案件"。同时,在第七章关于附带民事诉讼的规定中,建议增加一款强调"附带民事诉讼适用先予给付制度"。待条件成熟时,可以将精神损害赔偿纳入附带民事诉讼的请求赔偿范围之内。

至于保辜制度强调伤害行为与伤害结果之间要有因果关系，并进行法律推定，在当时虽有一定的积极价值，但是，随着现代法医学和其他科学技术鉴定手段的发展，作为"法律推定"的这种一般规定便无必要了。

四、余论

在建设法治国家的今天，关于"法律移植论"与"本土资源论"的激烈争论依然存在，这关涉如何正确看待中华传统法律文化的态度问题。本节通过分析我国古代的保辜制度，一方面，以期再次唤起人们对中国传统法律文化之价值的正视和尊重，反对过分热衷、崇拜和迷信西方法律文化，要增强民族自豪感、自信心和自尊心。实际上，正像我国的古玩、文物珍品有不少被供奉在英国、日本、法国的博物院里一样，日本的学者东川德治就十分称赞我国古代的保辜制度。例如，当意大利刑法学者们了解到作为现行刑法制度——类推制度渊源的"比附援引"——《唐律》规定："诸断罪而无正条，其应出罪者，则举重以明轻；其应入罪者，则举轻以明重"；了解到作为现行刑法制度法条竞合制度的渊源——《唐律·卫禁篇》的"本条别有制，与例不同者依本条"规定；了解到我国在新民主主义革命过程中首创的、至今仍然实行的死刑缓期二年执行制度时，他们都说：中国人真聪明。意大利著名刑法学家杜里奥·帕多瓦尼更是称赞不已。再如，《刑法哲学》可以说是标志我国刑法学研究由"注释法学"向"理论法学"转变的重要论著之一，其著者陈兴良教授对现代刑法理论（如主观恶性、因果关系、故意、过失、正当防卫等）进行阐述时，无不对我国古代的相关理论进行系统的梳理，从而使广大学者从中受益不尽。类似的例子还有很多。发掘和弘扬包括法律文化在内的中华优秀文化遗产是吾辈的使命！另一方面，本书的写作也意在说明：理论研究要与时俱进、实事求是、解放思想。"法律是经验，而不是教条"，"法律永远是对现实社会的确认"，法律要与时俱进，理论研究更要与时俱进，不能不顾实际情况去死守所谓的"最高指示"或者"经典教导"。

因此，对待包括法律文化在内的所有文化遗产，无论是中国的还是外国的，正确的态度应该是：实事求是，解放思想，立足现实，立足国情；批判中有继承，借鉴时有扬弃。这也是本书写作的深层次目的。